徐松与西域水道记研究

启功题

「十二五」国家重点图书出版规划项目

徐松与《西域水道记》研究

朱玉麒 著

北京大学出版社
PEKING UNIVERSITY PRESS

图书在版编目(CIP)数据

徐松与《西域水道记》研究 / 朱玉麒著. —北京：北京大学出版社, 2015.12
（未名中国史丛刊）
ISBN 978-7-301-26556-7

Ⅰ. ①徐… Ⅱ. ①朱… Ⅲ. ①西域—古水道—史料 ②《西域水道记》—研究 Ⅳ. ① K928.4

中国版本图书馆 CIP 数据核字 (2015) 第 283236 号

书　　名	徐松与《西域水道记》研究
著作责任者	朱玉麒　著
责任编辑	徐　迈
标准书号	ISBN 978-7-301-26556-7
出版发行	北京大学出版社
地　　址	北京市海淀区成府路 205 号　100871
网　　址	http://www.pup.cn　新浪微博：@北京大学出版社
电子信箱	pkuwsz@126.com
电　　话	邮购部 62752015　发行部 62750672　编辑部 62756467
印刷者	北京中科印刷有限公司
经销者	新华书店
	650 毫米 ×980 毫米　16 开本　22.5 印张　356 千字
	2015 年 12 月第 1 版　2015 年 12 月第 1 次印刷
定　　价	52.00 元

未经许可，不得以任何方式复制或抄袭本书之部分或全部内容。
版权所有，侵权必究
举报电话：010-62752024　电子信箱：fd@pup.pku.edu.cn
图书如有印装质量问题，请与出版部联系，电话：010-62756370

出版弁言

北京大学中国古代史研究中心，自20世纪80年代初一路走来，已经将近而立之年。

中心创立伊始，我们的前辈邓广铭、周一良、王永兴、宿白、田余庆、张广达等先生曾经共同制定了"多出人才，快出人才；多出成果，快出成果"的方针。全体同仁在这片清新自由的学术天地中勤勉奋励，从容涵育，术业各自有专精，道并行而不相悖。

为有效凝聚学术力量，积极推动中国古代史研究的持续发展，并集中展示以本中心科研人员为主的学术成果，我们决定编辑《未名中国史丛刊》。《丛刊》将收入位于前沿、专业质量一流的研究成果，包括中心科研人员、兼职人员、参加中心项目成员和海外长期合作者的个人专著、文集及重大项目集体研究成果等。

致广大，尽精微，这是中心学人共同的方向。我们将为此而努力。

北京大学中国古代史研究中心
2011年7月

未名中国史丛刊

（第七种）

丛刊编委会

主　编　邓小南
副主编　侯旭东　刘浦江
编　委　（依音序排列）
　　　　邓小南（北京大学中国古代史研究中心）
　　　　侯旭东（清华大学历史系）
　　　　刘浦江（北京大学中国古代史研究中心）
　　　　罗　新（北京大学中国古代史研究中心）
　　　　荣新江（北京大学中国古代史研究中心）
　　　　沈卫荣（中国人民大学国学院）
　　　　王利华（南开大学历史学院）
　　　　吴玉贵（中国社会科学院历史研究所）
　　　　张　帆（北京大学历史系）

目　录

序言（荣新江）/1

绪　论/1
 一　徐松及其西北史地研究的后世影响与学术定位/1
 二　徐松研究所体现的学术史偏颇/7
 三　以往研究成果的概括与本书的重点和方法/9
 四　嘉道之际西北史地学兴起的背景与思潮/16

第一章　徐松生平考论/25
 一　缪荃孙与《徐星伯先生事辑》/25
 二　早岁学行——师从与禀赋/30
 三　通籍士林——编修与督学/41
 四　遣戍新疆——幕府与考察/53
 五　讲学宣南——著述与交游/85
 六　暮年宦游——躁进与古风/109

第二章　徐松著作叙录/125
 一　专著/126
 二　编著/163
 三　辑佚/165
 四　《星伯先生小集》及续补/175

第三章　《西域水道记》研究/184
　　一　版本之一：徐稿本与沈抄本/184
　　二　版本之二：木刻本与排印本/217
　　三　版本之三：《西域水道记校补》/232
　　四　文本之一：清代西域流人与早期敦煌研究/242
　　五　文本之二：清代西域地理文献中的吐鲁番/266
　　六　文本之三：西域梵经石在清代的发现与研究/275

结　语/299
　　一　嘉道学术的领军/299
　　二　经世意识与塞防危机/300
　　三　西学知识的引用/302
　　四　西北史地学的接力/304

附　录　徐松年谱简编/306

参考文献/323

人名索引/334

后　记/342

插图目录

插图 1　徐松画像(叶衍兰、叶恭绰编《清代学者像传》第二集)/1
插图 2　清国史馆编纂的《徐松传》部分草稿(台北故宫博物院图书文献处)/10
插图 3　《大清畿辅先哲传·徐松传》书影(1917年天津徐氏刻本)/10
插图 4　《徐星伯先生事辑》书影(缪荃孙《艺风堂文集》卷一)/25
插图 5　《星伯先生小集》书影(缪荃孙辑《烟画东堂小品》第7册"徵卷")/25
插图 6　徐松履历书影(北京大学图书馆藏道光二十六年刊本《陕西全省同官录》)/30
插图 7　《管溪徐氏宗谱》书影(光绪二十三年序刻本)/30
插图 8　徐松夫人陈氏墓志铭书影(陆继辂《崇百药斋三集》卷一二《内阁中书徐君妻陈安人墓志铭》)/31
插图 9　徐松《静庵文集序》(左眉《静庵文集》卷首)/36
插图 10　英和像(《清代学者像传》第一集)及其致徐松书札(上海图书馆藏)/38
插图 11　徐松《江汉朝宗于海赋》(法式善编《同馆赋钞》卷二)/43
插图 12　徐松参编的《全唐文》书影(嘉庆刻本)/44
插图 13　《艺林伐山》徐松抄本题跋书影(重庆市图书馆藏本)/47
插图 14　徐松《奏报到任日期并谢恩事》(中国第一历史档案馆藏)/48
插图 15　《雪矶丛稿》徐松抄本及题跋书影(北京大学图书馆藏本)/51
插图 16　《清实录》记载嘉庆帝对徐松案初审的上谕(《清仁宗实录》卷二五二"嘉庆十六年十二月乙巳朔壬申"条)/61
插图 17　晋昌《呈原任湖南学政徐松获罪缘由清单》(中国第一历史档案馆藏)/66
插图 18　《西域水道记》关于徐松遣戍伊犁时期随将军晋昌围猎哈什河的记载(道光刻本卷四)/73

插图 19　晋昌《奏为废员效力七年期满请旨释回事》(中国第一历史档案馆藏)/74
插图 20　《清实录》记载嘉庆帝对松筠奏请起用徐松的申饬(《清仁宗实录》卷二九五"嘉庆十九年八月丁丑"条)/77
插图 21　徐松《与徐鉴书》提及长龄(启功先生提供)/80
插图 22　徐松《新疆赋序》提及其嘉庆十七年在天山南路的考察(北京大学图书馆藏稿本)/81
插图 23　徐松在礼部铸印局员外郎任上为《登科记考》作序(南菁书院丛书本《登科记考》卷首)/89
插图 24　徐松《奏为妥为安置游民事》(中国第一历史档案馆藏)/89
插图 25　沈垚的西域研究名篇《西游记金山以东释》(嘉业堂丛书本《落帆楼文集》卷六)/93
插图 26　张穆像(《清代学者像传》第二集)/93
插图 27　张穆引徐松檄书何丙勋调查统万城事(《蒙古游牧记》卷六)/94
插图 28　记载徐松西域掌故的《竹叶亭杂记》书影(光绪刻本)/94
插图 29　龚自珍藏金满县残碑拓本提及徐松对该碑的意见(中国国家图书馆藏)/102
插图 30　魏源致徐松书札(光绪刻本《大兴徐氏同人书札》)/104
插图 31　《顾先生祠会祭题名第一卷子》中徐松参加京师慈仁寺顾亭林祠春祭活动的记录/114
插图 32　徐松《奏为奉旨补授陕西榆林府知府谢恩事》(中国第一历史档案馆藏)/115
插图 33　徐松《与张澍书》(《小莽苍苍斋藏清代学者书札》)/119
插图 34　何丙勋回复徐松调查统万城的书信(民国《横山县志》卷四)/120
插图 35　《宋麟州将军山神庙碑》拓片及徐松题跋(北京市文物局资料信息中心藏)/120
插图 36　《唐两京城坊考》稿本中徐松临终前笺条及张穆按语(北京大学图书馆藏)/123
插图 37　《新疆识略》道光皇帝御制序言书影(道光二年内府刻本)/126
插图 38　祁韵士《伊犁总统事略》最早的刻本书影(嘉庆十六年刻本)/132
插图 39　改名《西陲总统事略》后的嘉庆、道光刻本扉页书影/133
插图 40　藤田丰八旧藏祁韵士《伊犁总统事略》抄补本书影(东洋文库藏)/134

插图 41　《新疆识略》曾用名《伊犁总统事略》时期旧抄本书影(东洋文库藏)/135
插图 42　《新疆识略》曾用名《伊犁总统事略》时期旧抄本书影(美国国会图书馆藏)/135
插图 43　《新疆赋》稿本题识(北京大学图书馆藏)/139
插图 44　《新疆赋》刻本书影(道光四年)/139
插图 45　《汉书西域传补注》稿本书影(中国国家图书馆藏)/143
插图 46　《汉书西域传补注》刻本书影(道光九年)/143
插图 47　《西域三种》书影(光绪隆福寺本)/144
插图 48　《西域水道记》稿本书影(中国国家图书馆藏)/145
插图 49　《西域水道记》刻本书影(道光十九年)/145
插图 50　《西域四种》书影(清末民初印本)/146
插图 51　《唐两京城坊考》稿本书影(北京大学图书馆藏)/150
插图 52　《唐两京城坊考》刻本书影(道光连筠簃丛书本)/150
插图 53　《登科记考》南菁丛书本书影(光绪刻本)/152
插图 54　《登科记考》清抄本书影(香港大学冯平山图书馆藏)/152
插图 55　《明氏实录注》书影(丛书集成新编影印光绪本)/153
插图 56　《说文解字注》徐松批校本书影(湖南图书馆藏本)/155
插图 57　《徐星伯说文段注札记》刘肇隅辑校本书影(《丛书集成续编》影印本)/155
插图 58　《松文清公升官录》抄本书影及徐松浮签(中国国家图书馆藏)/157
插图 59　沈垚撰《松筠事略》书影(《落帆楼文集》卷五)/157
插图 60　《新斠注地理志集释》稿本书影(中国国家图书馆藏)/159
插图 61　《新斠注地理志集释》刻本书影(同治咫进斋刻本)/159
插图 62　《新斠注地理志集释》排印本书影(上海开明书店《二十五史补编》本)/159
插图 63　徐松辑《东朝崇养录》书影(《丛书集成续编》影印本)/164
插图 64　《宋中兴礼书》面城楼校抄本(中山大学图书馆藏)/168
插图 65　《宋中兴礼书》宝彝堂抄本(中国国家图书馆藏)/168
插图 66　《宋会要辑稿》原抄本(中国国家图书馆藏)/169
插图 67　《四库阙书目》味经书屋抄本书影(中国国家图书馆藏)/171
插图 68　《伪齐录》缪荃孙刻本书影(《藕香零拾》本)/173

插图 69　《河南志》徐松抄本书影（中国国家图书馆藏）/174

插图 70　《河南志图》徐松摹本函封（中国国家图书馆藏）/174

插图 71　《河南志》缪荃孙刻本书影（《藕香零拾》本）/175

插图 72　《徐星伯先生小集》目录书影（缪荃孙辑《烟画东堂小品》第 7 册"徽卷"）/178

插图 73　《元史艺文志》徐松旧藏本书影及题跋（中国国家图书馆藏）/181

插图 74　《辑古算经》龙万育刻本及徐松序书影（北京大学图书馆藏）/187

插图 75　《华严经音义》及徐松序文书影（道光刻本）/189

插图 76　《西域水道记》稿本签条（中国国家图书馆藏）/191

插图 77　《西域水道记》稿本、刻本地图对照（中国国家图书馆藏、道光十九年刻本）/204

插图 78　《西域水道记》卷首邓廷桢序言所示职衔/219

插图 79　李兆洛像（《清代学者像传》第一集）及其致徐松书札（光绪刻本《大兴徐氏同人书札》）/220

插图 80　邓廷桢《喜徐星伯入关，以诗迓之二首》（《双砚斋诗钞》卷五）/223

插图 81　《西域水道记》初刻本与挖补本对照/226

插图 82　《西域水道记》张穆修订本书影（俄罗斯国家图书馆东方文献中心藏）/227

插图 83　《小方壶斋舆地丛钞》本《西域水道记》书影（光绪十七年上海著易堂印行）/229

插图 84　《晨风阁丛书》本《西域水道记校补》及钱、沈跋语/233

插图 85　《星伯先生小集》本《西域水道记校补》跋语/235

插图 86　钱恂画像（《清代学者像传》第二集）/236

插图 87　钱恂捐赠早稻田大学图书目录（早稻田大学图书馆藏）/239

插图 88　《西域水道记校补》徐松手迹与钱振常题跋（早稻田大学图书馆藏）/240

插图 89　《西域水道记校补》使用《东西洋考每月统记传》的记录（早稻田大学图书馆藏）/240

插图 90　《西域水道记》稿本、刻本关于敦煌的记载（中国国家图书馆藏、道光十九年刻本）/245

插图 91　《唐宗子陇西李氏再修功德记》徐松旧藏拓片及题跋（北京市文物

	局资料信息中心藏)/263	
插图92	《西域水道记》稿本、刻本、校补本关于吐鲁番的记载(中国国家图书馆藏、道光十九年刻本、早稻田大学图书馆藏)/267	
插图93	1988年考察队在哈什河一带收集的梵经石(《新疆文物》1989年第1期,扉页)/276	
插图94	1819年徐松、1988年考察队记载和收集石刻佛经地点示意图(以《西域水道记》"巴勒喀什淖尔所受水"图为底图)/277	
插图95	徐松旧藏梵经石砚拓片及题记(傅斯年图书馆藏)/280	
插图96	徐松"曾渡凌山"印。左起:1.砚盖;2.《四六法海》本;3.《新疆赋》稿本;4.《新疆赋》初刻本/282	
插图97	大谷大学博物馆藏《蒙古古石梵经砚》实物(《中国古砚图录》)/286	
插图98	陈善《书哈什河经石后》(《损斋文集》卷下)/288	
插图99	《清尊集》中的《西域哈什河经石》组诗(道光本《清尊集》卷一一)/291	
插图100	《元梵经石砚》拓本的沈曾植题跋(《寐叟题跋》二集)/295	

图表目录

图表 1　徐氏世系表/32
图表 2　《竹叶亭杂记》与《西域水道记》记载西域掌故对照表/94
图表 3　《西陲总统事略》与《新疆识略》目录对照表/129
图表 4　祁韵士《西陲总统事略》版本源流图/134
图表 5　徐松《新疆识略》版本源流图/136
图表 6　《四库阙书》版本源流图/172
图表 7　《西域水道记》稿本笺条及顺序对照表/191
图表 8　《西域水道记》刻本与稿本经纬度对照表/205
图表 9　袁芳瑛旧藏徐松书籍递藏图/216
图表 10　《西域水道记》版本源流图/231
图表 11　《西域水道记校补》版本源流图/241
图表 12　《西域水道记》稿本与刻本中的敦煌记载对照表/245
图表 13　《西域水道记》三种版本中的吐鲁番记载对照表/267
图表 14　《汉书西域传补注》《新疆赋》中的吐鲁番记载表/270
图表 15　徐松《蒙古文石砚铭》词汇表/283

序　言

从某种意义上来讲,现代意义的西域史地、敦煌学、丝绸之路研究,应当起始于清代中叶以来的"西北舆地之学";而清代西北舆地之学中最重要的人物,无疑当属大兴徐星伯。徐松的《汉书西域传补注》《新疆赋》《西域水道记》三种,是清代西北舆地之学的重要成就,就中尤其以《西域水道记》的学术价值最高,影响最大。比如法儒沙畹著《西突厥史料》,对于西域地理的考证,就多依赖于《西域水道记》,而由沙畹,又影响到前往西域探险的斯坦因、伯希和等人的著述。

忆1983年笔者随张广达师第一次往南疆调查古迹,自乌鲁木齐乘车翻天山,经焉耆、龟兹、疏勒故地,到古代于阗国范围考察,沿途时时就西域地理提问,张师常常据《西域水道记》为我等释疑,且盛赞徐松学问功力。那时正是全国规划整理中国传统古籍的时候,张师已拟订整理此书计划,并已列入中华书局拟出版的古籍整理规划项目。以后从学过程中,张师曾不止一次告诫我们,使用《西域水道记》,切不可忘记《星伯先生小集》中徐松自己的《校补》!

2000年,朱玉麒君入北京大学博士后流动站,从事清代西北舆地之学的研究,兼整理大兴徐氏著作三种。其时张广达师早已移居海外,《水道记》之整理遂寝而未行,笔者驰书相询,知已捐弃故伎。于是极力怂恿玉麒君知难而进,勇往直前。按博士后制度,余忝为合作教师,时常在朗润园北招待所的饭桌前,面对一盘肉丝炒饼,听其高论,兴致盎然。

玉麒君为江南才子,出入文史。博士期间在北师大从元白(启功)先生治文献、版本、校勘之学,精于典籍考订;又多次随宽堂(冯其庸)先生壮游西域,熟悉塞外史地。这些训练和经历,使之成为整理徐松西域著述的最佳人选。经过两年努力,大兴徐氏三种,粲然可观。2005年年初,《西域水道记

(外二种)》在中华书局付梓,笔者利用假期,在渤海湾边通校一过,张师整理徐松著作的愿望终于实现,遥望海西,颇感欣慰。

玉麒君的博士后报告主体"徐松与《西域水道记》研究",2002 年 7 月出站时已形成书稿,但考虑到近年来清代史料蜂拥而出,徐松手迹也不时显现,因此并未急于出版。近十年来,玉麒君又走访天山南北、葱岭东西,足迹远过徐松所履;还有机会东到日本,西走英伦,北探俄罗斯,南游台湾岛,获睹流散域外的徐松稿本及相关资料。现在,这部经过十几年锤炼的徐松与《西域水道记》研究专著终于完稿,岂不快哉。玉麒君征序于我,虽责无旁贷,亦诚惶诚恐。于此既远念张师当年谆谆教诲之恩,又倍感与玉麒君切磋学术之乐,故略缀数语,聊以为序。

荣新江

2015 年 5 月 6 日

绪 论

一 徐松及其西北史地研究的后世影响与学术定位

兴起于清代的西北历史地理学,以祁韵士(1751—1815)、徐松(1781—1848)为创始,已然成为清代学术史与地理学史研究的共识。其中徐松的贡献与影响尤为突出(插图1)。其西域研究的著作,作为认识、研究中亚与中国西北边疆的重要文献,一直为后世所据引。所以日本学者榎一雄(1913—1989)在其《关于徐松的西域调查》的长篇论文的开头即总结说:"在中国国内以缪荃孙(1844—1919)为首,众多的人为他(指徐松)的学识倾倒;而在外国,也有不少景仰他的有识之士。"①

一个典型的例子是光绪年间的沈惟贤(1866—1940),因为爱好边疆史地并以徐松为楷模,遂自号"师徐",所著《唐书西域传注》也完全仿效了《汉书西域传补注》的体例,可见其私淑之谊②。对于有机会亲历西

插图1 徐松画像

---

① 榎一雄《徐松の西域调查について》,《近代中国》第10、11、13、14卷,东京:岩南堂书店,1981年12月—1983年12月,第135—148、147—168、167—189、147—166页;收入《榎一雄著作集》第二卷"中央アヅア史Ⅱ",东京:汲古书院,1992年10月,第37—112页。易爱华中译本《关于徐松的西域调查》,载《西域文史》第二辑,北京:科学出版社,2007年12月,第255—295页。

② 长白世杰叙其《唐书西域传注》云:"华亭沈师徐孝廉癖嗜边陲舆地之学……沈子取徐星伯注《汉书西域传》意,自号师徐。"见沈惟贤《唐书西域传注》卷首,《二十四史订补》,北京:书目文献出版社,1996年8月,第9册,第581页。

域的后人,《西域水道记》更是他们车中必备的图经,如道光二十五年(1845)林则徐(1785—1850)前往南疆勘地,行囊中便不离《西域水道记》[①];咸丰元年(1851)倭仁(1804—1871)出任叶尔羌帮办大臣,在其沿途所作的《莎车行纪》中,处处是据引"徐星伯先辈《水道记》"进行实地验证的文字[②]。而像官修的《新疆图志》[③],虽然在一个简单的"引用书目"中没有具列徐松的著作,但在其一百一十六卷的纷繁卷帙中,无不可见对徐松《新疆识略》《西域水道记》等书的引证。千年以来读书人奉为史学正宗的《汉书》,其《西域传》自颜师古给予训诂方面的注释之后,便再无通人作出疏解,而徐松的《汉书西域传补注》填补了这一空白,光绪年间集大成的《汉书补注》就完全袭用了徐松的成果[④]。

晚清、民国之际,边陲史地的学术研究进入到新的阶段,徐松的影响依然见在。辑佚学大家罗振玉(1866—1940)所编《西陲石刻录》《西陲石刻后录》,实际上也是将其乡先贤徐松的《西域水道记》所录碑刻当作了自己收集西域碑拓的指南[⑤],最终在数量上后来居上。他后来收集钱振常(1825—1898)过录的《西域水道记校补》副本(详下《西域水道记校补》版本研究),并关心徐松辑录《宋会要辑稿》的递藏出版[⑥],同样也体现出对其乡贤学术成果的顶礼有加。

这一时期西北历史地理学的研究不仅具有国故整理的意义,同时也是民族主义思潮在国运衰微时期的一种表现。晚清钱塘人吴士鉴(1868—1933)在光绪年间"会试报罢后,益专心舆地之学,尽阅张月斋、何愿船、徐星

---

① 见林则徐道光二十五年六月二日致叶尔羌帮办大臣赛什雅勒泰信,《林则徐全集》,福州:海峡文艺出版社,2002年10月,第8册,第30页。此承周轩先生检示。

② 倭仁《莎车行纪》,有《倭文端公遗书》本。清人之相关引用,还可见景廉《冰岭纪程》、裴景福《河海昆仑录》、方希孟《西征续录》等。

③ 袁大化修、王树楠等纂《新疆图志》一一六卷,台北:文海出版社,1965年12月影印1923年东方学会铅印本。始终其事的王树楠,也是敦煌吐鲁番文书的收藏、研究者,他的敦煌文书研究对徐松《西域水道记》也不乏据引。参笔者《王树楠与敦煌文献的收藏和研究》,《敦煌文献、考古、艺术综合研究:纪念向达先生诞辰110周年国际学术研讨会论文集》,北京:中华书局,2011年12月,第574—590页。

④ 王先谦补注《汉书补注》一〇〇卷,北京:中华书局,1983年9月影印光绪二十六年虚受堂刊本。

⑤ 参罗振玉《西陲石刻录序》,罗振玉著、罗继祖主编《罗振玉学术论著集》,上海:上海古籍出版社,2010年12月,第6集,第479页。

⑥ 罗振玉《五十日梦痕录》,《罗振玉学术论著集》第11集,第184页。

伯诸家之书"①,最终于光绪十八年榜眼及第。无独有偶,与之同龄的吴江人吴燕绍(1868—1944)也曾回忆其发愤攻读西北史地著作而中举的情形:"戊子(光绪十四年)应试秋闱,三场策问有西北地理,瞠目不能句读,归而发愤,始阅辽金元史、《一统志》《西域四种》《藩部要略》《蒙古源流》《蒙古游牧记》《朔方备乘》诸书,辛卯(光绪十七年),竟以是幸捷贤书。"②其后吴燕绍亦于光绪二十年中进士,与其子吴丰培(1909—1996)成为先后辉映的边疆史地研究大家;其中提及的《西域四种》,即当时流传的徐松"西域三种"(《西域水道记》《汉书西域传补注》《新疆赋》)与李文田(1834—1895)《汉西域图考》。这样一种普遍的现象也反映在了文学作品的描写当中,作为小说家言的《孽海花》中,曾朴(1872—1935)所展示的清末文人研读西北史地著作的风气,也都涉及徐松的著作。如第十一回"潘尚书提倡公羊学,黎学士狂胪老鞑文"描述:"石农道:'我告诉你们,昨儿个我因注释《元秘史》,要查一查徐星伯的《西域传注》,家里没有这本,就跑到李纯客那里去借。'"③文学的典型,正反映了晚清士人以研读徐松等前辈西北历史地理学家著作而有以致用的现实风潮。

19世纪末20世纪初,西方的中亚探险热潮兴起之际,《西域水道记》也成为探险家和汉学家的必读书,徐松的名字对于他们进入的中亚腹地来说,并不陌生。1898年俄罗斯科学院成立的克列缅茨(D. A. Klementz)吐鲁番考察团,就携带了由考察团委员会委员希尔特(Hirt)提供的徐松《西域水道记》德语译本的摘要④。英吉娜《1898年克列缅茨的吐鲁番考察团》介绍:"1898年吐鲁番考察团的发起者是拉德洛夫。……考察团委员会委员包括:彼得堡大学的奥登堡教授、负责克列缅茨中国境内路线翻译工作的伊万诺夫斯基,来自慕尼黑的科学院通讯院士希尔特教授,他为考察团提供了徐松著作的德语译本摘要。"⑤而德国学者至少在1882年就有了专门对徐松著作

---

① 徐一士《一士类稿》,沈阳:辽宁教育出版社,1997年3月,第122页。
② 吴燕绍《自述编纂〈清代蒙藏回部典汇〉经过情形及成书计划》,《清代蒙藏回部典汇》,北京:中华书局,2005年3月,第1册,第1页。
③ 曾朴《孽海花》,上海:上海古籍出版社,1980年2月新2版,第94页。
④ 此承俄罗斯科学院东方文献研究所波波娃(Irina Popova)所长赐告。
⑤ 英吉娜《1898年克列缅茨的吐鲁番考察团》,《孔子学院》(中俄文对照版)2013年第1期,第44—48页。以上引文见第47页。

的研究面世①。

法国汉学家沙畹(E. Chavannes,1865—1918)的《西突厥史料》作为西方汉学研究里程碑式的代表作,大量地吸取了《西域水道记》中的历史地理考证内容②。就敦煌研究而言,他的《宋云行纪笺注》就用《西域水道记》的注释来说明敦煌的方位③;《伯宁先生所获十件中亚汉文题铭》考证的四件敦煌碑文,也利用了《西域水道记》中的研究,甚至直接影印了其中的录文④。后来斯坦因(A. Stein,1862—1943)的《西域考古图记》在介绍敦煌的碑刻时,引用沙畹《伯宁先生所获十件中亚汉文题铭》的研究,提到敦煌碑刻的"内容曾被《西域水道记》所录文"⑤;此后郭鲁柏(Goloubew)为斯坦因该书所撰的介绍文《西域考古记举要》⑥,还特别提及"(千佛洞)别有碑文一通,曾经徐松录入所撰之《西域水道记》"。可见在敦煌学的草创阶段,前此的《西域水道记》是唯一一种对敦煌历史地理进行过精审考证的著作。

伯希和(P. Pelliot,1878—1945)在西域的考察与研究中,无疑是最为成功的西方人士。他也一直将徐松的著作奉为圭臬。在其《中国新疆居民考察报告》(1909)中提及流放西域的清朝文人时,论述:"令人钦佩的学者徐松,他手捧罗盘和毛笔游遍整个新疆,其有关古今地理的著作,始终是我们的主要史料来源。"⑦关于其在敦煌的考察,《西域水道记》也是他的向导,在

---

① 徐文堪先生曾惠示查得关于《西域水道记》早期西文著作两种如下:

1. Karl Himly,徐松西域水道记,in *Berliner Zeitschrift der Gesellschaft für Erdkunde* 15 (1880), p. 182ff., 287ff.; 17 (1882), p. 401 ff.

2. Karl Himly, "Ein chinesisches Werk über das westliche Inner Asien", in *Ethnologisches Notizblatt*, Herausgegeben von der Direktion des Königlichen Museums für Völkerkunde in Berlin, Band III, Heft 2 (Berlin Haack, 1902), pp. 1—77.

② 沙畹《西突厥史料》(*Documents sur les Tou-kiue occidentaux*),St. Petersbourg,1903。有冯承钧中译本,上海:商务印书馆,1934年3月;北京:中华书局,2004年1月。

③ 沙畹《宋云行纪笺注》(*Voyage de Song Yun dans l'Udyana et le Gandhara*),中译本见冯承钧译《西域南海史地考证译丛》第二卷第六辑,北京:商务印书馆,1962年11月,第1—68页。

④ 沙畹《伯宁先生所获十件中亚汉文题铭》(*Dix Inscriptions Chinoises De L'asie Centrale : D'arès Les Estampages De M. Ch.-E. Bonin*),Paris,1902。

⑤ 参斯坦因《西域考古图记》第二十一章第二节"千佛洞的碑刻",中国社会科学院考古研究所主持翻译,桂林:广西师范大学出版社,1998年12月,第2册,第453页。不过中译本将这里的"reproductinn(复制、录文)"译作"摘抄",显然有误。

⑥ 郭鲁柏《西域考古记举要》中译本,见冯承钧译《西域南海史地考证译丛》第三卷,北京:商务印书馆,1999年11月,第757—867页。

⑦ 伯希和等著、耿昇译《伯希和西域探险记》,昆明:云南人民出版社,2001年10月,第31页。

《敦煌藏经洞访书记》(1908)中,不断提及徐松的研究。特别是法国汉学最为自负和传承有自的碑铭研究,伯希和也不能不对徐松的研究表示崇敬,在谈到莫高窟的《李君重修莫高窟佛龛碑》时,他说:"在这方非常重要的石刻文献问题上,对于其大部分内容,我被迫依靠徐松的解读。出于万幸,他的解读精彩绝伦。"①新近出版的《伯希和西域探险日记(1906—1908)》中,也不下十处提及徐松及其《西域水道记》②。对于徐松学术研究的关注,一直贯穿着伯希和的汉学研究,如在《俄国收藏之若干汉籍写本》(1932)一文中,提及莫斯科鲁缅采夫(Rumyancov/Rumjantzevskii)博物院斯卡奇科夫(K. I. Skachkov,1821—1883)收藏本编五六五(五一)号内容为《永乐大典》所收《经世大典》站赤门之抄本时,说:"我好像记得从《永乐大典》抄出此文的是徐松。"③徐松作为《永乐大典》佚书辑存者的身份是伯希和所熟知的。但是伯希和在《乾隆西域武功图考》一文中,过分相信《钦定皇舆西域图志》,而没有引用《西域水道记》,以至对十六幅平定西域武功图的地名考证有未能尽善之处④,堪嗟功亏一篑。

  日本的西域研究者,更加娴熟于《西域水道记》的使用。典型的例子如大谷光瑞(1876—1948)组织的第一次中亚考察队,其队员渡边哲信在《话说西域大流沙》中,专门提及"没有去敦煌是千古的遗憾事":"虽然对敦煌千佛洞的壮观早就有所耳闻,也知道《西域水道记》等书中详细记录的东西。在大约一个星期的返程途中,对于途经的敦煌也没敢前去探访。后来的几年里,伯希和和斯坦因都攫取了世界性的功名。而我们自己呢,虽然有首先到达敦煌的机会,但是却失掉了这次机会,这真是千古的遗憾事。"⑤渡边哲信和堀贤雄从1902年起在新疆考察,由于地震,来年从甘肃返回日本。因为经费紧张,而没有迁道访问敦煌以及莫高窟。从他的记叙中可以看到:西域的

---

① 《伯希和西域探险记》,第260页。
② Paul Pelliot, *Carnets de Route*, 1906—1908, Paris, Guimet, 2008, p. 105,114,139,151,207,241,245,272,276,277,306;耿昇中译本作《伯希和西域探险日记(1906—1908)》,北京:中国藏学出版社,2014年8月。
③ 伯希和《俄国收藏之若干汉籍写本》中译本,见冯承钧译《西域南海史地考证译丛》第二卷第六辑,第184—190页。
④ 伯希和《乾隆西域武功图考证》中译本,见冯承钧译《西域南海史地考证译丛》第二卷第六辑,第69—183页。
⑤ 渡边哲信《话说西域大流沙》,上原芳太郎编《新西域记》,东京:有光社,1937年4月,第436页;此处译文转引自王冀青《国宝流散:藏经洞纪事》,兰州:甘肃教育出版社,2007年12月,第48页。

考察，使他们熟悉了《西域水道记》，也同样熟悉了其中关于敦煌的记载。

正是沿着这样的学术研究道路，当代西域研究的论著几未有不以徐松的成果作为其论述基础的。即使到笔者调查徐松著作版本的当代，仍然可以发现在许多图书馆收藏的《西域水道记》卡片上，写着"中俄关系图书，停借"的字样，这显然是20世纪60、70年代中苏关系恶化所带给本书的命运，由此也反映出该书对于西北边界认识的当代政治价值。

有关徐松在学术史上的地位，在清末民初转型期间对清代学术做出准确评定的名著中，都有非常高的定位。风行于晚清的张之洞（1837—1909）《书目答问》，附录有《国朝著述诸家姓名略总目》，可以看作是对清代学术的第一次总结。其所列十二门中，徐松被列入了"史学门"和"经济门"中。前者又附按语云："地理为史学要领，国朝史家皆精于此。顾祖禹、胡渭、齐召南、戴震、洪亮吉、徐松、李兆洛、张穆，尤为专门名家。"①后者的按语云："经济之道，不必尽由学问，然士人致力，舍书无由，兹举其博通切实者。士人博极群书，而无用于世，读书何为？故以此一家终焉。"②由此可见，徐松在学术本身以及清末士人最为看重的经世致用标准下，都得到了崇高的荣誉。

同样，民国时期影响时代学术潮流的梁启超（1873—1929），在其《清代学术概论》也评论说："自乾隆后边徼多事，嘉道间学者渐留意西北边新疆、青海、西藏、蒙古诸地理，而徐松、张穆、何秋涛最名家。"而作者对"清代地理学偏于考古，故活学变为死学"的总体情形又表现了不满③。但有关徐松，梁启超却在另一部名著《中国近三百年学术史》中另作别论："此类边徼地理学，虽由考古引其端，而末流乃不专于考古，盖缘古典中可凭借之资料较少，而兹学首倡之人如祁鹤皋、徐星伯辈，所记载又往往得自亲历也。"④

以上的评论，成为后来将徐松视作嘉道之际西北历史地理学创始人的经典依据。

---

① 张之洞著、范希曾补正、瞿凤起校点《书目答问补正》，上海：上海古籍出版社，1983年4月，第350页。

② 《书目答问补正》，第360页。

③ 梁启超《清代学术概论》，朱维铮校注《梁启超论清学史二种》，上海：复旦大学出版社，1985年9月，第46页。

④ 梁启超《中国近三百年学术史》，《梁启超论清学史二种》，第466页。

二 徐松研究所体现的学术史偏颇

但徐松的研究也经常只是作为一种例证,来证明学术史的某个观念①。具体到徐松本身及以《西域水道记》为代表的徐松西域著作,则无论是在西部开发的政治热潮还是西域研究与出版的学术热点中,都表现得相对沉寂。那些将徐松作为例证,还原到一个特定的历史时期所做出的论述,对于徐松的定位似乎也是值得商榷的。

事实上仅仅从西北历史地理学的角度来讨论徐松,也还只是体现了他在中国历史中的部分贡献。在中古文献史料、科举史、城市史研究等多个领域,徐松的成就都是无法回避的。徐松自二十九岁进入全唐文馆,担任提调兼总纂官,全面负责编修《全唐文》。他利用新出碑志和《永乐大典》等大内秘笈,以精深的史识和考据功力,辑录了如《河南志》《宋会要》《宋中兴礼书》等重要的唐宋典籍,并开始了他考据学的力作《登科记考》《唐两京城坊考》的撰著。仅仅这些成果,就奠定了他作为清代朴学流派——乾嘉学派后期中坚的地位。即便如此,在中国古代史的研究序列中,虽然学者将徐松《登科记考》《唐两京城坊考》《宋会要辑稿》等作为工具书或重要的史料运用,并不断产生着增补完善这些著作的热情,但也因为仅仅是资料性的意义而忽略了对纂辑者本人的研究。

本来,学术史研究的一些热点问题,如对乾嘉学术的批判或者反弹,可以关注到徐松这样的朴学传人;而集中于乾隆和嘉庆前期的研究倾向,使这些问题在后来的延伸被放到了近代史的范围中而不加深究。而在近代史研究中,侧重于探讨中国社会与政治发展的研究关注点,又使得相对远离于这种政治倾向的学术史研究不无沉寂②。这就是为什么同期担任内阁中书的徐松与龚自珍(1792—1841)、魏源(1794—1857)在研究格局中冷热差距悬

---

① 最明显的例证是后世在讨论西北历史地理学这一学术思潮时,举证中必然提到徐松,但是其在这一学术流派中的确切定位,却无暇思辨,以致总是将他置放在比他时年较晚的张穆、沈垚等人之后。

② 最近几年,这种倾向有所反拨,如以下两种出版物:罗检秋《嘉庆以来汉学传统的衍变与传承》,北京:中国人民大学出版社,2006年5月;魏泉《士林交游与风气变迁:19世纪宣南的文人群体研究》,北京:北京大学出版社,2008年9月。

殊的一个因素。所以,虽然徐松已是非常晚近的学术人物,具体到对他本人的学术背景和著作情况的研究,仍然留下很多的空白与谬误。事实上,徐松是龚自珍离别京师南下时,在《己亥杂诗》惜别的同僚中被景仰为当代伯乐的"宗工",是龚氏"不拘一格降人才"改革企图的寄托者;而魏源被标榜备至的《圣武记》《海国图志》《元史新编》,也无不记录着来自徐松的智慧(详本书第一章"徐松生平考论")。

从对号入座的观念史学来看,鸦片战争之前的嘉道之际实在是一个尴尬的时段,徐松乃至整个西北历史地理学在清代的兴起都令研究者感到局促,类似将国势衰微、"鄂罗斯兼并西北,英吉利蚕食东南"的局面提前到嘉道之际的叙述即由此而起①。就徐松而言,其最能说明士人经世致用理念的《西域水道记》出版在鸦片战争的前夜;相反,《登科记考》《唐两京城坊考》等并非时务的著作却在战争之后付梓印行。这个难以迁就的学术事实,使得一些学者为了突出经世之学在国难之际的表现,便放弃了对其古代史考证著作的引征,而让徐松等人在鸦片战争之前即成为国家忧患的预知者;或者就让晚清的概念延伸到嘉庆之际,而使西北历史地理学的产生从创始之际即经受到来自西方的压力。类似的做法在清代西北边疆研究史和对徐松本人的研究论文中并非个别现象,因此而显示出近代史研究的某种不足和欠缺。

毫无疑问,作为思想史资源的学术研究,即使在社会史和政治史的研究格局中,也是不能偏废的。本书的研究力图体现的,正是如下的观念:生逢时代变革的学者徐松,虽然其学术的成果较为远离政治与社会的前沿,但其学问途径和兴趣所至,不仅是传统文化研究重要的环节,也同样折射出时代变革重要的走向。当一个轰轰烈烈的时代成为过去历史的时候,对当时文化成果的爬罗剔抉和刮垢磨光,应该越加会发现一个伟大学者给后人留下的不仅是实在的文化遗产,更有其时代最重要的思想品质。

---

① 魏源《海国图志》卷七一,同书名编辑委员会编校《魏源全集》,长沙:岳麓书社,2004年12月,第7册,第1788页。

三 以往研究成果的概括与本书的重点和方法

在总体论述徐松及其西域著作研究的不足后,也需要肯定以往研究的具体成果。

就徐松的生平而言,清国史馆编纂的《徐松传》当是最早的记录(插图2)①。但最早公开的记载,则是在同治年间的《畿辅通志》中才出现,其《徐松传》的主要篇幅在抄录《新疆赋》,有关生平的记载,不到千字,不过,已是很详细的记录了②。清末,缪荃孙因为个人的偏好,开始收集徐松的资料,《光绪顺天府志》中的徐松小传即由缪荃孙撰稿③。其后,他又编辑了两千字的《徐星伯先生事辑》(以下行文如非特别需要,均简称"《事辑》")作为其行年记录,汇辑其遗文佚诗31篇为《星伯先生小集》(以下行文如非特别需要,均简称"《小集》")④。此外,徐世昌(1855—1939)的《清儒学案·星伯学案》《大清畿辅先哲传》也是民国时期收集徐松事迹比较丰富的传记(插图3)⑤。在西方,了解徐松的主要材料则是《清代名人传略》⑥。

---

① 清国史馆修《徐松传》,台北故宫博物院图书文献处保存有清国史馆传稿,其4389、4439、5084、5418、6947、7913均不同时期之草稿。《清史列传》卷七三《徐松传》据5084为定稿,王钟翰校点,北京:中华书局,1987年11月,第5991—5992页;《清国》嘉业堂抄本《文苑传》卷五八《徐松传》同,北京:中华书局,1993年6月影印,第12册,第984—985页;《清史稿》卷四八六《徐松传》则据7913为最后定稿,北京:中华书局,1977年8月,第13413—13414页,以上台湾方面的资料,均承郑阿财、朱凤玉二位教授代为复制。

② 李鸿章等纂修《畿辅通志》卷二二六《徐松传》,本书据缪荃孙《续碑传集》卷七八《徐松传》转录,宣统二年(1910)序刻本。

③ 周家楣、缪荃孙等纂《光绪顺天府志》一三〇卷,光绪丙戌(十二年)付梓,北京:北京古籍出版社,1987年12月排印本,"徐松传"在卷一〇三、"徐松著述"在卷一二六。

④ 缪荃孙辑《徐星伯先生事辑》见作者著《艺风堂文集》卷一,辛丑(1901)印行,《北京图书馆藏珍本年谱丛刊》(以下简称"年谱丛刊")据以影印,北京:北京图书馆出版社,1999年4月,第137册,第231—242页;《星伯先生小集》见缪荃孙辑《烟画东堂小品》,1920年缪氏刻本,第7册"徵卷",《清代诗文集汇编》据以影印,上海:上海古籍出版社,2010年12月,第536册,第703—724页。

⑤ 徐世昌辑《清儒学案》二〇八卷,北京修绠堂1939年本,"星伯学案"在卷一四一。前此徐氏另辑有《大清畿辅先哲传》四十卷,天津徐氏1917年刻本,"徐松传"在卷二五"文学类",即《清儒学案·星伯学案》之由来。

⑥ 恒慕义(A. W. Hummel)主编《清代名人传略》(*Eminent Chinese of The Ching Period 1644—1912*),华盛顿美国政府印刷所,1943—1944年;中文版由中国人民大学清史研究所《清代名人传略》翻译组翻译,西宁:青海人民出版社,1990年2月。其中"徐松传略"由杜联喆撰稿,见中文版中册,第487—489页。

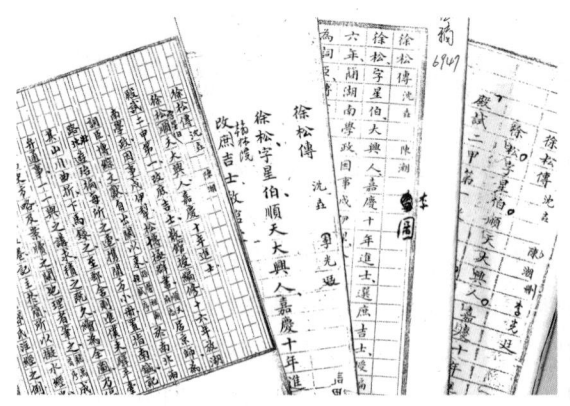

插图 2　清国史馆编纂的《徐松传》部分草稿　　插图 3　《大清畿辅先哲传·徐松传》书影

但即使有缪荃孙这样的热心者,徐松生平的许多环节已然湮没不闻或者传闻失实。陈垣(1880—1971)先生的《记徐松遣戍事》据军机处档案对徐松遣戍伊犁的原因进行了辨正①,是徐松生平考证中最为重要的成果。吴振清的《徐松事迹辨正》一文,就徐松生平事迹在清代记载中的舛误进行辨析,主要对其中举年代、任湖南学政年代、遣戍新疆释还与进书授官情况、后期仕宦经历等四个方面,进行了辨正②。王聿均的《徐松的经世思想》一文③,分为前言、生平与著述、徐松的经世思想落实于新疆史地的研究、《宋会要辑稿》的流传与徐松注重实务之思想、结论五部分进行论证;但作者未能利用缪荃孙《事辑》是其最大的失误,因而影响了论文全面的考证,有些材料的分析、辨正也不正确。以赵俪生《西北学的拓荒者之一:徐松》为代表的一系列论文,则多结合徐松西域史地学方面的贡献进行生平、思想的讨论,因为没有更新的材料,甚至对前贤研究成果的忽略,大多仍停留在介绍性的评述

---

① 陈垣《记徐松遣戍事》,《国学季刊》第 5 卷 3 号(1936 年 9 月),第 141—150 页;收入陈乐素、陈智超编校《陈垣史学论著选》,上海:上海人民出版社,1981 年 5 月,第 371—381 页。据编者按,后者据原稿及作者编辑之《徐星伯事件》资料校订。

② 吴振清《徐松事迹辨正》,《南开学报》1989 年第 1 期,第 48、31 页。关于徐松生平中交游的讨论,近年也有新的研究,如鲁雪静《姚元之与徐松交友考述》,《青年文学家》2014 年 30 期,100—101 页。

③ 王聿均《徐松的经世思想》,《近世中国经世思想研讨会论文集》,台北:中研院近代史研究所编印,1984 年 4 月,第 181—197 页;后附王尔敏评论。

上①。只有周轩在《清宫流放人物》中通过对《清仁宗实录》的检索,增加了徐松在新疆的事迹的细节论证②。

围绕《西域水道记》的研究,成果则相对出色一些。首先是晚清的学者都以《西域水道记》为西域学问的依归,其笔记如李文田《西域水道记订讹》等,是比较普遍的成果,惜以未能刊刻而不为世所知③。最早以《西域水道记》为题发表的论文,是晚清民国时期西北史研究的领袖人物沈曾植(1850—1922),他的遗作《西域水道记跋》④,主要是对卷四"回部王吐呼鲁克吐木勒罕墓"所引《库鲁安书》中回部世系所进行的辨析。这种读书笔记式的论文后来有秦佩珩的《〈西域水道记〉简疏:罗布淖尔和哈喇淖尔水源的初步追踪》⑤,通过对《西域水道记》中罗布淖尔和哈喇淖尔水道读书笔记之连

---

① 赵俪生《西北学的拓荒者之一:徐松》,《西北史地》1985 年第 1 期,第 9—12 页;收入《赵俪生史学论著自选集》,济南:山东大学出版社,1996 年 9 月,第 473—480 页。其他同类的论述有:
 1. 乔松《徐松在新疆的十年》,《新疆文学》1962 年 11—12 月合刊号,第 94—96 页。
 2. 刘美崧《清代学者徐松对新疆史地研究的贡献》,《新疆历史丛话》,乌鲁木齐:新疆人民出版社,1983 年 8 月,第 79—92 页(对前此乔松一文的修订)。
 3. 赖洪波《十年辛苦绘山河:徐松在伊犁》,《伊犁河》1984 年 3 期;收入作者著《伊犁史地文集》,香港:银河出版社,2005 年 9 月,第 382—391 页。
 4. 翟忠义《徐松传》,收入作者编著《中国地理学家》,济南:山东教育出版社,1989 年 3 月,第 358—363 页。
 5. 王桂云《徐松对新疆方志事业的建树》,《新疆地方志》1992 年第 3 期,第 41—43 页。
 6. 吕育良《松筠、祁韵士和徐松对新疆方志事业的贡献》,《新疆地方志》1997 年第 2 期,第 51—55 页。
 7. 郭书兰《晚清地学巨子徐松》,《史学月刊》1999 年第 4 期,第 41—44 页。
 8. 牛海桢《徐松及其西北边疆史研究》,《甘肃教育学院学报》2000 年第 2 期,第 59—63 页;其中部分内容又以《徐松〈西域水道记〉的学术特点》为题,发表于《史学史研究》2000 年第 2 期,第 57—59 页。
 9. 方立军《徐松与西北边疆史地研究》,《固原师专学报》2003 年第 2 期,第 37—41 页;又见《喀什师范学院学报》,2002 年第 5 期,第 47—51 页。
 10. 李军《论清代学政案:以"星伯学案"为中心》,《北方论丛》2012 年第 6 期,第 84—88 页。
② 周轩《清宫流放人物》,北京:紫禁城出版社,1993 年 7 月,"徐松传"见第 174—177 页。其后作者与高力合作有《清代新疆流放名人》一书,对徐松生平与西域研究著作有更详细的论述,乌鲁木齐:新疆人民出版社,1994 年 6 月,第 151—171 页;该文又以《徐松与〈西域水道记〉》为题,收入周轩《清代新疆流放研究》,乌鲁木齐:新疆大学出版社,2004 年 8 月,第 174—192 页。
③ 缪荃孙《艺风藏书续记》卷三:"《西游录注》一卷《西域水道记订讹》一册《朔方备乘札记》一卷。稿本。顺德李仲约师精究西北舆地,有所见即校注于书眉,汇录三种藏之。"缪荃孙著,张廷银、朱玉麒主编《缪荃孙全集·目录》一,南京:凤凰出版社,2013 年 12 月,第 206 页。
④ 沈曾植《西域水道记跋》,《学海》1 卷 3 期(1944 年 9 月),第 42—43 页。
⑤ 秦佩珩《〈西域水道记〉简疏:罗布淖尔和哈喇淖尔水源的初步追踪》,《郑州大学学报》1988 年第 2 期,第 4—11 页。

缀,从农业开发与水利兴修的角度表彰了徐松对水道记载的经济地理意义,在考证方面主要驳正了徐松"三危山在鸣沙山北"的方位错误。作者的另一篇相关研究《清代敦煌水利考释》同样也引用《西域水道记》的记载,而对个别的理解错误进行了辨正①。以陈家麟、孔祥珠《徐松与〈西域水道记〉》为代表的一系列论文则从比较全面的角度分析《西域水道记》的体例、内容,以及学术特点与价值意义,基本上仍属于介绍的性质②。其中,杨正泰在《中国地理学史·清代》上编"地理著述"第三章"河渠水利专书"第一节"水道著作"中关于《西域水道记》的介绍是比较翔实而中肯的③。冯锡时的《徐松〈西域水道记〉辨误》是一篇对《西域水道记》进行了比较深入研究后的考订文章④,作者指出了徐松《西域水道记》有关域外或边疆历史地理记述的错误。如回历与夏历的换算之误、将和阗东源玉陇哈什河作为阿姆河下流之玉龙杰赤之误、将兀庐误作阿鲁忽、阿力麻里误作叶密里,以及有关钦察汗国的世家和黄河河源记述的失误,等等。所惜该文植字多误,白璧微瑕。

《西域水道记》研究真正的扛鼎之作,应该推榎一雄《关于徐松的西域调查》,作者是在对清代新疆史进行全面研究的框架下选择徐松《西域水道

---

① 秦佩珩《清代敦煌水利考释》,《郑州大学学报》1985 年第 4 期,第 3—8、80 页。
② 陈家麟、孔祥珠《徐松与〈西域水道记〉》,《新疆历史论文集》,乌鲁木齐:新疆人民出版社,1977 年 12 月,第 344—353 页。同类的论文有:

1. 钮仲勋《徐松的〈西域水道记〉》,《中国水利》1987 年第 5 期,第 40 页;收入作者著《我国古代对中亚的地理考察和认识》,北京:测绘出版社,1990 年 2 月,第 106—113 页。
2. 杨润黎《徐松与新疆地理水文研究》,《新疆日报》1987 年 12 月 5 日。
3. 赵俪生《徐松及其〈西域水道记〉》,《兰州大学学报》1992 年第 4 期,第 1—4 页;收入《中国历代地理学家评传》第三卷,谭其骧主编,济南:山东教育出版社,1993 年 7 月,第 120—128 页。
4. 杜瑜《实地勘察过的〈西域水道记〉》,作者著《舆地图籍:〈异域录〉与〈大清一统志〉》,沈阳:辽海书社,1997 年 8 月,第 87—94 页。
5. 王燕玉《徐松和〈西域水道记〉》,《贵州师范大学学报》1998 年第 4 期,第 36—37 页。
6. 陈亚洲《徐松及其〈西域水道记〉探析》,《塔里木大学学报》2007 年第 1 期,第 38—42 页。
7. 尹俊筲《从〈西域水道记〉的成书看徐松的学术转向》,新疆大学 2008 年硕士论文。
8. 李军《徐松〈西域水道记〉论略》,《新疆地方志》2013 年第 1 期,第 38—42 页。
9. 李军《徐松"西域三种"论略——兼论"西域三种"到"西域四种"》,《西部学刊》2014 年第 10 期,第 22—25 页。

③ 赵荣、杨正泰《中国地理学史·清代》,北京:商务印书馆,1998 年 12 月。《西域水道记》的论述见本书第 93—97 页,杨正泰执笔。
④ 冯锡时《徐松〈西域水道记〉辨误》,《中国边疆史地研究》1998 年第 2 期,第 59—72 页。

记》作为个案对象展开探讨的。在长达十三节的长篇论文中,作者追寻了徐松身后著作的流散情况,通过钩稽清代大量的史料,并对照纪昀(1724—1805)、洪亮吉(1749—1805)、林则徐等人遣戍的记载,探讨了徐松遣戍伊犁的法律因素、路途经历、遣戍生活,进而又回溯其一生在北京的生活、交游、品节与著作情况,然后探讨他在西域的考察、从《伊犁总统事略》到《新疆识略》,以及"西域三种"的著述因果,其中对徐松超越祁韵士的著述欲望,以及作为历史地理学和文学传记的《西域水道记》,都给予了生动而翔实的论证。就像当年徐松不断完善自己的著作一样,作者从1981年发表《关于徐松的西域调查》前四节开始,也一直在以后的发表中不断根据新的材料和理解完善着研究的心得。而这也充分体现了清史研究中一种令研究者本人颇感不安的研究状态,即始终处在新材料发现的诱惑和不能彻底完成的遗憾之中。

21世纪的开端,《西域水道记》在海外的一些重要资料被披露出来。首先是周振鹤发表《早稻田大学所藏〈西域水道记〉修订本》一文,对其在早稻田大学图书馆发现的徐松在《西域水道记》付梓后亲笔修改本进行了首次披露,并对修订的笺条进行了录文[①]。其后,石见清裕也在2001年青岛举行的中国唐史学会年会上发表与此相关的论文,介绍这一修订本入藏早稻田大学的经过,并对其流传作了初步的研究[②]。最新的成果,则是荣新江教授对俄罗斯斯卡奇科夫藏品中来自可能是张穆(1805—1849)旧藏的《西域水道记》笺条的发现和考证[③]。

在前贤的研究基础上,笔者以《徐松与〈西域水道记〉研究》为题,于2000年

---

① 周振鹤《早稻田大学所藏〈西域水道记〉修订本》,《中国典籍与文化》2001年第1期,第86—95页。

② 石见清裕《日本早稻田大学图书馆所藏徐松〈西域水道记〉之著者亲笔校订本简介》初稿,在青岛2001年中国唐史学会年会上宣讲,其后又有简短的介绍文章《早稲田に残された徐松の直笔》,作为卷首语发表在早稻田大学东洋史恳话会出版的《史滴》第23号(2001年12月)。最后的定稿《早稲田に残された徐松の直笔:早大图书馆所藏自笔校订本》发表于《中国古典研究》第47号(2002年12月),第71—86页。以上三文均承作者惠寄。以上发现,由笔者对照诸本,写成《〈西域水道记校补〉汇校》,收入笔者整理的《西域水道记(外二种)》,北京:中华书局,2005年7月,第563—602页。

③ 荣新江《俄罗斯国家图书馆所见〈西域水道记〉校补本》,《文史》2005年第4辑,第245—256页。

7月至2002年6月期间,在北京大学历史系完成了博士后工作报告,对徐松生平、著作进行了尽可能系统的探究,并在此后陆续发表了相关成果①。而由本人整理的"大兴徐氏三种",也以《西域水道记(外二种)》为名,作为"中外交通史籍丛刊"的第18种,由中华书局出版②。

另外值得注意的是,21世纪以来,西北历史地理学的研究成为博士论文所青睐的重要内容,先后有贾建飞、郭丽萍、章永俊、侯德仁等人主题比较接

---

① 笔者陆续发表的论文有:
1.《〈西域水道记〉:稿本、刻本、校补本》,《中外关系史:新史料与新问题》,北京:科学出版社,2004年1月,第383—404页。
2.《〈西域水道记〉稿本研究》,《文献》2004年第1期,第172—194页。
3.《徐松及其西域著作研究述评》,《新疆师范大学学报》2004年第4期,第112—116页。
4.《徐松与〈西域水道记〉》,《书品》2005年第4辑,第75—81页。
5.《徐松遣戍伊犁时期的生活考述》,《西域研究》2006年第1期,第12—20页。
6.《清代西域地理文献中的吐鲁番:以〈西域水道记〉为中心》,《吐鲁番学新论》,乌鲁木齐:新疆人民出版社,2006年5月,第747—754页。
7.《〈新疆识略〉成书考论》,朱玉麒主编《西域文史》第一辑,北京:科学出版社,2006年12月,第169—178页。
8.《徐松手札辑笺》,《文献》2009年第3期,第158—170页(与魏春艳合作)。
9.《徐松与道光朝京师学坛的西北史地研究》,《西域文史》第四辑,北京:科学出版社,2009年,第265—294页。
10.《〈西域水道记〉刊刻年代再考》,《西域研究》2010年第3期,第76—81页。
11.《思想与思想史的资源:魏源致徐松三札考论》,《西域历史语言研究集刊》第四辑,北京:科学出版社,2010年9月,第339—353页。
12.《徐松诗文辑佚》,《汉学研究学刊》创刊号,吉隆坡:马来亚大学中文系,2010年10月,第163—195页。
13.《清代西域流人与早期敦煌学研究:以徐松与〈西域水道记〉为中心》,①《敦煌研究》2010年第5期,第92—98页;②*Dunhuang Studies: Prospects and Problems for the Coming Second Century of Research*, ed. Irina Popova & Liu Yi, St. Petersburg: Slavia, 2012, pp. 351—360.
14.《西北史地学背景下的徐松与邓廷桢、林则徐交谊》,《伊犁师范学院学报》2010年第4期,第29—32页。
15.《徐松遣戍伊犁时期的新史料》,《伊犁师范学院学报》2015年第2期,第30—33页。
16.《徐松遣戍新疆案过程新证》,《西域研究》2015年第4期,第169—174页。
17.《西域梵经石在清代的发现与研究》,阿不都热西提·亚柯甫主编《西域—中亚语文学研究》,上海:上海古籍出版社,2015年12月,第101—126页。
以上成果经过增订,部分已经成为本书稿的有机组成,还有部分内容,将在另外编著的《徐松文集·年谱·师友记》中体现。谨此向发表这些论文的刊物和论集编者致谢。
② 徐松著、朱玉麒整理《西域水道记(外二种)》,北京:中华书局,2005年7月。

近的西北历史地理学学术史研究成果①。在这些论著中,均有徐松与《西域水道记》研究的专章讨论,其中不乏宏论,但也有遗憾,那就是对相关的细节材料挖掘不够,有关学术史人物的生平总是停留在习见的资料上,对于涉及主要人物的家乘、同时代学人群体之间的交游,都未有深入的考察。不过徐松研究的领域确实也在不断扩大中②。

当有关学术史的观念问题被做了多少次雷同的总结之后,在西北历史地理学的研究中,过程往往比结论更为重要,细节也比构架更具有魅力。本书将从传统的文献处理方法入手,在笔者博士后报告"研究编"的基础上,对徐松及其《西域水道记》进行更为深入的探讨,力图由此个案来说明清代学术史发展的丰富细节,以及西北历史地理学兴起的重要过程。

---

① 贾建飞《晚清西北史地学》,2002年中国社会科学院博士学位论文;经修改出版为《清代西北史地学研究》,乌鲁木齐:新疆人民出版社,2010年5月。郭丽萍《嘉道西北史地学人研究》,2003年北京大学博士学位论文;同作者《道光朝京师学人交游与西北史地研究》,2005年中国人民大学博士后报告;以此二种论著为基础,作者出版有《绝域与绝学:清代中叶西北史地学研究》,北京:三联书店,2007年12月;其中涉及徐松的部分,先以《由"言今"到"证古":从徐松看道光朝西北史地研究的一个侧面》,发表于《史学月刊》2005年第6期,第69—76页。章永俊《鸦片战争前后中国边疆史地学思潮研究》,2003年北京师范大学博士学位论文;经修改,以同名正式出版,合肥:黄山书社,2009年4月。侯德仁《清代西北边疆史地学研究》,2004年南开大学博士学位论文;经修改出版为《清代西北边疆史地学》,北京:群言出版社,2006年3月。近期,曹博林发表《徐松及〈西域水道记〉研究述评》,对2014年以往的研究成果分为三个阶段予以述评,可以参看。文载周伟洲主编《西北民族论丛》第十一辑,北京:社会科学文献出版社,2015年8月,第219—233页。

② 如,李军就徐松《新疆赋》的研究,有多篇专题论文:

1.《论〈西藏等三边赋〉——清代边疆舆地赋之代表》,《(台湾师范大学)师大学报·语言与文学类》2012年第2期,第99—101页。

2.《〈新疆赋〉民俗述考》,《内蒙古民族大学学报》2012年第4期,第14—18页。

3.《论〈西藏等三边赋〉的文献价值》(与刘延琴合作),《海南师范大学学报》2013年第1期,第117—124页。

4.《〈三边赋〉之〈新疆赋〉论略》,《辽东学院学报》2013年第3期,第8—14页。

5.《论〈西藏等三边赋〉——以边疆意识为中心》,《文学与文化》2013年第4期,第82—86页。

6.《屡丰接乎青黄,荒服臻乎富庶——从〈新疆赋〉等看18至19世纪的屯垦开发》,《北方民族大学学报》2013年第4期,第50—55页。

7.《论徐松的文学成就——兼论〈新疆赋〉的文学特点》,《江南大学学报》2014年第1期,第80—85页。

8.《论清代边疆舆地赋的双重价值——以〈西藏等三边赋〉为例》,《中央民族大学学报》2014年第3期,第135—142页。

9.《徐松〈新疆赋〉辨误》,《西部学刊》2015年第1期,第45—52页。

10.《新疆简史精品——〈三边赋〉之〈新疆赋〉的史料价值》,《辽东学院学报》2015年第2期,第26—32页。

首先,在对于徐松生平的钩稽上,先贤前哲已从档案史料中比定甚多,但就其周围交游者的著述与传记来寻找这位历史地理学家的足迹,则除了对如张穆、沈垚(1798—1840)等少数人的有限开采外,似仍有值得进一步探索的余地。近代史研究对于龚自珍、魏源、林则徐等人的研究正是采取了这样的方法,而使这些在当时政治舞台上隐显不一的人物都鲜明地还原为立体化的形象。从学术史的角度来看待清代文士集团的创造活动,徐松也是值得这样来展开充分研究的,因此通过其学术活动的重要方面——仕宦、遣戍、著述、交游,勾勒其更为丰富的形象,展示其在嘉道之际学术史中的地位,是本研究刻意追求的内容。

其次,《西域水道记》的研究将成为本书的另一个中心。就中国地理学发展的历史而言,近代以前的18世纪堪称对于地理认识的高峰。《西域水道记》受到康熙、乾隆年间大一统疆域测量成果的具体影响,尤其是乾隆时期的测量成果主要在西域范围,《西域水道记》正是在这样一种精确测量西域范围下使得外藩如同中原的再体现。使用中西地理学成熟的方法而熔为一炉,《西域水道记》在结束传统中国地理学著作上的意义是毋庸置疑的。当我们面对屡经修改的版本,其成书的经历与传播的过程所包含的作者与读者对于西域的认识,无疑也是阅读这一名著值得了解的内容。正是从这样的角度,本研究将从《西域水道记》版本的梳理和文本的细读出发,就其著述因由与体例,自清代学术史发展的内部,提供认识《西域水道记》及西北历史地理学兴起的新视点。

四 嘉道之际西北史地学兴起的背景与思潮

《西域水道记》的成书有许多属于那个时代的特性。当我们将徐松作为西北历史地理学的中坚而置放在嘉道之际来研究时,通过一个简单的时代与学术环境的交代来解释其出现显然是必要的。

1 社会背景

正如张之洞"地理为史学要领"所标示的那样,虽然从今天学科史的角度可以认为清代的地理学尚未从附庸的地位独立出来,但它在历史学的范围内已然创造出非常丰厚的成果却是有目共睹的事实。

在徐松出生之前,中国地理学史上一个重要的契机是康乾盛世对西北的经营,它使得中国的行政区域远迈汉唐,取得了空前的大一统局面。西域的平定提出了认识边疆的要求。自康熙皇帝以来,清朝统治者对于西方科学知识的引进也堪称不遗余力,以地圆说与经纬网坐标为基础的近代制图学理论成为重要的代表而促进了中国地理知识的发展。因此康雍乾三世,运用西方地图投影与测绘技术,分别进行了两次大规模的天文大地测量,并三次组织人力编绘、纂修全国性的地图和《一统志》。康熙朝《皇舆全览图》是西方地图投影法的第一次大规模实测运用,成为在世界范围内引以为骄傲的精密地图。其后乾隆二十一年和二十四年又先后对天山南北路进行补测,分别获得西域各地经纬度数据一百多处,画成"新辟西域诸图",在此基础上,由以传教士蒋友仁(Michel Benoist,1715—1774)为首的钦天监人员在乾隆二十五年(1760)编绘成了完整的中国地图——《乾隆内府舆图》,并产生了重要的副产品《钦定西域同文志》(乾隆二十八年)、《钦定皇舆西域图志》(乾隆四十七年),它们直接影响到了后世的西域史地研究①。此后在清代出现的地理制作,都没有能够超越这一时期的成果,甚至因为康乾二图的扃锁内府,地理学研究在晚清实际呈现了倒退的趋势。

康乾盛世尽管可以有多种评述,但其昭示的大一统地理局面以及边疆开拓的盛世举措,无疑刺激了此期公私编纂的地理学著作汗牛充栋的情形,显示出地理学在清代最繁盛的时期。袁枚(1716—1797)所谓"此舆地之学,所以必详于大一统之朝也"②,应该说不完全是一种迎合朝廷的歌功颂德之语。本书的研究对象徐松,站在嘉道之际的学术领军地位,也曾敏感而欣喜地对这一西学引进带来的地理学进展表示了由衷的感慨:"国家抚有六合,尽海隅,出日咸,入版籍。康熙、乾隆中,屡测星度,刊定舆图。于是积学之士,闭户著书,能知宇宙之大。"③

一旦西域平定,以乾隆二十七年设置总统伊犁等处将军(简称"伊犁将

---

① 具体论述参钮仲勋《我国古代对中亚的地理考察和认识》第六章"乾隆年间的测绘",北京:测绘出版社,1990年2月,第95—99页;冯立升《乾隆时期西北地区的天文大地测量及其意义》,《中国边疆史地研究》1999年第3期,第60—68页。

② 袁枚《萧十洲西征录序》,袁枚著、周本淳点校《小仓山房诗文集》,上海:上海古籍出版社,1988年1月,第1399页。

③ 徐松《英煦斋师卜魁城赋跋》,《小集》,第十七叶背面。

军")为起点的新疆边防建设即开始步入正轨,遣戍流人的方向由早年经营东北满洲故地转为以伊犁为中心的西北。因此,以伊犁将军和遣戍废员为代表的文人集团在新疆形成,一个崭新的天地等待他们经营起文化的长城。就西域史地而言,以个人遭受边陲生活的艰辛为代价,他们没有辜负这种身临实地的经验,从而以著作如林的实绩名垂青史。徐松以前相关的著作或文或史,可以说不绝如缕:

《西征纪略》(张寅,康熙五十四年)

《异域录》(图理琛,康熙五十四年)

《使准噶尔行程记》(佚名,雍正十三年)

《从军杂记》(方观承,雍正十三年)

《西北域记》(谢济世,雍正年间)

《奉使西域集》(阿克敦,乾隆三年)

《回疆志》(《西域地理图说》)(永贵、固世衡,乾隆二十八年)

《钦定西域同文志》(傅恒等,乾隆二十八年)

《出塞吟》(周珠生,乾隆三十二年)

《玉塞集》《轮台集》(国梁,乾隆三十三年)

《秋月吟筇集》《杏花亭吟草》(毕沅,乾隆三十五年)

《西域医匦载笔》(福增格,乾隆三十五年)

《回疆志》(《新疆回部志》)(苏尔德,乾隆三十七年)

《阅微草堂笔记》《乌鲁木齐杂诗》(纪昀,乾隆三十五年)

《伊江汇览》(格琫额,乾隆四十年)

《西陲纪游》(唐道,乾隆四十一年)

《西域闻见录》(椿园七十一,乾隆四十二年)

《乌鲁木齐政略》(索诺木策凌,乾隆四十五年)

《钦定皇舆西域图志》(傅恒等,乾隆四十七年)

《钦定河源纪略》(纪昀等,乾隆四十八年)

《西征日记》(赵钧彤,乾隆四十九、五十年)

《塞外稿》(庄肇奎,乾隆五十四年)

《塔尔巴哈台事宜》(永保,乾隆五十四年)

《总统伊犁事宜》(永保,乾隆五十七年)

《喀什噶尔英吉沙尔事宜》(永保,乾隆五十八年)

《乌鲁木齐事宜》(永保,乾隆六十年)
《塞上草》(朱腹松,乾隆六十年)
《塞垣吟草》(陈庭学,乾隆六十年)
《西域地理图说》(佚名,乾隆年间)
《伊江杂咏》(薛国琮,乾隆年间)
《出塞集》(徐世佐,乾隆末年)
《绥服纪略图诗》(松筠,嘉庆元年)
《异域竹枝词》(福庆,嘉庆元年)
《秋笳吟》(舒敏,嘉庆四年)
《西征纪程》(王大枢,嘉庆四年)
《天山集》(王大枢,嘉庆四年)
《遣戍伊犁日记》(洪亮吉,嘉庆五年)
《万里荷戈集》(洪亮吉,嘉庆五年)
《天山客话》(洪亮吉,嘉庆五年)
《百日赐环集》(洪亮吉,嘉庆五年)
《西戍纪程》(韦佩金,嘉庆八年)
《回疆通志》(和宁,嘉庆九年)
《三州辑略》(和宁,嘉庆十一年)
《西行诗草》(汪廷楷,嘉庆十一年)
《轮台寄隐集》(邱德生,嘉庆十一年)
《听雪集》《归鹤集》《东归日程记》(舒其绍,嘉庆十一年)
《西域释地》(祁韵士,嘉庆十三年)
《西陲要略》(祁韵士,嘉庆十三年)
《万里行程记》(祁韵士,嘉庆十三年)
《西陲竹枝词》(祁韵士,嘉庆十三年)
《西陲总统事略》(松筠等,嘉庆十三年)
《荷戈集》(李銮宣,嘉庆十三年)
《玉门诗钞》(铁保,嘉庆十六年)
《戎旃遣兴草》(晋昌,嘉庆二十五年)
《西戍日记诗草》(齐培元,嘉庆末年)

……

在这一西域著述系列中,徐松的西域研究著作,无疑是最堪称道的力作。而他对于康乾以来新疆开辟的政治倚重与前期成果的吸收,是其著作后来居上的重要原因。

2 学术思潮

嘉道之际学术潮流的一个重要特点是"朴学"的蔚然成风。从乾隆时期开始,以钱大昕(1728—1804)、王鸣盛(1722—1797)、赵翼(1727—1814)为代表的学者将治经的实事求是学风引入到考史的范围。而对史学著作的考订,按照钱大昕的科学总结:"窃谓史家所当讨论者有三端,曰舆地,曰官制,曰氏族。"[①]在具体研究的次序上,"予尝论史家先通官制,次精舆地,次辨氏族,否则涉笔便误"[②]。这些成熟的方法论,使得历史地理学在历史学的门类中成为重要的单元。有关《禹贡》《山海经》《水经注》等古典地理著作和正史地理志的考证和补编,正是在这样一种风气之下形成。

虽然如梁启超所持论:"清儒之地理学,严格的论之,可称为历史的地理学,盖以便于读史为最终目的,而研究地理不过其一种工具,地理学仅以历史学附庸之资格而存在耳。"[③]而它终究形成了一种对待地理空间质实求证的传统,形成了学者切磋地学知识的风尚。就与徐松有过交往的学者而言,留下地理著作的人就不在少数:

《皇朝一统舆地全图》(李兆洛,道光十二年)

《历代地理志韵编今释》(李兆洛,道光十七年)

《历代舆地沿革图》(李兆洛,道光十七年)

《皇朝舆地韵编》(李兆洛,道光年间)

《嘉庆重修一统志》(穆彰阿等,道光二十二年)

《国史地理志》(姚元之,道光年间)

《道光九域志》(姚元之,道光年间)

《后汉书地名录》(沈垚,道光年间)

《水经注地名释》(沈垚,道光年间)

---

① 钱大昕《二十四史同姓名录序》,《嘉定钱大昕全集》,南京:江苏古籍出版社,1997年12月,第9册,第388页。

② 钱大昕《廿二史考异》卷四〇"北史三·外戚传",《嘉定钱大昕全集》第2册,第869页。

③ 梁启超《中国近三百年学术史》,《梁启超论清学史二种》,第299页。

《元史西北地蠡测》(沈垚,道光年间)

《新疆私议》(沈垚,道光八年)

《漳北滆南诸水考》(沈垚,道光年间)

《西游记金山以东释》(沈垚,道光十六年)

《西域小记》(沈垚,道光年间)

《元和郡县志补图》(沈垚,道光年间)

《蒙古游牧记》(张穆,道光年间)

《魏延昌地形志》(张穆,道光年间)

《蒙古道里考》(杨亮,道光年间)

《西域沿革图表》(杨亮,道光年间)

《海国图志》(魏源,咸丰二年)

《朔方备乘》(何秋涛,咸丰八年)

……

其中李兆洛(1769—1841)、穆彰阿(1782—1858)、姚元之(1776—1852)都是徐松的同年进士,在嘉庆十年一榜中出现如此众多的地理学名家,仅此一例就可见这一学科的发展情形。

除了对经典史料的爬罗剔抉,成为其求证的材料,乾嘉学者通过新材料的发现来形成新学问、不断地拓宽考证传统历史地理的途径,也是其追求的目标。钱大昕治元史是非常鲜明的例证。正史修纂中《元史》的脱略舛误,一直是治史者挑战的对象,钱大昕从《道藏》中抄出《长春真人西游记》,从《永乐大典》中抄出《元秘史》《皇元圣武亲征录》,遂找到了补苴《元史》的重要史料,蒙元史研究因而在嘉道年间被学者接力,成为西北史地学研究的重要课题。

徐松对钱大昕的服膺与私淑,在与他们的子弟如钱侗(1778—1815)、瞿中溶(1769—1842)等人的交往中,有具体的表现。瞿中溶是钱大昕的女婿,其《瞿木夫先生自订年谱》"嘉庆十六年"条:"学使徐星伯编修松在都门,与钱亦轩、同人昆季为文字交,下车后,与予深相契合。按试桂阳回,以所拓南汉铜钟文见贻。"[①]文中提及的亦轩即钱东垣(?—1824)、同人即钱侗,均钱大昭子、钱大昕侄,与瞿中溶为内兄弟,他们都是钱大昕学术的继承人,徐松

---

① 瞿中溶《瞿木夫先生自订年谱》,《年谱丛刊》第131册,第273页。

与他们的交往体现了他对于钱大昕的景慕,而徐松所保存的钱大昕《元史艺文志》也是嘉庆十五年钱侗所赠①。此外,钱大昕的族子钱坫(1741—1806),其研究《汉书地理志》的著作《新斠注地理志》十六卷,也一直是徐松案头时时钻研的工具书,其中粘满了平时心得的签条,在其去世之后被刻印为《新斠注地理志集释》行世。

其他乾嘉学派的前辈如段玉裁(1735—1815),徐松也通过与其外孙龚自珍的交往,对《说文解字》有了精微的研究。徐松所藏段玉裁《说文解字注》三十卷本上写有段玉裁本人的很多札记,并曾过录龚自珍的札记,徐松身后,刘肇隅将龚、徐笔记分别录出,由叶德辉(1864—1927)汇以桂馥(1736—1805)《说文解字抄按》二卷为《说文段注校三种》行世(详第二章"徐松著作叙录"之《徐星伯说文段注札记》)。徐松将《说文解字》用以对西域地名的考证,可见他对文字学的精熟程度。

他如洪亮吉的地理学,也为徐松所钦佩,在应洪饴孙(1773—1816)之请为其父《天山客话》作跋时,徐松即以后学的身份赞叹:

> 北江先生自塞上归后十有一年,余亦戍伊犁。余居彼中八年,曾奉檄回疆,又纂成《识略》,自谓蒐辑粗具梗概。今读先生所著《天山客话》,尚有数事,余未及收录者。先生居伊江仅百日,而见闻赅洽如此,前辈精力过人,博闻强识,于此足见一斑矣。道光甲午(十四年)后学徐松识。②

徐松,正是在朴学前辈学术思潮的影响下,因缘巧合,得到了遣戍西域实地考察的机会,将朴学的训练融汇而铸就西北历史地理学的名著,他自己也成为新的时代机遇下西北历史地理学的中坚。

作为一种本土传承,学术思潮中另一个更早的观念——经世致用,也因为新学术领域的开拓而重新激活。学术精神与学术方法往往在研究中被颠倒因果,实际上经世致用的学术精神在有清一代即使是文网最紧的时代也未曾丧失,因为致用与实用并非相同的概念,清代学者从事与社会实用性关系较疏的学术研究,其中实事求是的学术本质与"藏诸名山,传之其人"的不

---

① 徐松《元史艺文志跋》:"此书庚午岁钱同人所赠,今检出重装,而同人已下世久矣,为之悯然。道光辛巳岁星伯记。"中国国家图书馆藏陈垣旧藏本(目 36.5/855 部四),张廷银师兄检示。

② 徐松《天山客话跋》,《小集》,第廿二叶正。

朽思想并未中辍。我们只要看看张穆《顾亭林先生年谱题词》罗列的一批朴学家，在他们从事顾炎武年谱编订工作的热情中，就可以得见其学术理想的旨趣所在：

> 本朝学业之盛，亭林先生实牖启之，而洞古今、明治要，学识该贯，卒亦无能及先生之大者。闻桐城胡雒君虔，尝为先生撰次年谱，惜未之见。大兴徐丈松钩稽各书，依年排纂，已写有定本。会何太史绍基自金陵来，携有上元车明经守谦（号秋舲）所辑谱，互用勘校，车氏差详。盖车氏本之昆山吴广文映奎（号银帆），而吴氏又本之先生抚子衍生也。徐丈欲更事厘订，以出守榆林未遑。穆乃不自揆度，比而叙之，综两谱之异同，究大贤之本末，世之景行先生者，尚其有考于斯。道光二十三年五月朔日，平定后学张穆记。①

顾衍生、吴映奎、车守谦、胡虔、徐松、张穆，这些南北学者先后编辑顾炎武年谱，确实都是在表现学术的敬仰之情。而从道光二十三年以来，何绍基（1799—1873）与张穆在宣南慈仁寺创建顾亭林祠，每年春秋与顾炎武生日都举行公祭②，显然也是在寄托嘉道学者所顶戴的学术标准。

与张穆同时的地理学名家沈垚也是一个完全从考订史料的角度来研究沿革地理的学者，但是在他心里，正如孙鏓《沈子敦哀辞》所引其语："君虽不遇，而所忧常在天下，尝谓乾隆以来，士务训诂，意欲矫明人空疏之病。然明

---

① 张穆《顾亭林先生年谱题词》，作者编著《顾亭林先生年谱》，《年谱丛刊》第72册，第161—162页；又名《亭林年谱题词》，作者编著《㐲斋文集》卷三，《续修四库全书》，上海：上海古籍出版社，2002年3月，第1532册，第283页。文字略有不一。

② 苗夔《使黔草叙》："岁癸卯，子贞集同人鸠资创建亭林顾先生祠于城西慈仁寺西隙地，每岁春秋及先生生日，皆举祀事。尝有《春禊》《秋禊》二图，同人多赋诗纪事。迄今计之，前此与祭者，汤海秋、徐星翁已逝……惟余与石舟、子贞，每举咸在。"何绍基著、曹旭校点《东洲草堂诗集》，上海：上海古籍出版社，2006年7月，第893页。《顾先生祠会祭题名第一卷子》："（道光）二十六年二月廿又五日春祭。与祭者，徐松、叶志诜、陈庆镛、陶际尧、严正基、郑复光、梅曾亮、王楚材、戴絅孙、刘位坦、黎光曙、何绍基、赵振祚、张穆、罗惇衍、潘曾玮、吴嘉宾、王茂荫、蒋德馨、韩泰华、翁同书、汪廷儒、边浴礼、冯志沂、杨尚文、乔松年、何秋涛、刘宝莹、孙鼎臣、杨尚志、何庆涵。时徐星伯将出守榆林，陈颂南将归漳江，是日又为颂南生日，均可记也。祭毕书之者，沈兆霖。星伯，松字；颂南，再见。"1918年石印本，第二叶正、背面。相关研究可参魏泉《顾祠修禊》与"道咸以降之学新"：十九世纪宣南士风与经世致用学风的兴起》，《清史研究》2003年第1期，第69—79页；收入作者著《士林交游与风气变迁：19世纪宣南的文人群体研究》，第148—176页；罗检秋《京师士人的修禊雅集与经世意识的觉醒》，作者著《嘉庆以来汉学传统的衍变与传承》，第164—195页。

人讲学,尚知爱民,今人博览,专为谋利。"①可见"经世致用"仍是其考据的终极目的。写出类似顾炎武《天下郡国利病书》与《肇域志》这样有益于世的地理著作,正是嘉道学者来自传统舆地学发展内部的动力。

---

① 孙燮《沈子敦哀辞》,沈垚《落帆楼文集》卷末,北京:文物出版社,1992年2月影印嘉业堂本。

第一章 徐松生平考论

一 缪荃孙与《徐星伯先生事辑》

徐松的生平,因其后代及弟子的早逝,很快难以确切行年。只有缪荃孙在晚年编定了类似于年谱的《徐星伯先生事辑》(插图4)和类似于文集的《星伯先生小集》(插图5),同时也促成刊印了徐松的重要著作如《登科记考》《元河南志》等,成为徐松研究的功臣。

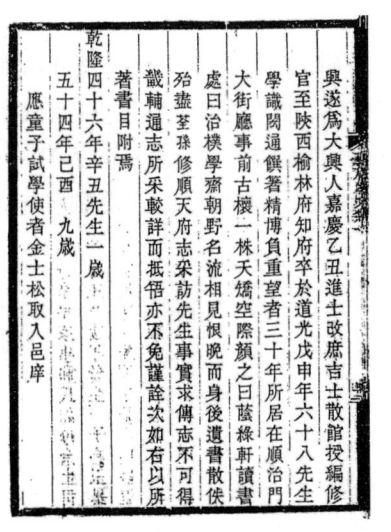

插图4 《徐星伯先生事辑》书影

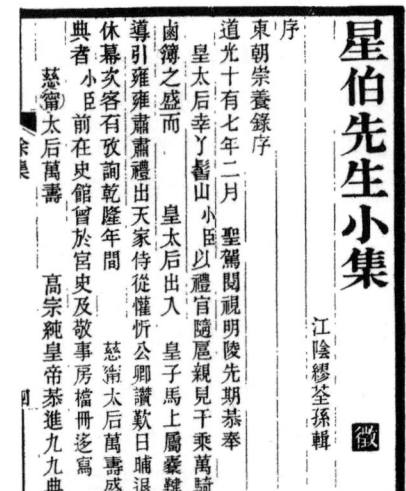

插图5 《星伯先生小集》书影

《事辑》的开篇记载:

> 先生姓徐氏,名松,字星伯,行九,原籍浙江上虞,侨居大兴,遂为大兴人,嘉庆乙丑进士,改庶吉士,散馆,授编修,官至陕西榆林府知府,卒

于道光戊申,年六十八。先生学识闳通,馔著精博,负重望者三十年,所居在顺治门大街,厅事前古楼一株,夭矫空际,颜之曰荫绿轩,读书处曰治朴学斋。朝野名流,相见恨晚。而身后遗书散佚殆尽。荃孙修《顺天府志》,采访先生事实,求传志不可得。《畿府通志》所采较详,而抵牾亦不免。谨诠次如右,以所著书目附焉。

其中提及《光绪顺天府志》的纂修是光绪十二年以前的事,相隔十三年之后,缪荃孙根据收集到的材料,从农历元旦开始,用了四天的时间写定了《事辑》,这在他的《艺风老人日记》中有详细的记录:

> 光绪廿五年元旦。阴。祀先,贺年。编辑《徐星伯先生事略》。……
>
> 二日庚戌。小雨,旋止。编辑《徐星伯先生事略》。……
>
> 三日辛亥。晴。……编辑《徐星伯先生事略》。
>
> 四日壬子。阴。编辑《徐星伯先生事略》。……①

日记中提到的《事略》,即后来的《事辑》,转年便收入其《艺风堂文集》前集卷一,于1901年印行传世。

其后他并没有停止对徐松的追踪,在《事辑》印行十五年之后,他开始编订收集到的徐松诗文,在其一生作为文献家校书、刊书的最后岁月里,完成徐松文集的辑印成为一项重要的事业。有关该书的编辑过程,《艺风老人日记》也有详细的记录(每段后括号内为北京大学影印本《艺风老人日记》册数/页码):

> (1916年)四月八日……写徐星伯先生信三封,又一诗。(7/2948)
>
> (1917年)正月十三日丁卯,晴,立春,又写徐星伯两文。(8/3035)
>
> (1917年)正月十四日……钞徐星伯十六篇。(8/3036)
>
> (1917年)七月七日……定徐星伯文目。(8/3081)
>
> (1917年)七月十日……改《星伯小集跋》。(8/3082)
>
> (1917年)十月二十二日……校《星伯先生集》。(8/3106)
>
> (1917年)十二月二十一日……送旧纸与徐积馀,取《徐心伯小集》稿回。(8/3121)(麒按,"心"为"星"字之误。)
>
> (1918年)正月二十五日……发《星伯小集》与米文海。(8/3142)

---

① 缪荃孙《艺风老人日记》手稿本,北京:北京大学出版社,1986年4月影印,第3册,第1121页。

(1918年)七月二日……米世兄来,交徐星伯先生文。(8/3180)

(1919年)八月二十五日……米文海送《徐星伯小集》来。(8/3330)

(1919年)九月十二日……校《星伯先生集》。(8/3337)

(1919年)九月十三日……校《星伯先生小集》。(8/3338)

缪荃孙卒于民国八年(1919)十一月初一日①,《小集》的编订工作一直到他临终以前仍在进行,收入该集的丛书《烟画东堂小品》则在他死后的来年才得以印行②。

由此可见,缪荃孙为徐松立传并刊文行世,成为后半生的心愿。探究其工作的动力,无非出于对徐松的景仰,而这中间包含着两重因素:一方面当然是对徐松学术成就的崇敬,徐松文稿在身后意外地失落,成为文献辑佚学家施展其网罗放失手段最激烈的应战;更为重要的是,缪荃孙的祖父和父亲都与徐松有直接的交往,他的祖父缪庭槐(?—1838)是徐松的同年进士,父亲缪焕章(1811—1890)在道光十一年进京应试时成为徐松的门人。这一段交往在缪焕章的《云樵诗话》中有详细的记载:

> 先师徐星伯先生与先君嘉庆十年会试同年。……榜下晤名而已。……先君补河南项城县,六年,丁忧,服阕,拣发甘肃。二十五年,署泾州。……(先生)释回,过泾州。时车殆马烦,意气寥落。先君为之换车马,更衣裘,筹旅费,专人护至西安。先生感之甚,音问常通。迨道光十一年,余年二十一,入都应试,谒先生,因受业焉。即留旅邸。至戊戌年(道光十八年),始别先生。先生住宣武门大街,庭有大槐树,书舍名'荫绿轩',图书满架。名士如沈氏垚、陈氏潮同寓,龚氏自珍、包氏世臣、张氏穆,常相过从。时聆隽语,受益良多。余光绪六年来京就养,先生殁已三十余年,亲族无存,遗书尽散,惟有老屋,易主多年。回首门墙,泫然流涕。③

从以上的记载可以知道,缪庭槐与徐松虽然同年进士,起初并不熟悉。嘉庆二十五年,当徐松从伊犁贬谪地归来经过泾州时,署理泾州知府的缪庭槐给

---

① 缪禄保《四品卿衔学部候补参议翰林院编修缪府君行述》:"府君姓缪氏,讳荃孙,字炎之……生于道光二十四年甲辰八月初九日,卒于己未年十一月初一日,寿七十有六岁。"汪兆镛编《碑传集三编》卷一〇,见《清碑传合集》,上海:上海书店,1988年4月影印,第5册,第4044—4046页。

② 缪荃孙辑《烟画东堂小品》,1920年缪氏刻本,《小集》一卷,在第7册。

③ 缪焕章《云樵诗话》卷二,缪氏艺风堂戊午(1918年)刻本,第一叶正、背面。

予了这位风尘仆仆、落拓潦倒的同年进士返回京师以无私的资助。这个偶然的邂逅使徐松感激不尽,因此当道光十一年缪焕章进京参加顺天乡试时,徐松就自然收纳了故人之子为门生。缪焕章在徐松的指导下,于道光十七年中举,此后的进士试名落孙山,因此离开了京师。

但是徐松对缪焕章的影响是深远的,在徐松门下的日子,缪焕章认识了道咸之际众多的名士,"时聆隽语,受益良多"。黄濬(1891—1937)《花随人圣庵摭忆》有"缪艺风说龚定庵云"条,当系缪荃孙从其父亲缪焕章那里听来的道咸逸事,其中记载:

> 艺风述龚(自珍)事,又称龚补中书,考差,先君问徐星伯先生:"定庵如得差,所取必异人。"星伯先生曰:"定庵不能作小楷,断断不得。如其夫人与考,则可望矣。"盖颉云夫人有书名也。①

这一记载说明了徐松与缪焕章之间无话不谈的师生情谊,缪荃孙一生对徐松的景仰正是受此影响。作为缪焕章恩师的徐松,从其子缪荃孙那里得到了隔代的回报,这确实是一项值得称道的功德之举。

杨钟羲(1865—1940)《雪桥诗话馀集》卷七在抄录徐松《恩福堂诗钞题词》后论述说:

> 星伯诗不多见,江阴缪仲英观察特录于所著诗话中。仲英道光辛卯(十一年)入都,尝从星伯受业。于国朝人服膺初白。又尝谒李申耆于辈学斋。其《云樵诗话》二卷,戊午(咸丰八年)正月令子艺风刊行。②

缪焕章字仲英,官至贵州候补道,故称"缪仲英观察"。杨钟羲抄录的《恩福堂诗钞题词》就是在《小集》目录中出现的《读卜魁集》诗,但大概因为缪荃孙没有校订完《小集》就去世的缘故,《小集》的正文中并没有将这首诗刊印出

---

① 黄濬《花随人圣庵摭忆》,李吉奎整理,北京:中华书局,2013 年 8 月,第 166 页。徐珂编撰《清稗类钞·诙谐类》"夫人可望得差"条亦述之甚详:"内阁中书之起家甲科者,例得考差,有典秋试主文衡之望。龚定庵既补中书,某科,亦考差,而拙于楷,不中程式。或语徐星伯曰:'定庵嵚崎自喜,如得差,出其门下者,必多异人。'星伯曰:'定庵不能作小楷,断不能得。其夫人若与考,则可望矣。'盖定庵之夫人夙有书名,著称于日下也。"北京:中华书局,1984 年 12 月,第 1796 页。这一事件在龚自珍文章中也有反映,他于道光十四年愤而作《干禄新书序》,载《龚自珍全集》,王佩诤校,上海:上海古籍出版社,1975 年 2 月,第 237—238 页。

② 杨钟羲《雪桥诗话》十二卷、续集八卷、三集十二卷、馀集八卷,1914—1917 年"嘉业堂求恕斋丛书"刻本;该条见沈阳:辽沈书社,1991 年 6 月影印本,第 1504 页。

来。《小集》的跋语总结了缪荃孙寻找徐松遗著和佚文的情况:

> 嘉道间,大兴徐星伯先生以博雅名重一时。生前仕宦极其蹭蹬,身后并无传铭以传其人。子延祖先殁,家亦中落。藏书万卷,大半斥卖。所著《新疆赋》《汉书西域传补注》《西域水道记》皆自刻,《唐东西京城坊考》,平遥杨氏刻入《连筠簃丛书》,犹先生生前所知。遗著未刻者四散。荃孙搜罗所得、贻友人刊行者,《汉地理志集释》,刻于会稽章氏;《唐登科记考》,刻于江阴南菁书院;《明氏实录注》,刻于会稽赵氏;《宋元马政考》,刻于上虞罗氏;《宋会要》辑本五百卷,刻于吴兴刘氏,《元河南志》,荃孙自刻之。独诗文未有成书。荃孙求之十余载,所得无多。沈方伯子培笑之曰:"如覃谿所刻之《义门小集》可也。"今钞出二十一篇,一薄帙耳,乌足以观先生之文学哉。①

现在可以看到的《小集》共收录其文廿九篇,外有诗一首、联语一副抄录在跋中。这比跋语所记多出了八篇文章。从日记的记录可知,这段跋语是在1917年完成的,在此后的两年间他又收集到了八篇,但没有及时修改跋语,所以出现了著录篇数与实际篇目的不一致。甚至出现了上揭目录中有《读卜魁集》一篇、而正文中并未出现的现象,这应该是他不幸去世而未能校勘完毕造成的失误。

以上关于缪荃孙收集徐松生平资料和文集的回顾想要说明的问题是:《事辑》因为完成得早,致使《小集》中徐松本人的文章所提供的有关生平的许多细节也未能在《事辑》中反映出来,这本身就成为我们补正徐松生平事迹的现成材料;而随着时间的推移,许多并不经见的清代史料不断出现,也为我们探讨徐松生平提供了新资料。徐松生平的研究过程中,笔者在北京大学图书馆发现了道光二十六年刊行的《陕西全省同官录》(插图6)②,该书记载了当年陕西知县以上的官员履历,其时徐松正好游宦陕西,任榆林知府,因此在这份"护官符"上也记录了他的生平情况,弥补了《事辑》中关于徐松出生时间、家庭成员情况、历官确切经过等一系列原本不详的内容;笔者后来又在中国人民大学图书馆、上虞县档案馆查阅《管溪徐氏宗谱》(插图7)中,看到了对于徐松的家世更为确切的记载。中国第一历史档案馆(以下简

---

① 《小集》,第二叶背面至第三叶正面。
② 《陕西全省同官录》,撰人不详,道光二十六年刊本,一函二册,北京大学图书馆藏编号2253/7189,系原燕京大学图书馆藏书。

称"一档馆")等海内外文献机构的丰富清史档案以愈益便利的检索和开放面貌服务于研究,也使研究者对于徐松的仕途生涯有了详细的了解。

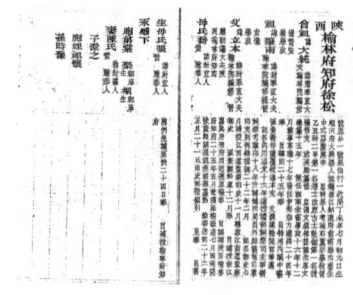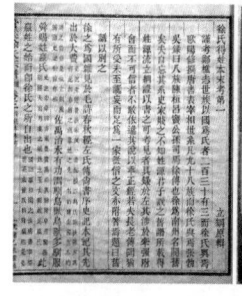

插图 6　徐松履历书影　　　插图 7　《管溪徐氏宗谱》书影

因此,结合《事辑》所提供的事迹,以下的考述希望反映出徐松更为清晰的学术生涯,为其等身的著作提供更丰富的诠注,为嘉道之际的学术史特别是西北历史地理学的兴起提供详明的细节。按照其生平发展的轨迹,这里将他的人生分成五个部分来做梳理,每一部分先引《事辑》的行年并进行补正,然后对各个人生阶段中有关其学行的重要事迹做出进一步的分析。

二　早岁学行——师从与禀赋

徐松的身世情况,《事辑》的叙述是最全面的概括,关于他考中进士以前的行年,《事辑》的记载如下:

> 乾隆四十六年辛丑,先生一岁
> 乾隆五十四年己酉,九岁
> 应童子试,学使者金士松取入邑庠。
> 乾隆五十九年甲寅,十三岁
> 是年梦至一地,境极清幽,后谪伊犁,住亦园,与梦境同。
> 嘉庆五年庚申,二十岁
> 恩科中举人,房考检讨张问陶,考官刘权之、英和、陈嗣龙。
> 嘉庆七年壬戌,二十二岁
> 充宗学教习,陈安人来归。山东城武丞凯女。
> 嘉庆十年乙丑,二十五岁

会试中进士,房考□□□,考官朱珪、戴衢亨、恩普、英和。殿试二甲第一名、朝考一等一名,改庶吉士。

以上的记载中,关于徐松祖上的履历,缪荃孙显然没有得到更详细的资料,所以年谱的上溯交代均付诸阙如。不过,在缪荃孙编订的《小集》中收有徐松《宋小天童山东谷无尽镫碑跋》一篇,提供了徐松旧贯更确凿的乡名:"余家旧贯上虞县下管乡,自元至今,聚族居之,不知县之尚有上管乡也。"① 徐松生于这个从元代以来聚居下管乡的家族,却连毗邻的上管乡也茫无所知②,以前大概很少有人走出这个狭小的世界,是父辈的宦游带徐松进入到了政治文化的中心③。

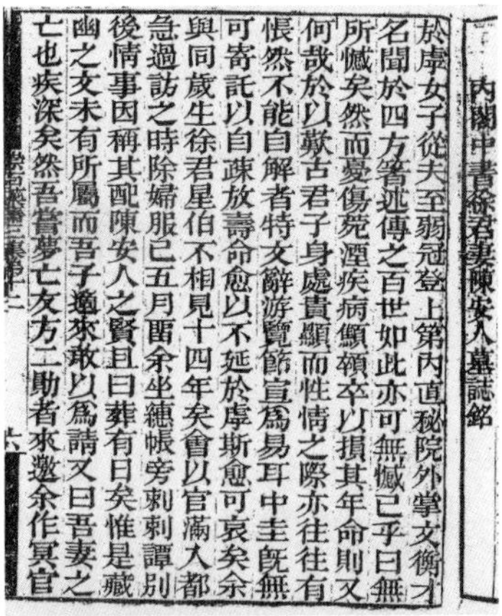

插图 8 徐松夫人陈氏墓志铭书影

徐松在其妻子陈氏去世的时候,曾经委托同年的举人陆继辂(1772—1834)写了《内阁中书徐君妻陈安人墓志铭》(插图8)④,缪荃孙在收集徐松资

---

① 徐松《宋小天童山东谷无尽镫碑跋》,《小集》,第廿八叶正面。
② 《上虞县地名志》"下管公社"下记载:"(下管公社)位于上虞县东南边缘,紧靠四明山区,东邻馀姚县,公社驻地下管自然镇距县城24公里。公社因驻地镇得名。""《上虞县志》记载,徐氏先人,卜居管溪时,插折管于地,管生,遂定居焉,是谓上虞下管。又据《管溪徐氏宗谱》记载,南宋时,始祖徐桂岩,自奉化迁来定居,筑舍于上管村下,故名下管。后子孙兴旺,遂成望族。宋明两朝,历有名宦。今上管村已废,而下管则日趋兴旺,现为本县自然镇之一。"同名委员编,1984年内部发行,第276、277页。据上记载可知,"下管"可能是一个动宾词组,因此无所谓"上管"与之相对;即使原来有上管村,也早因人丁不旺,而湮没。兹据徐松《宋小天童山东谷无尽镫碑跋》云:"乡以管溪得名,上下亦以溪水别之。相传有鹿衔花渡溪,故又名鹿溪。今读此碑,知宋时已有此乡名,可录为里中故实。"可知上管、下管,宋代即有其名。则《上虞县地名志》所引《上虞县志》关于下管得名有讹。又据徐遇春等续修《管溪徐氏宗谱》卷五"世系表"记载,徐桂岩于"元泰定甲子自奉化之联山卜居上虞之管溪"(光绪二十三年序刻本,第五册"联山祖派世牒",第一叶正面),则《上虞县地名志》所引《管溪徐氏宗谱》关于徐氏始祖徙上虞年代,亦不准确。陈桥驿主编《中华人民共和国地名词典·浙江省》"下管镇"条记载:"上虞县辖镇。在百官镇东南24公里,下管溪东岸。与南面上管(村,已废)相对称。1985年置镇。"北京:商务印书馆,1988年8月,第192页。
③ 管溪徐氏类似的例子也不少。如道光二年进士、累官西安知府的徐栋(1793—1865),徐栋编、徐炳华等续编《致初年谱》(《徐栋年谱》)记载:"高祖字圣先,妣氏汪,于康熙年间由浙江上虞县下管乡迁居直隶安肃北关社。"《年谱丛刊》第146册,第501页。
④ 陆继辂《内阁中书徐君妻陈安人墓志铭》,载作者著《崇百药斋三集》卷一二,《续修四库全书》1497册,第215—216页。李军辑注有《道光朝内阁中书徐松妻陈安人墓志铭》,载《历史档案》2015年第3期,第45—47页。

料时肯定读到了它,因此《事辑》中有关陈氏的情况记载得比较清楚。但是徐松本人,却如缪氏在《小集》跋语中所称:"生前仕宦极其蹭蹬,身后并无传铭以传其人。"缪荃孙曾经继钱仪吉(1783—1850)之后,广为收集道光以来人物传记,成《续碑传集》八十六卷;而对于徐松,只是勉强使用了《畿辅通志》"文学传"中的徐松传记,所以碑志体例中会出现的家庭背景信息,在通志中一点也没有。

1 徐氏家族的兴旺

与大多数清代学者的情形相似,徐松有很多的室名别号。一般都行用名松,字星伯。但在比较僻见的场合,他一字梧冈,一作字孟品、号星伯,又号宛委山农。室名有老芙蓉庵、荫绿轩、治朴学斋、好学为福斋等。

《管溪徐氏宗谱》卷五"管溪二世昌四府君幼子真九公之长子完七之派"是徐松这一宗族的世系表,其中详细记载了其祖上一直到他的孙子的情况(图表1)。

图表1 徐氏世系表
(据《管溪徐氏宗谱》卷五"世系表"改编)

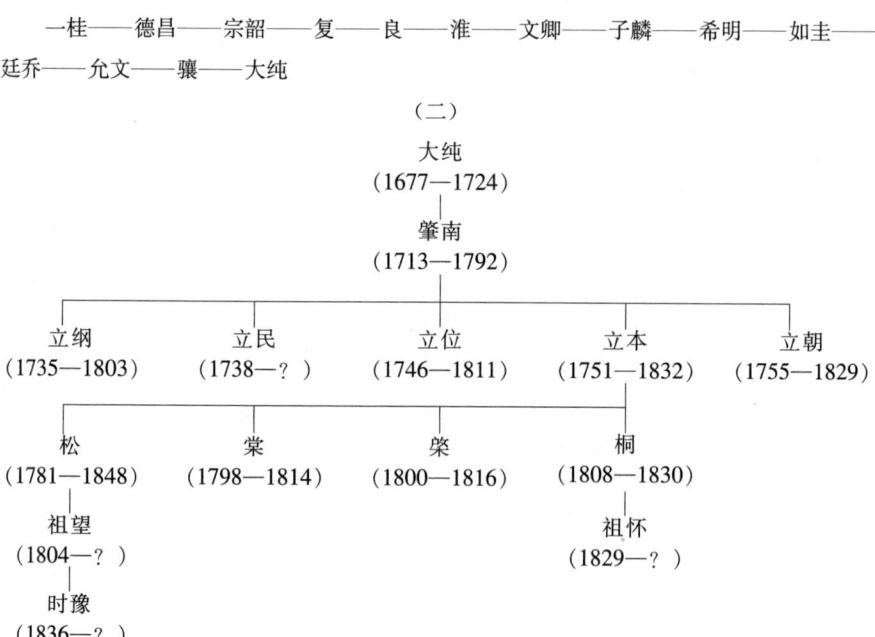

从这一世系表以及《管溪徐氏宗谱》卷四三所收录徐立纲《宝山府君暨韩太宜人行述》中，可以了解到，徐松父辈的上三代都没有功名，一直到了他的父亲这一辈才开始了仕进之途。徐立纲兄弟五人中，徐立纲官至学政，徐立民以监生终，徐立位官福建候补盐场大使，徐立朝以州同赴任广西；而徐松的父亲徐立本的称谓是"封君"，这一称呼揭示了他终生未得功名而因徐松的缘故获得朝廷的封号。也正因为如此，徐立本的兄弟们先后以功名而离开上虞后，只有他一家始终在家乡陪伴和照料父母。徐松的大伯父徐立纲通籍最早、出处最显，使得整个家族进入到香火旺盛的阶段，也举族徙家都城，为兄弟、子侄求取功名创造了条件。《宝山府君暨韩太宜人行述》记载，徐立纲在乾隆五十一年"复拜安徽学政，迎父母于使署"。这个时候，徐立本一家才由上虞迁居当涂，进而落籍大兴①。以往的研究，多以徐松随父宦居京师，是不正确的②。

徐立纲，字条甫，号百云，又号铁崖。乾隆二十九年以拔贡入京师国子监，遂落籍宛平，第二年中举。乾隆三十四年会试列中正榜，任学正。四十年，选庶吉士，充武英殿纂修官，任职《四库全书荟要》处分校官。四十四年，典试湖南。此后先后两次担任安徽学政，后以事左迁③，直武英殿效力。嘉庆九年卒于乡。有《五经旁训辨体合订》《铁崖诗文集》《芸馆课存》等行世。徐立纲在中进士、担任学政之后，即修订族谱，建立牌坊，使"管溪徐氏真九

---

① 徐立纲《宝山府君暨韩太宜人行述》，《管溪徐氏宗谱》卷四三，第十八册，第五十三叶正面至五十九叶正面。

② 徐松随父宦居的说法，如郭书兰《晚清地学巨子徐松》（第 41 页）、侯德仁《清代西北边疆史地学》（第 150—151 页）等，均误。其误或由《畿辅通志》卷二二六而来："徐松字星伯，大兴人。原籍上虞，幼随父宦京师，遂家焉。"《续碑传集》卷七八，第一叶正面。

③ 《清高宗实录》卷一三三四：乾隆五十四年秋七月乙酉朔，"丁亥，谕：前因窦光鼐前来行在谢恩召见，询及各省学政、居官如何。据称上江学政徐立纲人品、声名俱甚平常，随降旨密询书麟、陈用敷，令其将徐立纲两任在安徽考试情形、有无贪劣实迹据实查奏。兹据该督抚先后覆奏：徐立纲前任安徽学政，声名实属平常，但无确实劣迹。自复任以来，考选尚知谨慎等语。各省学政如果冰兢自矢，校阅公平，何至众口一词，不孚物议。……徐立纲以编修微员，经朕简用学政，更当如何感激，益励洁清。乃竟不知自爱，致有廉隅不谨之处。现在虽无确据，但似此声名狼藉，其何以胜校士抡才之任。徐立纲著来京，以司务博士等官降补，在武英殿修书处效力行走。"《清实录》，北京：中华书局，2008 年 11 月影印本，第 25 册，第 1067 页。

房完七支"下一族隆盛乡里①。

  关于徐立纲中进士的时年,也值得一说。《吴白华自订年谱》"乾隆三十四年"条记载:"(吴省钦)充会试同考官,得沈碧城……学正徐立纲、祝堃等。"②《三松自订年谱》记载潘奕隽(1740—1830)三十四年中进士,"乾隆四十八年"条又记载其在金陵"晤安徽学使同年徐铁甫立纲"③。以上记载显示徐立纲是乾隆三十四年的进士。但我们从今天实际的进士题名录上,却看到徐立纲是乾隆四十年的进士④。因此徐立纲可能是在乾隆三十四年会试中正榜,但因为特殊的原因没有参加殿试⑤,而延期在乾隆四十年参加殿试,以二甲第二十六名赐进士出身。因为这样的缘故,徐立纲实际上与乾隆三十四年和乾隆四十年的进士都成了同年。乾隆四十年的进士汪辉祖(1731—1807)在其年谱中就记载乾隆五十一年出都门时,与徐立纲共同参加了同年会⑥。

  徐立纲为乾隆四十年乙未科进士,于此我们也不难发现徐松的另一位老师吴锡麒(1746—1818,详后)正是徐立纲的同年。从现在得到的资料看,徐立纲给予幼年徐松的影响是非常重要的。当徐松步其后尘,在嘉庆年间成为进士和提督学政时,与徐立纲获得这些科名与官职的间隔都正好是四十年,这在当时,"二徐"应该是文坛非常有趣的佳话。

---

  ① 赵誉船《章实斋先生年谱》(《章学诚年谱》)"乾隆五十四年"条:"三月游太平(即今当涂),学使徐君方辑宗谱,请先生商较。"《年谱丛刊》第109册,第14页。今存光绪续修本《管溪徐氏宗谱》,多有"立纲原辑"字样,可知原有徐立纲辑刻本。又,笔者于2002年12月18日访问上虞市下管镇,在其西桥村调查唯一的"西桥石牌坊",其上正反面刻该下管科举人物,正面有"甲申拔贡国子监学正徐立纲",背面有"乙酉举人徐立纲"字样,均为科名之最后,可知该牌坊即由徐立纲立。

  ② 吴省钦编、吴敬枢续编《吴白华自订年谱》(《吴省钦年谱》),《年谱丛刊》第106册,第282页。

  ③ 潘奕隽编《三松自订年谱》(《潘奕隽年谱》),《年谱丛刊》第110册,第151—152、161页。

  ④ 朱保炯、谢沛霖编《明清进士题名碑录索引》,上海:上海古籍出版社,1979年10月,第2741页。

  ⑤ 商衍鎏著、商志醰校注《清代科举考试述录及有关著作》记载:"(会试中式之贡士)倘因丁忧或别项事故,而不能于本科殿试者,可以声明事由告假,谓之告殿,准其于下一二科补殿试。"天津:百花文艺出版社,2004年7月,第133页。徐立纲可能属于这一情况。

  ⑥ 《病榻梦痕录·梦痕馀录》(《汪辉祖年谱》)"乾隆五十一年"条:"是月同选者,同年邓钧台为纲……适徐编修铁崖立纲新授安徽学政,词馆阁部诸同年在浙绍乡祠公饯。"《年谱丛刊》第107册,第128页。

2 早年求学和师承

徐松的生卒、婚配情况,也在《管溪徐氏宗谱》中有非常详细的交代:

> 观察松,字孟品,号星伯。……配太学生山阴陈公揆一次女,诰赠安人,晋赠恭人。妾茹氏。……乾隆辛丑(四十六年)七月初九生,道光戊申三月初一卒。葬顺天府昌平州雷家桥。

乾隆辛丑当乾隆四十六年。不过,在《陕西全省同官录》中,徐松的生年却写作:"乾隆丁未年七月初九日生。"即乾隆五十二年。这个六岁的年龄差别,可以用"减年应举"来作解释。自宋代以来,士人往往有"真年"与"官年"之歧异,通过"减年"的方式为应举、入仕的方便而减免实际年龄,这个习俗在清代流行,王士禛(1634—1711)的《池北偶谈》中有所揭示:

> 三十年来士大夫履历,例减年岁,甚或减至十余年;即同人宴会,亦无以真年告人者,可谓薄俗。按,洪容斋《四笔》,宋时有真年、官年之说,至形于制书。乃知此风由来远矣。独寇莱公不肯减年应举。又《司马朗传》:"伯达直不减年以求成。"则汉魏间已有之。①

这种减年的做法在清代的表现,据笔者的翻阅,如牛树梅(1799—1882)"道光二十一年辛丑四十三岁……中进士一百七十七名,履历少写四岁"②;汪辉祖乾隆五十二年答湖南巡抚"问余年岁,余对履历年五十一,实年五十八"③;朱彭寿(1869—1950)《安乐平康室随笔》记载祁世长(1824—1892)也曾"盖循俗例,应试时少填一岁耳"④;均是实际的例证。具体到徐松,《管溪徐氏宗谱》所记为其实年,亦即"真年",而《陕西全省同官录》所记则为其履历年,也就是"官年"。其后我们见到的徐松仕途记载如伊犁将军晋昌在嘉庆二十四年十月二十五日《呈原任湖南学政徐松获罪缘由清单》(以下简称"《获罪缘由清单》")载"原任学政徐松,现年三十四岁,直隶大兴县人"⑤;林则徐在道

---

① 参王士禛著、靳斯仁点校《池北偶谈》卷二"官年",北京:中华书局,1982年1月,第44页。
② 牛树桃编、牛树梅续编《胞兄纪略》(《牛树梅年谱》卷一,《年谱丛刊》第150册,第608页。
③ 汪辉祖《病榻梦痕录·梦痕馀录》(《汪辉祖年谱》),《年谱丛刊》第107册,第144页。
④ 朱彭寿著、何双生点校《安乐平康室随笔》卷一第八条,北京:中华书局,1982年2月,第160页。
⑤ 晋昌《呈原任湖南学政徐松获罪缘由清单》,档号:03-2173-060。

光二十六年十二月初七日《密陈司道府各员考语折(附清单)》云"榆林府知府徐松,年六十一岁,顺天进士"①;均系用其官年者。

而关于其婚配,除以上族谱的记载外,上引陆继辂《内阁中书徐君妻陈安人墓志铭》也提供了很多细节的补充,因其与徐松本身的仕历无关,暂不讨论。

徐松早年的情况,本人的叙述也可以补证许多。《事辑》交代徐松"原籍浙江上虞,侨居大兴,遂为大兴人"。其《题袁少迁画濮椆生飞文阁图二首》之二末二句云:"衣云杰阁飘零甚,枨触乡心水国秋。"自注:"余家会稽宅,即倪尚书衣云阁旧址。"②倪尚书衣云阁,即明末书法家倪元璐(1593—1644)在绍兴城东的旧宅。倪元璐也是浙江上虞人,后移居绍兴,建衣云阁,曾在此宴请詹事府少詹事黄道周(1585—1646)一同观竹。倪元璐任礼部尚书,在李自成进入北京城后,自缢身亡;黄道周在明亡后奉唐王入闽,坚拒清兵,战败被执而罹难。因此衣云阁成为清代士人崇尚气节的纪念物③。从徐松的诗歌,我们不仅知道他曾经在绍兴居住,其刻意指出家在衣云阁旧址,也可以了解到他少年时代耳濡目染中的精神依归。

插图9 徐松《静庵文集序》

徐松为其蒙师左眉(1740—1812)《静庵文集》撰写的序文中,提供了他早年求学的详细情形(插图9):

> 松年八岁,在姑孰使院受书于良与先生。未几,松归京师,未卒业。越十年,嘉庆戊午(三年),秋闱报罢,先生与甥姚伯昂上春明,乃复延先生主于家。当是时,松已三阅文战,读经之外,兼习帖括,以为读书谈艺,道在是矣。先生眼时,呼与言,茫然无以对。迨闻先生言,则惊且喜,以为生平未尝闻。居有间,先生授以《困学纪闻》《日知录》,

---

① 林则徐《密陈司道府各员考语折(附清单)》,《林则徐全集》第4册,第92页。
② 裴景福《壮陶阁书画录》(一名《龙珠藏宝》)卷一九,台北:台湾中华书局,1971年2月,第1261页背面。
③ 如张謇(1853—1926)为如皋冒辟疆水绘园题联"偶耽翰墨衣云阁,小按笙歌水绘园"即寓此意。

不能通者十常八九。先生反覆讲贯,疏通证明。于是先经以及史,旁及百家,触绪引端,稍稍知古义。因请于先生曰:"学者读书,将何为乎?"先生则语以躬行实践,始于家,终于国,穷则独善,达则兼善(济)。从此斤斤自喜,有志传先生之学。……先生当戊午、己未间(嘉庆三、四年),年已六十矣,犹吟讽不衰,或且辍书而叹,以为斯事难成。松则侍而言曰:"先生之造诣,非所敢期也。尚自谓望道未见,松复何望哉?请自兹专心老(考)据,不复以文词见。"先生许之。①

这篇序文提供给我们的信息非常丰富,《小集》未曾收录。因为父辈官宦的原因,以致徐松在八岁的时候有在安徽太平府姑孰(今当涂)生活的经历。序文记述的"姑孰使院"生活也为我们揭开了徐松父辈的情况。在《嘉庆一统志》卷一〇八"安徽统部"的记载中,太平府治当涂县是安徽提督学政的驻地;根据道光九年刊《安徽通志》卷八九"职官"的记载,在乾隆四十五年至四十七年和五十一年至五十三年,是由"上虞人,进士"徐立纲两度担任学政的职位②。这在《管溪徐氏宗谱》中得到了印证:徐松的祖父徐肇南有五子,曰立纲、曰立民、曰立位、曰立本、曰立朝③;徐立纲仕途发达促使家族子弟走出家乡求学,徐松在姑孰使院学习正得益于这样的家族乔迁。

徐松早年的师从情况,首先由前揭徐松的《静庵文集序》可知,左眉是他八岁时在姑孰书院的蒙师,后来在京师还继续延长了这段师生关系。左眉字良宇、良与,号静庵,桐城人,乾隆己酉(三十年)拔贡。该篇序言揭示了从学业与思想的训练来说,徐松很早就进入了科举考试的彀中,与所有的士子一样斤斤于举业时文。但是,左眉开启了他对于学术研究价值取向的思考,从其为徐松讲解《困学纪闻》《日知录》的学术路数上,我们看到了经世致用传统怎样在一个士子身上延续的例证。徐松没有成为桐城文学的继承者,他在这篇序文中有非常谦恭的表达,但他后来在考证一路上取得了巨大成功,实际上反映了其个人的学术兴趣与禀赋。

在姑孰使院,徐松还得到来自另外一些学人的教育,如杨怿曾(1763—

---

① 左眉《静庵文集》卷首,《清代诗文集汇编》第398册,第273—274页。
② 钱实甫编《清代职官年表》"学政年表"略同,北京:中华书局,1980年7月,第2676—2677、2680—2682页。唯徐立纲第二次卸任时间作乾隆五十四年七月丁亥。《管溪徐氏宗谱》卷一"皇朝诰敕"下录有乾隆四十五年八月廿六日、五十一年九月十三日《两敕翰林院编修徐立纲视学安徽》敕文。
③ 徐立纲《宝山府君暨韩太宜人行述》,《管溪徐氏宗谱》卷四三。

1833)。杨怿曾于道光十三年正月廿四日卒于湖北巡抚任,徐松有联挽之,称"受业徐松"①。据《杨怿曾年谱》"乾隆五十三年"条记载:"是年许慕萱姑丈署繁昌教谕,学使徐百云先生询及余,知丁忧不能应试。谕令赴署读书。余于三月赴姑孰学署,住怀衮楼。同住者吴三尊蕭、史望之致俨。"②其时徐松八岁,亦随伯父徐立纲读书姑孰使院(《静庵文集序》),或由伯父聘请杨怿曾为徐松授业。又《杨怿曾年谱》"嘉庆十九年"条记载:"十月,为大儿继娶徐氏媳,原任广西全州知州徐公立朝之女,浙江上虞人。"③可知杨怿曾后又为徐松的叔父徐立朝姻亲。

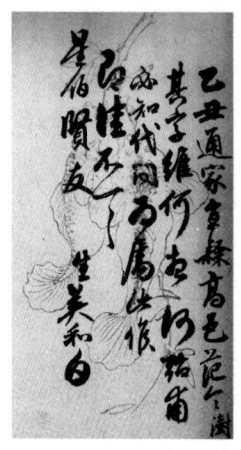

插图10　英和像及其致徐松书札

徐松在安徽的求学岁月很快结束,就返回京师,落籍大兴,开始了他的科举时代。根据古代科举的惯例和《事辑》的记载,徐松九岁应童子试的学政金士松(1730—1800),二十岁中举人时的房考张问陶(1764—1814),考官刘权之(1739—1818)、英和(1771—1840)、陈嗣龙(1747—1801),二十五岁会试中进士的考官朱珪(1746—1818)、戴衢亨(1754—1811)、恩普(?—1806)、英和,无疑都应该算作他的老师。其中英和两度成为他的座师(插图10),因而后来的师生情分也格外亲密。嘉庆十九年徐松在伊犁被举荐帮办伊犁粮饷未果,英和即曾万里复书劝慰④。道光八年,徐松嫡母去世,英和的两个儿子也都前来帮助

---

① 杨怿曾编、杨用澍续编《杨介坪先生自叙年谱》,《年谱丛刊》第127册,第406页。
② 《杨介坪先生自叙年谱》,第298页。
③ 同上书,第333页。
④ 英和《与徐松书》一:"近日两接手书,并收到驼绒一疋、回纸十张,欣悉一切。……藉谂足下福集敦煌以外,书记翩翩;静俟纶綍之来,归鞍稳稳。松相之意,实有同感。虽事无成,迟速有数,毋以为怀。仆趋公益忙,体幸无恙,室家平善。两儿承示指南,令其书绅以志。刻下艺甫自南来京,仍居舍下;青士代司笔墨,乐数晨夕。缕述以闻,奉此答之,并候星伯馆丈文祉,不一。生英和白。十月三日灯下。内人嘱候并谢。"上海图书馆编《中国尺牍文献》,上海:上海古籍出版社,2013年11月,123页。

办理丧事①，而徐松的《新疆赋》也被看作是与英和《卜魁城赋》先后齐名的吟咏边塞的大赋。徐松的《西域水道记》有"吉林英和"的长篇题诗，英和的《卜魁集》《卜魁城赋》《恩福堂笔记》亦有徐松的题词、题跋。英和的《恩福堂年谱》末行亦题"门下士徐松填讳"，可见师生情分的密切。

在《事辑》中未具名的殿试官董诰（1740—1818），也当然将徐松作为自己的门生，所以后来在文颖馆中多所倚重。

此外，当时的通儒翁方纲（1733—1818）正处于文坛祭酒的地位，徐松也曾问学门下，请教过书学方面的问题②。《畿辅通志》本传载"问业钱塘吴锡麒之门"③，刘声木（1876—1959）《桐城文学渊源考》载其"师事左眉，受古文法，眉属其专心考据，研究经术"④，这些也都是其学术道路形成中非常重要的师承内容。如上所揭，左眉不仅在姑孰发蒙时代就曾为师，而且在嘉庆三年到京后，又继续延聘到家授业，因此左眉的嘱咐是非常值得关注的。左眉作为桐城派的传人，直接师事姚鼐（1731—1815），受古文法；而平日私淑方苞（1668—1749），又闻刘大櫆（1698—1780）绪论，因此转益多师，被认为是力追方、刘正宗的中坚人物。他显然发现了徐松学术的专长，因而在桐城派标榜的"义理、辞章、考据"三长中，鼓励徐松向着经术考据的一路发展。

作为科举士子，徐松必然得到诗文词赋各方面的训练，他的老师中如张问陶、吴锡麒等也都是以文学而名满天下的才子。他流传下来为数不多的诗文零篇和在《西域水道记》中生动而华丽的景物描写等，也都表现出他在这方面训练有素。他后来在文颖馆担任《全唐文》提调兼总纂官，同年而又同官的胡敬（1769—1845）也曾劝他赋诗，但遭到了徐松的推辞，胡敬《书徐星伯同年真定书院风动碑诗后》开篇即云："我昔校文群玉府，暇劝君吟辞以

---

① 见徐松《与徐鉴书》："当老太太患脾泄之时，原以为小病。及猝然事出，棺椁衣衾，一无预备。幸奎大、二世兄（英中堂少君。）一闻讣唁，当即来至家中，携带帷幔供张之具，代为铺陈；又以二百金为零星之用。于是各处友人，一时齐集。自设位至开吊，一月之间，每日皆有友人吊唁。奎世兄间日一来，湘浦先生亦亲来三次。"此件信札承启功先生赐赠。
② 参徐松《义门小集跋》："曩者覃谿先生与余论虞永兴庙堂书，言国朝人善学虞书者惟义门何先生，尝欲表章其著作而未果。"《小集》，第廿三叶正面。徐松亦曾从翁方纲抄录其题跋、校记，如叶名澧曾记其得徐松抄有翁覃溪校语之重刻吴元恭本《尔雅》，作者著《桥西杂记》，《丛书集成初编》，北京：中华书局，1985 年新印，第 2969 册，第 50 页。
③ 《畿辅通志》卷二二六《徐松传》，《续碑传集》卷七八，第一叶正面。
④ 刘声木著、徐天祥点校《桐城文学渊源考》卷四，合肥：黄山书社，1989 年 12 月，第 179 页。

鲁。"①可见徐松是不太愿意费心于吟咏的,而左眉的叮嘱也将他在早年就适合于考据的禀赋凸现了出来。

3 地理学禀赋

与徐松撰写《西域水道记》相关,有两个近似于荒诞的故事也帮助我们理解徐松天生的地理学禀赋。一是在《事辑》中,缪荃孙提及乾隆五十九年徐松十三岁的时候:"是年梦至一地,境极清幽,后谪伊犁,住亦园,与梦境同。"这件事在《事辑》道光十六年徐松五十六岁的时候又再次被记载:"选授礼部主事,作《梦游图》,记十三龄梦事。"徐松十三岁时应该是乾隆五十八年,但是缪荃孙在换算或者刻版的时候,将它误植在了五十九年。不管怎么样,十三岁的少年在他多梦的时代做了一个奇特的梦,二十年以后三十三岁的他投荒万里,来到遣戍地伊犁,发现自己即将居住的"老芙蓉庵戍馆"竟然与梦境如此巧合!再过二十三年,已经回到少年做梦之地的徐松旧梦重温,倩人做画,记下了这段人生的因缘。缪荃孙的叙述应该是由这幅画的题跋而来,笔者没能看到记载这一奇缘的第一手资料。——但其梦境所隐喻作者承担《新疆识略》和"西域三种"使命的天授机缘,在缪氏的叙述中是比较明确的。

在与徐松同时的经学家陈奂(1786—1863)的记述中,还可以发现徐松类似的梦境:

> 徐松字星伯,顺天大兴人。嘉庆十年乙丑传胪。年始壮,督学湖南,因公被议,出使回疆,周行二万里。星伯谓余曰:"未通籍时,曾梦至一大殿,跪于垂冕旒者膝下,而授以水晶图章,绘记山川地图,了如指掌。"此即出使之先兆乎?所撰《汉书西域传补注》《伊犁总统事略》、《新疆南北路赋》二篇、《西域水道记》五卷,西域志乘由是大备矣。久之得环归,官中书,出守陕西榆林。②

陈奂的《师友渊源记》作于咸丰五年,他曾于嘉庆二十三年至道光二年在京数载,获交京师名士如王念孙(1744—1832)、引之(1766—1834)父子等③。

---

① 胡敬《崇雅堂诗钞》卷五(戊辰至乙亥年间诗作),《续修四库全书》第1494册,第179页。
② 陈奂《师友渊源记》不分卷本,《清代传记丛刊》,台北:明文书局,1985年,第29册,第92页。
③ 管庆祺编《徵君陈先生年谱》(《陈奂年谱》),《年谱丛刊》第139册,第210—214页。

陈奂正是在离开京师前夕,得与刚从塞外归来的徐松结识,而听说了以上的故事。"通籍"是科举时代的士人考中进士、初入仕途的别称。所以这同样属于少年时代专心图籍而夜有所梦的理想寻求的心境流露。

无独有偶的是,比徐松更早遣戍伊犁的洪亮吉也曾经有过类似的梦境:

> 余年二十外,在天井巷汪氏宅课甥。时三月中,科试期迫,三鼓后,就楼西观我斋读书,倦极隐几。忽梦身轻如翼,从窗隙中飞出,随风直上,视月轮及斗杓,手皆可握,倏旋风东来,吹入西北。约炊黍顷,见一大山,高出天半,万松棱棱,直与天接,下瞰沙海无际,觉一翼之身,吹贴松顶,乃醒。今岁腊月二十六日,从哈密往巴里坤,道出天山南道,所见山及松,皆前梦中景也,益信事皆前定。此行已兆在三十年前矣。①

洪亮吉在嘉庆四年因言事获罪,遣戍西域,于嘉庆五年二月到达伊犁,而百日之后,即得赐环。这段短暂的经历,使他留下了《遣戍伊犁日记》《万里荷戈集》《百日赐环集》《天山客话》等诗文、笔记,这段梦境记录在他的《天山客话》中。如果有更长时间的遣戍经历,以洪亮吉对地理学方面的著述兴趣和能力,则西北历史地理学的奠基者、《新疆识略》的作者,或者就要在祁韵士、徐松之前,落在他的身上。但即使是这样,其零篇、短章,已为徐松钦佩不已②。

无论是洪亮吉还是徐松,对于梦境与事实之间的相似性叙述虽不免带有事后主观的加强,然而本事似乎不存在虚拟的必要。可以肯定的是,徐松对少年时代梦境的回忆,增强了他对后来从事地理学著述的使命感,梦境成为他在著书立说上天命神授的精神驱动力。

三 通籍士林——编修与督学

徐松一生春风得意的时光,是在他高中进士之后的数年中,而这也是他后来成为一代大家的重要岁月。《事辑》在这段时期的记载如下:

> 十年乙丑,二十五岁

---

① 洪亮吉《天山客话》,光绪三年重刻本,第二叶正、背面。
② 徐松《天山客话跋》,《小集》,第廿二叶正面。

会试中进士,房考□□□,考官朱珪、戴衢亨、恩普、英和。殿试二甲第一名、朝考一等一名,改庶吉士。

十三年戊辰,二十八岁

授编修,入直南书房。

十四年己巳,二十九岁

派入全唐文馆,钞《河南志》《宋会要》《中兴礼书》。

十五年庚午,三十岁

充文颖馆总纂。成《唐两京城坊考》五卷。简湖南学政。按,庚午系更换学政之年,《清秘述闻》《湖南通志》同,《畿辅通志》列传以为十四年,误。

十七年壬申,三十二岁

为御史赵慎畛所纠,谪戍伊犁。

1 进士出身与翰林编修

嘉庆十年三、四月间,徐松以很高的名次通过了会试的初试和覆试①,进而以殿试二甲第一名(俗称"传胪")赐进士出身。徐松在二十五岁的年龄就高中进士,比之大他十岁以上的李兆洛、孙尔准(1770—1832)、胡敬等人,自然是风华正茂,而且二甲第一名也是一个非常荣耀的名次。不过《事辑》关于他"朝考一等一名"的记载略有小讹。据同时参加朝考的姚元之《竹叶亭杂记》卷二记载,徐松是朝考一等第二名:

> 故事,新进士朝考,阅卷大臣取足名数、拟订名次进呈。乙丑(嘉庆十年)四月二十七日朝考,上特命选择十卷呈览,钦定前五名,大臣所阅自第六名拟定。顷复传旨:"试卷中有诗意末句切东巡者,自当选入阅卷。"诸公即以此卷置第一呈入,钦定为第一,即臣元之卷也。其余四人,上于九卷中选取,亲加次第焉。……第二为徐星伯松,后以编修督学湖南,落职遣戍,复起为中书,迁礼部郎、御史,出为榆林守。第三为

---

① 《管溪徐氏宗谱》卷六"科目表":"松,大兴县学生员,治五经,中国朝嘉庆五年庚申顺天乡试第四十三名。登十年乙丑彭浚榜进士,会试第四十二名、殿试二甲第一名。"中国第一历史档案馆编《嘉庆道光两朝上谕档》"嘉庆十年四月十六日覆试名次":"二等二十四名,徐松。"桂林:广西师范大学出版社,2000年11月,第10册,第157页。

孙平叔尔准……①

出自当事人回忆的内容应该更准确,而这个名次,也为清代军机处的上谕档所证实②。

不管怎样,他们都因此而授予翰林庶吉士③,在庶常馆得到进一步深造的机会。三年之后,徐松散馆授编修,进入南书房④。今传徐松散馆所试律赋《江汉朝宗于海赋》在同侪中脱颖而出,获得了一等一名(插图11)⑤。《事辑》也许是将"散馆一等一名"与朝考混淆,因此有了上面的错误。

徐松中进士的乙丑科,也是为后世所艳称的清代科举"龙虎榜"。《云樵诗话》卷二记载:"乙丑一科,朱文正公为总裁,所取之士,与庚戌、己未同称。不特多通经之士,即词章亦不乏传人。"⑥其中提及的与该科并称的"庚戌""己未"科分别指乾隆五十五年和嘉庆四年两科。乾隆五十五年恩科99人,其

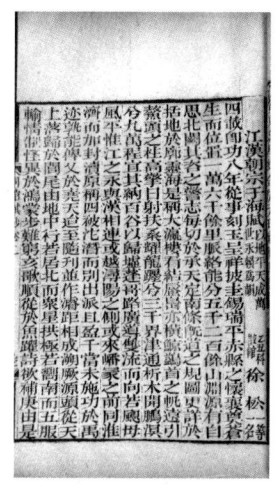

插图 11 徐松《江汉朝宗于海赋》

---

① 姚元之著、李解民点校《竹叶亭杂记》,北京:中华书局,1982年5月,第40页。
② 《嘉庆道光两朝上谕档》"嘉庆十年四月二十九日"《钦定朝考入选名单》:"一名姚元之。二名徐松。"第201—202页。
③ 《清仁宗实录》卷一四三:"(嘉庆十年五月)丁亥。引见新科进士。得旨:一甲三名彭浚、徐颋、何凌汉业经授职外,徐松、李兆洛、石葆元、张聪贤、孙尔准、王琪、姚元之、谢崧、程德楷、盛唐、程家督、史谱、董桂敷、章汝金、汪全德、孙源湘、马瑞辰、童璜、胡敬、邵葆钟、潘际云、苏绎、彭邦畴、于克家、葛宗昶、李可琼、蒋诗、聂铣敏、费彭庭、吴遇坤、顾寅、张锡谦、陈鸿墀、何彤然、徐鉴、倪思莲、张志廉、程伯銮、汪汝弼、王德本、曹芸缃、陈玉铭、李建北、周尚莲、邱煌、陈宗畴、翟锦观、和桂、程元吉、何增元、鲁垂绅、姚原绂、周寿椿、陈俊千、孙升长、胡承琪、李黼平、觉罗宝兴、许绳祖、郭承恩、龚元鼎、邹植行、宗室崇弼、钱人杰、叶申万、张光煮、帅承瀚、穆彰阿、徐学晋、秦基、徐铨、黄步堂、平志、萧朗峰、张濂堂、色卜星额、严烸、崇绥、刘谦、裘元淦、何承先,著改为翰林院庶吉士。"《清实录》第29册,第955页。
④ 《清仁宗实录》卷一九四:"(嘉庆十三年夏四月戊子,)引见乙丑科散馆人员。得旨:此次散馆之编修徐颋、何凌汉,业经授职。其清书二甲之庶吉士陈玉铭,汉书二甲之庶吉士宗室崇弼、觉罗宝兴、徐松、周寿椿、孙尔准、邹植行、龚元鼎、石葆元、董桂敷、鲁垂绅、彭邦畴、章汝金、苏绎、陈鸿墀、盛唐、胡敬、程德楷、史谱、孙升长、程伯銮、何彤然、邱煌、翟锦观,俱著授为编修。"《清实录》第30册,第567页。
⑤ 法式善编《同馆赋钞》卷二"散馆卷"收徐松《江汉朝宗于海赋》,标题下注:"乙丑科散馆徐松,一等一名。"嘉庆刻本,第九十二叶正面。又《嘉庆道光两朝上谕档》"嘉庆十三年四月二十日"《庶吉士散馆试卷名单》:"汉书一等一名徐松。"第13册,第195页。
⑥ 缪焕章《云樵诗话》卷二,缪氏艺风堂戊午(1918)刻本,第一叶背面。

中的石韫玉(1756—1837)、洪亮吉、李銮宣(1758—1717)、张问陶、桂馥等,嘉庆四年榜220人,其中的姚文田、王引之、汤金钊(1772—1856)、程同文(?—1823)、张惠言、吴荣光(1773—1843)、吴鼒、郝懿行、卢坤等,都是在清代政治或者学术史、文学史上可圈可点的人物。嘉庆十年的乙丑科,进士243人,何凌汉(1772—1840)、徐松、李兆洛、孙尔准、姚元之、马瑞辰、胡敬、陈鸿墀(?—1837)、胡承珙、穆彰阿、周济(1781—1839)等,也都可称赫赫有名。

嘉庆时代对于文治的追求,因为有康乾时代的榜样,产生了许多刻意超越的庞大工程。徐松也参与其中,当时的《皇清文颖续编》《钦定授时通考》都有他实际参编的业绩。这是他在担任翰林院庶吉士期间,跟随德高望重的翰林前辈们进修学业的成果。

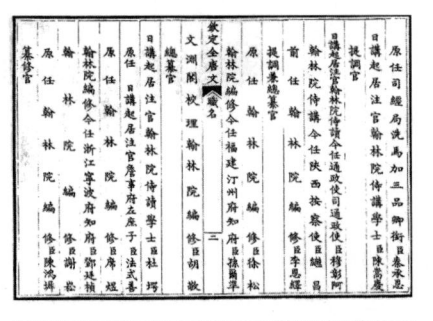

更为重要的一件事是,嘉庆十三年十月,颁布了承继康熙《全唐诗》而修纂《全唐文》的诏令,徐松这次是作为"提调兼总纂官"的重要身份参与其中,这是一个实际负责修纂的最高职位,而这个时候的徐松,已经由庶吉士的身份散馆而以优异的成绩授予了翰林院编修,"《全唐文》前期编修及体例匡定,应由其主要负责"[①]。正是因为他在该书修纂过程中起过重要的作用,因此虽然一年多后他简放湖南学政,嘉庆十九年成书之际他已遣戍新疆,在纂修名单的重要职位上,还是署上了他的名字(插图12)。

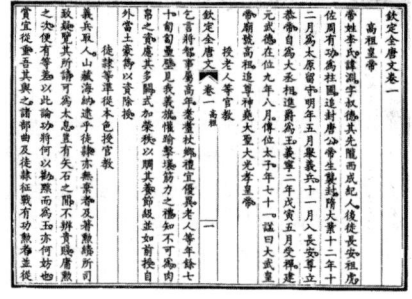

插图12 徐松参编的《全唐文》书影

徐松在翰林编修任上的收获不仅在于参编以上的集体工程,重要的是这种经历成全了他在学问上的精研,同时也成就了他在辑佚学方面的成果。陈尚君在谈及"《全唐文》编修不孚众

---

① 陈尚君《述〈全唐文〉成书经过》,作者著《唐代文学丛考》,北京:中国社会科学出版社,1997年10月,第65页。

望的原因"时,指出:"预修者多为新进士,以修书求进学,所作难臻老成。"①诚为不刊之论。就徐松而言,《全唐文》的粗疏虽不能由他负全责,但与因此机会而在后来撰就的《唐两京城坊考》《唐登科记考》相较,则前后学境之悬殊,是异常分明的。

由于《全唐文》编纂时期使用了《永乐大典》,全唐文修纂者成为四库馆臣之后第二批对该书进行辑佚而取得丰硕成果的功臣,其中徐松的个人成果也是最为杰出的。徐松在《永乐大典》中辑出的书,《事辑》记载有《河南志》《宋会要》《中兴礼书》三种,今知还有《秘书省续编到四库阙书目》(《四库阙书》)一卷、《伪齐录》二卷、《宋元马政》二卷(参以下著述叙录),这都是缪荃孙所知见在徐松身后散出的部分。但实际辑佚的书,应该有更多。

在这一时期,利用从《永乐大典》中辑出的《河南志》和全唐文馆相关的唐代资料,徐松还完成了今知其第一部专著《唐两京城坊考》的初稿。该书卷首的序言落款即称"嘉庆苍龙上章敦牂孟夏之月,北平徐松书于文颖馆直庐",则是他在嘉庆庚午(十五年)四月担任《全唐文》总纂官之际。他后来所著的《唐登科记考》,也当在此时就开始了资料的收集。

在这里,可以总结一下徐松前期的学术机遇:顺天府的大兴县在清代以来的文化事业上有着非同一般的地域意义。顺治五年(1648),清政府颁布谕旨,在京师实行"满汉分城居住",于是,明代嘉靖年间在北京城南修筑的外城就成为汉族居住区,而大兴作为最紧接南城厢的附郭县,便是无数外籍子弟的首选。同时因为纂修《四库全书》,而使琉璃厂为中心的城西宣南一带又成为文化的集散地,更是士子麇集②。徐松的早年求学生活就是这样一种典型。对于一个立志成为学者的人来说,身居四方典籍辐辏之地,又得以遍读内廷所藏秘笈,请益京师众多耆宿并与同年切磋,是其后来取得丰硕学术成果的重要因素。

嘉庆九年,一个叫顾廷纶(1767—1834)的读书人曾经得到陪同浙江巡抚阮元(1764—1849)赴热河晋见的机会,于是有了前后两天的时间交游京师学人。他所叙谈的学人无疑也正是青年徐松得以从容请益的京师人力资

---

① 陈尚君《述〈全唐文〉成书经过》,第74页。
② 《四库全书》开馆前后带来京师风气的改变,时人论述,可参汪辉祖《病榻梦痕录·梦痕馀录》(《汪辉祖年谱》),第107册,第135页。系统的资料,可参孙殿起辑《琉璃厂小志》,北京:北京古籍出版社,1982年9月。

源库。其在京两天的日记记载:

> (八月)二十日卯正,由清河起程,行十八里,至德胜门进城。又行十里,出顺城门,至西河沿行馆。吃饭后,余出门拜客。拜徐诚甫先生,其嗣梧冈九兄晤谈。又至下斜街,拜程春庐兵部。又至永光寺中街,拜朱清如工部。又至椿树三条胡同,拜汪芝亭刑部。又至韩家潭,拜赵学海四兄。送书回行馆。朱清如来会。又会鲍觉生中允。又会陈默斋参戎。又会马明府廷楠。又会濮子耕四兄。又会何殿英秋曹。又会吴编修荣光、吴编修其彦、王侍讲引之。
>
> 二十一日卯正,中丞起来,翁宜泉比部至,中丞嘱在余房少坐。余与云伯均披衣起,晤谈片时,中丞延入叙话毕,送至行馆门外。嗣是来会者不绝。辰初,遂出门往东城一路拜客。余饭后出门,拜吴侍读蕭、梁孝廉祖恩、王侍讲引之。进顺城门,往西城根松树胡同拜陈荔峰学士。又拜鲍中允桂星、万主政云、姚孝廉元之、法大人式善、刘大人镮之、王明经仁。出海岱门,至打磨厂銮庆胡同何秋部兰馥。……至戌初,回行馆。戴主政聪、王伯申侍讲、苏朴园编修、程编修国仁、万书台吏部俱候中丞,在余房叙谈。①

除了最早拜访的徐诚甫即徐立本、梧冈即徐松父子外,其他的程春庐、朱清如、汪芝亭、赵学海、鲍桂星(1764—1824,号觉生)、陈默斋、马廷楠、濮子耕、何殿英、吴荣光、吴其彦、王引之、翁宜泉、吴蕭、梁祖恩、陈荔峰、万云、姚元之、法式善、刘镮之、王仁、何兰馥、戴聪、王伯申、苏朴园、程国仁、万书台凡27人,从这一份匆忙访问的名单中,可以想见当时京师人文荟萃的冰山一角。

个人的努力也是非常重要的主观因素。陆继辂《内阁中书徐君妻陈安人墓志铭》记载:"(徐松)授编修,兼领武英殿、文颖馆、唐文馆纂修、提调,程课促迫,间十许日始一归休沐。定省温清之节,悉以委之安人。"②可见,在这一段时间中,徐松得到了优裕的学术环境之后,自身也非常投入,每入朝十几天才回家一次。其《〈四六法海〉跋》提及对于该书的爱好,甚至在结婚的

---

① 以上二则见顾廷纶《北征日记》,李德龙、俞冰主编《历代日记丛钞》,北京:学苑出版社,2006年5月,第34册影印《顾氏家集》本,第274—276页。

② 陆继辂《内阁中书徐君妻陈安人墓志铭》,《续修四库全书》第1497册,第215页。

当晚,仍然手不释卷:"成昏之夕,犹携于镫下读之。"①许多徐松旧藏书籍上的题跋,也记载了他夜以继日刻苦攻读的身影,如其《〈艺林伐山〉跋》记嘉庆五年校雠该书云:"丁卯二月二十一日镫下校,时已三鼓矣。"(插图 13)②《张说之文集》卷首,记其嘉庆九年开始的苦读——"甲子二月廿六日镫下始校"③,也是在"镫下"——青灯摊书,正是徐松最终成为一代通儒的基本功。

2 督学湖南

徐松于嘉庆十五年八月被任命为提督湖南学政④,毫无疑问是其在翰林院编修的才干得到了嘉庆帝的赏识,因而外放,给予了他在湖南全省主持科举、教育而独当一面的机会。

作为一省之学政,《清史稿》概括其职责是:"提督学政,省各一人。以侍郎、

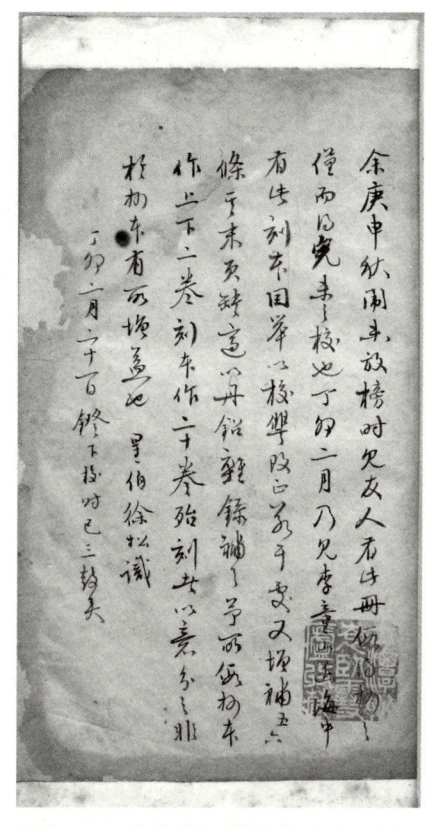

插图 13 《艺林伐山》徐松抄本题跋书影

京堂、翰、詹、科、道、部属等官进士出身人员内简用。各带原衔品级。掌学校政令,岁、科两试。巡历所至,察师儒优劣,生员勤惰,升其贤者能者,斥其不帅教者。凡有兴革,会督、抚行之。"⑤一言以蔽之,就是通过对当地府县生员的考试,为国家选拔人才。

这个职责,虽然由于遭到弹劾的原因,徐松没有任满一届,但从今天留

---

① 徐松《〈四六法海〉跋》,载中国科学院图书馆藏明天启七年刻养正堂印本《四六法海》十二卷目录后,善本编号:集 331.2/012。
② 徐松《〈艺林伐山〉跋》,载重庆市图书馆藏徐松抄校《艺林伐山》二卷本前护页,善本编号:子部 310·3。
③ 徐松《张说之文集》题识,载国家图书馆藏武英殿《张燕公集》扉页,善本编号:0517。
④ 《清仁宗实录》卷二三三:(嘉庆十五年八月癸未朔)"(甲辰,命翰林院)编修徐松提督湖南学政。"《清实录》第 31 册,第 139 页。
⑤ 《清史稿》卷一一六《职官》三"外官",北京:中华书局,1998 年 1 月,第 3345 页。

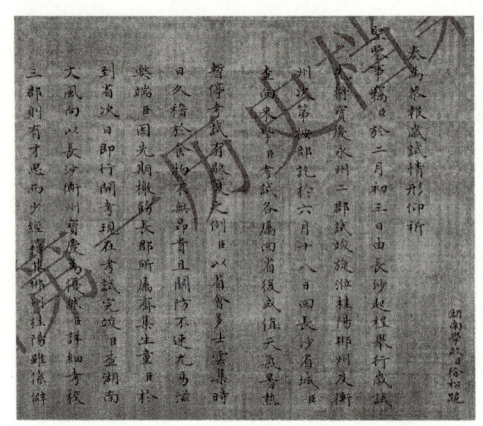

插图 14　徐松《奏报到任日期并谢恩事》

下的档案和相关史料来看,他还是非常有效地在将近一年的按试中作出了初步的成绩。

据一档馆所存清代宫中档内徐松《奏报到任日期并谢恩事》所载(插图 14),徐松于嘉庆十五年十月二十八日抵达长沙府,立即接任,三日后即奏报了到任情形:

> 湖南学政臣徐松跪奏为恭报微臣到任日期叩谢天恩仰祈圣鉴事。窃臣渥承恩命,视学湖南,荷蒙召见,跪聆圣训,启迪周详,感激愚忱,时深警惕。当即束装起程,于十月二十八日行抵驻扎之长沙府。准前任学臣李宗瀚委员将学政关防并书籍文卷移交前来,臣恭设香案,望阙叩头,祗领任事。伏念臣识闇学疏,叨司文柄,兼以初邀简擢,倍切悚惶。惟有实力甄厘,悉心训饬,使士习务轨于正,文风益臻于醇,以期仰副圣主整饬学校、录取真才之至意。所有微臣接印日期并感激下忱,理合缮折恭奏。再,臣出京。经由直隶、河南等处,所种麦苗、青葱长发,湖南省秋禾大熟,民情尤为欢忭,合并陈明,仰纾慈厪。伏乞皇上睿鉴。谨奏。嘉庆十五年十一月初一日。①

从奏折的内容看,徐松对于自己"初邀简擢"一事非常感激,因此雷厉风行地开始了上任后的工作,并表达了"实力甄厘,悉心训饬,使士习务轨于正,文风益臻于醇"的理念。在奏折中,徐松还将沿途所见秋熟和民情一一上呈,体现了封建官员关心民瘼的儒家用世思想。也正因此,这个奏折得到了嘉庆皇帝"实心校士,正人心为本"的朱批答复。

在宫中档内,还保存有嘉庆十六年徐松在学政任内的两份"工作汇报",可以大体了解他在那一年中的"整饬学校、录取真才"的措施。先是作于该年正月的《奏为即日由长沙起程前往宝庆等处岁试事》:

> 湖南学政臣徐松跪奏为恭报举行岁试仰祈圣鉴事。窃臣蒙恩简,

---

① 徐松《奏报到任日期并谢恩事》,档号:04-01-13-0191-017。

昇视学湖南。所有接印日期,恭折具奏。于去冬十二月三十日跪奉朱批:实心校士,正人心为本。钦此。臣惟正人心必先清词讼。查湖南士习,告讦之风,实所不免。臣莅事以来,多方闻导,令士子等务知读书励品。又通饬各府州县,于所属文武生员及生监有不守卧碑、自行讦讼,或恃符抗课、被人控诉者,该地方官将两造姓名,造具简明案由,名为查核清册,按季申送臣衙门,以便臣按试核具案情轻重、犯事多寡,酌加惩黜,使知儆畏,或能少戢讼,渐趋醇正,以期仰答高深于万一。臣拜折之后,即由长沙起程,前往宝庆、永州、桂阳、衡州等处举行岁试。理合恭折奏闻,伏乞皇上睿鉴。谨奏。嘉庆十六年正月二十一日。①

从以上奏折可知,针对湖南士习好为诉讼的陋习,徐松采取了一方面导引士子"务知读书励品",一方面要求府州县地方对士子自讼、讼人的案由按季呈送、酌加惩黜的措施,来达到"正人心"的目的。同时,也在正月下达相关规章之后,就起程按试湖南所属各府州的岁试。

其次,在七月所上《奏为恭报岁试宝庆等各属情形事》中,徐松汇报了上半年的岁试情况,并对下半年的工作做了部署:

> 湖南学政臣徐松跪奏为恭报岁试情形仰祈圣鉴事。窃臣于二月初三日由长沙起程,举行岁试。先将宝庆、永州二郡试竣,旋莅桂阳、郴州及衡州,次第按部,讫于六月十八日回长沙省城。臣查向来学臣考试各属,回省后或值天气暑热,暂停考试,有歇夏之例。臣以省会多士云集,时日久稽,于食物不无昂贵,且关防不速,尤易滋弊端。臣因先期檄饬长郡所属,齐集生童,臣于到省次日即行开考,现在考试完竣。臣查明湖南文风,向以长沙、衡州、宝庆为优。然臣详细考校三郡,则有才思而少经籍。其郴州、桂阳,虽系僻处山隅,而诸生内颇有一二朴实读书之士。臣已拔置前列,量加鼓励。惟永州一属,民猺杂处,士习文风,均未能醇正。臣亦于发落之日,详悉训诲,俾知愧厉。至枪冒、顶替、传情诸弊,往年最多。臣预饬提调悬赏严拏,仍于唱点时逐名核对,启门后挨号查明。臣复坚坐堂上,终日不移。觍法之徒,无所施其伎俩。间有一二怀挟者,查出立时惩治。此外尚属肃清。臣惟有随时整顿,不敢稍

---

① 徐松《奏为即日由长沙起程前往宝庆等处岁试事》,档号:04-01-38-0120-014。

懈。所有臣考过六属情形,理合恭折奏闻。再,臣此次试毕,循例举行岳州、常德、澧州三处岁试。臣于八月中旬起程前往,合并附奏,伏乞皇上睿鉴。谨奏。嘉庆十六年七月二十三日。①

奏折汇报了徐松在半年之内即完成对湖南所属六府州的岁试,特别是考虑到生童在长沙省会稽留的各种不便,改变以往的"歇夏",而在夏暑之前即完竣了长沙府的岁试。而徐松在各地岁试中,也坚持坐堂终日,严格考场制度,使得各种弊端在当年锐减。六府州的士风情形,徐松也在半年之中获得比较切实的观感,并有所区别对待,如言"湖南文风,向以长沙、衡州、宝庆为优。然臣详细考校三郡,则有才思而少经籍。其郴州、桂阳,虽系僻处山隅,而诸生内颇有一二朴实读书之士。臣已拔置前列,量加鼓励。惟永州一属,民猺杂处,士习文风,均未能醇正。臣亦于发落之日,详悉训诲,俾知愧厉"一节,就是他作为一省学政对湖南文风的深刻认识和改革办法。

徐松的按试政绩,在年底由湖广总督马慧裕(?—1816)的密陈奏折中有所体现:

> 湖广总督奴才马慧裕跪奏为循例密奏仰祈圣鉴事。恭照乾隆五十三年钦奉上谕:督抚年终,将学政有无劣迹陈奏一次。钦此。钦遵在案。奴才查……湖南学政徐松本年考过宝庆、永州、郴州、衡州、长沙、岳州、澧州、常德等府州属生童。奴才就其考试处所随时留心体访,两学臣考规俱尚严谨,阅卷发案亦能迅速。惟是奴才与湖南学臣徐松素未谋面,且远隔重湖,究恐见闻未确,尚须确加察看,不敢遽行出考。……嘉庆十六年十二月十七日。②

湖广总督全称"总督湖北湖南等处地方提督军务、粮饷兼巡抚事",总管湖北和湖南的军民政务,驻节武昌。因为徐松在湖南学政任上甫及一年,马慧裕尚未有机会与之见面,因此正式的考评结语没有在密折中表达,这也从一方面看出了清代奏折的严谨公正。根据其在湖南的信息渠道,对于徐松在湖南各属的岁试情况也了如指掌,因此才会有"考规俱尚严谨,阅卷发案亦能

---

① 徐松《奏为恭报岁试宝庆等各属情形事》,档号:04-01-38-0120-038。
② 马慧裕《奏为密陈湖北学政鲍桂星湖南学政徐松考语事》,档号:04-01-38-0121-017。

迅速"的正面评价。

而事实上,就目前的资料可知,宝庆府的县学生魏源、郴州士子陈起诗(1795—1842),在徐松按试府州的过程中,都得到了徐松的鼓励和指点。魏源终身以徐松为业师①,而陈起诗在当时就得到了徐松的赠诗鼓励②。徐松在前揭《奏为恭报岁试宝庆等各属情形事》中称:"其郴州、桂阳,虽系僻处山隅,而诸生内颇有一二朴实读书之士。臣已拨置前列,量加鼓励。"陈起诗大概就是这样的实例。他们后来的成就,证明了徐松拔擢人才的识力。

作为学者的徐松,在远涉南方的短暂一年中,也继续扩充着自己学术的边界。

广泛的涉猎而训练出的见解,使他无处不见学问。在简任湖南学政时期,作者就非常用心地带上了宋人乐雷发的《雪矶丛稿》,从而在乐氏家乡的方志中补苴了一卷遗文,成为比《四库全书》本更完备的善本。《雪矶丛稿》题跋云(插图15):

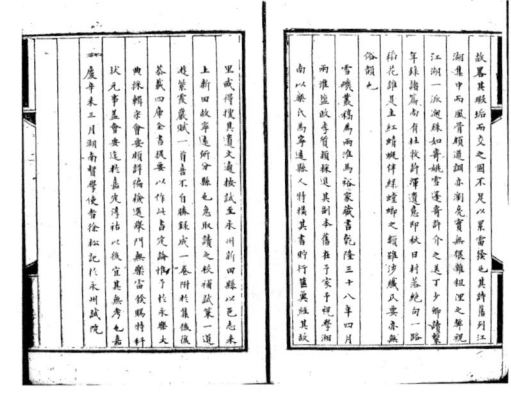

插图15 《雪矶丛稿》徐松抄本及题跋书影

《雪矶丛稿》为两淮马裕家藏书,乾隆三十八年四月,两淮盐政李质颖采进。其副本旧在予家。予视学湘南,以乐氏为宁远县人,特携其书贮行箧,冀经其故里,或得搜其遗文。适按试至永州,新田县以邑志来上。新田,故宁远所分县也。急取读之,校补试策一道,《游紫霞岩赋》一首,喜不自胜,录成一卷附于集后。复恭载《四库全书提要》,以作全书定论。惟予于《永乐大典》采辑《宋会要》颇详,遍检"选举门",无乐雷发赐特科状元事,盖《会要》迄于嘉定,淳祐以后,宜其无考也。嘉庆辛

---

① 参笔者《思想与思想史的资源:魏源致徐松三札考论》。
② 李瀚章等纂《湖南通志》卷一九七"国朝人物·陈起诗":"陈起诗,字筠心。有异禀,未冠,受知学政徐松,补州学生。松故负才,然特重起诗,赠诗数百言,勖以远大。"上海:商务印书馆,1934年7月,第4159页。

未三月,湖南督学使者徐松记于永州试院。①

从这则嘉庆十六年写于永州试院的题跋中,我们看到作为学者的徐松对于古代典籍的熟悉程度,宦游之地,亦必作好了研习当地文化的学术准备,其随处留心、一意学问的精神,见诸字里行间。此外,其利用在全唐文馆时期从《永乐大典》所采辑的《宋会要》进行学术考证的个案,也从中可见。

在道光三年为《寻阳长公主墓志》写跋时,他还提及早年在湖南桂阳州得南汉大宝四年铜钟与该墓志可同补《十国春秋》之阙事②。在当时,他还将其中一件拓片赠送给了湖南布政使理问瞿中溶(详下),可见通过铭刻文字来印证史料已是清代学者普遍掌握的方法。

这一时期,徐松甚至邀请了自己的同年举人严可均(1762—1843)前来幕府。可均字景文,号铁桥,浙江乌程人,嘉庆五年举人,其后科举蹭蹬,至道光二年,仅官建德县教谕。但其学术成就非凡,以一人之力完成了考据学的《四录堂类集》凡一千二百五十余卷,又辑有《全上古三代秦汉三国六朝文》七百四十六卷,是清代辑佚学的大家。其道光十四年《答星伯同年书》③,叙述分别二十三年以来的慕想,以及鼓励徐松尽快董理《宋会要》,请为编辑《全上古三代秦汉三国六朝文》而寄下梁永阳王前墓志、高丽隋碑、薛河东所书信行禅师碑录文,足见二人的交情和学术志趣。而当时徐松对他的邀请,或者是要共同从事重要的学术工程亦未可知。

前及瞿中溶,字镜涛,一字安槎,号木夫,又号苌生,晚号空空叟、木居士。江苏嘉定人,钱大昕婿。著有《奕载堂诗集》九卷、《奕载堂文集》《古泉山馆诗》等。瞿中溶《瞿木夫先生自订年谱》"嘉庆十六年"条载:"学使徐星伯编修松在都门,与钱亦轩、同人昆季为文字交,下车后,与予深相契合。按试桂阳回,以所拓南汉铜钟文见贻。"④其言亦轩、同人,为钱大昕弟大昭之子钱东垣、钱侗的字号,他们与瞿中溶是内兄弟。徐松与他们的交往,可以看出其对钱大昕倡导的朴学的亲近。因此徐松后来遣戍,严可均无处可栖,也

---

① 徐松《雪矶丛稿跋》,见北京大学图书馆藏徐松旧藏《雪矶丛稿》卷首,善本编号□408。另李盛铎著、张玉范整理《木犀轩藏书题记及书录》亦有录文,北京:北京大学出版社,1985年12月,第306—307页;文字略有小讹。
② 徐松《寻阳长公主墓志跋》,《小集》,第廿六叶正面。
③ 严可均《答星伯同年书》,作者著《铁桥漫稿》卷三,《续修四库全书》第1488册,第659页。
④ 瞿中溶《瞿木夫先生自订年谱》,《年谱丛刊》第131册,第273页。

曾到瞿中溶处小驻①,都是这种学术的共同兴趣缔结了学者间亲密的友谊。

四　遣戍新疆——幕府与考察

按照清代的人才制度,徐松自学政一任之后,即有可能再度担任京官,然后外放为巡抚,乃至滞升总督。这方面他的乡试同年邓廷桢、进士同年孙尔准都是极好的例子。但是,徐松在湖南学政任上即遭遇了他平步青云上的致命弹劾,从此开始了从事西域研究的另一种人生历程。《事辑》关于他人生这一段重要的生平记载如下:

> 嘉庆十七年壬申,三十二岁
> 为御史赵慎畛所纠,谪戍伊犁。出嘉峪关,过镇西府,手拓《裴岑纪功碑》。按,此拓本今归吾友章硕卿。
> 嘉庆十八年癸酉,三十三岁
> 到伊犁,寓城南宣阎门南墉第三舍,署曰"老芙蓉庵戍馆",撰《新疆赋》。
> 嘉庆十九年甲戌,三十四岁
> 冬与同戍白泉观察朱尔赓额射猎于二道河。
> 嘉庆二十年乙亥,三十五岁
> 将军松文清公松筠于嘉庆七年莅任,十一年,请修通志,未允。因派知县汪廷楷编纂事实,是为初稿。后又属郎中祁韵士排纂成书一十二卷,名曰《伊犁总统事略》。十四年,卸事,十九年,再任,命先生重修。因周历南北二路,再加考订。《畿辅通志》列传云:"时奏修通志。"按,松文清十一年请修通志,未允,因辑《总统事略》,命先生续修。龙万育《西域水道记序》,尚云《总统事略》,可证。书成,缮进,宣宗赐曰《新疆识略》,并无修通志之事,传误。八月,塔什巴里克庄阿珲孜牙敦作乱,杀伊勒百楚卡伦侍卫,走出边。将军督官兵剿办,先生摄幕府。旋擒孜牙敦于伪塔克山穴中,事平。冬,自伊犁赴喀什噶尔,于沙图阿璊军台度岁。

---

① 《瞿木夫先生自订年谱》"嘉庆十六年"条:"十二月,徐星伯学使被劾解任,钦差初侍郎彭龄来审办。旧友归安严铁桥可均因星伯学使相招来楚,值星伯有事,遂来下榻余斋,携所有古泉,彼此相证、传拓,数日,别去。"《年谱丛刊》第131册,第274页。

嘉庆二十一年丙子，三十六岁

正月五日，度木素尔岭，由阿克苏、叶尔羌达喀什噶尔，假馆参赞公所。秋，复还伊犁。先生携开方小册，置指南针，记山川道里，下马录之；至邮舍，则进仆夫、驿卒、台弁、通事，一一与之讲求，经年，风土备悉。撰《西域水道记》五卷、《汉书西域传补注》二卷。

嘉庆二十二年丁丑，三十七岁

与成都龙燮堂万育订交。

嘉庆二十四年己卯，三十九岁

秋，随晋斋将军晋昌校猎北山。在戍六年，期满，蒙恩释放回籍。

嘉庆二十五年庚辰，四十岁

二月，自伊犁归，经库舍图岭，手拓《唐姜行本纪功碑》；访破城，见《唐金满县残碑》《造像碣》；过焕采沟，得《汉永和沙南侯获碑》；过莫高窟，得《周圣历李君重修莫高窟佛龛碑》《元至正造象记》于睡佛洞外，得《唐大历李府君修功德碑》，碑阴为《唐乾宁李氏再修功德记》。冬十二月，《总统事略》书成，缮进，宣宗皇帝垂览，御制序文，赐名《新疆识略》，以其书付武英殿刊行。因召见，奏对西陲情形甚悉，赏内阁中书。

虽然《事辑》中关于遣戍新疆的记载文字多了起来，但仍然在关键的地方有许多阙如。兹据相关史料补苴如下。

1 被劾革职

徐松由湖南学政前往新疆的过程，虽然是研究者普遍熟悉的大事，但徐松被劾遣戍实际上是到民国时期才由陈垣先生考证明白。

徐松遣戍的缘起，"为御史赵慎畛所纠"是比较明确的，但具体因为什么罪而遣戍，史料并没有交代。陈垣《记徐松遣戍事》通过清军机处档案专门考证这一问题，成为利用明清内府档案这一重要史料解决历史悬疑问题的个案。其论及徐松遣戍原因时指出姚莹（1785—1853）所撰《赵慎畛行状》有所交代，认为是"父干正事，公奏论之"，但陈垣通过军机处赵慎畛（1761—1825）原折和初彭龄（1749—1825）等的拟奏，证明这是一种误解，实际的原因是赵慎畛以九种罪名弹劾徐松，经过初彭龄等的查办，真正成立的罪名主要是刻印《经文试帖新编》分派教官令生童购买而得利一事，因而判杖一百、流三千里,遣戍伊犁效力赎罪。陈文还考证出姚莹的误传实际上是将钱仪吉奏浙江学政朱士彦的事混为一谈所致。

这个误解确实比较流行,缪荃孙虽然没有在《事辑》中写明具体原因,但他实际上也接受了姚莹的理解而误以为是由徐松父亲的缘故而导致遣戍。这在晚清学人李详(1859—1931)与缪荃孙的交谈中可以得知:

> 大兴徐星伯先生松,……官湖南学政,为武陵赵文恪公慎畛劾罢,斥戍伊犁,且籍其家。余问缪艺老:"先生何以得罪如此之酷?"言随棚厨夫卖茶点与诸生敛钱,事涉徐之封翁,赵摭以入奏。①

根据陈垣的考证,赵慎畛是在嘉庆十六年十一月参奏了徐松,十七年正月初彭龄等上奏了查办的情况,因而于该年被遣戍。所以《事辑》在赵慎畛纠徐松的年代上也有纠正的必要。

现在,一档馆开放了所藏清代内阁、军机处、宫中档和内务府的全宗,因此有关徐松遣戍案的经过,也更加明晰。此处结合陈垣先生的考证,再作勾勒。

(1) 弹劾与初审

徐松在湖南学政任上的弹劾者赵慎畛,字遵路,号笛楼,又号蓼生,湖南武陵人。嘉庆元年进士,历官编修、御史、给事中、惠潮嘉道、广西按察使、广东布政使、广西巡抚、闽浙总督、云贵总督等。道光帝有"持躬清介,办事勤慎"的评语②。嘉庆十六年十一月二十日,他以礼科给事中的身份风闻上奏③,奏折内容被陈垣先生概括为九款:

> 一乘轿进棂星门,二重价发卖诗文,三优等生员缴钱,四加增红案陋规,五滥取佾生索费,六家丁陵辱士子,七卖给熟食索钱,八强取弓箭发费,九出题割裂经文。④

这个奏折揭开了徐松遣戍案的第一步。它很快得到受理,军机处汉文

---

① 李详《药裹慵谈》卷三"徐星伯先生",作者著《李审言文集》,南京:江苏古籍出版社,1989年6月,第659页。
② 《清史列传》卷三三《赵慎畛传》,第2585页。
③ 陈垣《记徐松遣戍事》,《陈垣史学论著选》,第373—374页。军机处录副题名礼科给事中赵慎畛《奏为湖南考试收受钱文请敕下湖南巡抚详密奏明办理事》,档号:03—2169—085。
④ 陈垣《记徐松遣戍事》,《陈垣史学论著选》,第374页。

档册保留下来的上谕如此写道:

> 军机大臣密寄钦差工部侍郎初:嘉庆十六年十一月二十日奉上谕:据给事中赵慎畛参奏湖南学政徐松考试勒索及出题割裂并发买武童弓箭等款,据称该省抚藩臬各衙门均有案证,其所出试题亦均有册籍可稽。著派初彭龄于审办周季堂之案完结后,即由湖北驰驿速赴湖南,到省后传旨会同巡抚广厚按照该给事中所奏各款切实查究。如得有一二款据,即具奏大概情形,将该学政奏请革职拿问。所有学政关防,著初彭龄暂署,俟奏到时,简放新任学政,饬令迅速前往接印。该侍郎等务秉公严密确查,勿稍徇隐。赵慎畛原折著发交阅看。将此密谕知之。钦此。遵旨寄信前来。①

以上的密谕中,嘉庆皇帝基本上已经相信了赵慎畛的参奏,因此下令"如得有一二款据,即具奏大概情形,将该学政奏请革职拿问",而且在第二天就下达了由汤金钊接替徐松担任湖南学政的上谕②。

因此,作为案件审理的第二步,工部左侍郎初彭龄就近由湖北被派遣前往长沙,会同湖南巡抚广厚(?—1815)查办徐松一案。这个情形在初彭龄《奏为遵旨会同查办学政徐松款迹大概情形事》中也得到印证:

> 臣初彭龄、臣广厚跪奏为尊旨会同查办学政款迹大概情形先行恭折奏闻仰祈圣鉴事。窃臣初彭龄于本月初二日在湖北省城接准军机大臣密寄上谕:据给事中赵慎畛参奏湖南学政徐松考试勒索及出题割裂并发买武童弓箭等款,著派初彭龄于审办周季堂之案完结后,即由湖北驰驿速赴湖南,到省后传旨会同巡抚广厚按照该给事中所奏各款切实查究各等因。钦此。嗣臣于初五日将周季堂一案办竣拜折后,即日起程,于十二日驰抵长沙,传旨会同抚臣广厚查讯前案。③

从以上叙述可以得知,初彭龄在差不多十天以后的十二月初二日于武汉获

---

① 《军机大臣密寄初彭龄上谕》,《嘉庆道光两朝上谕档》第16册,第649页。
② 《内阁奉上谕》:"嘉庆十六年十一月二十一日,内阁奉上谕:湖南学政著汤金钊去。钦此。"《嘉庆道光两朝上谕档》第16册,第649页。
③ 初彭龄《奏为遵旨会同查办学政徐松款迹大概情形事》,档号:04-01-38-0121-016;此折又见军机处录副《奏为遵旨查办学政徐松发给各学书籍派令缴价等情形事》,档号:03-1540-089。

得军机大臣的密寄。初彭龄字绍祖,一字颐园,原籍莱阳,迁居即墨。乾隆四十五年进士。历官编修、御史、云南巡抚、刑部侍郎、内阁学士,道光擢兵部尚书。在嘉庆一朝,以敢言而多次被派查办地方大员贪黩等案,嘉庆帝有"遇事直言,不敢缄默"的评价①。广厚是满洲镶黄旗人,乾隆四十三年进士。历官御史、甘肃按察使、江西布政使、库车、哈喇沙尔办事大臣,安徽巡抚,卒于湖南巡抚任上②。

初彭龄在十二月十二日到达长沙,即与广厚对徐松革职拿问。四日之后,案件基本情况得到审理,于是在嘉庆十六年十二月十六日,以暂署湖南学政的身份,与广厚共同上奏了第一份关于初步调查徐松在湖南学政任上的奏折:

> 臣等查原参折内该学政按试宝庆、乘轿进棂星门一款,据徐松称并无其事。臣等已檄调宝庆府知府及该府学教官,尚未到省。
>
> 其按试各府州属每学发交《经文试帖新编》一本、派价转重一款,就近讯,据长沙府暨两县教官钱济世等供称:徐学政曾发给府学一百四十本,长沙、善化两县学各一百二十本,令分给士子,每本缴银三钱六分;其士子有不愿领者,实系该教官等垫缴价值。
>
> 又招覆取列优等生员每人缴钱数百文一款,讯为刊刷考卷所需,每人实只缴钱二百文。
>
> 又加增红案陋规一款,臣等吊查该学政牌示各项钤印底册,并无因前项陋规示新生等有"观望不前、受人把持,立即扣除另补"之谕,其有无加增之处,尚须另查。
>
> 又每县发备卷二三十名、每名索费数金即令注册、准作佾生一款,查《学政全书》开载雍正十三年并乾隆五年先后定例:各学佾生额设三十六名外,加四名以备缺额充补,由该州县会同教官考选本籍优秀,申报学臣查核,此外不得浮充。其学政给照之处,永行禁止各等语。今该学政径以备卷童生发县准充,每学自五六名至二十余名不等,即属违例。且查有取准佾生奖赏点名清册,系出何项备办;又牌示仰教官传谕各该童静候奖赏,不得先行回归,如到学报名者,即毋许入册,不准充

---

① 《清史列传》卷三四《初彭龄传》,第 2655 页。
② 《清史稿》卷三三三《广厚传》,第 11127 页。

俏。其中有无需索情弊,亦必须根究。但就长沙、善化二县只各发过一名,该童生等均未到案注册,无凭诘讯。臣等现在行文外府州县,确查另究。

又纵容家丁凌辱士子一款,提到该学政管家丁刘贵诘究,尚坚不承认。

又考试教官及招覆新生买给熟食索钱一款,讯系随棚隶役人等希图取利,较寻常买价颇昂。

又考试武童强取弓箭一款,查武童取用之弓俱系随时自行捡归。惟箭枝落靶,每有轿夫隶役人等抢拾不还,该武童等多有用钱赎取弊。

又臣等吊查该学政题目印簿,每取对偶,即如"子曰苗"之题,系永州府属生员,与"子曰文""子曰学""子曰民""子曰奢""子曰恭""子曰狂"各题分县并出,似非因伊家丁指斥士子为苗子之故。其割裂经文各题,亦所俱有,讯据系为防闲生童等抄录旧文起见。

臣等伏思前项各款,虽尚未全行查实,但就发给各学书籍派令缴价,又令优等生员出钱以为刻文之费,已与勒索无异。况违例将备卷童生竟行发县充俏,又出题割裂,并失察轿夫隶役抢拾箭枝、索取点心钱文,均属有乖职守。相应遵旨革职拿问。

除再逐一严究确情、详核定拟外,所有现在查讯大概情形,谨合词先行具奏。

再臣初彭龄现于十六日即接收该学政关防暂署,恭候简任新任学臣到来交卸,合并陈明,伏乞皇上睿鉴。谨奏。嘉庆十六年十二月十六日。①

以上的奏折,可以看到,初彭龄和广厚对赵慎畛上奏的九款罪行都一一给予究诘。虽然其中部分控告还有待进一步从外地府县调集证人,但是有些罪名已然成立,即奏折最后提到的:"就发给各学书籍派令缴价,又令优等生员出钱以为刻文之费,已与勒索无异。况违例将备卷童生竟行发县充俏,又出题割裂,并失察轿夫隶役抢拾箭枝、索取点心钱文,均属有乖职守。"根据这些罪行,初彭龄当时便下达了对徐松"遵旨革职拿问"的命令,自己接收了徐

---

① 前引初彭龄《奏为遵旨会同查办学政徐松款迹大概情形事》;又见《嘉庆道光两朝上谕档》第16册,第729—730页。

松的学政关防,并暂署学政视事,上奏汇报初步调查的大概情形。这个奏折于十天后到达京师,十二月二十八日,嘉庆皇帝对此有长篇的上谕被记录下来,并被作为重大批示,而保留在《清仁宗实录》中(参下引)①。

(2) 再审与拟罪

不过,初彭龄没有等待对这一初步上奏的进一步批示到来,便继续进行案件的审讯,并作出了定拟结果。毫无疑问,对于牵涉这个案件的所有人来说,嘉庆十七年的春节前后是一个黯淡的时期,徐松在湖南按试各府州县的相关人员受到调查、徐松的家人等受到审讯。今一档馆保存了初彭龄嘉庆十七年正月初七日上奏的《奏为审明已革湖南学政徐松考试勒索等款一案按律定拟事》,并附录了《徐松口供单》,展现了他在长沙期间对这一案件进一步从调查到拟罪的过程。

初彭龄的奏折曰:"臣等钦遵谕旨请将徐松革职拿问,一面檄调宝庆府及知府及教官来省质讯在案。嗣据该府柳迈祖、邵阳县学教官周世举于上年十二月二十六日到省,臣等即提集犯证,隔别研讯。"②可见对徐松案件的进一步审讯是从十二月二十六日开始的,而对徐松本人的审讯大概从前次初步的审讯后即没有中断。徐松的口供对于"乘轿进棂星门""家丁陵辱士子"二款予以否认,其余则略有辩驳,而供认不讳。徐松最后的认罪态度是:

> 我蒙皇上恩典,简放学政,不知检束,出题割裂文义,违例滥准佾生,不派教官监场,又失察家人、书役、轿夫藉端需索,已无可辞咎,况又冒昧令优等生员出钱刊刷考卷,并将自己书籍散卖,实属辜负天恩,只求将我从重治罪。所具亲供是实。具亲供徐松。③

---

① 《清仁宗实录》卷二五二"嘉庆十六年十二月乙巳朔壬申"条,《清实录》第31册,第409—410页。此则上谕,《记徐松遣戍事》引自《清仁宗圣训》"法纪类",《陈垣史学论著选》,第372页;文字与《实录》略异,而言"此谕《实录》不载",系偶失检。

② 初彭龄《奏为审明已革湖南学政徐松考试勒索等款一案按律定拟事》,档号:04—01—08—0120—001;军机处录副作《奏为审拟原学政徐松考试勒索出题割裂并发卖武童弓箭等情形事》,档号:03—1541—014。《记徐松遣戍事》第375—379页录此全文,唯时间作"嘉庆十七年正月十九日",是嘉庆帝览折后朱批"刑部议奏"的日期。

③ 初彭龄《呈徐松口供单》,档号:03—1541—015;《记徐松遣戍事》录此口供单全文,第379—381页。

为此，初彭龄在《奏为审明已革湖南学政徐松考试勒索等款一案按律定拟事》的奏折中，给予的最后定论是：

> 以上各款，臣等逐一推鞫，反复研审，该学政徐松无可置辩。查律载"监临官挟势将自己物货散与部民多取价者，计余利准不枉法论；又不枉法赃折半科罪；又名例称准，但准其罪，罪止杖一百、流三千里"，又律载"官吏非因公务科敛人财物入己者，计赃以不枉法论，无祸人，罪止杖一百、流三千里"各等语。此案学政徐松除出题割裂文义，违例滥取佾生，不派教官监场，及失察家人、书役、轿夫勒索喜钱、散卖熟食、抢拾箭枝，并令优等生员出钱刊刷试卷各款，或咎止降罚，或赃非入己，均属轻罪不议外，其将书籍分派教官，转令生童购买，除去工本银外，计得余利银四百七十六两，应依监临官挟势将自己物货散与部民多取价者，计赃准不枉法论罪，止杖一百、流三千里。该学政卖书渔利，种种失察，又复任意派令家人查号，割裂命题，以致士论沸腾，实属猥鄙不职。徐松前已请旨革职，应请发往新疆效力赎罪。除供册咨部外，谨将审明定拟缘由，合词恭折驰奏，伏乞睿鉴，训示施行。①

以上的奏折，可见徐松的案件处理算是告一段落。初彭龄根据《大清律例》作出断案拟罪：徐松被赵慎畛弹劾的九款罪行，一是乘轿进棂星门、加增红案陋规、家丁陵（凌）辱士子三款可以免除；二是出题割裂文义、违例滥取佾生、不派教官监场，以及失察家人、书役、轿夫勒索喜钱、散卖熟食、抢拾箭枝，并令优等生员出钱刊刷试卷各款，还是存在的，不过这些罪责"咎止降罚"，根据清代判案数罪并发科其重的原则，"均属轻罪不议"；三是"将书籍分派教官，转令生童购买，除去工本银外，计得余利银四百七十六两"一项，属于贪赃受贿的重罪，"依监临官挟势将自己物货散与部民多取价者，计赃准不枉法论罪，止杖一百、流三千里"。徐松最终是以"卖书渔利"而定不枉法赃论罪，被拟定"发往新疆效力赎罪"的。

（3）三审与定谳

不过，正是由于初彭龄处理案件的迅速，他定拟罪责上奏时却没有来得及参看上一年十二月廿八日嘉庆皇帝对于他的初步报告作出的上谕，一直

---

① 前引初彭龄《奏为审明已革湖南学政徐松考试勒索等款一案按律定拟事》。

到他离开长沙抵达巴陵县时，才读到了这一上谕（插图16）：

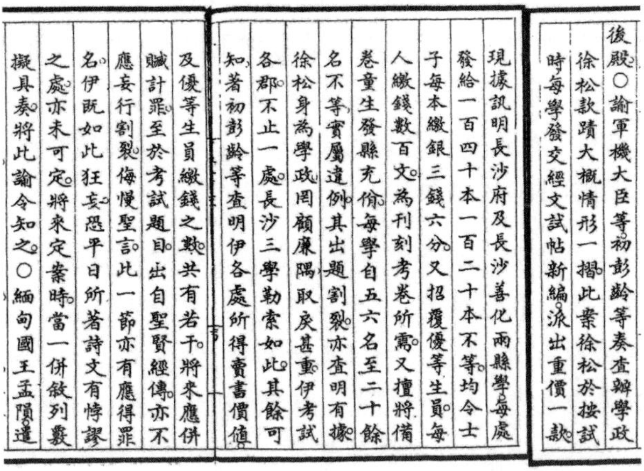
後殿○諭軍機大臣等初彭齡等奏查辦學政
徐松款蹟大概情形一摺此案徐松於按試
時每學發交經文試帖新編派出重價一款
現據訊明長沙府及長沙善化兩縣學每歲
發給一百四十本一百二十本不等均令士
子每本繳銀三錢六分又招覆優等生員每
人繳錢數百文為刊刻考卷所需又擅將備
卷童生發縣充佾每學自五六名至二十餘
名不等實屬違例其出題割裂亦查明有據
徐松身為學政罔顧廉隅取戾甚重伊考試
各郡不止一處長沙三學勒索如此其餘可
知著初彭齡等查明伊各處所得賣書價值
及優等生員繳錢之數共有若干將來應併
贓計罪至於考試題目出自聖賢經傳亦不
應妄行割裂侮慢聖言此一節亦有應得罪
名伊既如此狂妄恐平日所著詩文有悖謬
之處亦未可定將來定案時當一併敘列覈
擬具奏將此諭令知之○緬甸國王孟隕遣

插图16　《清实录》记载嘉庆帝对徐松案初审的上谕

谕军机大臣等：初彭龄等奏查办学政徐松款迹大概情形一折。此案徐松于按试时，每学发交《经文试帖新编》、派出重价一款。现据讯明长沙府及长沙、善化两县学，每岁发给一百四十本、一百二十本不等，均令士子每本缴银三钱六分。又招覆优等生员，每人缴钱数百文，为刊刻考卷所需。又擅将备卷童生发县充佾，每学自五六名至二十余名不等，实属违例。其出题割裂，亦查明有据。徐松身为学政，罔顾廉隅，取戾甚重。伊考试各郡，不止一处。长沙三学勒索如此，其余可知。著初彭龄等查明伊各处所得卖书价值、及优等生员缴钱之数，共有若干，将来应并赃计罪。至于考试题目，出自圣贤经传，亦不应妄行割裂，侮慢圣言。此一节亦有应得罪名。伊既如此狂妄，恐平日所著诗文有悖谬之处，亦未可定。将来定案时，当一并叙列核拟具奏。将此谕令知之。①

显然，对于初彭龄的初步报告，嘉庆帝还不满意，希望从三个方面继续追查：一是要继续调查徐松在长沙府之外各府州按试中的勒索情况，二是要对其

① 《清仁宗实录》卷二五二"嘉庆十六年十二月乙巳朔壬申"条，《清实录》第31册，第409－410页。《嘉庆道光两朝上谕档》除在初彭龄奏折中有朱批："伊既如此狂妄，恐平日所著诗文有悖谬之处，亦未可定。"另有谕曰："嘉庆十六年十二月二十八日，内阁奉上谕：徐松著革职拿问，交初彭龄会同广厚严审定拟。"第16册，第730页。据此则上引《清仁宗实录》条文字系根据当时朱批和口谕综合而成。

出题割裂经文拟罪，三是要对其平日所著诗文给予调查，一并定案。贪污、科场和文字悖逆，是清代皇帝最为忌讳的重罪，而徐松被赵慎畛控告的罪状中，似乎三者兼具，所以引起了嘉庆帝的特别重视，必欲究其详情而罢休。

比较初彭龄最后拟罪的结论，有关徐松平日所著诗文是否有狂悖、违碍之处，似乎被他和广厚忽略了。为此，正月十三日，初彭龄在巴陵上奏了《奏为遵旨查办湖南学政徐松被参各款事》，其云：

> 臣初彭龄跪奏为恭折覆奏事。窃照臣会同湖南抚臣广厚查办徐松一案及覆究原参各款情节，似无不实不尽，业将审明定拟缘由于本月初七日合词由驿奏闻，并臣拜折后即带印起程，亦经附片具奏在案。兹臣于十一日得至巴陵，奉到批回前查大概情形一折，并准军机大臣票寄十二月二十八日奉上谕：初彭龄等奏查办学政徐松款迹大概情形一折，已明降谕旨将徐松革职拿问，交该侍郎等严审定拟具奏矣。伊既如此狂妄，恐平日所著诗文有悖谬之处，亦未可定。将来定案时，当一并叙列核拟具奏。初彭龄等如查出伊赃私入己、贪污狼藉，著一面将住所赀财严密查抄，一面迅即由驿具奏各等因。钦此。臣伏查徐松发售所刻经文试帖，前曾逐加翻阅。其五经文录选近科乡会闱墨，其试帖系以阴骘文为题，每句排律一首，讯系浙江人旧本用词，立意尚为工整，并非徐松自作。但徐松既出题割裂、侮慢圣言，实属谬妄。诚如圣谕，其自著诗文难保无有词语狂悖，必须详细覆查。至其失察丁书人等、需索弄钞等事，虽讯无授意分肥，而于卖书渔利，已有入己赃银四百余两，按律准以不枉法论，先经请旨将徐松发往新疆，其住所赀财自亦应查抄以为贪鄙不职者戒。臣遵即恭录上谕，密札飞致湖南抚臣广厚钦遵覈实查办。其抄出赀财并徐松平日所著诗文有无应行治罪之处，经由广厚具奏外，所有臣接奉廷寄遵办缘由，合得缮折由驿覆奏。再，新任湖南学臣汤金钊现于十二月抵巴陵，臣将学政关防即移交接收，谨并陈明，伏乞皇上睿鉴，谨奏。①

---

① 初彭龄《奏为遵旨查办湖南学政徐松被参各款事》，档号：04－01－01－0542－016；军机处录副作《奏为遵旨查办徐松并移交新任学政关防事》，档号：03－1541－031。初彭龄前者职衔作工部左侍郎，录副作户部左侍郎。按，初彭龄嘉庆十六年十一月辛卯日由工部右侍郎转左侍郎（《清仁宗实录》卷二五〇，《清实录》第31册，第381页），嘉庆十七年五月戊寅日由工部左侍郎调户部左侍郎（《清仁宗实录》卷二五七，《清实录》第31册，第471页），其拟题官衔当以宫中档为是。

初彭龄以上的奏折,旨在说明:一、前此对徐松的审讯中,所刻《经文试帖》尚无本人的狂悖用语,但是其家中是否有自著诗文,必须覆查;二、此时他已经交卸暂署湖南学政事务于继任的湖南学政汤金钊,故将这一谕旨飞致广厚,由后者与汤金钊在任上继续查核。我们从初彭龄的生平记载中,知道他在当年二月回程期间,又接奉上谕,审办山东民人朱飑焯控案①,所以没有再参与到徐松诗文进一步的查讯中。

广厚对徐松的进一步调查,一共进行了两次。先是在接到初彭龄转达上谕的嘉庆十七年正月十二日当天,率同在省大小官员对徐松寓所进行了彻底的清查、抄家并变卖其财产充公,并于二十二日上奏了《奏为遵旨查抄学政徐松任所赀财并查明并无悖谬诗文事》②,表述了未见违碍文字的意思。其云:

> 湖南巡抚奴才广厚跪奏为遵旨查抄徐松任所赀财并查明并无悖谬诗文缘由恭折覆奏仰祈圣鉴事。本年正月十二日子刻,准钦差工部左侍郎初彭龄札会,十一日在巴陵县途次承准军机大臣字寄嘉庆十六年十二月二十八日奉上谕……相应钦遵札会查办等因前来。……兹奉谕旨:徐松如此狂妄,恐平日所著诗文有悖谬之处,亦未可定,并饬如查出赃私入己、将伊住所赀财严密查抄等因。奴才遵查徐松卖书赃银业已入己,随于十二日卯刻,率同在省司道府县并标下中军参将带领兵役亲赴该革员寓所,将前后门户分派官役看守,严密查抄。查出皮棉夹单缎绸纱布男女衣裙等项共四百一十四件,镀金首饰三十件,银花银器二十件,纹银五百五十三两八钱,元丝银一百四十一两,制钱十二千文,朝珠五盘,其余铜锡器皿书籍及零星什物,俱查明登记。奴才察看衣服、朝珠、首饰,多系蔫旧,并无值钱之物。徐松到任年余,养廉丰厚,何以余赀无多,恐豫行寄顿,未便任其隐匿,随提管事家丁曹明确讯。据称家主徐松家道贫苦,素无产业。前年秋间蒙恩简放湖南学政,所得养廉,除日逐用度及幕友束脩,折差盘费并还旧欠外,所余无几。是以家主刻书售卖,希图利息。所有赀财,已蒙尽数抄出,家主问罪在狱,初不料有

---

① 《清仁宗实录》卷二五四"嘉庆十七年二月癸丑"条,《清实录》第31册,第428页。
② 广厚《奏为遵旨查抄学政徐松任所赀财并查明并无悖谬诗文事》,档号:04—01—01—0593—021。军机处录副作《奏为查抄已革湖南学政徐松资财等事》,档号:03—2467—011;并附《呈查抄徐松寓所资财衣服清单》,档号:03—2467—012。

查抄之事。况又此间并无亲朋,无处寄顿。如有隐匿,察出愿甘治罪。复提该家属及房主、厮役人等质讯,佥称实无丝毫寄顿。奴才当将所抄书籍逐一面同司道府县详细检查,共经史等书及书铺刊刻诗文九十五种,并无违禁书籍。奴才因查徐松并无自著诗文,恐有藏匿,随监提徐松到案严究。据称:我作诸生时专习举业文字,因未能工稳,故未经存留。迨中进士,除庶常馆月课外,即在武英殿当差,后蒙恩授职编修,又在文颖馆充当提调官兼全唐文总纂,无暇究心诗文。前年复蒙简放湖南学政,按试各郡,更无闲空,是以并无诗文底稿。我蒙皇上鸿恩,早登科甲,具有天良,感激无地。何敢舞弄文墨,自外生成,求详察等语。再三究诘,徐松伏地碰头,坚称并无著作诗文,似无遁饰。除将存衣饰银钱等物严行封贮、分别估变,另造细册送部核办外,所有查抄徐松寓所赀财并查明并无悖谬诗文缘由,并缮清单敬呈御览,伏乞皇上睿鉴。谨奏。嘉庆十七年正月二十二日。

以上的抄家情形和讯问过程,确实非常彻底。同时也证明了徐松作为一个家道贫苦的官员,并没有太多的资财,"衣服、朝珠、首饰,多系鸢旧,并无值钱之物",一年多来"所得养廉,除日逐用度及幕友束脩,折差盘费并还旧欠外,所余无几";这样的场景大概与大多数京官外任后的情形大不相同,所以连广厚等人也深为诧异。与乾隆、嘉庆朝处理的大量地方高官贪污情形比较①,足见徐松依旧是个比较清廉的学政形象。其希图通过刻书营利的目的,就是为了贴补家用,殊不料因此而触犯了任官条例,获此大咎。

但是,嘉庆皇帝并不知道广厚、汤金钊已经按照初彭龄飞致的密札做了如上的调查,正月二十三日在接到初彭龄离开长沙而委托广厚、汤金钊进行调查的奏折后,仍然不放心地由军机大臣再度传达上谕给广厚,体现了嘉庆皇帝对于徐松的严苛之情:

军机大臣字寄湖南巡抚广　、湖南学政汤　:嘉庆十七年正月二十三日,奉上谕:初彭龄奏于途次接奉谕旨、密札飞致广厚核实查办一折,徐松在湖南学政任内业经初彭龄等审明卖书渔利、有入己赃银四百余

---

① 相关史料,可参中国第一历史档案馆编《乾隆朝惩办贪污档案选编》,北京:中华书局,1994年8月;魏克威《论嘉庆中衰的原因》,《清史研究》1992年第2期,第39—44页。

两,自应将任所赀财查抄。初彭龄前次于发折后已起程回京。著广厚会同学政汤金钊即将徐松任所赀财严密查抄,并将伊平日所作诗文查出,会同详细磨勘。如有词涉悖缪者,逐一粘签进呈。若查无狂悖字句,亦即具折覆奏,将此谕令知之。钦此。遵旨寄信前来。①

二月初五日,广厚再次接到了上述直接下达给自己的与初彭龄所转相同的上谕,又不得不再次会同新任汤金钊做覆查,最后于嘉庆十七年二月二十八日上奏了《奏为遵旨会同查徐松寓所赀财查明并无自作诗文亦无悖谬字迹复奏事》:

> 湖南巡抚臣广厚、学政臣汤金钊跪奏为遵旨会同覆查具奏事。本年二月初五日,承准军机大臣字寄奉上谕:初彭龄奏于途次接奉谕旨密折飞致广厚核实查办一折:徐松在湖南学政任内业经初彭龄等审明卖书渔利,有入己赃银四百余两,自应将任所赀财查抄。初彭龄于前次发折后,已报程回京。著广厚会同学政汤金钊即将徐松任所赀财严密查抄,并将伊平日所作诗文查出,会同详细磨对。如有词涉悖谬者,逐一粘签进呈。若查无狂悖字句,亦即具折之后奏。将此谕令知之。钦此。遵查。此案臣广厚前于本年正月十二日,准初彭龄密札知会,奉上谕:徐松如此狂妄,恐平日所著诗文有悖谬之处,亦未可定。并饬如查出赃私入己,将伊任所赀财严密查抄等因。惟时臣汤金钊尚未到任,臣广厚当查徐松卖书赃银业已入己,遵即率同在省司道各员亲赴徐松寓所严密查抄,并将抄出各书逐一检查,并无违禁书籍。严讯徐松,亦坚供实无自著诗文。当将抄存衣服缮具清单,于正月二十二日由驿覆奏在案。兹蒙谕旨饬知前因,臣广厚复会同臣汤金钊将抄出徐松各书籍详细磨对,皆系经史等书,并坊铺刊刻诗文,并无违悖。臣汤金钊复又密行访查徐松在学政任内实无自作诗文,亦无悖谬字迹。其所犯各款,亦惟卖书一项最重。与臣广厚会同初彭龄所讯相符。理合将现在尊旨覆查缘由合词缮折具奏,伏乞皇上睿鉴。谨奏。②

---

① 《军机大臣寄广厚汤金钊上谕》,《嘉庆道光两朝上谕档》第17册,第21页。
② 广厚《奏为遵旨会同查徐松寓所资财查明并无自作诗文亦无悖谬字迹复奏事》,档号:04—01—12—0295—002;军机处录副作《湖南巡抚广厚奏为遵旨查抄前湖南学政徐松所作诗文并无悖逆事》,档号:03—2170—001。

第二次严密查抄,主要由广厚与汤金钊对从徐松家中抄出的各种书籍进行磨对,并由汤金钊访查徐松在学政任内是否有悖逆字迹等等。毫无疑问,广厚、汤金钊的调查没有如想象中的那样找到徐松平时"狂妄""悖谬"的违碍内容,因此一个月后上奏抵

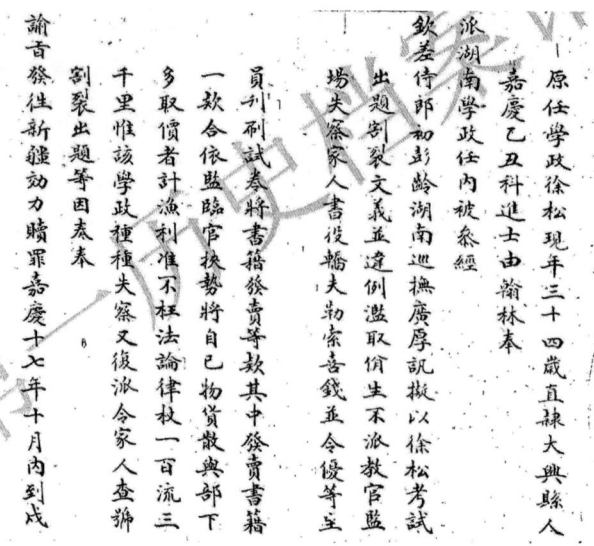

插图 17　晋昌《呈原任湖南学政徐松获罪缘由清单》

达京师,嘉庆皇帝在三月廿八日朱批"知道了"了结。

刑部最终按照初彭龄的拟罪,判决徐松"发往新疆效力赎罪",而由嘉庆皇帝朱批定谳。目前的资料没有看到下达其遣戍的判决书①,但是后来的一份《获罪缘由清单》可以看作是对于其"宣判"诏书的概括(插图17):

> 原任学政徐松,现年三十四岁,直隶大兴县人。嘉庆乙丑科进士,由翰林奉派湖南学政。任内被参,经钦差侍郎初彭龄、湖南巡抚广厚讯拟,以徐松考试出题割裂文义,并违例滥取俏生、不派教官监场、失察家人书役轿夫勒索喜钱,并令优等生员刊刷试卷将书籍发卖等款,其中发卖书籍一款,合依监临官挟势将自己物货散与部下多取价者计渔利准不枉法论律,杖一百、流三千里。惟该学政种种失察,又复派家人查号、割裂出题等因奏。奉谕旨发往新疆效力赎罪。嘉庆十七年十月内到戍②。

由于对这一清单的来历不太了解,一档馆在著录时对其档案责任者的填写阙如,而写作时间也只是标记了推测性的"嘉庆十七年"。

---

① 史语所藏内阁大库档案也有嘉庆十七年二月吏部、礼部移会稽察房的初彭龄奏折(登录号:137140-001、114113-001)等史料,可能也有散出的相关判决内容。

② 前引《获罪缘由清单》。

事实上,我们根据清单中提及徐松"现年三十四岁"的年龄,依其"乾隆辛丑(四十六年)七月初九生"的出生年份,可以推知其"三十四岁"当为嘉庆十九年。不过,古人年龄往往有"真年"与"官年"之歧异,在《陕西全省同官录》中,记载后来担任了"陕西榆林府知府"的徐松,就写作"乾隆丁未年(五十二年)七月初九日生",后者就是其"官年"的生年,比实际的生年小了六岁①。因此这里的"三十四岁",如以乾隆五十二年推之,则这份清单应该是在嘉庆二十五年所递呈的。不过,根据笔者推断这份清单是嘉庆二十四年晋昌上《奏为废员效力七年期满请旨释回事》(以下简称《请旨释回事》)的附录,实际呈递的年份应该是嘉庆二十四年②。但是无论按照真年或者官年推算,这个《获罪缘由清单》都是徐松到达了遣戍地后的递呈内容,因此它真实地反映了徐松最终判决流放的罪因。

从《获罪缘由清单》来看,徐松获罪遣戍的主要原因,是因为"发卖书籍"这一罪状,按照《大清律例》"监临官挟势将自己物货散与部下多取价者计赃准不枉法论律",他被判拟"杖一百、流三千里"。根据这个由审讯官定拟的责罚,嘉庆皇帝又以"该学政种种失察,又复派家人查号、割裂出题等因",即《获罪缘由清单》中提及的其他细故"考试出题割裂文义,并违例滥取佾生、不派教官监场、失察家人书役轿夫勒索喜钱,并令优等生员刊刷试卷将书籍发卖等款",谕旨下令将徐松"发往新疆效力赎罪"。从这个清单中,可以了解到徐松最后的判决,基本上是按照初彭龄的拟罪决定的。

2 遣戍旅途

关于徐松赴新疆的具体时间,论者以为不可考。今据陆继辂《内阁中书徐君妻陈安人墓志铭》的记载:"逮星伯下湖南按察司狱,籍没筐箧,逮系童仆,尽室惊扰。……凡九十日,狱词具。星伯衣短后首途,安人奉舅姑北归。"③从系狱受审到结案,三个月的时间当然是虚数。在陈垣《记徐松遣戍事》中,赵慎畛参奏的原折是在嘉庆十六年十一月二十日上书的;十二月,初

---

① 参本书第一章第二节之"早年求学和师承"的相关论述。
② 参本节"伊犁幕府·与晋昌的交往"条考证。
③ 陆继辂《内阁中书徐君妻陈安人墓志铭》,《续修四库全书》第 1497 册,216 页。

彭龄奉旨前往湖南查办,"钦遵谕旨请将徐松革职拿问",并于十七年正月初七日拟奏,到广厚二月二十八日最后的具奏,这个时间基本上在三个月之后。不过直到三月廿八日朱批"知道了",才会有刑部议奏遣戍事上奏。而徐松遣戍伊犁的诏书下达到长沙,应该在四月以后了。

徐松赴新疆路途中,也有一篇《古镜录序》留下了独特的铭记:

> 修平先生泊然寡营,偶嗜古镜,肖其光明。元注:明字通清耕,见《尧典》。朖朖清眹,辉辉素裹。幸得重逢,证此良觌。嘉庆十七年七月,遣戍新疆、前翰林院编修、提督湖南学政徐松譔书。①

这显然是与故友临别时,通过作序的方式留下再会的心愿。因此可以肯定,徐松在十七年七月已经在内地某个遣戍经过的路上了。修平是陆继辂的字,他以诗文著名于时,有《崇百药斋集》三六卷行世。其《崇百药斋文集》卷八《伊阙访碑集》一,录其在洛阳客中的吟咏,而购买古镜的诗篇充斥其中;卷一五又有《弃镜说》一文,载其废寝忘食之嗜镜癖好:"陆子客洛,购汉晋元魏镜百枚,间日一拂拭之,不自知其忘寝与食也。"②更重要的是,一首题名为《徐同年松官湖南学政被劾,遣戍新疆,相见洛下,诗以送之》的诗篇也在洛阳吟咏的卷八中,使我们可以确定徐松是在嘉庆十七年七月与陆继辂相逢于洛阳:

> 空言扫前代,实学昌皇清。嗟哉张夫子(惠言),遽主扶容城。李生(兆洛)令剧县,案牍堆纵横。得无妨故业,差喜蛩循声。惟君职清暇,庶望著述成。持节浮沅湘,芬芳撷荃蘅。奈何不自检,涉此万里程。塞外鲜文籍,曷助考覈精。颇怪昌黎公,创论未可凭。三传束高阁,何用窥遗经。因兹念迁客,怆然惜远行。恩雠薄张禄,憔悴卑屈平。君怀自磊落,无事虚丁宁。③

据李兆洛《贵溪县知县陆君(继辂)墓志铭》载:"君讳继辂,字祁孙,一字修

---

① 徐松《古镜录序》,《小集》,第十五叶背面。
② 陆继辂《弃镜说》,《崇百药斋文集》卷一五,《续修四库全书》第1497册,第7—8页。
③ 陆继辂《徐同年松官湖南学政被劾,遣戍新疆,相见洛下,诗以送之》,《崇百药斋文集》卷八,《续修四库全书》第1476册,第623—624页。

平。……嘉庆庚申中江南乡榜,八试礼部,仍黜。"①诗题中的"同年"是指二人嘉庆五年同中乡试事。"塞外鲜文籍,曷助考覈精?"对于徐松的贬谪,诗人因其远戍失去了著述的机会而表示惋惜,由此也可见徐松作为学问家在当时所得到的推许。但是,十四年之后二人再度相逢于京师时,陆继辂发现远戍造就了一个更为出色的学者,正执掌着文坛宗匠的地位,这已是后话了②。

经过洛阳而去伊犁,徐松是从湖南任上被劾后就直接赴遣戍地而去。又上引陆继辂《内阁中书徐君妻陈安人墓志铭》"凡九十日,狱词具。星伯衣短后首途,安人奉舅姑北归",将徐松与家人北归分写,则是其直接赴戍的明证。"短后"原指后幅较短的衣服,取其行动方便,后多指征人所服,如岑参《北庭西郊候封大夫受降回军献上》:"自逐定远侯,亦着短后衣。"林则徐《送嶰筠赐环东归》之二:"天山古雪成秋水,替浣劳臣短后衣。"这里的"星伯衣短后首途"也委婉但明确地表示了直接走上遣戍旅途的意思。据陈垣《记徐松遣戍事》所引湖北学政鲍桂星的书札:"星伯到楚,只余数十金,家人典我敝裘助之而去。其尊人舟过,前后共《毛诗》以外,亦聊尽吾心而已。"③鲍桂星谓徐松父子先后经过湖北而去,也为我们提供了徐松未与家人共同返回京师的佐证。另外,据《光绪会典事例》卷七四一"刑部·名例律·徒流迁徙"的记载:"凡各省民人在别省犯该军流、并免死减等之犯,其供无妻室或虽有妻室而不愿携往及赃项已经追完者,承审官即按本犯原籍应流应充军地方,起解发遣。"④因此,徐松由湖南直接起解往伊犁也是得到法律认可的。榎一雄《关于徐松的西域调查》曾经据洪亮吉的例子来比方徐松的行程,我们可以知道从京师发配往伊犁最便捷的道路是经由山西、过临晋关而进入

---

① 李兆洛《贵溪县知县陆君墓志铭》,载缪荃孙纂录《续碑传集》卷七七,见《清碑传合集》第3册,第2916页。
② 道光六年陆继辂北上京师,《崇百药斋三集》卷三之《望云集》录其时吟咏,有多首作品赠徐松,《都门师友,排日宴饮,礼意溢分,感而有作》之"孝穆学最精(星伯),供奉诗益工(春湖副宪诗学精进)"上句,与《星伯真授中书舍人过访有赠》之"天教成绝业(君在伊犁六年,研精地理之学),帝已识孤臣(君以是日引见)"等,均为感叹徐松之建树者。以上二诗见《续修四库全书》第1497册,第126页。
③ 鲍桂星《致汤金钊札》,《陈垣史学论著选》,第372页。
④ 《清会典事例》,北京:中华书局,1991年4月,第9册,第181页。

陕西,并不需要绕道河南;这一点祁韵士的《万里行程记》也提供了同样的路线①,故徐松由湖南直接遣戍伊犁这一点是无疑的。榎一雄没有看到以上徐松经过洛阳的材料,所以推测他与洪亮吉走了相同的道路②。然而出发地点不同,他们在到达西安之前的路线是完全不一致的。

到达伊犁的时间,《事辑》列在十八年下。但是按照常规,遣戍人员的服役时间是从到达戍所那一天开始的,而路途的费用也是需要自己支付的③,从遣戍者盼望早日期满释还的心情和遣戍之前就处于拮据的状况来看,徐松西行应该是疲于赶路的,他一定不会拖沓到十八年才到伊犁报到。以徐松之前的遣戍与之比较:洪亮吉是嘉庆四年八月二十八日从京师出发,第二年二月十日抵达伊犁,前后160天;相同的路程,祁韵士在《万里行程记》中记载的是嘉庆十年二月十八日从京师启行,本年七月十七日抵达伊犁,走了175天。因此徐松在七月中旬从较京师更为接近西域的洛阳前行,年内赶到伊犁是完全没有问题的。据上揭《原任湖南学政徐松获罪缘由清单》末句,可知徐松在嘉庆十七年的十月即到达了伊犁戍所。一档所见嘉庆二十四年伊犁将军晋昌的《请旨释回事》也证明了这一事实,其云:

  奏为效力废员七年期满循例奏闻仰祈圣鉴事。窃已革湖南学政徐松,因刊刻书籍收取工价案内革职拟流,发往伊犁效力赎罪。该革员于嘉庆十七年十月到戍。④

过去,我们只是根据一些旁证的材料推测:"徐松已经在十八年正月初四日的惠远城伊犁将军席上加入了唱和的行列。按照常规,他一定是在十七年的年底以前赶到伊犁报到的。"⑤现在有了这个准确的时间,就不难理解在按年遣戍的等待中,以及伊犁将军晋昌何以会在七年后的嘉庆二十四年十月中上奏为徐松释还请旨了。

---

 ① 洪亮吉《(遣戍)伊犁日记》,《历代日记丛钞》第34册,第1—45页;祁韵士《万里行程记》,李广洁整理《万里行程记(外五种)》,太原:山西人民出版社,1992年5月,第1—42页。

 ② 参《榎一雄著作集》第二卷,第44—47页。

 ③ 这两个方面,榎一雄《关于徐松的西域调查》引《嘉庆会典事例》卷五九四的记载和《雪桥诗话》卷九的记事来分析洪亮吉的遣戍时已经有详细的论证,参《榎一雄著作集》第二卷,第42、44页。另外,在后来的《光绪会典事例》卷七四一"刑部·名例律·徒流迁徙"亦有同样的记载:"凡徒役,各照所徙年限,并以到配所之日为始。"《清会典事例》第9册,第180页。

 ④ 晋昌《奏为废员效力七年期满请旨释回事》,档号:04—01—01—0593—021。

 ⑤ 参前揭拙文《徐松遣戍伊犁时期的生活考述》。

到达伊犁之后,徐松迎来了其人生另一个迥然不同的学术世界。

3 伊犁幕府

清朝在乾隆二十七年重新统一新疆之后,设置了总统伊犁等处将军(简称"伊犁将军"),管辖天山南北的驻防和行政事务,因为边防责任的重大和伊犁远处边陲的独特地理,使得清政府所选派的伊犁将军都由皇帝亲自任命满族亲贵或蒙古重臣担任。同时又因为指挥军事和兼理民政的双重责任,伊犁将军又都是被清廷认为的才识兼备者。在将军衙门中,少量的官职除了由京官派往外,多数的帮办司职,是由本处保送和废员赏给的。因此许多遣戍的才士成为将军倚重的对象。随着遣员的增多,在爱好文治的将军周围形成了一个流动的文人幕府集团。徐松遣戍伊犁时期,正是晋昌、松筠(1752—1835)、长龄(1758—1838)先后担任伊犁将军的时代。

(1) 与晋昌的交往

晋昌,字戬斋,改字晋斋,爱新觉罗氏,满洲正黄旗人。清世祖五子恭亲王常颖六世孙。前后三次在新疆任职:嘉庆十年四月,由宗人府主事调任乌什办事大臣;次年正月授喀什噶尔参赞大臣。十二年十月,授乌里雅苏台将军。十四年三月,调任伊犁将军。十八年六月,署理正白旗都统;十八年九月,转乌鲁木齐都统;十二月,任盛京将军。二十二年二月,复由盛京将军调任伊犁将军;二十五年四月,任正黄旗领侍卫内大臣①。晋昌前后两度担任伊犁将军,正是徐松遣戍伊犁到来和离去的时期。作为一个儒将,他在盛京和伊犁都留下了吟咏的诗集《且住草堂诗稿》和《西域虫鸣草》,后来合为《戎旃遣兴草》付梓印行。与之同时的我斋老人明义(1743?—?)在《且住草堂诗稿跋》中论及他对晋昌的印象是:"察其趣向,无服饰车马之好,而唯诗文翰墨是耽。"②在其诗集中有《立春日饼筵,与周听云、徐星伯、赵菊人、高心兰、傅啸山联句》一首,记载了嘉庆十八年立春之际与徐松等人联句遣兴的诗章。联句诗的特色是辞藻的争奇斗艳,这首作品同样,大量篇幅是在春饼

---

① 以上迁转,参《清仁宗实录》卷一四二、一五六、一八六、二〇八、二七〇、二七五、二八一、三二七、三六九,《清实录》第 29 册,第 942 页;第 30 册,第 10、454、791 页;第 31 册,第 664、750、844 页;第 32 册,第 312、872 页。晋昌传记,可参《清国史》嘉业堂抄本《大臣传次编》卷八六,第 8 册,第 372—376 页。

② 明义《且住草堂诗稿跋》,晋昌《且住草堂诗稿》卷末,《清代诗文集汇编》第 456 册,第 24 页。

的色香味描述中进行,但是到了临近结束的时候,徐松联出了带有感伤气息的远戍情绪:

> 忽讶鬓丝霜信薄(心兰),才尝世味客中酸。离怀自古天涯远(星伯),德意于今圣诏宽。且命壶觞酬令序(红梨主人),欣陪裘带接余欢。①

从这里可以领会到徐松作为文人的本色,以及联句中激荡人心的亮点,而红梨主人晋昌也不愧是静气逼人的大将,很漂亮地就用圣恩这样的概念化解了初戍者的惆怅,使诗歌的格调继续在盛世的升平点缀中进行着。

晋昌显然非常欣赏徐松的文采和书法,因此《西域虫鸣草》最后由徐松誊清,并由他题诗赞美。这是我们在《小集》之外采集到的徐松佚诗《恭录〈西域虫鸣草〉终卷,诗以志幸》:

> 万里车书合,三边牧伯分。衮裳古公旦,旄钺上将军。修竹来佳士,疏林半夕曛。偶然命笔札,冰雪沁奇文。八十一新篇,篇篇锦字鲜。香山广大主,赵国栋梁贤。画意浓花槛,离情殚酒筵。衙斋题咏遍,应得翠珉镌。一代王司寇,千秋林吉人。姜芽好手敛,蚕尾集名新。王阮亭先生诗集,侯官林吉人所书。拙笔诚无似,雄文自有真。从兹朝辇阙,瀚海箧中春。②

诗以古代封疆大吏相譬,又夸其风雅文采,得体地描摹出晋昌所追求的儒将气度。

晋昌对于徐松的欣赏,在徐松的著作中也可以读到。如《西域水道记》中,徐松往往从精致而客观的考证文字背后走出来,情不自禁地回味起在新疆深切的感受。——与晋昌将军的狩猎是他非常怀念的情景之一(插图18):

> (哈什河)诸水皆发自北山,山无林木,惟水道所行,乔柯交荫。登高遥瞩,若苍龙十余,蜿蜒南走,奔赴巨壑。空山丰草,自成周阹。每岁官兵行围以习驰逐。己卯(嘉庆二十四年)之秋,余随将军晋公昌字晋

---

① 晋昌等《立春日饼筵,与周听云、徐星伯、赵菊人、高心兰、傅啸山联句》,晋昌《戎旃遣兴草》卷下,《清代诗文集汇编》第 456 册,第 64—65 页。
② 徐松《恭录〈西域虫鸣草〉终卷,诗以志幸》,晋昌《戎旃遣兴草》卷末,《清代诗文集汇编》第 456 册,第 75 页。

斋。校猎于此，营合围会，离散别追，径峻赴险，越壑厉水，箭不苟害，弓不虚发，长杨羽猎，未足为侈。迨乎弭节，返次旃庐，和门所向，临乎哈什。……余与领队大臣布君彦泰策马峡中，溯流十里，屏颜积黛，蒙笼拨云，幽讨造深，赏心斯契，垂纶投饵，白小盈筐。水自峡出南流，经将军营东，自山东南隅峡出。峡长里许，怪石狰狞，累累塞路，激湍环曲，琴筑齐鸣。层嶂衔日，晚照薄林，余复与布君褰衣蹑磴，徙倚山腹。晋斋将军篮舆相就，料数茶枪，指挥谈麈，清言毕景，无负溪山矣。①

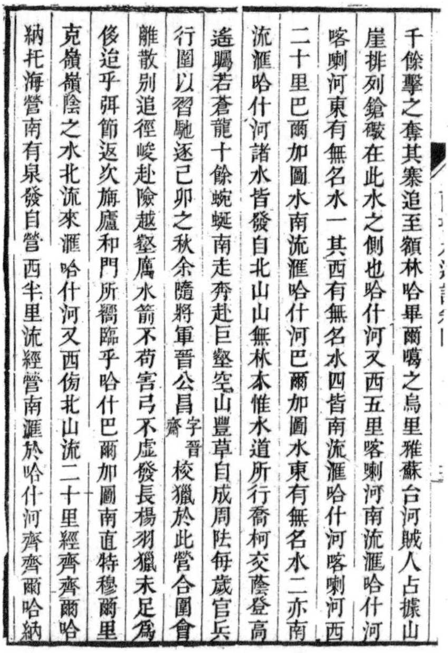

插图18 《西域水道记》关于徐松遣戍伊犁时期随将军晋昌围猎哈什河的记载

《西域水道记》卷四记载的这段伊犁河支流哈什河景象，生趣盎然，绝非一般的游记所能比肩。

道光六年遣戍伊犁的方士淦（1787—1849），已经将并不很远的那个风雅年代作为怀古的对象，其《伊江杂诗》十六首赞晋昌的伊犁幕府生活云："地迥宜华月，霜清肃大旗。将军偏好客，幕府总能诗。黄菊香何晚，红梨墨尚滋。两番持虎节，风雅系人思。""将军"句下自注云："节署园林颇壮。晋公帅昌，嘉庆间两至此地，风清令肃。公暇题咏甚多，自号红梨主人。当时周春田太守、徐星伯太守皆在幕中，至今传为美谈。"②伊犁将军时期的幕府文学，就是在这样的传承中，成为清代西域文化的一个重要现象。

嘉庆二十四年，也是徐松赐环归京的年头。现在我们可以从清宫档案中了解到，领衔为徐松奏请七年到期释回的，正是再次回到伊犁将军任上的

---

① 《西域水道记（外二种）》，第224页。
② 方士淦《伊江杂诗》，作者著《呋蔗轩诗存》卷一，《华东师范大学图书馆藏稀见丛书汇刊》，北京：北京图书馆出版社，2006年11月，第39册影印，第401页。

晋昌。当年十月二十五日具奏的《请旨释回事》全文云（插图19）：

> 奏为效力废员七年期满循例奏闻仰祈圣鉴事。窃已革湖南学政徐松，因刊刻书籍收取工价案内革职拟流，发往伊犁效力赎罪。该革员于嘉庆十七年十月到戍，十九年六月接部覆，以该革员情节尚轻，准其充补铜厂额缺，扣至二十一年入厂限满。查定例，废员入厂两年期满，如果妥协，准其于例定十年内减去三年，以七年为满，奏请释回。该革员捐资管办，并无贻误。现届本年十月，例限七年期满，核与奏请释回之例相符，理合循例奏闻，并缮缘事案由，敬呈御览，伏乞皇上睿鉴训示。谨奏。嘉庆二十四年十月二十五日，奴才晋昌、绥福、布彦泰、阿勒罕保、硕隆武。①

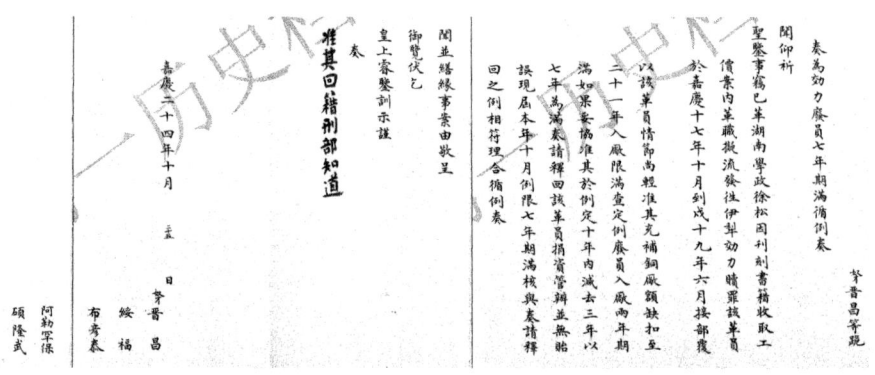

插图19　晋昌《奏为废员效力七年期满请旨释回事》

晋昌以下具名的还有绥福、布彦泰、阿勒罕保、硕隆武，也分别是伊犁将军属下的领队大臣②。

从上揭嘉庆二十四年晋昌的上奏中可以了解到，徐松原本在伊犁遣戍的时间，应该是"例定十年"，但是在嘉庆十九年的六月，"接部覆，以该革员

---

① 晋昌《奏为废员效力七年期满请旨释回事》，档号：04-01-01-0593-021；军机处录副作《奏为废员徐松效力七年期满请奏释回事》，档号：03-2421-052。

② 绥福等受命担任伊犁领队大臣，分见《清仁宗实录》卷二五七"嘉庆十七年五月癸未"条："赏伊犁协领绥福副都统衔，为领队大臣。"卷三二三"嘉庆二十一年十月己丑"条："赏……伊犁协领硕隆武……头等侍卫、阿勒罕保副都统衔，为伊犁领队大臣。"卷三四八"嘉庆二十三年十月辛巳"条："赏……三等侍卫布彦泰二等侍卫，为伊犁领队大臣。"分见《清实录》第31册，第473页；第32册，第267、600页。其中布彦泰与徐松的交游，也被写入《西域水道记》中，参《西域水道记（外二种）》，第224页。

情节尚轻,准其充补铜厂额缺,扣至二十一年入厂限满。查定例,废员入厂两年期满,如果妥协,准其于例定十年内减去三年,以七年为满,奏请释回"。所谓部覆就是中央朝廷刑部给予伊犁将军府的回复,同意徐松以"充补铜厂额缺"的方式来缩短遣戍的年限。因此徐松通过入铜厂"捐资管办"的方式,获得了减免三年的机会。这个机会,自然是嘉庆十八年六月晋昌卸任伊犁将军之前就给予奏请的,可见晋昌在第一次担任伊犁将军的时候,就给予了徐松实际的关照。

而晋昌第二次担任伊犁将军之后,又是他去兑现了减免赐环的上奏。这一奏请得到了允准的朱批:"准其回籍,刑部知道。"朱批奏折的原件没有批示的时间,但是军机处的录副件中,标示为"十一月二十三日奉朱批"字样①,可见晋昌的奏折大概在一个月左右传递到京师,因此其朱批返回到伊犁的时间也当在经过一个月左右的十二月底。这与我们曾经推测"徐松由伊犁首途,应当在正月十日"也是吻合的②。

《请旨释回事》也帮助我们考订前引《获罪缘由清单》的来历。因为前者专门提及了"并缮缘事案由,敬呈御览",联系其奏折的字迹和《获罪缘由清单》完全一致,可以认定这个《获罪缘由清单》就是嘉庆二十四年晋昌上奏为徐松请旨释还所附的"缘事案由",它可以使皇帝了解当事人的背景,所以《获罪缘由清单》的责任者也可补为伊犁将军晋昌。虽然这个清单在嘉庆二十四年呈递,与我们在上文推算的嘉庆二十五年仍然有一岁之差,但这或许是由于当事人本身对这一官年的推算以无关大雅而不太认真的缘故。况且这一《获罪缘由清单》如果是在嘉庆二十五年呈递的话,这时的徐松已经释还归京,不再是有罪之身,《获罪缘由清单》也就失去了意义。

(2) 与松筠的交往

这样的幕府生活中使徐松最受益的还是松筠。

松筠,字湘浦,一作湘圃,蒙古玛拉特氏,蒙古正蓝旗人。乾隆年间从翻译生员升至军机大臣,后历任驻藏大臣、陕甘总督、伊犁将军等职。他曾经三度被任命为伊犁将军:嘉庆五年正月的任命尚未赴任,就在闰四月以奏对迂阔而降为伊犁领队大臣。嘉庆七年正月,再度任命为伊犁将军,嘉庆十四

---

① 前引军机处录副《奏为废员徐松效力七年期满请释回事》。
② 参本节"赐环归京"条。

年三月解任,赴喀什噶尔参赞大臣任;六月,任陕甘总督。嘉庆十八年六月,松筠以协办大学士、吏部尚书兼伊犁将军,三度赴任伊犁;二十年十月,召回①。在历任伊犁将军中,松筠是一个具有远大眼光和非凡识略的人,他非常重视屯田和文化建设这两项彻底改变边陲面貌的百年之举。多次向朝廷建议在伊犁兴办官学和编纂政书,但都遭到申饬否决。他没有因此放弃编纂政书的努力,而是充分利用废员来帮助他实现这一目的,于是,在他第二次担任伊犁将军的时期,由汪廷楷(1745—?)原辑、祁韵士编纂的《西陲总统事略》十二卷就纂修完工。但是他似乎对这部政书的体例仍有不能满足的地方,当他三度担任伊犁将军的时候,徐松成为他修订政书的理想人选。因此,在晋昌之后,徐松在松筠幕府中仍然受到优待。

内地遣员到达伊犁之后的安排情况,据在徐松之前不久遣戍伊犁的洪亮吉《天山客话》的记载:

> 督抚藩臬大僚谪戍者类派粮饷处;提镇类派营务处。馀又有军器库及船工、屯工、铜厂等处。军器库事最简,一月止上衙门一次,以优贫老者,船工、屯工则须移驻城外,以便督率。铜厂则更加赔累矣。②

从以上的记载中,可见铜厂的安排相对来说是最差的。而松筠对于徐松的好感似乎更不一般,于是一不做二不休,在上任当年的七月二十三日,便再次上奏,为徐松申请最好的安排——赏给小京官职衔帮办伊犁粮饷。松筠《奏为请效力废员徐松赏给职衔帮办伊犁粮饷事》如此表述:

> 奴才松筠跪奏为请旨事。查由京派来伊犁帮办粮饷事务笔帖式职衔鹤鸣,于嘉庆十六年六月到伊犁接管,至本年六月,三年差满,理应奏请更换。惟伊犁印房、粮饷办理汉字文案现在乏人誊查……查有效力废员原任学政徐松系翰林出身,若照从前奏请赏给主事职衔,未免过优,如蒙圣恩赏给小京官职衔,坐补鹤鸣之缺,帮办印房汉文事,可期得

---

① 以上迁转,参《清仁宗实录》卷五七、六五、九三、二一〇、二一四、二七〇、三一一,《清实录》第 28 册,第 748、876 页;第 29 册,第 240 页;第 30 册,第 810、868 页;第 31 册,第 664 页;第 32 册,第 126 页。松筠传记,可参《清国史》嘉业堂抄本《大臣传次编》卷九〇,第 8 册,第 411-421 页;《清史稿》卷一二九,第 11113-11118 页。

② 洪亮吉《天山客话》,第六叶背面、第七叶正面。

力。……七月二十三日。[①]

他援引“从前奏请赏给主事职衔”的前例，为徐松求取更低一级的“小京官职衔”，这种非常委婉的请示，是务求这一要求能够获得通过。但是这一次的奏请被嘉庆皇帝驳回，松筠也受到了申饬。《清仁宗实录》嘉庆十九年八月十九日记载（插图 20）：

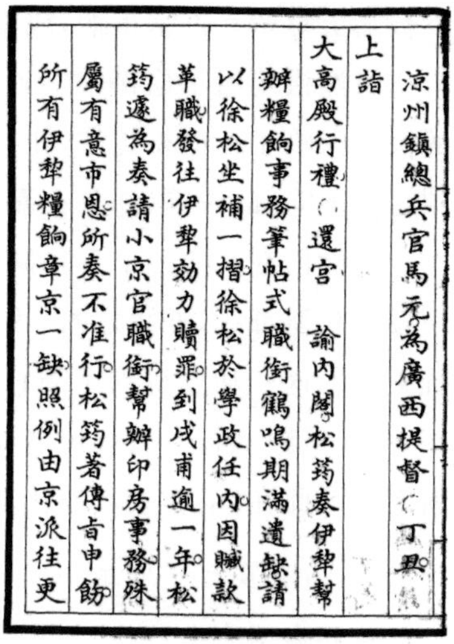
涼州鎮總兵官馬元為廣西提督（丁丑
上諭
大高殿行禮（還宮　諭內閣松筠奏伊犁幫
辦糧餉事務筆帖式職銜鶴鳴期滿遺缺請
以徐松坐補一摺徐松於學政任內因贓款
革職發往伊犁効力贖罪到戍甫逾一年松
筠遽為奏請小京官職銜幫辦印房事務殊
屬有意市恩所奏不准行松筠著傳旨申飭
所有伊犁糧餉章京一缺照例由京派往更

插图 20　《清实录》记载嘉庆帝对松筠奏请起用徐松的申饬

> 谕内阁：松筠奏伊犁帮办粮饷事务笔帖式职衔鹤鸣期满遗缺请以徐松坐补一折。徐松于学政任内，因赃款革职，发往伊犁效力赎罪。到戍甫逾一年，松筠遽为奏请小京官职衔帮办印房事务，殊属有意市恩，所奏不准行。松筠著传申饬：所有伊犁粮饷章京一缺，照例由京派往更换。[②]

这一圣谕说明松筠对徐松的关照超出了嘉庆皇帝所能接受的限度。联系《请旨释回事》提及的“捐资管办”一事，伊犁将军们在徐松到戍不及一年之内就接连为之请恩，引起了嘉庆帝的反感，最终以“有意市恩，所奏不准行”。松筠最终也不得不上奏谢罪[③]。

而在徐松之前遣戍伊犁的洪亮吉，就被派往比粮饷处更好的册房办事[④]；之后的林则徐在刚到伊犁的第二天，即记有“将军发折，知为余报到戍，并派掌粮饷处事”[⑤]。这也说明清廷对待边塞废员的态度因人而异，而徐松

---

① 松筠《奏为请效力废员徐松赏给职衔帮办伊犁粮饷事》，档号：03－1760－038。

② 《清仁宗实录》卷二九五“嘉庆十九年八月丁丑”条，见《清实录》第 31 册，第 1044 页。

③ 台北故宫博物院藏清代宫中档奏折有松筠于嘉庆十九年九月二十四日“奏为伊犂帮办粮饷事务笔帖式遗缺请以徐松坐补事钦承谕旨申饬感愧悚惶叩谢天恩事”的折件（404016472），嘉庆帝朱批：“禀性难移，卿实不免。改之，戒之。”http://archive.ihp.sinica.edu.tw/mctkm2c/archive/archivekm?@@760695433

④ 洪亮吉《天山客话》：“总统将军公署，以印房为机速之所，册房为图书之府，此外则粮饷处、营务处、驼马处、功过处，统为五六处。册房合于印房。……余未到伊犁之前，册房为任丘舒大令其绍、闽县黄别驾聘三，皆南北诗人也，余与同年韦大令又继之。于是人以派册房办事为荣。”第六叶正、背面。

⑤ 林则徐《荷戈纪程》，《林则徐全集》第 9 册，第 498 页。

不被嘉庆皇帝允许掌粮饷,或许也与他系因赃革职的罪名有关。

虽然松筠给予徐松粮饷处官员的职位未能奏功,但他还是在力所能及的范围内给予了徐松优待,让徐松在《西陲总统事略》的基础上重新开始《伊犁总统事略》的编纂,并且在嘉庆二十年年底安排徐松南北考察的计划。

当徐松在嘉庆二十五年回到京师时,松筠正在都察院任左都御史,并很快授任热河都统,陛辞之日,由他向道光帝呈献了徐松新编纂成的《伊犁总统事略》,这一功业得到了新任皇帝的认可,赐名《钦定新疆识略》并御笔为序,由武英殿刊行。虽然该书以松筠的名义纂修而没有出现徐松,但徐松的名字也因此在《清实录》、清代上谕档中再度出现:

> (嘉庆二十五年十二月己酉)以纂辑《新疆识略》,赏已革翰林编修徐松内阁中书。①

> 嘉庆二十五年十二月二十七日,内阁奉上谕:松筠呈进《新疆识略》一书,据奏系已革编修徐松纂辑,徐松著加恩以内阁中书用。钦此。②

(3)与长龄的交往

接替松筠担任伊犁将军的长龄与徐松在伊犁也相处了两年多。长龄,字懋亭,萨尔图克氏,蒙古正白旗人。乾隆中,由翻译生员补工部笔帖式,充军机章京,擢理藩院主事,历任至内阁侍读学士、充玉牒馆提调官。嘉庆、道光间,他有五次前往新疆的经历:嘉庆十四年四月,以在山东巡抚任上供应钦差动用库帑,由陕甘总督遣戍伊犁;九月,补授科布多参赞大臣。十八年七月,由河南巡抚补授乌鲁木齐都统;九月,升任陕甘总督。十九年三月,为伊犁参赞大臣;二十年十月,为伊犁将军;二十二年二月,调任陕甘总督。道光五年十月,署伊犁将军;十一月,实授伊犁将军;八年三月,回京。十年九月,以钦差大臣驰往新疆督办军务;十二年三月,奉旨回京③。这其中长龄有

---

① 《清宣宗实录》卷一二"嘉庆二十五年十二月己酉"条,见《清实录》第33册,第221—222页。
② 《嘉庆道光两朝上谕档》第25册,第587页。
③ 以上迁转,参《清仁宗实录》卷二〇九、二一八、二七一、二七五、二八七、三一一、三二七;《清宣宗实录》卷九〇、九一、一三四、一七四、二〇七。分见《清实录》第30册,第800、941页;第31册,第682、750、931页;第32册,第126、312页;第34册,第459、483页;第35册,第55、705页;第36册,第57页。长龄传记,可参《清国史》嘉业堂抄本《大臣传续编》卷一,第9册,第1—8页;《清史稿》卷三六七,第11453—11458页。

两次担任伊犁将军,第一次因为松筠滥杀图尔第·迈玛特,而于嘉庆二十年由陕甘总督充伊犁参赞大臣来到新疆,在劾罢将军松筠后担任伊犁将军,直到嘉庆二十二年复授陕甘总督。徐松正是在他第一次来疆时得以授幕府而随往南疆考察。在《西域水道记》中,记载有他们值得回忆的美好时光:

> 南渠溉塞尔们庄,在喀什噶尔城西二里。经城西,南入于河。自城西门外并渠行,至塞尔们庄,帕尔西语塞尔谓首,们,自谓之词;自称首领也。清流潋潋,交覆浓阴。余于役回城,暮春三月,新畤方罫,秭柳缘塍,柴扉映溪,红杏成雨,每日与武进刘曙、休宁许心田联辔纵游。彼土耆老,来饷果饵,枕流藉草,吟咏忘归。长公龄或款段来就,并坐小桥,使童子杂收花片,自上游放之,为御沟红叶之戏。斯亦域外稀踪、征人佳话矣。①

长龄显然也支持了徐松的《伊犁总统事略》编纂,在"罗布淖尔所受水"下,徐松就记下了他未能亲履其地而转录长龄描述的河源景象:

> (乾隆)五十六年,廓尔喀酋长侵犯藏界,大将军嘉勇公福康安、参赞海公兰察、惠公龄率兵讨之,以光禄寺少卿方公维甸、兵部郎中长公龄、工部主事巴公哈布、内阁中书杨公揆随行,取道甘肃、西宁,由青海进藏。……后长公为伊犁将军,每为余言其时策骑以行,至鄂敦塔拉,则池冰如镜,粲然遥列,不识其数。②

长龄就探察河源事情不止一次地与遣员交谈,可见长龄对徐松的器重。道光五年,在张格尔(1790—1828)大举入卡、攻陷南疆四城之际,长龄又再度担任伊犁将军,并于七年岁末,擒获张格尔。长龄因此得到无数的赏赐,并于八年六月回京,道光皇帝命用乾隆朝故事,在勤政殿行抱见礼,授阅兵大臣、主管理藩院及户部三库,授领侍卫内大臣。

在长龄进入京师的前夕,在京郊的良乡县,宣宗特意安排了一次盛大的欢迎场面,根据《懋亭自定年谱》道光八年下的记载:"六月初二日,奉上谕:扬威将军、大学士公长龄于初六日行抵良乡,已派王大臣迎劳、赐茶酒,并著内务府派膳房章京二员前往颁赏馂筵,以昭优眷。钦此。"③那样的时刻,长

---

① 《西域水道记(外二种)》,第 28 页。
② 同上书,第 124 页。
③ 长龄编、桂轮续编《懋亭自定年谱》(《长龄年谱》)卷三,《年谱丛刊》第 121 册,第 445 页。

龄并没有忘记多年前在新疆的遣员徐松,让居丧在家的徐松不必拘泥礼节,前来参加他进京的盛典。这在徐松致同年徐鉴的信札中有明确的记载(插图21):

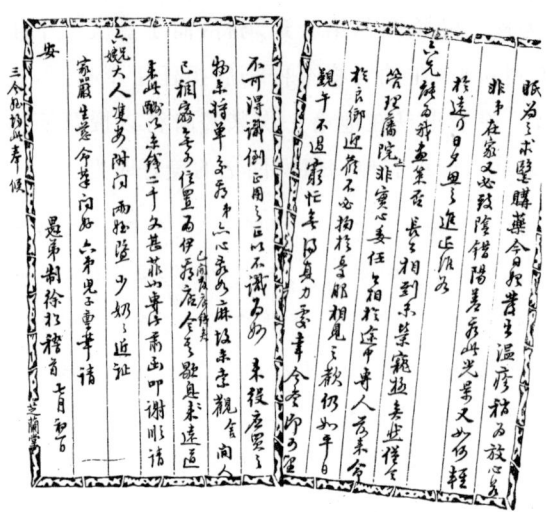

插图 21　徐松《与徐鉴书》提及长龄

> 长公相到京,荣宠极矣。然仅令管理藩院,亦非实心委任。公相于途中,专人前来命于良乡迎候,不必拘于忧服。相见之欢,仍如平日。①

道光十年秋,以浩罕入卡侵扰,长龄出任扬威将军兼钦差大臣而三赴回疆②。长龄行前也曾经邀徐松从军,这时的徐松以亲老等原因未能成行,由此也可见长龄对他的倚重。《与长龄书》写道:

> 前者蜕旌荣发,趋送稍迟,瞻望行尘,徒深驰结。比维老夫子大人福星载路,重寄安边,作万里之干城,膺九重之殊眷。想下车之后,壁垒皆新,翘溯铃辕,定如臆颂。松因老亲多病,未能负笈以从。每忆旧游,怳在心目。松于谪戍时曾作《新疆赋》二篇,述彼中风土,回京后有友人为之付梓,谨呈上一册,以备采览。都中秋暑甚长,八月下旬犹可衣葛。福乐斋因其世兄痘殇,痛心过甚,至于殒生,深为可惜也。肃此具启,恭请钧安。伏惟澄鉴不戬。受业制徐松谨启老夫子大人钧座。③

以上书信回顾了徐松与长龄在西域的旧游,回顾了他们共同的已故朋友福

---

①　徐松《与徐鉴书》《再与徐鉴书》,首见于2001年嘉德春季拍卖会,启功先生赐赠。
②　《清宣宗实录》卷一七四"道光十年九月己巳"条:"又谕(军机大臣等),前降旨调派各路官兵,特命大学士公长龄,颁给钦差大臣关防,驰驿前往督办军务,此后南北两路各城情形,均应随时咨报长龄,著杨遇春等一体遵照办理。"《清实录》第35册,第709页。《懋亭自定年谱》"道光十年"下亦载:"九月十三日,奉旨颁给钦差大臣关防,前往回疆督办军务,并命桂轮随往。十五日启行。"第457页。
③　徐松《与长龄书》,南京图书馆藏《清代名人尺牍》(编号120119)。曹红军博士代为抄录。

勒洪阿[①]，并呈寄了自己的《新疆赋》，对于当年的西域经历充满了怀念。

现在流传的《懋亭自撰年谱》，由长龄的儿子桂轮编定并出版，其填讳者就是徐松，亦可见其通家之好。道光十八年正月初一，长龄以八十高寿去世，徐松的挽联被认为是最为得体的评述，这与二人的相知之深是有关系的[②]。

因此，当时在伊犁长龄幕府中的徐松，自然也得到了良好的待遇。

4　地理考察

因为编纂《伊犁总统事略》这一机会，徐松得以在伊犁将军的支持下考察天山南路各地。有关考察的情况，因为没有留下其他的记录，我们只能从徐松的西域著作中得到一些消息：

> 走以嘉庆壬申之年（十七年）西出嘉峪关，由巴里坤达伊犁，历四千八百九十里。越乙亥（二十年），于役回疆，度木素尔岭，由阿克苏、叶尔羌达喀什噶尔，历三千二百里。其明年，还伊犁，所经者英吉沙尔、叶尔羌、阿克苏、库车、哈喇沙尔、吐鲁番、乌鲁木齐，历七千一百六十八里。（《新疆赋》）[③]

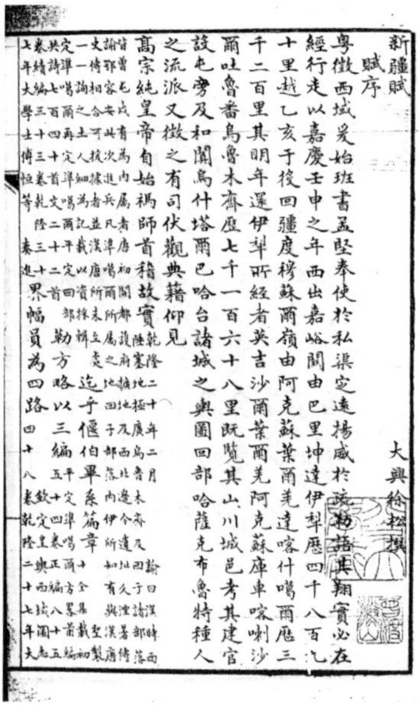
新疆賦
賦序　大興徐松撰
粤徼西域爰始班書孟堅奉使於私渠定遠揚威於疏勒語其翔實必在經行走以嘉慶壬申之年西出嘉峪關由巴里坤達伊犁歷四千八百九十里越乙亥于役回疆度穆蘇爾嶺由阿克蘇葉爾羌達喀什噶爾歷三千二百里其明年還伊犁所經者英吉沙爾葉爾羌阿克蘇庫車喀喇沙爾吐魯番烏魯木齊歷七千一百六十八里既覽其山川城邑考其建官設屯旁及和闐烏什塔爾巴哈台諸城之輿圖回部哈薩克布魯特種人之流派又徵之有司伏觀典籍仰見
高宗純皇帝自始禡師首稽故實

插图 22　徐松《新疆赋序》提及其嘉庆十七年在天山南路的考察

---

① 福乐斋，即福勒洪阿（？—1829），字乐斋，满洲正黄旗人。嘉庆年间，曾先后出任伊犁索伦营领队大臣、叶尔羌帮办大臣，与长龄、徐松在西域多有交往。后官至理藩院左侍郎。《西域水道记》专门记载其踪迹云："自山口遥望，海（引者按，即特穆尔图淖尔，今吉尔吉斯斯坦境内之伊塞克湖）气接天，不知所极。西行四十余里，乃海北岸。其处翁仲无虑数十。嘉庆十七年，索伦营领队福勒洪阿字乐斋。行边至此，作诗。诗曰：'久戍边城客似家，而今雁爪更天涯。殷勤说与残翁仲，不是前朝旧鼓笳。'语余此翁仲古疑兵之遗。"《西域水道记（外二种）》，第 286—287 页。

② 梁章钜《楹联丛话》卷一〇："道光乙未入都，以所撰《枢垣纪略》质之长懋亭公相龄。……丙申再入都，见公益矍铄，坚坐久谈，有后生所不逮者。因叩公调摄之方，公笑曰：'十年前有星士相我，将来名位，可及阿文成，惟年寿少逊耳。文成年八十一，今我已七十九，虽矍铄又可恃乎？'余以他语解之，而公果于次年元旦告终。闻除夕向家人查询歙县曹文正公终于何日，众对曰：'正月二日。'公曰：'我不可居其后。'逾日遂逝。故徐星伯松挽联云：'易箦预知时，一日期先曹太傅；盖棺先定论，千秋名并阿文成。'"白化文、李如鸾点校，北京：中华书局，1987 年 6 月，第 132 页。

③ 《西域水道记（外二种）》，第 519 页。

这里记载了他最壮观的一次天山南路考察活动(插图22)。他在路上的考察活动,龙万育(1763—?)的《西域水道记序》成为各种徐松传记资料征引的渊薮:

> 先生于南北两路壮游殆遍,每所之适,携开方小册,置指南针,记其山川曲折,下马录之。至邮舍则进仆夫、驿卒、台弁、通事,一一与之讲求。①

徐松的西域著作所包括的范围是嘉峪关外清代前期兵力所能到达的地域,即乾隆年间《钦定皇舆西域图志》所指安西南路、安西北路和天山南路、天山北路四处地方,以上的壮行主要在天山南路这一广大的区域内。在此之外其他地区的实地考察,《西域水道记》中有所表现,兹摘引部分如下:

> 余归程至(苏勒河)四道沟,柳阴蔽日,红杏花繁,流水潺湲,环绕村落。苏勒河自是西流十里,有微泉自南来入之,是为五道沟。……苏勒河自月牙湖墩西流十里,迳双塔堡北。又西流里许,南岸有二沙阜,相去半里,阜颠各有小白塔,是即堡所由命名也。《肃州新志》云:"双塔不知创于何代。其地峰回路转,河水弯环,林木葱蒨,徘回瞻眺,顿涤尘襟。"余登降冈麓,危径临流,河曲平沙,差堪步马。而山非苍翠,树乏青红,滚滚浑波,殊非佳观。(卷三)

> 玛纳斯河迳泉沟西七里,北流至县北。沿河左右,悉为民田。又西北流百五十里,与乌兰乌苏河会。水草所交,莫测远近,群雁止宿,恒亿万计。……余数渡斯河,冬则尽涸,入夏盛涨,急流汹涌,每闻旅人有灭顶之虞。(卷三)

> 余自奎屯军台西行,烟草接天,青痕无际,平碾双轮,蚰蜒一线。四十里乱流奎屯,河水汤汤,障泥半没。又十余里,碎石确荦,细马胡儿,远来丛莽,即土尔扈特卓帐所矣。河干人语余云:"昔准噶尔虐回部,囚玛罕木特及二和卓木于此河侧。"耆旧相传,是知其处。(卷三)

> 都纲者,大寺也。谚称固勒札曰金顶寺,海努克曰银顶寺。固勒札都纲为阿睦尔撒纳所毁。余宿海努克军台,台西距巴图蒙柯军台九十里。

---

① 《西域水道记(外二种)》,第9页。

搜访遗踪,台南半里许,小阜隆起,残刹数椽,颓垣断壁,丹青藻井,黯淡犹存。(卷四)

淖尔(按,即伊塞克湖)南岸山中,有旧碑,松公筠之初帅伊犁,遣协领德厶访之。其人摹其可辨者数字,曰"进鸿钧于七五,远华西以八千。南接火藏,北抵大宛"。土人名之曰"张骞碑",而拓本不可得见。德厶今八十余,多遗忘,不能举其地。余三度寻觅,终莫能得。(卷五)①

以上的记载是徐松在天山南路以外的亲历景况,从最后所引他为了伊塞克湖畔的"张骞碑"而"三度寻觅"的态度可见其著述挖掘史料的锲而不舍。榎一雄曾经评价徐松对西域地方的描述说:"《水道记》只记述验证的结果,而验证的过程却被省略了。"②因此,通过《西域水道记》而像上面那样对证出其实地考察的地点,也只是很少的一部分,相信他实际到达的地点应该有更多。

《事辑》中其他的记载,基本上是从徐松本人的西域著作中概括得到的。但有些叙述却是有问题的,如嘉庆二十年下记载:"八月,塔什巴里克庄阿珲孜牙敦作乱,杀伊勒百(古)楚卡伦侍卫,走出边。将军督官兵剿办,先生摄幕府。旋擒孜牙敦于伪塔克山穴中,事平。冬,自伊犁赴喀什噶尔,于沙图阿璊军台度岁。"按照这样的顺序,似乎是徐松亲自参与了跟随伊犁将军松筠赴南疆剿叛、擒获孜牙敦的过程。而《西域水道记》卷一的记载是:"嘉庆二十年八月朏作乱。贾人高见洛闻其谋,先一日告城中为备。孜牙墩知事泄,杀伊勒古楚卡伦侍卫,走出边,匿于伪塔克山穴中,官兵禽斩之。伊犁将军松公筠往定乱。冬,参赞长公龄继往,余摄幕府行。"③史书的记载也是在伊犁将军松筠抵达回疆时,战争已经结束,但由于松筠误信人言,认定图尔第·迈玛特与孜牙墩同罪,不待清廷批准,即将图尔第·迈玛特也凌迟处死,嘉庆帝以松筠专权殊为骇异,于是将松筠革职留任,命长龄前往喀什噶尔,据实确查。所以徐松是从长龄到任后开始他在新疆南北两路最重要的考察的。

总之,徐松遣戍新疆作为一次意外的人生体验,使得传统的通过文献资

---

① 以上记载,分见《西域水道记(外二种)》,第138、189—190、194、233、288页。
② 榎一雄《关于徐松的西域调查》,《榎一雄著作集》第二卷,第110页。
③ 《西域水道记(外二种)》,第34页。

料考证沿革地理的方法注入了实地考察验证并关注当代史记录的新角度，西北历史地理学以此为创始，实在是一个良好的开端。而徐松所取得的成就，与清廷在新疆设置的地方军政制度——伊犁将军的支持是分不开的。作为一个远戍边陲的幕府集团，伊犁文人集团也许是将来值得深入研究的现象；徐松在新疆的经历与成就，正是这样一个幕府文人生活最典型的例子。

5 赐环归京

徐松从遣戍地返回的时间，《事辑》列于嘉庆二十四年，应该是没错的。如上所揭，嘉庆二十四年十月二十五日晋昌为徐松的释还上奏了《请旨释回事》的奏折，十一月二十三日获得朱批，其返回到伊犁的时间也当在经过一个月左右的十二月底。所以徐松可能是在年底得到赐还的诏书，而于转年的正月才启程。《西域水道记》卷三记载了他经过伊犁东边的固尔图喀喇乌苏军台的时间：

> 额布图河。……其水自东北折而西北流，凡数十里，别为支流，经军台固尔图喀喇乌苏军台东距布尔哈齐军台百三十里。东五十许步。余庚辰（嘉庆二十五年）正月二十日，路出斯程。憩马水侧，晨旭熹微，冰澌初泮，雉飞乌浴，琴筑琤琮。水经军台，遇沙而伏。①

道光六年遣戍伊犁的方士淦，在两年之后从伊犁返回西安的《东归日记》中，记载其三月十五日从惠远城起身，二十四日住在古尔图（即固尔图），这一段路程花了十天时间②。林则徐《荷戈纪程》记其道光二十二年从西安至伊犁的路程，十月二十八日经固尔图，十一月初九日抵达伊犁城，前后用了十一天③。更早一点，嘉庆四年洪亮吉由京师赴伊犁，《遣戍伊犁日记》记载其于嘉庆五年正月二十八日经托多克（固尔图东六十里），二月初十日抵达惠远城，因遇大雪，所以前后用了十三天时间④。固尔图喀喇乌苏军台正是从惠远城出发的第十个台站。因此，在没有意外的情况下，可以推测徐松由伊犁

---

① 《西域水道记（外二种）》，第 196 页。
② 方士淦《东归日记》，作者著《啖蔗轩自订年谱》本，《年谱丛刊》第 139 册，第 435—438 页。
③ 林则徐《荷戈纪程》，《林则徐全集》第 9 册，第 495—498 页。
④ 洪亮吉《（遣戍）伊犁日记》，《历代日记丛钞》，第 34—37 页。

首途,应当在正月十日。

徐松返回到北京的时间,今亦不可考。根据洪亮吉《遣戍伊犁日记》与祁韵士《万里行程记》从京师到达伊犁的所费时日(见前引,分别为160天和175天),则如果没有别的干扰,徐松从正月十日左右出发,本年的六、七月间也将能够到达京师。根据姚元之《竹叶亭杂记》的记载,可以知道至少在嘉庆二十五年九月,徐松即已返回到了京师:

> 庚辰九月五日,徐星伯见过,出小铜佛示余,言乌鲁木齐所属之济木萨保惠城为北庭都护地,保惠城北五里有旧城基址,土人名曰破城。①

综合以上的论述,可以知道徐松遣戍新疆的时间,依清朝的法律,从到达伊犁之日起,至下诏令赐还,即从嘉庆十七年年底到二十四年年底,凡七年,故《事辑》"在戍六年,期满,蒙恩释放回籍"的记载是不准确的。而且按照徐松被判遣戍出发之日至回到京师之日来计算,则从嘉庆十七年到二十五年,前后可以宽松地算成八到九年的时间,所以他的《天山客话跋》称"余居彼中八年",陆继辂的《内阁中书徐君妻陈安人墓志铭》则称是九年,约略而言,都是可以说得过去的。

五　讲学宣南——著述与交游

徐松在不惑之年从遣戍地回到京师。遣戍伊犁使他中断了亨通的官运,但他也因为《伊犁总统事略》一书而重新开始仕途,虽然时间、官品都已经被耽搁了很多很多。《事辑》对他再度回到京师的记载非常简略:

> 嘉庆二十五年庚辰,四十岁
> 二月,自伊犁归,经库舍图岭,手拓《唐姜行本纪功碑》;访破城,见《唐金满县残碑》《造像碣》;过焕采沟,得《汉永和沙南侯获碑》;过莫高窟,得《周圣历李君重修莫高窟佛龛碑》《元至正造象记》于睡佛洞外,得《唐大历李府君修功德碑》,碑阴为《唐乾宁李氏再修功德记》。冬十二月,《总统事略》书成,缮进,宣宗皇帝垂览,御制序文,赐名《新疆识略》,以其书付武英殿刊行。因召见,奏对西陲情形甚悉,赏内阁中书。

---

① 姚元之《竹叶亭杂记》卷三,第82页。

道光二年壬午,四十二岁

跋《长春真人西游记》。

道光四年甲申,四十四岁

刻《新疆赋》成,孙馨祖序,彭邦畴作后序。

道光五年乙酉,四十五岁

陈安人卒。

道光九年己丑,四十九岁

刻《汉书西域传补注》成,张琦序。

道光十五年乙未,五十五岁

泰兴陈东之潮、乌程沈子敦垚客先生寓。东之病殁,医药棺椁,赗恤有加。子敦旋移馆姚总宪元之寓,每出城,诣先生,为招平定张石洲穆烹羊炊饼,置酒大嚼,剧谈西北边外地理以为笑乐。

道光十六年丙申,五十六岁

选授礼部主事,作《梦游图》,记十三龄梦事。

道光十八年戊戌,五十八岁

升铸印局员外郎,撰《登科记考》三十卷,自为之序。重九,与龚定庵自珍、吴虹生葆晋游西山。

道光二十年庚子,六十岁

子敦卒,赗恤如东之。

道光二十三年癸卯,六十三岁

授江西道监察御史,转掌江南道。

1 京官再任

在相当长的一段时间内,徐松处于内阁中书这样一个薄宦地位,内阁中书掌撰拟、记载、翻译、缮写之事,官阶为从七品。新进士朝考后,改翰林院庶吉士之外,次一等的或分部,或以内阁中书用。这一官职使徐松的生活水平仿佛又退到了二十五岁考中进士后改庶吉士的时光。他似乎一直处于非常拮据的状况,如他在道光八年《与徐鉴书》中就曾描述这样一种窘迫的情景:

> 此后长此家居,不特养赡无资,且口舌是非,必无自全之势。诸同

人劝弟出京至扬州一带聊作张罗,又恐今非昔比,有名无实。复生母多病,小孙幼弱,放心不下。即如目前,小孙痘后久泄,四支厥冷。举家惶恐,弟亦数夜不眠,为之求医购药。今日始发出温疹,稍为放心。若非弟在家,又必致阴错阳差。看此光景,又如何轻于远行。日夕思之,进退维谷。六兄能为我画策否?①

道光五年二月,时任正黄旗汉军都统的松筠曾经奏请带徐松随往热河审案,以改变其在内阁中书任上的窘境,但招道光帝申饬而未果②。道光六年和九年,西域频警,徐松也曾有过跟随长龄建功西陲的念头,最终也因为朋友的劝阻和老亲幼子之累而放弃③。

从与朋友往还的书信以及一些藏书的批注日期上,可以了解到在这一阶段,徐松确曾到山东、江南等地的书院担任教习,似乎时间都不很长,就回到了京师。如道光四年,他曾经有短暂的山东之行。徐松《与色卜星额书》:"弟去岁山东之游,原属孟浪。幸及早归来,犹未为大误。而室人久病不起,归来之后料理方药,匆遽百端,终于无补,竟于五月十日抱鼓盆之戚。"④"抱鼓盆之戚"

---

① 前引徐松《与徐鉴书》。
② 《清宣宗实录》卷七九"道光五年乙酉二月己未"条:"谕内阁:本日,松筠到军机处,告知军机大臣代为奏请《带内阁中书徐松随往热河审案》。向来各部院大臣,经朕派令出差,例带本衙门司员,或本衙门无熟悉刑名之人,准将刑部司员奏明带往。此次济克默特扎布及色楞旺楚克互控一案,系蒙古事件,前经松筠奏带理藩院司员,尚属可行。松筠系都察院堂官,中书非其所属,率请随带徐松,又不于召见时面奏,迹近专擅,任意妄为,不知检点。且此端一开,将来出差大臣,皆可于所属意之人,奏请带往,贪缘奔竞,尚复成何政体? 松筠所请不准行。着传旨严行申饬。此系朕曲意成全,松筠若不知悛改,是无福承受朕恩,朕惟有执法而行,不稍宽宥也。"《清实录》第34册,第267页。又见《嘉庆道光两朝上谕档》第30册,第29页。台北故宫博物院藏清代宫中档奏折有内阁于道光五年二月一日下达文书(405011205):"奉上谕:松筠所请带内阁中书徐松随往热河审案。所请不准,着传旨严行申饬。钦此。"参: http://archive.ihp.sinica.edu.tw/mctkm2c/archive/archivekm? @@ 760695433
③ 陈善道光六年《与徐松书》二云:"西陲有警,以阁下熟谙风壤,纷纷竟劝。仆窃以为阻之者,爱阁下尤深也。人生有用精力不过三四十年,或用之于功名,或用之于学问。阁下之于功名,阻之者如不克矣。与其疲劳于万里之外,曷若疲劳于千古之上? 疲劳于万里之外,未必有功于时;疲劳于千古之上,未必无功于后。此则苍苍者不我阻也。况亲年老寿,临险涉远,均非所宜,幸三思之。"载吴德襄藏本《大兴徐氏同人书札(附题跋)》(又作《大兴徐侍御同人书札》,以下简称《同人书札》),1927年刊本,第三十一叶背面。又前引道光九年徐松《与长龄书》:"前者蜺旌荣发,趋送稍迟,瞻望行尘,徒深驰结。比维老夫子大人福星载路,重寄安边,作万里之干城,膺九重之殊眷。……松因老亲多病,未能负笈以从。每忆旧游,恍在心目。"
④ 徐松《与色卜星额书》,上海图书馆藏清人手札(编号4995—50、51),许全胜博士赐示。

则指其夫人亡故事,事在道光五年①。据《清史稿·李图传》的记载,徐松是应济南泺源书院山长之职②。徐松批校《杜工部诗集》有"己丑相月徐松校于申江客次"的题识③,可知其道光九年曾到江苏一带宦游。陈鸿墀于道光十三年在福建《与徐松书》云:"二月杪,从制军处得手书,知以岁暮还京,何其速也!"④则知其道光十二年曾有赴同年进士、闽浙总督孙尔准处宦游事。

清内阁大库的档案中也记录有徐松在内阁中书任上请假、销假的情形⑤,是其丁忧或者出京谋生留下的痕迹。以上的努力,似乎都没有改变其在内阁任上的长期徘徊。

在内阁中书任上十五年之后,徐松才于道光十六年获升礼部祠祭司主事(正六品)、署祠祭司掌印⑥。那个时期,他编写过《东朝崇养录》等与祭祀有关的宫中档册。

道光十八年,徐松再度升任礼部铸印局员外郎,掌仪制司印,充则例馆提调⑦。在此任上,他似乎完成了《唐登科记考》的初稿,欣然作序⑧(插图23)。

---

① 参陆继辂《内阁中书徐君妻陈安人墓志铭》:"星伯归六年,安人疾终不平,以致不起,时道光五年五月八日也。"《续修四库全书》第1497册,第216页。吴慈鹤道光五年《与徐松书》亦可证徐松在济南的短暂宦游:"嗣于夏初得手示,敬知阁下因事北返,匆匆不克晤别,殊为怅歉。"《同人书札》,第廿二叶背面。

② 《清史稿》卷四八六《徐松传附李图传》:"徐松为济南泺源书院山长,见图诗,叹曰:'三百年来无此作矣!'"第13414页。

③ 徐松批校《杜工部诗集》卷三末识语,北京师范大学图书馆藏,编号844·17/243-832/:1-6。

④ 陈鸿墀《与徐松书》,《同人书札》,第七叶正面。

⑤ 如史语所内阁大库档案有道光十年七月汉票签处移付典籍厅的档案(登录号175084-001),基本内容即记录内阁中书徐松于道光元年正月到阁行走,三年四月补缺,五年十月告假,六年十月销假,十二月补缺,八年三月二十八日丁母忧,道光十年七月二十六日服阕到阁行走,相应移付贵厅转行户两部查照。参史语所内阁大库档案检索网页:http://archive.ihp.sinica.edu.tw/mctkm2c/mctkm2o?@@81661326

⑥ 李星沅《题为榆林知府徐松因病请开缺调理事》:"道光贰拾伍年玖月初肆日,据兼护延榆绥道、榆林府知府徐松禀称:窃卑保现年伍拾玖岁,系顺天府大兴县人,原籍浙江。由嘉庆乙丑科进士改庶吉士,散馆授职编修。历充武英殿纂修、文颖馆提调。……道光拾陆年,选授礼部祠祭司主事。"一档馆藏内阁全宗,档号:02-01-03-10732-005。《(道光二十六年)陕西全省同官录》:"陕西榆林府知府徐松:……道光十六年,选授礼部祠祭司主事、署祭司掌印。"笔者对近两年一档馆内文献开放信息的掌握以及最初的利用,均得益于孙文杰博士的引导,谨致谢忱。

⑦ 李星沅《题为榆林知府徐松因病请开缺调理事》:"道光贰拾伍年玖月初肆日,据兼护延榆绥道、榆林府知府徐松禀称:……(道光)拾捌年,升铸印局员外郎,掌仪制司印。"同上注。《陕西全省同官录》:"陕西榆林府知府徐松:……(道光)十八年,升补铸印局员外郎、仪制司掌印,充则例馆提调。"

⑧ 《登科记考序》:"礼部铸印局员外郎大兴徐松撰……道光十八年孟夏之月,徐松述。"

他最后升任的京官职位是都察院监察御史（从五品），《事辑》记其事在道光二十三年，实际上应该是在道光二十二年的七月①。但不久即外调，进入到他人生的最后一段旅程。

在这一时期，还发生了中国近代史上最重要的鸦片战争，徐松对此事的反应，我们还没有找到太多的文字记载，但是包世臣（1775—1855）《致徐侍御松书》记载："侧闻入台数日，即以封事言夷情。"此即指徐松道光二十二年在英人鸦片战争之后步步进逼的时刻，上奏自己对于这一事态的看法。包世臣认为："虽道路莫能详所陈者，然以阁下研究阅历，自必房在目中，竟入夷务，包为可惜也。"②显然对徐松的策略是非常有信心的。徐松的这一封事《奏为妥为安置游民事》，也被保存了下来（插图24）：

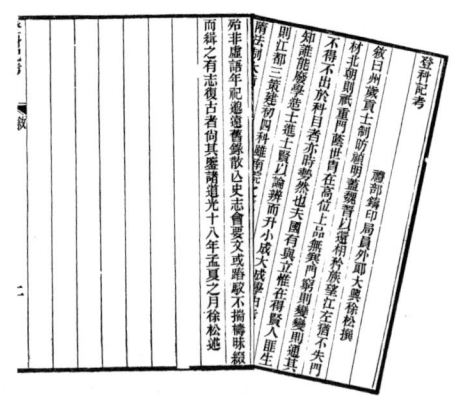

插图 23　徐松在礼部铸印局员外郎任上为《登科记考》作序

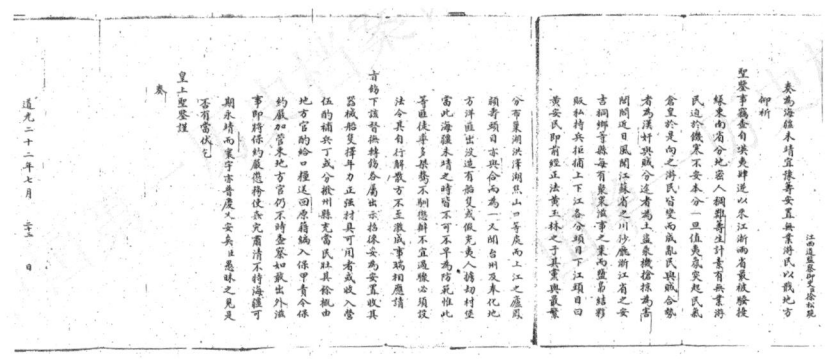

插图 24　徐松《奏为妥为安置游民事》

江西道监察御史臣徐松跪奏，为海疆未靖宜豫筹安置无业游民以

---

① 徐松道光二十二年《奏为奉旨补授浙江嘉兴府知府谢恩事》对此记录详明："窃臣京畿下士，知识庸愚……本年二月，奉旨记名，以御史用。七月，补授江南道监察御史。十一月，转掌江南道，稽查颜料事务。"一档馆档号：04-01-13-0267-025。

② 包世臣《致徐侍御松书》，《同人书札》，第三叶正面至五叶正面；又见《包世臣全集·齐名四术》卷一一，李星点校，合肥：黄山书社，1997年9月，第506—507页。

> 戢地方仰祈圣鉴事。窃查自唤夷肆逆以来,江浙两省最被骚扰。缘东南省分,地密人稠,难筹生计,素有无业游民迫于饥寒,不安本分。一旦值夷氛突起,民气仓皇,于是向之游民皆变而成乱民。与贼合势者,为汉奸;与贼分途者,为土盗,乘机抢掠,为害闾阎。近日风闻江苏省之川沙厅、浙江省之安吉、桐乡等县,每有聚众滋事之案。而盐枭结伙贩私,持兵拒捕,上下江各分头目。下江头目曰黄安民,即前经正法黄玉林之子,其党与最繁,分布巢湖、洪泽湖、焦山口等处。上江之庐、凤、颍、寿头目亦与合而为一。又闻台州及奉化地方,洋匪出没,造有船只,或假充夷人掳劫村堡。当此海疆未靖之时,皆不可不早为防范。惟此等匪徒率多桀骜不驯,惩办不宜过骤,必须设法令其自行解散,方不至激成事端。相应请旨饬下该督抚转饬各属,出示招徕,妥为安置。收其器械、船只,择年力正强、材具可用者,或收入营伍,酌补兵丁,或分拨州县,充当民壮。其余概由地方官酌给口粮,送回原籍,编入保甲,责令保约严加管束。地方官仍不时查察,如敢出外滋事,即将保约严惩,务使奸宄肃清。不特海疆可期永靖,而寰宇亦普庆乂安矣。臣愚昧之见,是否有当,伏乞皇上圣鉴。谨奏。道光二十二年七月二十三日。①

在以上的奏折中,徐松对鸦片战争后江浙一带流民问题可能产生的危害提出了警醒,并提供了尽快解决的方案。

遗憾的是,在此后的履历中,徐松因为回避本籍,而由嘉兴知府的任命改派榆林,没有能深入到夷情紧张的东南沿海。否则,也许能够在那样的场合中施展其长才,则我们能够看到的,或许是一个近代史上在塞防和海防方面都具有积极贡献的干才。

2 宣南讲学

对于徐松而言,这一段再任京官的岁月,升迁得非常缓慢,看起来在吏治方面也没有太多的作为,但却是他从事著述的丰收期。作为学者的本色,是他在牢骚与郁闷之后仍然能平静地回到书案前从事名山事业。所以他的同年好友李兆洛在江阴暨阳书院得悉其著述不辍的消息,备加称道说:"居

---

① 徐松《奏为妥为安置游民事》,一档馆藏军机处全宗,档号:03-2812-025。

人海中,萧然若在陋巷,闭门著书,及于饥寒而不问,行古人之道者,固宜如是。"① 这一时期他在"治朴学斋""好学为福斋"的名号下,继续着青年时代以来开创的几项朴学工作——即唐宋文献的整理与著述,如《唐登科记考》《唐两京城坊考》的著述,以及《宋中兴礼书》《宋会要》的整理;同时对宋代科举也下过功夫,如校勘过乾隆四十八年刊刻的《绍兴十八年戊辰科题名录》等②。他的西域著作,就是在这一时期完成并最早付梓印行传世的(详本书第二章"徐松著作叙录")。

在学术史上特别重要的是,以徐松为中心,在京师宣南形成了一个切磋学术,尤其是以西北史地为中心的文士集团。本章第三节"通籍士林"中,曾经简单叙述宣武门南在清代成为士人麇集的渊源,枝巢子(夏仁虎,1874—1963)《旧京琐记》对此也说得很明白:

> 旧日汉官,非大臣有赐第或值枢廷者,皆居外城,多在宣武门外;土著富室,则多在崇文门外,故有东富西贵之说。士流题咏,率署"宣南",以此也。③

徐松在京师的住宅恰恰就在宣武门南,《事辑》中有很精确的描写:

> 先生学识闳通,馔箸精博,负重望者三十年,所居在顺治门大街厅事前,古槐一株,夭矫空际,颜之曰荫绿轩,读书处曰治朴学斋。朝野名流,相见恨晚。

缪荃孙《事辑》中的描述,如上所揭,主要来自其父缪焕章的亲历,因此是可信的。其后一些类似的说法,均渊源于此。顺治门是宣武门的俗称,这一带除了汉族官员的居住地外,为士子进京赶考提供食宿的会馆也大多修建在这里。朴学家汪喜孙(1786—1848)曾经提及道光年间在宣南的学术交游:"喜荀侨京师宣武门街杨忠愍公祠南,与刘申甫、龚定庵、魏默深、王北堂、徐星伯、陈东之寓庐相距各数十步。"④ 可见,宣南地理的便利,为学者的交游提供了极大的方便。这种方便,使徐松在这里接待了来自四面八方的学界同

---

① 李兆洛《与星伯书》,王云五主编《乾嘉名人书札》,台北:台湾商务印书馆,1973年4月。
② 《绍兴十八年戊辰科题名录》一卷附录一卷,乾隆四十八年谢衮康乐官署活字印本。徐松校。北京大学图书馆藏,编号:Y/2253/3274。
③ 转引自王冶秋《琉璃厂史话》,北京:三联书店,1963年2月,第17页。
④ 汪喜孙《书三友人佚事》,杨晋龙主编《汪喜孙著作集·汪孟慈集》卷四,台北:中研院中国文哲研究所,2003年8月,上册,第128—129页。

人。潘曾沂(1792—1852)《小浮山人年谱》"道光元年"下曾记载:"京师人材辐辏,然其间交游门类甚广,惟所自取。"潘氏与徐松同为内阁中书,过往甚多,但他又独好赋诗,因此被"同人招入宣南诗会,月辄数举"①。可见名噪一时的宣南诗社,是一个京师的文学社。而以徐松为中心的聚会,则主要属于学术研究的交游门类。

(1) 沈垚与张穆

西北史地的研究是徐松这几年著述的重点,而京师这方面交游的风气非常浓厚,因此《畿辅通志》有"自塞外归,文名益噪,其时海内通人游都下者,莫不相见恨晚"的记载②,而《大清畿辅先哲传》则称"海内言地学者,群推为巨子"③。经常被引用的事例是张穆《落帆楼文稿序》中的描述:

> 子敦留京师,为桐城姚伯昂总宪校《国史地理志》,寓内城,间旬相访,则星伯先生为烹羊炊饼,召余共食,剧谈西北边外地理以为笑乐。余尝戏谓子敦,生鱼米之乡,而慕毳嗜麦;南人足不越关塞,而好指画山川;笃精汉学,而喜说宋辽金元史事,可谓"三反"。子敦闻而轩渠,以为无以易也。④

沈垚,字子敦、子惇,浙江乌程(今湖州)人,道光十四年优贡生。他在来京之前就以《新疆私议》一文而为徐松所称赏,孙燮《沈子敦哀辞》描述:"著《新疆私议》,谓国家开边万里,常患馈饷难继,省饷必须屯田,屯田必讲水利,某山出某水,某水经某处,洒洒数千言,如指诸掌。君友人王君亮生客京师,爱其文,刊布之。徐舍人松一见叹曰:某谪戍新疆,凡诸水道,皆所目击,然犹历十年之久,始知曲折。沈君闭户家居,独从故纸中搜得之,非具绝大识力,曷克有此?"⑤因此当沈垚道光十五年七月参加顺天府乡试后即受邀移居徐松家中,帮助整理西域文稿,而其后沈垚又为姚元之邀入内城编修《国史地理志》,但常常出城来与徐松交流。

沈垚曾经多次感叹说:"黄梨洲先生言:学之盛衰,关乎师友。"⑥毫无疑

---

① 潘曾沂《小浮山人年谱》,《年谱丛刊》第 145 册,第 528—529 页。
② 《畿辅通志》卷二二六《徐松传》,《续碑传集》卷七八,第九叶正面。
③ 《大清畿辅先哲传》卷二五《徐松传》,第廿二叶背面。
④ 张穆《落帆楼文稿序》,《月斋文集》卷三,第 275—276 页。
⑤ 沈垚《落帆楼文集》卷尾。
⑥ 沈垚《纪思诒事略》《与孙愈愚书》,分载《落帆楼文集》卷四,第廿二叶正面;卷八,第十九叶正面。

问,这种感慨来自他到达京师与徐松等通人交往而获益的切身感受。沈垚虽然英年早逝,未能完成自身的名山之作,但他协助徐松、姚元之等完成地理学名著,其贡献已经融入到了道光年间史地学兴盛的成果之中;而其《落帆楼文集》中的短篇断章,考证精彩,也是西北史地学的重要构成(插图 25)。

插图 25　沈垚的西域研究名篇《西游记金山以东释》

张穆,初名瀛暹,字诵风、蓬仙,一字石州,又署石舟、硕洲,号季翘、月斋、靖阳亭长,山西平定人。他治经史,通天文、算术,尤精舆地、古文之学,在道光十九年(1839)因兀傲不羁取消乡试资格后,便长期居住在宣武门外(插图 26)①,一意著述。徐松的《唐两京城坊考》中就汇聚了张穆的参订整理之功。张穆的《蒙古游牧记》《魏延昌地形志》,也引用了徐松的《西域水道记》成果和徐松任榆林知府时托何丙勋对统万城的测量结果(插图 27)。徐松对于张穆的影响也是终生的。从我们最新发现的资料来看,张穆甚至在卜选自己的临终地时,也选择了与徐松为邻②。

插图 26　张穆像

(2)《竹叶亭杂记》中的徐松西域遗闻

以上具有独特情调的剧谈,因为记述者的缘故,只提到徐松、沈垚和张穆三人,但实际的参与者显然不仅仅只有三人,而剧谈的内容都化解在三人的著述中。此外,姚元之的《竹叶亭杂记》为

---

① 邓之诚《骨董琐记全编》卷二"张石舟手札":"石舟名刺,署所居在上斜街头庙西路南,高台阶大门。"北京:北京出版社,1996 年 6 月,第 53 页。

② 《管溪徐氏族谱》记载徐松道光二十八年三月去世后,葬昌平雷家桥。国家图书馆藏《月斋书札诗稿》(编号:14907)有道光二十八年九月十四日致许瀚札云:"又弟近于京北二十里雷家桥置墓田一段,玉泉环其北,古云津脯地也。与星伯先生墓相距至近;地属昌平,更与亭林结一段缘,皆可代也。"最近发现的张穆道光廿八年十月立冬日所书《遗书券》,也强调"卜兆京北雷家桥宜丁阜地"事,见:http://xbhy.net/viewthread.php? tid=10711。

我们留下了当时这种剧谈的鲜活事例(插图28、图表2):

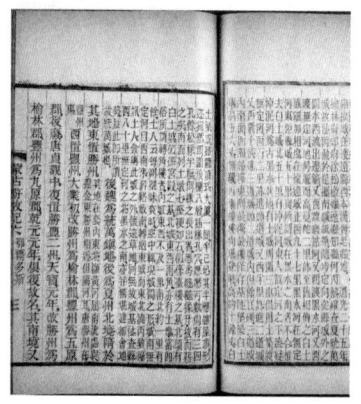 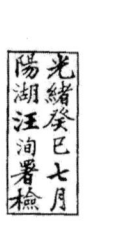 

插图27　张穆引徐松檄书何丙勋调查统万城事　　插图28　记载徐松西域掌故的《竹叶亭杂记》书影

图表2　《竹叶亭杂记》与《西域水道记》记载西域掌故对照表

(括注卷、页,均据中华书局整理本;正文括注,原为小字夹注,后表同此)

《竹叶亭杂记》	《西域水道记》
叶尔羌,西域一大都会也。其办事大臣公署,即大小和卓木之花园。有大池,水池中造八面亭,有长桥,高下曲直,可达亭前。居室临水,有艇子舣于水旁,开门即可泛舟。其池恒燠,夹水长堤,花木若春,垂杨两岸,掩映水碧。西域无杨,惟此园独有。居其中怳如西湖上游也。办事大臣向多三年更易。有福公勒洪阿任此,集唐诗"白首即行万里""皇恩只许住三年"二语为联,属徐星伯同年为之书。(卷三,第78页)　　徐星伯言福公喜为诗,曾任伊犁索伦营领队大臣。伊犁西南边外有特穆尔图淖尔,旁多古翁仲。福公巡边至其处,作诗云:"斜阳寄语双翁仲,不是前朝旧鼓笳。"殊清致可喜。(卷三,第78页)	西行四十余里,乃海(特穆尔图淖尔)北岸。其处翁仲无虑数十。嘉庆十七年,索伦营领队福勒洪阿(字乐斋)。行边至此,作诗。(诗曰:"久戍边城客似家,而今雁爪更天涯。殷勤说与残翁仲,不是前朝旧鼓笳。")语余此翁仲古疑兵之遗。余谓兵行神速,拔帜扬尘,岂容砮石。盖古勃律君长葬地,或有陪葬如唐昭陵制欤?(卷五,第286－287页)
乌沙克塔克台所弃玉三,即密尔岱所产也。徐星伯同年经其处,大者万斤,次者八千斤,又次者三千斤,共置一处。初覆以屋,年久屋圮,玉之面南者俱为风日所燥,剥落起皮。闻辇此大玉时,用马数	嘉庆四年,弛禁,废卡伦,凡叶尔羌、和阗产玉常贡外,听民贩鬻。其年有采进密尔岱山玉三,首者青,重万斤,次者葱白,

续表

《竹叶亭杂记》	《西域水道记》
百匹,回民不善御,前却不一,鞭箠交下,积沙盈尺,轴动辄胶。回民持大瓶灌油以脂之,日裁行数里。奇公丰额奏回民闻弃此玉,无不欢欣鼓舞,其喜可知也。(卷三,第80页)	重八千斤,小者白,重三千斤。辇至哈喇沙尔,以其劳人,罢之。余经乌沙克塔勒军台,(回语乌沙克,小也,塔勒,柳树也。军台在哈喇沙尔城东北二百二十里。)土人导余至驿舍东北观之,半没尘壤,出地者高二尺许。(卷一,第56页)
庚辰九月五日,徐星伯见过,出小铜佛示余,言乌鲁木齐所属之济木萨保惠城为北庭都护地,保惠城北五里有旧城基址,土人名曰破城。其地往往得古钱(皆开元钱)、铜器,而铜佛尤夥,大小不一。近时牟利者置窝棚于其地,掘而货之,然取之不竭。多馀山侍郎庆携归铜佛数尊,皆新出土者。星伯乞其一,高约二寸,厚约二分,为韦陀状。下有座似莲花形,座有四孔,皆穿,下有圆形,似冠上顶柱,盖用以安插者也。佛脑后有铜鼻一,直孔穿,盖用以备绺系也。又有一铜匕,长约七寸,绿坟起如粘翠,葱然可爱。皆唐物也。(卷三,第82页)	余归程宿于保惠城,日已西衔,驰往护堡游访破城,孤魂坛有败刹,悬铁钟厚寸许,剥蚀无文,形如覆釜。土人戒不得使有声,误触而鸣,立致黑风。发地每有唐时铜佛。余收得二铺,高逾四寸,背皆有直孔。保惠城南十五里,入南山,山麓有千佛洞,绀宇壮丽。(卷三,第173—174页)
同年徐星伯学使自伊犁归,携一小圆钱盒相示。……此物惟阿浑之最尊者方得佩之。盖出于藏地,即回疆亦少有,得之甚不易也。星伯过叶尔羌时,遇克什米尔部人,货得之。其名曰"克辟勒拉默",回之祖国曰默特。(卷三,第83页)	
硇砂出库车。徐星伯云其山无名,在唐呼为大鹊山。其山极热,夜望之如列灯,取砂者春夏不可近。……星伯过库车时,曾携数石密封之。及抵伊犁,则石皆化成黄粉,而砂已不见矣。故携此甚难,即其地亦不易得。惟白色成块者不化,乃其下等也。然可以及远,内地所谓硇砂类,即此耳。(卷三,第84页)	硇什达尔乌兰达布逊山,(回语硇沙曰硇什达尔,盐曰达布逊,山产硇沙、红盐。按,明《华夷译语》盐曰答不孙,即达布逊之异文。)南北与罗布淖尔直,中隔千里,其山高峰崛起,西北行二百余里,分二支,南支西行

续表

《竹叶亭杂记》	《西域水道记》
	二百余里,为顺托郭尔山而止,北支西北行千四百余里,转西至沙雅尔之南陲而止。(卷二,第87—88页)
镪水以真硇砂合五倍子水而成,可烂铜铁。星伯同年寓伊犁时,适有一旧铁香炉,戏取爇油画一龙,题数字于上。置水中一宿,炉上铁销镕一二分,而爇油所画则凸起不动,龙与字高出,而其地光平如镜。携至京,观者以为刀法之平,非秦、汉以后人所能,断其为秦、汉器。可知鉴古者大率易欺也。(卷三,第84页)	
徐星伯云:乌鲁木齐开铅厂,工人掘地得一石,碎之,水出。厂官闻之,急令往取水,已散地无余。天生异宝,每误弃于无知者之手,亦何可恨。(卷三,第86页)	
西域贾人能识宝,以有鳖宝也。徐星伯之仆李保儿者,旧从广东观察朱尔赓额,在伊犁曾见其人,知其法。(卷三,第86页)	
天之生物,虽五方之地燥湿不同,未有不以得雨为膏泽者。西域则畏雨,盖得风则穰,得雨则歉也。其俗男女遇于途,有相识者必以接吻为敬,溯然作声,更以声大为能。星伯同年见之,不禁大笑。天地既异,固无怪其习俗也。(卷七,第152页)	
胡桐泪,《本草》:"此物出西域。"自叶尔羌至阿克苏千余里,所在皆有之。其本质朽腐不中材用,但可作薪。回人谓薪曰"活同",(不知其字,其音如是耳)故指此木曰"活同"。中国人不知其故,因以胡桐名之,实非桐类也。其根下初生条叶如细柳,及长则类银杏。孟康注谓有二种叶,是也。其丛生之地有曰"胡桐窠",修志者不解其地,以为树不应	如胡桐见《西域传》,其丛生之地名胡桐窠,或疑为鸟巢,改为鹕鹘窠。(卷首龙万育序,第8页) 自喀什噶尔城由军台道叶尔羌,至此凡千三百三十里,沿河行仅六百八十余里。《汉书·

续表

《竹叶亭杂记》	《西域水道记》
称窠,即改为"鹁鸪窠",注曰"鸟名",大误矣。徐星伯云:"其泪似松香之珠,粘于木上,取其珠则板片即随手下。"其腐如此。(卷八,第164页)	西域传》云:"尉头国西至捐毒千三百一十四里,径道马行二日。"殆其地矣。河南岸遍生胡桐,行其间者枝叶交格,谚曰"树窝"(卷一,第46页)
徐星伯同年言伊犁道中见一鼠如常鼠,见人则拱而立,《诗》所谓"相鼠"也。……星伯同年言赛喇木淖尔岸最多,皆穴地而窟。天将明,鸟先出翱翔,形如喜鹊而小,绿身长尾。鼠如常鼠,蹲穴口顾望,渐走平地。鸟张翅登鼠背,一鼠负一鹊。夏气生凉,野地平阔,往来互骋,半日许方散。然则不仅渭源有之矣。形与注亦少异。(卷八,第168页)	赛喇木淖尔侧……又有鸟鼠同穴者,鼠如常鼠,鸟长尾绿身,如鹊而小。黎明,鸟先出翱翔,鼠蹲穴口顾望,渐走平地,鸟来集鼠背,张翼以噪,鼠往返驰而鸟不坠,良久乃已。是即《尔雅》"鵌鼵",郭景纯言:"鸟鼠同穴山,在陇西首阳县。"以今验之,不仅渭源有此矣。(卷五,第278页)
徐星伯言阜康县至绥来县相距五六百里,有一白鹿,大如马,往来各城,或亦至衙署。见则人喜,所过城市竞以刍秫饲之。多不食,食则其人必福,所入之署,官必有喜。长文襄自伊犁将军升任陕甘总督,经阜康,鹿立于公馆门外,次日启行复至。间数年,文襄以平张格尔封威勇公。(卷八,第171页)	

以上这些掌故,大多得自徐松的目验和亲历,其中部分在《西域水道记》中也有记载,但繁简不一,是读《西域水道记》非常值得参考的背景材料;而那些徐松在著作中也没有记载的内容,则对于我们了解徐松在西域的经历更富有价值。

此外如当时的文学家潘谘(？—1853)《秋日集咏记》记载道光十五年重阳,徐松与龚自珍、端木国瑚、潘谘、宗稷辰等集于吴葆晋家南轩:"酒既行,主人欲为咏,左右谈辨之气,塞空无虚,举杯濡怀而静听之,亦伟矣:山阴徐氏说海内山川溪谷,东至沧溟,西至昆仑外更数千里,天时物气,指顾毕列。……是日也,客皆无诗。"①其中的"山阴徐氏"即指徐松,从其描述可知,他的地理学知识打乱了宴集吟咏的常套,以致当天大家都没有写诗应景②,可见这些谈资对时人的吸引力。

总之,徐松在宣武门外剧谈的这些内容,无疑对都中士人开启了新的知识窗口。

(3) 陈裴之、缪焕章、陈潮、杨亮、何秋涛

道光前期,徐松从游的青年才俊还有陈裴之(1794—1827)、缪焕章等。我们从徐松的稿本中可以看到陈裴之拜读《新疆赋》的纪录③。陈裴之《澄怀堂诗集》卷一一有《与徐星伯年丈松论江河二源,赋此纪之》诗④。同时,在陈裴之父亲陈文述(1771—1843)的《颐道堂诗选》卷二三中,有其感怀道光六年英年早逝的儿子的作品,其中《检裴之遗稿,有寄徐星伯舍人论西域兵事书,感题一律》⑤;而英和为陈文述《颐道堂文钞》作序,也提到:"君有才子曰裴之,能传君学,所为《西北水利议》二万余言……惜无禄早逝。"⑥可以想见其与徐松的交往,已经完全沉浸在对西部的向往和研究中。直到去世那年,陈裴之在武汉思念其从舅龚自珍,还在感怀关于西域的问题⑦。缪焕章从学

---

① 潘谘《潘少白先生文集》卷六《秋日集咏记八》,《清代诗文集汇编》第519册,第120页。

② 按,是日集会之后,宗稷辰仍有诗《九日吴红生协读葆晋斋中小集,同徐星伯曰史、端木鹤田舍人、龚定庵宗曹、潘山人少白丈,诗以纪之》,其自注可见当时情景:"燕都尘海中,城南稍清旷。君家踞高阜,极目擅秋旻。夙闻季子贤,萧辰惬幽尚。咫尺兼葭序,吟声起悠扬。比从零霪旦,惊立□池上。相约与嘉会,雅意敢多让。及期天宇开,尽脱风雨状。老苍早登坛,嚘喈愈少壮。时星伯、鹤田两翁先生。睦然从而后,进之曷容抗。豫卜山人过,云从适相访。少白丈佳节多出游,主人故心期之。珊珊大心子,乘醉来跌宕。定庵最后到。坐客无一热,霜华同四畅。疑到清凉天,共探秘密藏。雄谈六合远,浩气两间放。山人谈其离魂翔天表事甚奇。星伯丈与定庵谈边塞。鹤老证以易理。影澹山林瘵,珍罗水泽饷。或致青州鱼,阗南帆翁所贶。或携越州酿。星丈以丁彖乡酒自随。徒歌琴不弦,任饮酒无量。兴酣各起舞,神欲凌虚王。遑计逐鹿夫,斯时苦得丧。是夕试人听榜。可怜人间世,何地不惆怅。奚勿偕主宾,拔宅入蓬阆。杯翻北斗浆,墨洒东溟浪。攀天豁阊阖,扪手青滉瀁。乐寿永无极,曼古绝悲怆。莫学芦中人,栖栖久依傍。"宗稷辰《躬耻斋诗钞》卷八上《松瓢草》,咸丰九年何绍基序刻本,第五叶正、背面。

③ 《西域水道记(外二种)》,第561页。

④ 陈裴之《与徐星伯年丈松论江河二源,赋此纪之》,作者著《澄怀堂诗集》卷一一,道光刻本,第六叶正面。

⑤ 陈文述《颐道堂诗钞》,《续修四库全书》第1505册,第222页。

⑥ 同上书,第540页。

⑦ 陈裴之《江上停云诗·内阁中书从舅仁和龚公定庵(自珍)》:"西北治水利,我文君所评。西域置行省,君文世所惊。岂知未经岁,已见边尘生。不幸多言中,惜此舅与甥。"《澄怀堂诗集》卷一四。

于徐松的经历,则在本章第一节"缪荃孙与《徐星伯事辑》"已予记录,兹不赘言。

在《事辑》中还记到陈潮(1801—1835)这一年轻的学者被徐松所赏识的情况,这一资料的来源是杨亮(1797—1853)的《陈东之家传》:"君讳潮,字东之,泰兴陈氏。生而颖异,立志果锐,学必精而研而后止,弗止弗辍也。游于京师,大兴徐星伯先生见而重之,延课其子,巨公争识其面,由此显名。当是时,都下有十二才子之目,而君实居其一,因得遍识瑰奇伟杰之士,所学益进。"①所惜这位杰出的才子享年不永,道光十五年三十五岁就在徐松家中去世。

为陈潮写传的杨亮,原名大成,字亮元,号季子,江苏甘泉人,为道光间监生,也与徐松交游,《增修甘泉县志》记载:"亮早工诗古文辞,取法汉魏,游京师,从大兴徐松受西域舆地之学,研究精审,松谓其学有替人。"②他著有《蒙古道里考》《西域沿革图表》等,显然与当时在京师的研究风气相关。

作为西北史地学后来的中坚力量何秋涛(1824—1893),以《朔方备乘》《元圣武亲征录校正》名世,他无疑也得到了徐松的提携。从现在看到的材料里可知,他们至少一起参加了道光二十六年在宣南顾亭林祠的春祭活动③。榎一雄《关于徐松的西域调查》记载:"徐松还是何秋涛的《王会篇笺释》的审定校勘者之一,该书卷首的审定校勘爵里姓氏的首位就是他。《王会篇笺释》中有道光二十九年五月的自序,戊申(1868)二月张穆的序。由于徐松是在道光二十八年去世的,审定校勘可能意味着是他生前与何秋涛就《王会篇》交换的意见吧。"④此外,何秋涛关于《元圣武亲征录》的整理工作,也是与徐松相关的。《元圣武亲征录》出自元世祖时编纂的《元太祖实录》《太宗实录》稿本,是研究成吉思汗的第一手材料。徐松从钱大昕藏本辗转抄录⑤,并在《西域水道记》中首次征引。其后又由张穆转抄,并借得翁方纲藏抄本加以校勘。张穆又将该手抄校勘本赠给何秋涛,由后者继续校正,最后完成了《圣武亲征录校正》,于咸丰三年(1853)刊行。

---

① 杨亮《陈东之家传》,《续碑传集》卷七九,第廿七叶正、背面。
② 徐成敩等增订《增修甘泉县志》卷一四"人物文苑",光绪七年活字本,第廿七叶正面。
③ 前引《顾先生祠会祭题名第一卷子》。
④ 榎一雄《关于徐松的西域调查》,《榎一雄著作集》第二卷,第66页。
⑤ 徐松抄本《皇元圣武亲征录》,今藏中国国家图书馆,善本编号8050。

(4)《长春真人西游记》题跋所体现的西北史地学人风谊

西北史地研究形成风气,与乾嘉质实求证的考史方向有关。因此徐松的西北史地研究虽以"西域三种"为代表,但其研究的范围又不局限在西域,而是跨越了整个西北地区,毫无疑问是与乾嘉学术中元史研究的热潮相关的①。徐松在道光年间未能完成的《元史西北地理考》《西夏地理考》的书稿,可以想见其研究面的扩大,以及带来西北史地学人在其中各擅胜场的局面。

有关徐松西北史地交游的切磋之谊与形成的著述风气,也许《长春真人西游记》的题跋可以更容易帮助我们得出认识。《长春真人西游记》的发现与研究,王国维(1877—1927)的《长春真人西游记注序》中有简洁明了的概括:

> 乾隆之季,嘉定钱竹汀先生读《道藏》于苏州玄妙观,始表章此书,为之跋尾,阮文达遂写以进秘府。道光间,徐星伯、程春庐、沈子敦诸先生迭有考订,灵石杨氏因刊入《连筠簃丛书》,由是此书非复丙库之附庸,而为乙部之要籍矣。②

使《长春真人西游记》由子部的附庸而成为史学研究的重要典籍,是钱大昕与道光年间学者接力研究的结果。其中道光年间的学者研究与刻板印行是其关键,关于研究的缘起,在数人题跋的说明中可以看得很分明:

> 徐松:……适从龚定盦假读此《记》,西域余所素经,识其相合者如此。道光二年四月,大兴徐松跋。距长春真人归抵金山之岁,凡十一壬午矣。

> 董祐诚(1791—1823):徐星伯舍人松出示《长春真人西游记》,且询记中日食事。……道光二年六月十三日。

> 程同文:此册为叶云素给谏所赠,龚定盦尝借钞。既而徐星伯复就钞于定盦,而为之跋,他日以示余。……星伯谓余,凡记中所述在今新疆者,既粗具矣,其金山以东、那林河以西,则俟余补足之。噫!星伯所疏证精核乃尔,余何能为役?顾余于记中地理,皆尝一一考之,惟足迹

---

① 相关研究,可参周丕显《清代西北舆地学与元史研究》,《甘肃社会科学》1993年第1期,第93—101页。
② 王国维《长春真人西游记注序》,谢维扬、房鑫亮主编《王国维全集》,杭州:浙江教育出版社,2010年9月,第11卷,第536页。

所未至,不过穿穴于故纸堆中,旁参互证,以为庶几得之耳。今具列于左,不独以塞星伯之诺责,亦将求是正于星伯也。……道光壬午(二年)秋七月桐乡程同文。

沈垚:垚初见徐星伯先生,即问耶律大石河中府及元和林所在。先生出《长春真人西游记》见示,记后有先生跋,详证金山西南山川道里得之目验者,又有程董二跋……独和林所在,尚未得其审……先生属垚再作一跋,考定和林。

叶绍本(1761—1848):余同年徐星伯仪部最精于此,同里沈君复为之疏通证明,使瓯脱之区了如指掌,洵为人间有用之书,不徒以广异闻也。时道光十有八年五月己巳,筠潭叶绍本识。①

董祐诚是当时知名的历算、舆地、名物学家,因此徐松向他请教日食方面的知识;程同文则长于地志,于外国舆图、古今沿革,都言之极审,因此西域之外的外国地理,徐松托他进行了考证。非常不幸的是,一年之后董祐诚、程同文二人均辞世,是徐松使他们留下了精审的考证文字。道光十五年沈垚进入京师后,徐松又请他再度考证了他们所未得其审的部分,于是沈垚的《西游记金山以东释》问世②。

本来,另一个重要的地理学翘楚人物程恩泽(1785—1837)"尝读《西游记》,拟为一文疏通春庐中丞(程同文)跋所未尽",但当他看到了沈垚的研究后感叹:"地学如此,遐荒万里,犹目验矣。我辈愧才,未足语于是也。"③可见经由数人的合作,《长春真人西游记》的研究已经达到了当时无以复加的程

---

① 以上徐松、董祐诚、程同文跋见《连筠簃丛书》本《长春真人西游记》后;沈垚、叶绍本跋见《连筠簃丛书》本《落帆楼文稿》、《吴兴丛书》本《落帆楼文集》卷六。董祐诚跋亦见《董方立遗书》七《董方立文集》甲集卷下,同治八年(1869)刻本,第八叶正面至十叶正面。

② 沈垚《西游记金山以东释》脱稿于道光十六年初。参关西大学内阁文库藏《沈子敦先生与何子贞太史札》:"子贞仁兄大人阁下:月前承枉过,走适他出,歉甚。自二月后拟专为制举业,适星伯先生以春海先生将刻《西游记》,属垚审覈漠北地名,因作《金山以东释》凡一万一千七百言。甫脱稿,即呈星翁并托延之觅人钞一副本。今接延之札,知阁下处有人能钞,即遣人之星翁处取原稿送正,乞付钞毕,将原稿并抄本一齐掷回。……三月八日。"陶德民编著《内藤湖南与清人书画——关西大学图书馆内藤文库所藏品集》,大阪:关西大学出版部,2009年3月,第50页。2014年3月25日,笔者由京都大学高田时雄教授联系和陪同,在关西大学东西学术研究所玄幸子教授和图书馆长内田庆市教授接待下,得以观摩内藤文库中包括沈垚手札在内的一些与徐松相关的文献,补充了徐松生平的相关研究,谨致谢忱。沈垚此札作时当在道光十六年,笔者另文考证。

③ 张穆《落帆楼文稿序》,《月斋文集》卷三,第275页。

度。再过十二年,灵石人杨尚文(1807—1856,字仲华,号墨林)请张穆编辑《连筠簃丛书》,显然也是徐松的授意,《长春真人西游记》以及那些分工合作的题跋作为一份完整的成果流行于世间,则是徐松辞世前一年的事情了。

叶绍本是徐松的乡试同年,始终关注其西域研究的著作,曾经为其《西域水道记》作过长篇的五古题词。他的题跋盛道《长春真人西游记》为时人所疏证"洵为人间有用之书,不徒以广异闻也",表彰了这一整理、研究的经世价值。此后,《长春真人西游记》又由魏源《海国图志》引用(参下)、王国维等人笺证,而终于为世所重,一直成为蒙元史和西域研究的参证。

因此,《长春真人西游记》在道光年间的得到弘扬,正是活动在宣南的士人集团的努力,这里的核心人物就是徐松。它同时也成为徐松由西域而西北研究领域扩大的标志,而徐松的这种领域扩展,无疑也与当时整个西北地区受到来自域外的威胁有关,西北史地学派的经世意识由此而见。

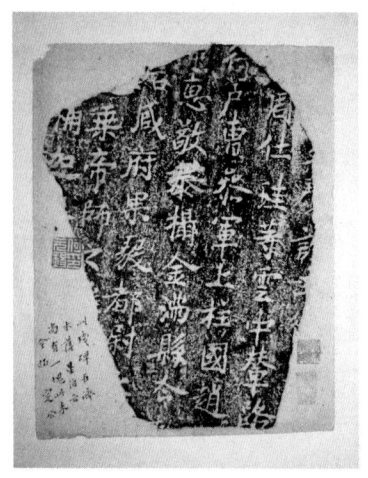

插图 29　龚自珍藏金满县残碑拓本提及徐松对该碑的意见

(5) 龚自珍、魏源与江南文士

在徐松宣武门外的寓所中,还可以看到近代史研究中非常重要的思想家龚自珍、魏源的身影。在中国近代学术史上,经世思想引起传统学术转型的重要代表,往往龚、魏并称①,影响后世。论及龚、魏思想的渊薮,其思想落到实处的学术背景和知识来源,似乎不单是常州公羊经学一个方面的支持,徐松西北史地学研究的影响无疑也是重要的思想资源。

徐松刚刚回到京师,新任内阁中书的龚自珍就因西北史地学的共同爱好而与他结为同志(插图29)。龚自珍上书国史馆总裁论《一统志》的修订时,就对徐松在《新疆识略》中的《哈萨克世次表》《布鲁特头人表》推崇备至,称为"当代奇

---

① 刘逢禄道光六年《题浙江、湖南遗卷》,最早将龚、魏并置,《刘礼部集》卷一一,《续修四库全书》第1501册,第205页。故谭献《复堂日记》载:"魏默深与定翁齐名,始于刘礼部两遗卷一诗。"缪荃孙《羽琴山民逸事》称:"道光丙戌,武进刘申受礼部逢禄分校春闱,一浙江卷,一湖南卷,荐而不售,赋两生行以哀。龚、魏两先生齐名所由来也。"参樊克政《龚自珍年谱考略》论证,北京:商务印书馆,2004年4月,第282页。

作";而他自己在拟定编修的《蒙古图志》一书中,也打算直接利用徐松的二表作为附录,可惜这一本接近完成的书稿最后毁于道光二年九月家中的一场大火①。此后他在京师读书,均从友人互相借抄,徐松的"好学为福斋",自然成为他频繁往来的书乡。道光七年春,龚自珍曾作《述怀呈姚侍讲元之》诗,提及周围的学者,以"同志徐王仗续寻"来表达其对徐松藏书之富的感叹②。

正是在这样的交往背景下,龚自珍在道光十九年的组诗《己亥杂诗》中,会那样留恋与徐松在京师的交往,其中有两首诗作提及了徐松:

> 夹袋搜罗海内空,人材毕竟恃宗工。筼河寂寂覃谿死,此席今时定属公。别徐星伯前辈松。星伯,大兴人。

> 秋光媚客似春光,重九尊前草树香。可记前年宝藏寺,西山暮雨怨吴郎?丁酉重九,与徐星伯前辈、吴虹生同年,连骑游西山之宝藏寺,归鞍骤雨。重九前三夕作此诗,阁笔而雨。③

第二首诗歌完全是从私交的角度,在外省的佳节来临之际,回忆起京师令人销魂的游历,体现了龚、徐二人之间的友谊。《事辑》显然注意到了这首诗,但却将其事由道光十七年丁酉误系在道光十八年戊午的重九日。第一首诗从文坛立论,对徐松的地位给予了恰切的公评,但后人的理解却有较大的歧义。一般的解释都认为龚自珍夸赞徐松继承了同是大兴前辈的朱筠(1729—1781)和翁方纲博学能诗的才华而成为一代文学宗匠,这在《清国史·徐松传》中就已如此记述:

> 松博极群书,居京师为词臣,博综文献,为时流所推。仁和龚自珍赠诗,有"筼河寂寂覃谿死,此席今时定属公"之语④。

而实际上,朱、翁二人在乾嘉年间的京师学坛上,主要的意义在于振臂一呼而应者云集的领袖地位、一种品评人物而提携后进的伯乐形象。《光绪顺天

---

① 以上二事分见龚自珍《上国史馆总裁提调书》《拟进上蒙古图志表文》,《龚自珍全集》,第 312—319、305—308 页。
② 龚自珍《述怀呈姚侍讲元之》,诗下自注:"星伯舍人、北堂征君搜罗精博,日下无过之者。"《龚自珍全集》,第 489 页。
③ 以上二诗分见《龚自珍全集》,第 512、530 页。
④ 《清国史》嘉业堂钞本《文苑传》卷五八,第 984 页;《清史列传》卷七三,第 5991 页。

府志》卷一〇二"人物志一二·朱筠传"载:"尤喜汲引人才,辎轩所至,必拔诸生之隽异授业门下。"同卷"翁方纲传"载:"乾隆间,京师前辈以宏奖风流为己任,首推朱文正珪、阮文达元两相国,而方纲鼎峙其间,几欲狎主齐盟,互执牛耳。"①因此作为赏识与搜罗人才的宗匠地位,才是徐松被龚自珍这样一位为天下人才不得其所而焦虑者所期许②。而从上面提及的京师讲学的年轻学人受他提携并共同从事西北史地的宣南学术情景而言,徐松确实也担当得起这一"宗工"的认定。龚自珍的认定,无疑也包含着对徐松学术成果具有经世意识的时代性的认可。

插图30　魏源致徐松书札

魏源在道光八年授内阁中书之后,也成为徐松商论天下形势和西北地理的座上客。《魏源师友记》对此有专门的条目记载:

> 默深之在京师,尝与(徐松)商论天下形势、西北奥地。默深著《元史新编》,采择尤多。盖松以地学显,默深以史学名,相资为用。……按,郭嵩焘跋吴称三所藏徐星伯手辑诸家尺牍册云:"大兴徐星伯先生所藏诸家尺牍,若李氏申耆、魏氏默深商订地学,罗氏茗香治算经,包氏慎伯、沈氏子敦、宋氏于庭于经史杂事,时有考证。要皆以无意出之,性情意趣,由然具见。其书与文可玩味,诚不逮古人,而持证必征诸实,随事指陈,有可想见国朝一家之学,为古人所不逮者。"③

上引文提及的"吴称三所藏徐星伯手辑诸家尺牍册",即吴德襄收藏的《大兴徐氏同人书札》,其中有魏源写给徐松的三封信(插图30)④。过去我们注意

---

① 以上二则分见《光绪顺天府志》,第6册,第4887、4904页。
② 关于该诗的旨趣,前此刘逸生《龚自珍己亥杂诗笺》有较为通达的解释,北京:中华书局,1980年8月,第55—57页。笔者所见徐松研究的论文对诗旨的解释似均失之浅陋,榎一雄对前二句的解释已经从提拔人才的角度来立论,但后二句又回到徐松接替朱、翁作为诗人的首席上,因此他感到此诗前后的关联未必明确,惜未达一间。见其《关于徐松的西域调查》,《榎一雄著作集》第二卷,第58页。
③ 李柏荣《魏源师友记》,长沙:岳麓书社,1983年8月,第37页。
④ 魏源《致徐松札》,《同人书札》,第九叶背面至第十二叶正面。

到徐松与魏源的联系,只是发现徐松撰述的《新疆识略》和《西域水道记》等著作,作为信实的资料而被魏源的《圣武记》《海国图志》所采用。二人的学术交往,只有可能性的推认,如李瑚《魏源事迹系年》"嘉庆十七年"条下记载:"(魏源)与汤金钊、徐松约于此时相识。"注云:"魏源在与人所作书信中,称徐松为'星伯夫子',其关系即始于此。"[①]"星伯夫子"的称呼,曾在魏源《致邓传密信》中一见[②]。实际上,嘉庆十五年八月至十六年十二月,徐松在湖南学政任上[③],而魏源时年十七八岁,为宝庆府邵阳县学廪膳生[④]。根据前述徐松在湖南学政任上的经历,他曾于嘉庆十六年二月"按使宝庆府",作为宝庆府所在地的邵阳县学为数不多的廪膳生,自然是学政最为关注的进士候选人,魏源拜师徐松,正在其时。

但徐松与魏源在湖南的师生情谊很快因为徐松的遣戍而终止。他们再次相逢,则是在十年之后徐松从绝域赐环归京、魏源于道光二年中举后前往京师参加道光三年的会试。在此后直到鸦片战争发生的一段比较长的时间里,魏源入京应试频繁,拜谒徐松的机会并不太少;在道光八年入资为内阁中书后,与徐松又当有更多的交往。

魏源与徐松在道光前期的交往,虽然由于前者忙于应付举业而并未深入研求舆地,但耳濡目染,徐松"才不为世用,乃箸经世书"的思想意识[⑤]无疑与魏源接受常州学派的学术观念互有生发。一旦"晚侨江淮,海警沓至,忾然触其中之所积,乃尽发其椟藏,排比经纬,驰骋往复,先出其专涉兵事及尝所论议若干篇"[⑥],当魏源从鸦片战争之后开始《圣武记》《海国图志》的撰述而进入到具体的学术操作层面,以往徐松传授的学问及其著作,就成为他精心温习研读而有所疑义的学术资源,他与徐松的讨论也集中到了西北与域外的地理学研究上。这在《同人书札》的魏源三札中有具体的体现,如:

> 近读《西域传补注》《西域水道记》,颇有疑义,容俟拙箸脱稿,一并

---

① 李瑚《魏源事迹系年》,载作者著《魏源研究》,北京:朝华出版社,2002年5月,第240页。
② 魏源《致邓传密信》,《魏源全集》,第12册,751页。
③ 参本章第三节"通籍士林"之"督学湖南"。又钱实甫编《清代职官年表·学政年表》:"湖南学政徐松,嘉庆十五年八月由编修差。"第2695页。《陕西全省官录》:"陕西榆林府知府徐松……(嘉庆)十五年,简任湖南全省学政,十六年十二月缘事革职。"
④ 李瑚《魏源事迹系年》引《邵阳魏氏族谱》,《魏源研究》,第239页。
⑤ 彭邦畴《西域水道记题词》,《西域水道记(外二种)》,第15页。
⑥ 魏源《圣武记序》,《魏源全集》第3册,第1页。

邮请海示。(其一,道光二十二年)

至康熙中初征准噶尔,大战于乌兰布通,其地距京七百里,未审何地?黑龙江将军治齐齐哈尔城,未审作何翻译?又吾师《西域传注》云"渠勒、精绝、戎卢、小宛等国,今并湮灭无踪,意沦入瀚海,如曷劳落迦城之比"云云,曷劳落迦城沦入沙海,未审何出?均乞海示。(其二,道光二十三年)

前读吾师《西域水道记》,有论元兵征钦察,绕宽定吉思海一条,曰塔尔巴哈台之西有巴尔噶什泊,又西千余里,有慈谟斯鄂泊,又西北九千余里,有额纳噶泊,泊中皆有岛。惟额纳噶泊足当宽定吉思海云。查此泊,《异域录》无之,即吾师《水道记》中额尔齐斯河一图,直至入北海,亦无之。不知塔尔巴哈台卡伦外九千余里之泊及岛,何自得之?《记》中未载明出典,则末学无从引用。伏求指示,千万祷切。(其三,道光二十四年)①

《圣武记》和《海国图志》体大思精,无疑开创了经世学术的典型。对于无从亲历的边塞,作者当然也只有排比以往的亲历者资料以求信实;而从致徐松的书札中,我们还看到他不放过向亲历者的讨教而达到尽可能准确著述的态度。从嘉道之际学术的主流来看,魏源之前清醒的中国知识分子并不在少数,至少徐松及其宣南讲学的同道,是魏源经世学术思想的先遣和同盟军。

而徐松的著作,也有经过后进的提示而有所补正的,如魏源《海国图志》对回回教起始时间的考证②,魏源不同意徐松的推算,而以梅文鼎的推算为据,此亦徐松在《西域水道记校补》中专门反驳的原因③。

徐松的西域见识也影响了来到都城的外地士人的知识结构,并如涟漪一般波及了江南士人的关注。如他从伊犁哈什河捡回的梵经石,在《西域水道记》详细记录了石刻发现的地点,描述了石刻的文字和内容,推断了石刻

---

① 具体考证,参笔者撰《思想与思想史的资源:魏源致徐松三札考论》。
② 魏源《海国图志》卷七三,《魏源全集》第7册,第1816页。
③ 徐松《西域水道记校补》:"或曰佛、回作教,皆以灭度之岁纪元,梅氏文鼎推回回术,谓马哈墨辞世在隋开皇十四年甲寅,而《明史》言马哈墨作回回历,用隋开皇十九年己未为元,即以为建国之年。其身不存,何能立教? 正道陵迟,异端滋起,谬悠之论,固难折衷矣。"《西域水道记(外二种)》,第569页。

的年代,论证了石刻的功能,反映了石刻的影响①。从徐松同期的学者陈善(?—1836)的记载,知道徐松确曾将这些梵经石从哈什河畔带回了京师,并将其中一枚赠送给了陈善。陈善不仅为之做了考证②,并携归杭州。一石激起千层浪!这枚梵经石,在杭州文人著名的诗社——东轩吟社(又称清尊吟社)道光十一年的一次集社中,成为即席命赋的诗题。《清尊集》选录了其中4人的5首同名诗作《西域哈什河经石》。从考据学的角度来看,诗歌本身对梵经石的描述,似乎没有太多的贡献;但是,以梵经石入诗,却还是以浓郁的时代气息体现出清代诗歌的新境界。一方面,它体现了金石考证的风气为文人所普遍接受,因而咏物诗在清代发展出了新的题材;另一方面,它也反映了乾隆平定西域以来确立的清代帝国疆域已经深入人心③。

(6)《宣南讲学图》

徐松本人,也对那一承平时期可以与同道讲求学问的生活不胜流连。道光十七年,他曾经请当时著名的画家汤贻汾(1778—1853)为那一时期的生活留下了《宣南讲学图》作写照,并在道光二十四年的榆林任上写下了追怀的文字:

> 昔在湖南星吏议日,京师宣南旧宅不戒于火。先君归,竭数年力,重立栋宇,于厅事旁构小室,颜曰"好学为福斋",庋琴书其中。余归自西域,闲官落拓,读书此斋。出则友天下贤士。其最心契者,来即谈竟日,或馆之数年。言经学、小学则吴伯盂、陈东之两先生,言史学、地理则沈子敦,历算则董方立、王北堂,金石则陈扶雅、龚定庵,诗古文词则陈范川先生,书画则多徐山先生。其它名流不延入此室者,不数。好事者以为德星之聚。江南汤雨生为写图以赠。图中客九,主人居其一。扶杖后来者,徐山先生也。诸君惟徐山先生十年以长,徐皆侪辈,或甚少于余。然不数年间,相继殂谢,无一在者。余亦出为风尘吏。追忆旧游,良深怅惘。因疏诸君爵里于左,以遗后之讲学者。
>
> 多徐山庆,满洲人。乾隆己亥孝廉。官兵部侍郎。谪戍与余同居伊犁。以三等侍卫致仕。

---

① 《西域水道记(外二种)》,第227—228页。
② 陈善《损斋文集》卷下,道光十七年序刻本,第十四叶正背。该集承许全胜博士代为复制。
③ 参本书第三章"《西域水道记》研究"第六节"西域梵经石在清代的发现与研究"。

陈扶雅善，浙江仁和县人。嘉庆戊午孝廉。

　　吴伯孟鼎臣，直隶临榆县人。嘉庆己未进士。官江西赣州太守。罢官。卒于余家。

　　陈范川鸿墀，浙江嘉善县人。与余少同笔砚，嘉庆乙丑同成进士，入翰林全唐文馆，罢官。又同起为内阁中书，以中书终。

　　董方立祐诚，江苏阳湖县人。嘉庆戊寅孝廉。

　　王北堂萱铃，直隶昌平州人。道光初元举孝廉方正。为柏乡县广文。

　　龚定庵自珍，浙江仁和县人。道光己丑进士。官礼部主事，罢归。

　　陈东之潮，江苏泰兴县人。道光辛卯孝廉。卒于余家。

　　沈子敦垚，浙江乌程县人。道光辛卯优贡生。

　　道光甲辰七月二十八日，北平徐松记于榆林官舍，时年六十有四。

　　(钤印：徐松、星伯、曾渡凌山)①

《宣南讲学图》中的十个人物，除他自己之外，都是其道光年间在宣南寓所交游乃至留馆的最为密切的知友。从以上的叙述可以知道，徐松广博的学术兴趣使其交游远远要比本书仅仅从西北历史地理学角度所作的论述丰富得多，而通过其师友渊源来反映当时学术的风气，也将分外生动，这是笔者将在本书之外另撰《徐松师友渊源记》所重点讨论的内容。

　　徐松的同年进士李兆洛曾在《与徐星伯同年》中称道："身在辇毂，心如江湖，省于应官，耽于纂述，避世金马门，亦当世之岁星也。"②同时的学者江藩、汪喜孙、汤贻汾等人的言论中，也记载了同样的看法。汪喜孙曾云："憙孙早年受知（江藩），获闻绪论。记先生自京师归，盛称星伯先生及少鹤阁学，曰：'京师学者，孰与二徐？'憙孙心识之。迨来京师，始知星伯先生，今之

---

① 按，该跋见于汤贻汾丁酉（1837）年作《宣南讲学图》手卷，上海道明拍卖有限公司 2008 秋季拍卖会中国古代书画专场拍卖品。网上可见：

藏点拍卖网站 http://pm.cangdian.com/Data/2008/pmh91553/zc4628/html/zc4628－0648.html#liuyan

精品艺术网站 http://auction.jingp.com/auction-goods-show.asp?id=402916）

其又有杨淞题引首："宣南讲学图。星伯父执命，杨淞。"钤印：臣淞之印、莲乡。图上题识为："宣南讲学，星伯先生文宗命汤贻汾图，时丁酉九月。"印鉴：贻汾、雨生诗画。签条作"汤贞愍宣南讲学图"。钤印：荫北鉴藏。鉴藏印有：念先审定、念圣楼收藏书记印、陶光、上虞丁氏收藏乡邦文献。

② 李兆洛《与徐星伯同年》，作者著《养一斋文集》卷一八，光绪戊寅本，第十九叶背面至二十叶正面。

徐健庵、毕秋帆也。会先生殁,无子,星伯先生出泉十万贯,俾憙孙录先生遗书,与吴太守、陈明经是正之。"①徐健庵、毕秋帆分指徐乾学(1631—1694)、毕沅(1730—1797),为康乾时期位高望重的博学之士,且皆居朝而以奖掖士林为己任,故汪喜孙在与他人的通信中,有"世无徐健庵、毕秋帆,读书人无置毡之所"的赞誉②,可见徐松作为"宗工"的地位是众望所归。而上引汤贻汾道光十七年为徐松画《宣南讲学图》时,画上即题作"星伯先生文宗"。

多少年以后,扬州学派的传人李详在谈及徐松而寄寓对晚清人才凋零的感慨时,准确地理解了龚自珍的评判:

> 大兴徐星伯先生松,继朱文正兄弟、翁覃溪后,招来后进,天性敦挚似竹君,胸次宽博较覃溪为胜。四方宿学之士客京师者,以先生为归焉。……门下往来者,乌程沈垚、平定张穆、泰兴陈潮、甘泉杨亮、阳湖董祐诚,皆谈地学之友。先生事迹,见《艺风文集》。大兴赤县,自先生没后,未有能继先生者。人士星散,京师凋耗,而国家于以不竞,陆生之宴喜西都,有道之人论东国,孰谓与国家无关哉?③

李详的感慨表达了对清末斯文扫地的愤愤不平,同时也对龚自珍所预示的文坛景象做了回应,徐松作为宣南士人中坚的意义得到了充分的肯定。

在宣南,徐松的经世思想在先进、同年与后生的切磋中得到加强;而他西北遣戍的经历,毫无疑问也更加强了对国运的切身感受。《西域水道记》等西北学术著作成为一代经世之作的典型,正是两者的完美结合。而徐松在京师的"宗工"地位,使他在乾嘉学术的高潮结束之际担当了转型的开创者。西北史地学毫无疑问拓展了乾嘉朴学的研究领域,同时也为学者在国运衰微之际的研究去从设定了经世报国的方向。

六 暮年宦游——躁进与古风

晚年的徐松并没有在京师这一学术的渊薮之地永久居留。家庭生计与

---

① 汪喜孙《尔雅小笺识语》,《汪喜孙著作集·汪孟慈集》卷三,第 69 页。
② 汪喜孙《与某某书》,《汪喜孙著作集·汪孟慈集》卷五,第 191 页。
③ 李详《药裹慵谈》卷三"徐星伯先生",见《李审言文集》,第 659 页。徐珂《清稗类钞·著述类》引用之,第 3757 页。

政治地位迫使他接受更高的职位而宦游他方。《事辑》关于他晚年的记载就处在这样一种羁旅中：

> 道光二十四年甲辰，六十四岁
>
> 简陕西榆林府知府。时李文恭公星沅巡抚陕西，与先生不合，因乞病旋京。
>
> 道光二十六年丙午，六十六岁
>
> 病痊，坐补榆林府知府，有政声。旋护延榆绥道，再署潼商道。未几，致仕归。《畿辅通志》列传云："擢延榆绥兵备道，量移潼商。"按，先生赴陕，到榆林府，曾护延榆绥道，复署潼商，即致仕归，并未擢兵备道。传误。
>
> 道光二十八年戊申，六十八岁
>
> 三月初一日，先生卒。

1　榆林任上

徐松后期的任官情况，吴振清据方志等材料对《事辑》的记载有所纠补①。主要纠正的是他任江西道监察御史、转掌江南道并升任陕西榆林知府，都是在道光二十二年的事，此外还指出了"擢延榆绥兵备道"的记载错误。前一个问题，从当时任陕西巡抚的李星沅日记中可以得到印证②：

> 道光二十三年二月廿八日：新榆林府徐星伯松来见。乙丑前辈，因湖南提学获咎，戍伊犁回，进呈《伊犁志》，复由中书、主事转御史，上年七月到都察院，十二月即得今缺。有传其参奏海翁合上意者，似非确论。
>
> 三月初一日：卯初起，补服诣文昌宫行香，司道见……理堂随班进谒，似有惭色；星伯兴致勃勃，躁进依然；秀岩阳阳如平常，亦自知恋栈非久计也。
>
> 三月初三日：星伯来谢饬知，谈及云心、海秋、默深皆南楚俊才，而皆不得大用。复自述谪伊犁日，著《伊犁志》进呈及《汉书西域传注》《西口各水道考》，凡有图说，皆身亲稽考印证，尚非无据。星伯才分绝人，

---

① 吴振清《徐松事迹辨正》，《南开学报》1989 年第 1 期，第 31、48 页。
② 李星沅著，袁英光、童浩整理《李星沅日记》，北京：中华书局，1987 年 6 月。下列引文分见于第 487—490 页。

又有远戍以增阅历,所作自可存。

三月初七日:晚约贵秀岩、李芋村、徐星伯小集,星伯谈边务如数家珍,现任伊犁将军有文理能下贤亦难得。

李星沅(1797—1851)字子湘,号石梧,湖南湘阴人,道光十二年中进士,选庶吉士,授编修,累官至陕西巡抚。从以上的记载来看,徐松确实是在道光二十二年的十二月得到了迁升榆林知府的诏令,而在半年之内就由从五品超升二级为从四品,这在作为"循吏"的李星沅眼中已经不可思议,因此他似乎从一开始就对徐松留下了"躁进"的印象,但他又平心而论,对徐松的品评人物及其西域阅历还是表现非常赏识的。

如今,因为一档馆清宫档案的公布,徐松本人的上奏更加分明地呈现了这次迁转的过程。他首先是在道光二十二年十二月二十二日被任命为浙江嘉兴府知府①。次日上奏的《奏为奉旨补授浙江嘉兴府知府谢恩事》对此记录详明:

> 新授浙江嘉兴府知府臣徐松跪奏为恭谢天恩仰祈恩训事。道光二十二年十二月二十二日,内阁奉上谕:浙江嘉兴府知府员缺,著徐松补授。钦此。窃臣京畿下士,知识庸愚……本年二月,奉旨记名以御史用。七月,补授江西道监察御史。十一月,转掌江南道,稽查颜料事务。涓埃未效,兢惕方深。兹复仰荷恩纶,补授今职。伏念嘉兴为繁要之区,知府有表率之责。如臣梼昧,深惧弗克胜任。惟有吁求恩训,敬谨服膺,遇有地方应办事件,实力实心,矢勤矢慎,以期仰报高厚鸿慈于万一。所有微臣感激下忱,理合敬谨缮折,恭谢天恩。伏祈皇上圣鉴训示,谨奏。②

徐松被任命为嘉兴知府,或许与他前此《奏为妥为安置游民事》有对于江南海防的真知灼见有关。但是二十三日,在徐松获得道光皇帝召见的过程中,被发现其浙江原籍与所简放的嘉兴府存在需要回避的问题,因此当时就调补为榆林知府③。次日的《奏为奉旨调补陕西榆林府知府谢恩事》反映了这

---

① 《嘉庆道光两朝上谕档》:"道光二十二年十二月二十二日,内阁奉上谕:浙江嘉兴府知府员缺,著徐松补授。钦此。""查嘉兴府系冲繁疲难最要缺。谨奏。"第47册,第514页。
② 前引徐松《奏为奉旨补授浙江嘉兴府知府谢恩事》。
③ 《嘉庆道光两朝上谕档》:"道光二十二年十二月二十三日,内阁奉上谕:徐松著调陕西榆林府知府。所遗浙江嘉兴府知府员缺,著徐敬对调。钦此。"第47册,第516页。

一变化：

> 调补陕西榆林府知府臣徐松跪奏为恭谢天恩仰祈圣训事。本月二十三日，内阁奉上谕：徐松著调补陕西榆林府知府。钦此。窃臣驽下庸材，备员谏院，昨蒙恩简放浙江嘉兴府知府，当即恭折叩谢天恩。渥蒙召见，仰天颜之温霁，荷清问之周详。葵藿私忱，莫名钦感。兹复以臣祖籍浙江，例应回避，特沛温纶，准予调补陕西榆林府知府。闻命之下，弥切悚惶。伏念榆林为边要之区，知府有表率之责。如臣椿昧，深惧弗克胜任，惟有吁求恩训，敬谨服膺，实力实心，矢勤矢慎，以期仰报高厚鸿慈于万一。所有微臣感激下忱，谨缮折恭谢天恩，伏祈皇上圣鉴训示。谨奏。①

虽然在谢恩表中有感激涕零的意思，但这个回避原籍的调动，对于徐松的人生来说，实际上是非常不愉快的改变。因为榆林府是陕西最北边的一个穷地方，当徐松真的因此而赴任后，他的牢骚满腹，在致友人的书信中多有道及，如其与同年进士特登额(？—1854)的信札云：

> 弟二月二十八日行抵西安，询知北山不通车路，因于省内租得小屋数间，将眷口留住，独携仆从四人前进。涉川越岭，胆战心寒。不意垂暮之年，履此危险之境。三月二十五日甫达榆林，通省皆称著名苦缺，多有托故不到任者。然词讼尚简，颇堪藏拙也。②

这封书信提供了徐松到达榆林府任上的准确时间，同时也使我们看到了徐松外任的不堪。不过，由于道光二十五年二月他的同年好友邓廷桢被任命代理陕西巡抚，他也因此得到了邓廷桢的推荐，担任了临时护理延榆绥道的职务③。这个时候，他觉得改变命运的机遇到来，因此用了乞病的方式上书开缺，希望得到照顾。但非常不巧的是，在他上书巡抚衙门的时候，邓廷桢又奉旨署陕甘总督赴甘青宁边界靖逆，而陕抚一任仍由已经转江苏巡抚的

---

① 徐松《奏为奉旨调补陕西榆林府知府谢恩事》，一档馆档号：04—01—13—0267—041。
② 徐松《与特芳山书》，《小集》，第十六叶正面。又徐松《五与徐鉴书》亦有相同之叙述，见《名人翰札墨迹》第二十二册，台北：台湾艺文印书馆，1976年影印本，柳向春博士见示。
③ 邓廷桢道光二十五年五月十三日《奏明所遗延榆绥道员缺以徐松委令署理事(折片)》，台北故宫博物院藏清代宫中档奏折及军机处档折件(074032)。参 http://archive.ihp.sinica.edu.tw/mctkm2c/archive/archivekm? @@760695433。

李星沅暂署①,对于徐松本有成见的李星沅似乎没有给予照顾。有关这一段反复闹病的记载,《李星沅日记》中也有记载:

> 道光二十五年五月廿五日:卯刻起,燕庭及司道州县见,谈悉榆林许晖藻倔强吝啬,不耐一官即当乞病去,徐星伯见人生畏心,多疑少决,父子不相能,何以任事?
>
> 八月廿八日:署藩司送到督发批禀,据榆林府徐松告病开缺,即饬照例办理,此间并无只字言病,可谓突如其来。渠意将以此激巚翁(邓廷桢),而不知适交新任也。任性妄为,乃若此耶?
>
> 八月廿九日:卯起,函属鉴翁扎查榆林府告病,本省未见来文,是否该府漏发,抑系沿途耽阁?以甘省批禀计之,八月十二日即到督署,十八日始行批发。而该府前次禀称,拟节后至省相送,亦不言病,真不可解。
>
> 九月初五日:司道以下见。星伯忽而有病,忽而无病,起灭自由,自坐荆棘,可笑。
>
> 九月初八日:卯起,司道以次见,星伯忽乞病痊,未免以官为戏。
>
> 九月十五日:得巚翁书,略及星伯引疾而不置可否,又以书属鉴泉,殊难臆度。②

李星沅在五月赴江苏巡抚任途中,听到前任延榆绥道刘喜海(1793—1852,字燕亭)对于榆林府官员的评价,已然对徐松抱有了溢于言表的反感,及至重署陕抚、邓廷桢又对此事不置可否,自然就没有了需要迂回的余地。作为官员的徐松显然缺乏精明的吏才与深奥的城府,早年他从湖南学政免官,对他深表同情的湖北学政鲍桂星也有叹其"轻燥"的评语③,因此,在老于官场的李星沅手下,徐松只有弄巧成拙,灰溜溜地回到京师养病。

在官方的档案中,留下了李星沅《题为榆林知府徐松因病请开缺调理事》对此事的处理过程:

---

① 参邓邦述编《邓尚书年谱》道光二十五年条,《年谱丛刊》第135册,第171—173页;又《李星沅日记》道光二十五年七、八月记载。
② 上述引文分见于前引《李星沅日记》第611、624—626页。
③ 鲍桂星《致汤金钊札》:"此子失之轻燥,然实佳才,可为惋叹!"《陈垣史学论著选》,第372页。

兵部侍郎兼都察院右副都御史调补江苏巡抚暂署陕西巡抚臣李星沅谨题,为病躯难以供职请开缺回籍调理事。……兹据署布政使刘源灏、署按察使崇纶详称:榆林府知府徐松于道光贰拾叁年叁月贰拾陆日到任,贰拾伍年伍月初柒日奉委兼护延榆绥道印务。即于是日任事。兹以北山地方气寒风劲,该府于贰拾叁年到任后,即得头痛之证,积久不瘥。至贰拾肆年春间,遂成晕眩,一经举发,辄虞倾跌。本年陆、柒月,天时炎热,该府偶受暑气,晕眩大作。又脑后筋痛牵连右臂,以致半身麻木。现在经管道府两署,公事繁多,倘有遗误,获咎尤重,禀恳开缺等情前来。臣查该员才具勤能,克端表率。今既患病,禀请解任,应准其解任,回籍调理。除饬委验取结至日另行补送,并移咨顺天府府尹、浙江巡抚知照外,谨会同督臣惠吉合词具题。伏祈皇上圣鉴,敕部议覆施行。至所遗榆林府知府员缺,系请旨之缺,例应请旨简放,合并陈明。为此具本,谨题请旨。道光二十五年九月二十一日,兵部侍郎兼都察院右副都御史调补江苏巡抚暂署陕西巡抚臣李星沅。①

徐松在道光二十五年的年底,回到了北京修养。那个时候,他还参加了何绍基等于京师城西广安门内报国慈仁寺举行的顾亭林祠春祭活动(插图31)②。

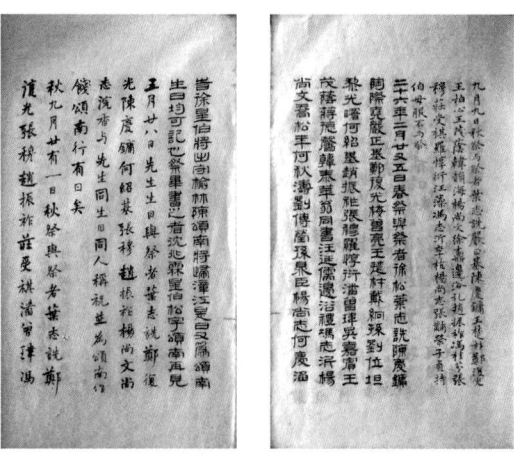

插图31 《顾先生祠会祭题名第一卷子》中徐松参加京师慈仁寺顾亭林祠春祭活动的记录

---

① 李星沅《题为榆林知府徐松因病请开缺调理事》,一档馆藏内阁全宗,档号:02—01—03—10732—005。
② 前引《顾先生祠会祭题名第一卷子》、苗夔《使黔草叙》。

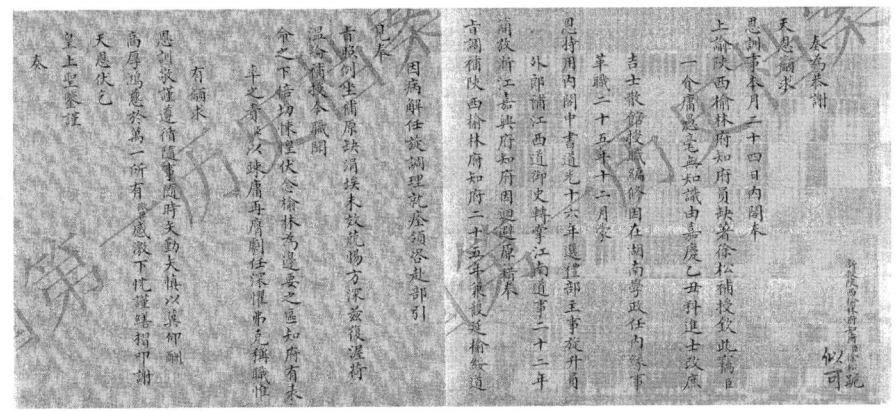

插图 32　徐松《奏为奉旨补授陕西榆林府知府谢恩事》

但是，出于生计迫促，他后来还是在邓廷桢的报奏下，于道光二十六年正月奉旨著照例坐补原缺，回到了榆林府的职位上。这在前揭道光二十六年的《陕西全省同官录》中得到明确的印证："(道光二十二年)十二月，奉旨补授浙江嘉兴府知府，因回避原籍，奉旨调补陕西榆林府知府。二十五年五月，兼护延榆绥道。七月，因病开缺，旋即调理就痊，经抚台邓给咨送部，二十六年正月二十一日，由吏部带领引见，奉旨著照例坐补原缺。二十四日，奉旨补授榆林府知府。"①一档馆藏徐松道光二十六年正月二十五日《奏为奉旨补授陕西榆林府知府谢恩事》也详细记录了这个过程(插图32)，其云：

> 新授陕西榆林府知府臣徐松跪奏为恭谢天恩吁求恩训事。本月二十四日，内阁奉上谕：陕西榆林府知府员缺，著徐松补授。钦此。窃臣一介庸愚，毫无知识……(道光)二十二年，简放浙江嘉兴府知府。因回避原籍，奉旨调补陕西榆林府知府。二十五年，兼护延榆绥道。因病解任，旋调理就痊，领咨赴部引见。奉旨照例坐补原缺。涓埃未效，兢惕方深。兹复渥荷温纶，补授今职。闻命之下，倍切悚惶。伏念榆林为边要之区，知府有表率之责。臣以疏庸，再膺剧任，深惧弗克称职。惟有吁求恩训，敬谨遵循，随事随时，矢勤矢慎，以冀仰酬高厚鸿慈于万一。所有微臣感激下忱，谨缮折叩谢天恩。伏乞皇上圣鉴。谨奏。②

---

① 又见《嘉庆道光两朝上谕档》："道光二十六年正月二十四日，内阁奉上谕：陕西榆林府知府员缺，著徐松补授。钦此。""查榆林府知府，系冲繁难要缺，谨奏。"第51册，第24页。

② 徐松《奏为奉旨补授陕西榆林府知府谢恩事》，一档馆档号：04-01-13-0276-059。

不过,这次徐松还没有到达西安,邓廷桢即不幸去世。徐松获得荫庇的希望也就此落空,其在与同年进士穆彰阿的书信中说:"松由河南前进,于三月廿三日行抵潼关,闻嶰翁之变,人人解体。迨至省垣,人情迥异。此等情形,想在洞鉴,不待松言而后知之矣。现在催令入山,无一人缓颊。松何敢逗遛取戾。"①这种无人缓颊照应的情景可想而知,因此他才会写信请担任内阁大学士的同年穆彰阿为其"脱身"。

邓廷桢去世之后,林则徐于道光二十六年七月担任了陕西巡抚,对徐松的吏治给予了高度评价,其云:"榆林府知府徐松,年六十一岁,顺天进士。学优才练,率属严明,遇事矢勤,精力亦足以副之,似为通省知府之最。"②这个"通省知府之最"的评价,是徐松后来迁任潼商道的基础,虽然这一署理,已经是在道光二十七年四月林则徐补授云贵总督之后的事了。

徐松晚年的宦游,显然不是一件太顺心的事,除了上引的材料证明这一点外,《小集》中有他两封致时任军机大臣的穆彰阿的书信,也曲折表达了希望同年援助、及早结束宦游生活的意愿,甚至还道出了"倘能早得降调处分,亦脱身计耳"的下策③。

不过,徐松在榆林的任职,也可以说是克尽职守的。如在其友朋陈奂的通信中,提及:"嗣闻来守嘉禾,又囿于陈规,移旌榆塞。尔接三要司赵表兄家报,备称先生下车,静镇动威,讴歌口道,真读书人,为清廉官,当仿古之良二千石,召父、文翁,未肯多让。而与风尘世吏,自是不侔。"④且无论这一评价是否有溢美之处,徐松在任上收集《荒政辑要》《刑案汇览》等政书⑤,至少在主观上希望在地方行政上有所作为。而前揭林则徐密奏中称其为"通省知府之最",也无疑是对他最高的褒奖。

道光二十三、二十四年因榆林地方歉收、部分州县被雹灾,徐松连年累呈请缓征赋税钱粮的上奏中,其为民请命的基本素质,也得到了表现。这也是李

---

① 徐松《上穆鹤舫中堂书》,《小集》,第十六叶正面。
② 林则徐《密陈司道府各员考语折(附清单)》,《林则徐全集》第4册,第92页。
③ 徐松《上穆鹤舫中堂书》,《小集》,第十六叶背面。
④ 陈奂《与徐松书》,《同人书札》,第十三叶正、背面。
⑤ 许乃钊《与徐松书》:"外附呈《荒政辑要》一部,祈查收。前奉送一部,内缺叶,补全后尚可分赠有灾州县。少穆先生前在江苏两次办灾,活人无算,皆得力于此书。老前辈大人此番办灾后,有所见,记出眎知,尤以为望。"魏襄《与徐松书》二:"《刑案汇览》,芝圃并未托带。此书卷帙繁多,若有托带之事,断不致有遗忘也。"分见《同人书札》,第十二叶背面、第十四叶背面至第十五叶正面。

星沅连续上奏的《查明北山歉收州县恳恩缓征折子》间接反映出来的例子：

> 奏为查明北山歉收州县恳恩缓征积欠银粮仰祈圣鉴事。窃照藩司陶廷杰详称：据榆林府知府徐松以所属榆林、葭州、怀远、神木、府谷五州县本年所种秋禾收成仅止五分有余，均属歉薄；且葭州、神木、府谷又间被雹伤。除该三州县被雹之区应征本年正赋钱粮业已另案请缓，其未被雹地方暨榆林、怀远二县本年额征地丁、钱粮、草束，并榆林县本年出易仓谷，葭州节年尾欠兵粮，十三、十五并二十二等年尾欠出易仓谷，二十二年春借折色籽种尾欠银两，神木县二十二年民欠春借未完一半折色籽种银两，均请照常全数征收外，所有榆林、怀远、神木、府谷四县道光十三年至二十二年止民欠缓征地丁、钱粮、草束，以及该四县并葭州道光十一年起至本年止节年出易常社仓谷、出借折色籽种、口粮银两，均请展缓。

> 奏为查明北山歉收州县恳恩缓征积欠银粮仰祈圣鉴事。窃照藩司陶廷杰详称：据榆林府知府徐松以所属榆林、葭州、怀远、神木、府谷五州县本年所种秋禾收成仅止五分有余，均属歉薄；且葭州、府谷又间被雹伤。除府谷县被雹之区应征本年正赋钱粮业已另案请缓，其未被雹地方并榆林、葭州、怀远、神木四县本年额征地丁、钱粮、草束，及榆林、怀远二县本年出易、出借仓谷，葭州节年尾欠兵粮，十三、十五并二十二等年尾欠出易仓谷，二十二、四两年借欠折色籽种银两，二十三年出易仓谷，均请照常全数征收外，所有榆林、怀远、神木、府谷四县道光十三年至二十三年止民欠缓征地丁、钱粮、草束，以及该四县并葭州道光十一年起至二十二年止节年出易常社仓谷、出借折色籽种、口粮银两，均请展缓。①

道光二十四年徐松从榆林曾有信给西安的张澍（1781—1847，字时霖，号介侯），其中提到自己在榆林的公务："出郡倥偬……于四月□□□查各属仓库，顺道出边，履勘鄂尔多斯越耕□界，又赴葭州验收灾区籽种，复查各处官荒地亩。登山涉水，备历艰危。直至六月中旬，始得返署。"②由此可见，他确实是在对当地民情"登山涉水，备历艰危"的访查中，了解民间疾苦，而勇于提案的。

徐松最终离开榆林任上，与其晚年多病有关。其第一次请开缺回籍调

---

① 李星沅《查明北山歉收州县恳恩缓征折子》（道光二十三年十月二十七日、二十四年十月二十三日），作者著《李文恭公奏议》卷四、卷六，台北：文海出版社，1969年2月影印同治四年序刻本，第567—569、845—847页。

② 此札见中国嘉德2012秋季拍卖会"古籍善本"专场题作"钱泳等书札"（编号5627）的拍卖品中。凡二札，此其一，2012年10月26日张廷银师兄代为抄录于拍卖会预展厅。

理时,提及其病况就非常严重;调理之后,有所缓和,仍旧榆林府任。但是到了道光二十七年,病情复发,因而不敢恋栈,再度禀请开缺回籍调理。杨以增于道光二十七年的六月二十日上奏了《题为榆林知府徐松禀请开缺调理事》,记载了其病情的愈益严重状况:

> 兵部侍郎兼都察院右副都御史、巡抚陕西等处地方赞理军务兼理粮饷臣杨以增谨题,为病躯难以供职禀请开缺回籍调理事。据署陕西布政使恒春、兼署按察使张集馨呈:道光贰拾柒年陆月初伍日,据榆林府知府徐松禀称:……(道光贰拾陆年)伍月初贰日到任。惟上年叁月由京起程,途次又感风寒,行抵正定府,忽得溺血之证。带病行至西安,复由省抵榆林本任。两月奔驰,备形痛楚。当即延医调治。计自是年夏至今春,服药数百剂,不特血淋不止,且每下血块。现交夏令,心脾愈伤,实难望其痊愈。若仍恋栈,不行陈明,诚恐误公,获咎非细。特此据实禀祈恩准开缺回籍调理等情到司。①

虽然在那年的七月,他还曾由榆林府署任潼商道,但病情严重已经使他不敢恋栈,不久便致仕回到京师,结束了其仕宦生涯。

徐松后来任潼商道事,《事辑》的记载也不明确,兹据《续修陕西通志稿》的记载,可以得到确切的时间:"陕西潼商道:徐松,顺天府大兴县人,进士,道光二十七年七月由榆林府知府署任。寻以呈请致仕回籍,去任。"②

2 敦切友朋

作为官员的徐松,如上所揭,在个人品节上表现的"躁进",是他自己也"自恨无定识、定力,以致堕入恶趣,悔不可追"者③。不过,仕途失败并非人生所有的定义,体现在日常人际之间的徐松,仍然是一个具有高尚操守的成功者。

首先,这一段生涯中,徐松似乎也还是没有忘记他作为学者的身份。道光二十三年徐松初任榆林知府,适值著名的《曹真碑》在西安出土,而为时任延榆绥道的收藏家刘喜海所得,但石刻只存没有头尾的中间部分,初不知何名,刘氏将这一石刻的拓片分赠徐松和沈兆霖(1801—1862,字尺生,又字朗亭,号雨

---

① 杨以增《题为榆林知府徐松禀请开缺调理事》,一档馆藏内阁全宗,档号:02-01-03-10839-015。
② 宋伯鲁等纂《续修陕西省通志稿》卷一二"职官三·文职",西安:陕西通志馆,1934年,第八叶背面。
③ 徐松《上穆鹤舫中堂书》,《小集》,第十六叶背面。

亭)。徐松很快就从断续的文字中考证出这一石刻为《曹真碑》无疑。他不仅是第一个为这一石刻命名者,同时也以长篇的题跋论证了碑文断续表述的每一个相关史事①。作为那个时代难得的稀世珍宝,这一石刻在晚清、民国年间经由端方(1861—1911)、周暹(1891—1984)递藏,今为故宫博物院收藏。

徐松在陕西的门生周腾虎(1816—1862)《怀旧诗二十四首》之十六在怀念徐松的诗前有小序云:

> 徐君星伯松,大兴人,乙丑进士。癸卯(道光二十三年)余侍先君于京师,始得识先生。后先生官榆林知府,见余为李云生太守所为传奇序文,叹赏深至。先生弃官归,谓余曰:"关中宿学,惟张介侯可谈。"始得事张先生也。后先生复之官榆林,旋即病归。无几,殁。先生精于地理之学,所著《汉书西域传补注》《西域水道记》,为通识所尚。②

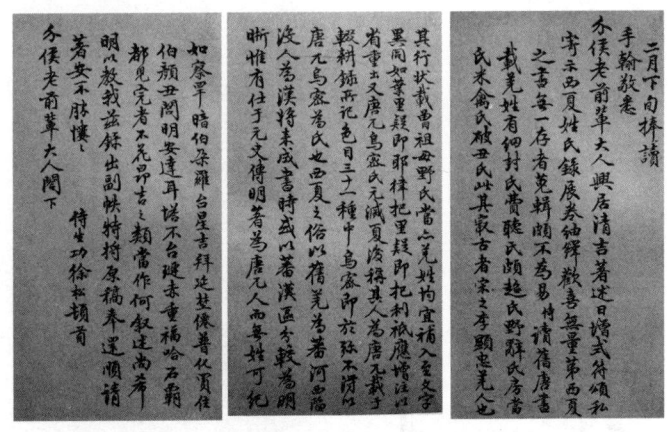

插图33　徐松《与张澍书》

从上引周腾虎的诗序,可知他与当时关陇名家张澍有深厚的交往,田家英(1922—1966)小莽苍苍馆旧藏徐松《与张澍书》就是道光二十四年前后其任职榆林时对张澍《西夏姓氏录》发表的意见(插图33)③。而张穆的《蒙古游牧

---

① 徐松《曹真碑跋》,《小集》,第二十四叶正、背面;又参《陶斋藏石记》卷三,宣统元年刻本,第一叶正至第十一叶背面。
② 周腾虎《怀旧诗二十四首》,作者著《餐苕华馆诗集》卷五,《清代诗文集汇编》第663册,第368页。
③ 徐松《与张澍书》为田家英小莽苍苍馆旧藏,今归中国国家博物馆。2003年由孙晓林女史介绍,陈烈先生赐示照片,谨致谢忱。此函今复刊载于陈烈主编《小莽苍苍斋藏清代学者书札》,北京:人民文学出版社,2013年7月,第548—550页。此外,前引中国嘉德2012秋季拍卖会所见徐松在榆林任上与张澍讨论西夏姓氏等学术问题的书札,亦与之呼应。

记》卷六也记录了徐松在榆林知府时期檄书怀远知县何丙勋确察赫连勃勃统万城故址、向土默特德贝子请教元太祖葬地等问题[①]。民国的《横山县志》也记录了何丙勋回复徐松的禀告(插图34)。徐松还曾为神木县所见《宋麟州将军山神庙碑》题跋(插图35),体现了对于地方史料浓郁的兴趣[②]。他还为刘喜海的成化本《长安志》作跋[③]。与其后来的《唐两京城坊考》著作相关,徐松赴榆林任而来回经过西安、最后以署潼商道而得以临近省城,其有关唐长安的资料收集和实地勘察,一定也在此期间得到了不少收获。

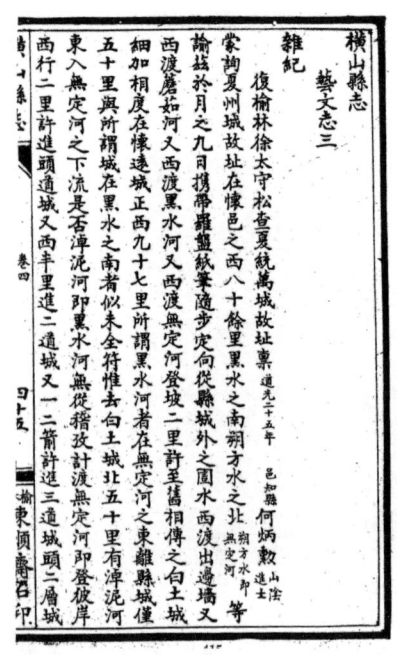

插图34　何丙勋回复徐松调查统万城的书信　　插图35　《宋麟州将军山神庙碑》拓片及徐松题跋

---

① 张穆《蒙古游牧记》十六卷,同治六年(1867)寿阳祁氏刊本,今有李毓澍主编《中国边疆丛书》第一辑影印本,台北:文海出版社,1965年12月。以上二事分见第248、262页。关于何丙勋调查统万城一事的最新研究成果,可参看侯甬坚的论文《道光年间夏州城故址统万城的调查事由》,侯甬坚、李令福主编《中国历史地理论丛》2003年专辑,西安:陕西师范大学西北历史环境与经济社会发展研究中心,2003年6月,第47—56页;又刊《陕西师范大学学报》2003年第4期,第87—94页。

② 徐松《宋麟州将军山神庙碑跋》,《北京文物精粹大系·古籍善本卷》,北京:北京出版社,2002年11月,第231页。

③ 中国国家图书馆藏成化本《长安志》二十卷后(善本编号3856/2119)。

其次,是对于友朋与后进的关爱、帮助,常为时人所称道。这里的论述以暮年为主但又不仅限于这一时期。其中一个经常被人称道的故事是他的同年李兆洛在《徐星伯陈范川两同年小影序》中所记:

> 同年星伯徐先生渊沉通敏,甄综典坟;敦切友朋,信贯金石。于同年中尤善范川陈君,互写其象以相贻,以示镇常相守之意。俄而范川物故,星伯怆然,合绘为一图,不远数千里邮其卷,命兆洛纪其终始之谊。①

这种生死以之的品节确实体现了徐松在人际交往上高尚而接近完美的一面。

他奖掖后进而礼贤下士的事例,更是贯穿一生。前此论及的张穆、沈垚、陈潮,都是在未能获取功名之际就被他到处延誉而提携不已的书生。沈、陈英年早逝,都得到了徐松悉心赒恤。《清史稿》"徐松传"下还附了一则奖掖后进的事:

> 李图,字少伯,掖县人。以拔贡生官直隶无极县知县,谢病归。……徐松为济南泺源书院山长,见图诗,叹曰:"三百年来无此作矣!"②

徐松于道光四年担任泺源书院山长,他的感叹虽然言之过实,但也是基于徐松作为文坛前辈对后进的奖掖而呈现的性格真实。前揭周腾虎在陕西略无功名却为徐松所推崇,则由周氏自己通过诗歌来怀念,其真实性也是毋庸置疑的:

> 先生收高名,寔在英妙年。文采既殊众,绩学畴能先?走昔读著书,心折宵灯前。雄深过郭侃,凿空穷张骞。荒徼合辙逢,谪游非偶然。嗟余困尘鞅,学殖落盛年。文藻羞区区,公已深推延。好善古人心,此道今不然。能无感忠厚,涕泪高云边。盛才不偶世,薄宦一再捐。儿童顶领成,耆旧功名淹。吾侪重文学,流俗轻豪贤。老成既凋丧,典型亦不传。永怀甘肉心,惆怅惊宵眠。③

因为徐松及其以后的时代充斥着"吾侪重文学,流俗轻豪贤。老成既凋丧,

---

① 李兆洛《徐星伯陈范川两同年小影序》,作者著《养一斋文集》卷六,《续修四库全书》第 1495 册影印道光二十四年增修本,第 93—94 页。
② 前引《清史稿》卷四八六。
③ 周腾虎《怀旧诗二十四首》之十六,《清代诗文集汇编》第 663 册,第 368 页。

典型亦不传"的浮躁,因此周腾虎会越发地感受到徐松褒誉后学的人格魅力,乃至"能无感忠厚,涕泪高云边"。这种急公好义的古风,也正是龚自珍预言"此席今时定属公"的渊源所在。这一点,甚至被他的内阁中书同僚潘曾沂写进了自己的年谱中:"余益慎交,不轻谒人。……惟顾学士(莼)与侍讲(戚人镜)、董侍御(国华)、歙县鲍侍郎桂星、钱塘魏侍御成宪、归安姚主事学塽、徐舍人松常相过从。……舍人博识多风义,肯出死力赴人之难,以厚其交情。"①同年进士于克襄晚年的《怀旧诗》中也特别记载了徐松对朋友的情谊:"多君情谊深潭水,曾出都门送别来。"自注云:"予北行,君出城相送。"②这种肯出"死力"的秉性,在《同人书札》所附徐松致色卜星额谈论吴丞的信札中也有充分的表现③。

类似周腾虎那样与之曾经接席的晚辈,在徐松去世不久写下缅怀诗作的并不在少数。徐松的同年何凌汉之子何绍基后来成为一代书家和诗宗,睹物思人,竟将徐松的去世与国运、文运的凋敝也联系了起来,可见徐松的人格典型:

> 星伯徐丈人,名重天禄阁。洎为绝塞行,专究舆地学。李张与魏沈,同时考疆索。争校元广轮,西域及朔漠。谁期事机伏,渐见中华弱。畴人立传后,徐罗陈递作。今日同文馆,早已开橐龠。当时谈艺欢,我皆闻其略。魤魤盛名儒,冉冉归夜壑,太息抚遗笈,时艰竟安托。④

其实,即使未曾接席,面对徐松的遗书,也有钦佩不已而吟咏为诗者。如光绪十六年出任湖南学政的江标(1860—1899)甚至为徐松当年的遭戍也大鸣不平起来:

> 公有奇才吾可知,公耽奇癖吾非之。寻常一样刊书卖,一负宏名一罪私。公使湘中,以所刻书勒诸生买读,被议去官。而祁文端使吴,亦刻书命诸生买读,至今人颂之,何耶?⑤

---

① 《小浮山人年谱》"道光三年"条下,第536—537页。
② 于克襄《怀旧诗》三十首"徐星伯同年"二首之二,载作者著《铁槎诗存》,咸丰刻本,卷八,第卅四叶正面。
③ 徐松《与色卜星额书》,《同人书札》,第卅八叶背面至四十叶正面。
④ 何绍基《题吴儁三德襄所藏大兴徐氏尺牍册即送之赴城步广文任》,《东洲草堂诗集》,第809页;又见《同人书札》,第册三叶背至册四叶正面。
⑤ 江标《题吴德襄出示徐松所藏同人书札六绝句》之四,《同人书札》,第册九叶正面。

《大清畿辅先哲传》在"徐松传"的最后说道:"其所居在宣武门大街厅事前古槐下,颜之曰荫绿轩,读书处曰治朴学斋。至今名流学士过其地者,犹流连不置云。"① 宣南徐松故居前的流连,既是编纂传记者徐世昌的流连,同样也是清末民初一代学者的流连。总之,在徐松曲折的一生中,无论是品节还是著述,都使他为社会与时代留下了不可磨灭的痕迹。

3 赍志以没

徐松晚年辞官归京之后的日子非常短促,这与他在榆林任上留下的痼疾有关。道光二十七年六、七月间,徐松回到京师,十月下旬以来,病情反复。来年的道光二十八年三月初一日清明节,在宣南宅第辞世②,安葬于昌平雷家桥③。

不过在徐松致仕回到京师的最后一段日子里,学术仍然是他须臾不离的生命追求。《唐两京城坊考》卷五"洛阳陶化坊"之河南府参军张轸宅所用吕岩说撰《张轸墓志》下有张穆注记云(插图36):"穆案,星伯先生卒于道光二十八年三月初一日,此条则将属纩将之前四、五日手书示穆,令补入书(稿本作'考')中。"④可见在去世前的四、五天,作者还在校订著述。而在今存其给穆彰阿的最后书信中,也体现了至死好学不倦的特点:"松病势自十月下旬反覆,冬至节前,几至不起。幸百端调治,一息仅存。日来手足皆肿,饮食不进,委顿殊不能堪。大约交春以

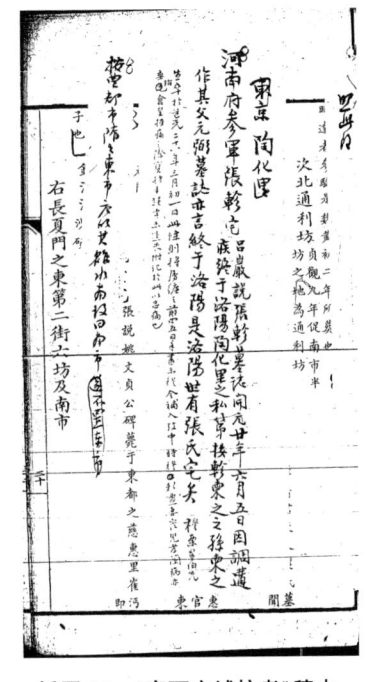

插图36 《唐两京城坊考》稿本中徐松临终前笺条及张穆按语

---

① 《大清畿辅先哲传》卷二五《徐松传》,第廿二叶背面。
② 张穆注记,见徐松撰、张穆校补《唐两京城坊考》,方严点校,北京:中华书局,1985年8月,第159页。
③ 《管溪徐氏宗谱》卷五"世系表":"观察松,字孟品,号星伯。……道光戊申三月初一卒,葬顺天府昌平州雷家桥。"第十二册,第六叶背面。
④ 同上注②。

前,断难出户矣。昨伯昂来晤,谈及中堂言《元秘史》原本在军机处,惊喜以为得未曾有。可否饬赐借阅,以二十日为率,必然归架。抑或谕知领班吴补之,松从补之处转借,作病中消遣也。"① 死而复生,念念不忘的,仍是耽于奇书的追求。只是从其学术的研究历程而言,徐松似乎并没有想到严重的疾病已经终结了他更高的追求,他大量的著作还未经定稿,便流散人间,最终能够由后人增订出版的,只是其计划中的部分而已。从这个意义上说,他确实是赍志以没。

徐松的一生,确实是为学术的一生。

---

① 徐松《三上穆鹤舫中堂书》,《小集》,第十七叶正面。

第二章 徐松著作叙录

在中国古代学术研究的许多领域,徐松的名字可谓如雷贯耳。即使我们对其生平知之甚少,也免不了与他的著作频繁邂逅。仅从中华书局点校出版其撰著的《登科记考》(1984年8月)、《唐两京城坊考》(1985年8月)、《西域水道记》(2005年7月)和辑佚的《河南志》(1994年6月),以及影印出版由他辑佚的《宋会要辑稿》(1957年11月)、担任总纂兼提调官的《全唐文》(1983年11月)等典籍,就可以看出,无论在中国古代科举史、都城制度史,还是唐宋史料的整理研究,以及本书着重探讨的西域史地方面,徐松的成就已经成为无法回避的里程碑。

作为学者的徐松,以其等身的著作流芳后世,但是因为身后未能有合适的传人,而导致其手稿、藏书尽皆散落。缪荃孙在光绪二十五年编辑《事辑》,附录了他所有和所知的徐松著作情况;二十年后,在他去世的那一年又付梓了他在晚年收集到的徐松零散诗文为《小集》,并在跋语中修订了《事辑》中所论徐松著作出版和递藏的最新动向。二者相参,可知徐松主要的著作情况。但是,徐松著作的流散不是缪荃孙个人力量所能网罗净尽的,沈垚为徐松《明氏实录注》所作跋语云:"先生著书数十种,《新疆水道记》及《汉书西域传补注》等书,精确创所未有。"[1]而今天能够看到的只是很少的部分。而且缪荃孙所著《事辑》的附录书目和《小集》的跋语也没有能够完全反映出他一生所知见徐松著作的全部,如在他宣统二年(1910)刻成、民国二年印行的《藕香零拾》中,就收有徐松所辑《河南志》四卷、《伪齐录》二卷,但是《事辑》的"辑大典书"编写在前,未能著录,《小集》的跋语也仅记《河南志》而遗忘了后者;而且《小集》的跋语写成于1917年,此后两年中他所收集到的零散

---

[1] 沈垚《明氏实录注跋》,《丛书集成新编》,台北:新文丰出版股份有限公司,1985年1月,第103册,第87页。

文章篇目也未能反映,因此出现了跋语所云篇目与实际篇目不符的现象(参前"徐松生平考述"中开篇的论证)。

本章将以缪荃孙的收集著录为前提,叙录今所知徐松著述的内容,以提要的方式,介绍其身前的著述经过、身后的流散递藏,以及后世整理、研究、出版的情况。最后又将在缪荃孙之后陆续收集到的徐松零散诗文目录,与《小集》目录分类按年汇编,以见其平生单篇诗文之一斑。

一 专著

1 《新疆识略》十二卷

该书全称《钦定新疆识略》(插图 37),《事辑》"所著书目"有著录,作"《新疆识略》十卷,殿本,厂肆覆刻本",《清国史》本传作"《新疆志略》十卷",卷数均误。又有误其书名作《新疆事略》者。(以下引文,多从简称"《新疆识略》")

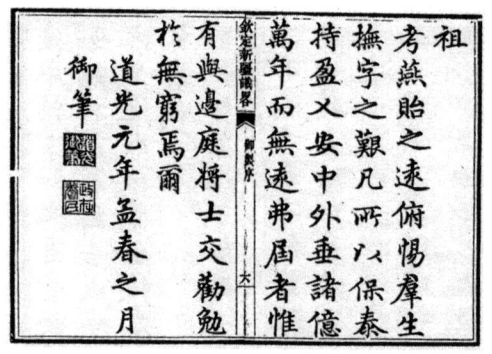

插图 37 《新疆识略》道光皇帝御制序言书影

这是徐松最早正式刻版印行的著作。其作者署名为"臣松筠恭纂",凡例之后的一份"武英殿修书处刊校"诸臣职名中,也没有徐松的名字。也许因为著书时的徐松是遣犯的身份,所以由当时主持其事的前伊犁将军松筠列名①。但其书由徐松编著,则是后世普遍公认的事实,如胡思敬(1869—1922)《国闻备乘》"托名著书"条记载:"文士厄于时命,托身卑泽,不能及物,欲借一二空言光显于世,往往依附于人,为富贵强有力者所掩。……徐松代松筠撰《新疆识略》,筠遂进呈御览,称为'钦定'。"②最有

---

① 王树楠纂《新疆图志》邀宋伯鲁(1854—1932)为"建置志",而不列其名,或亦因其戊戌变法后遭到朝廷通缉有关,与此同理。

② 胡思敬《国闻备乘》卷二,北京:中华书局,2007 年 6 月,第 57 页。

代表性的如张之洞《书目答问》,称是书"徐松代松筠撰"①。即使在当时,《清宣宗实录》也记载着"以纂辑《新疆识略》,赏已革翰林编修徐松内阁中书"②。时人龚自珍等在引用《新疆识略》的材料时,也径称徐松所作。因此,按照方志编纂的署名通例,应该是"松筠修、徐松纂"③。

《新疆识略》的编纂最早是由松筠在嘉庆七年至十四年第二次任伊犁将军时所倡议④。作为一个有远见的封疆大吏,松筠认识到文治对于巩固边陲的意义,他考虑到在西域平定之后尚未有一部通志,因此利用在戍伊犁的文职遣员进行志书的编纂。从现在所看到的《西陲总统事略》署名上,可以知道首先由原任山东知县汪廷楷进行了编辑。

汪廷楷字式庵,号仰亭,江苏丹徒人,乾隆四十二年举人,嘉庆七年在山东金乡知县任上因童试罢考事谪戍伊犁,入松筠幕府,被派进行西域志书的编纂。但他没有完成志书的编纂,即以期满释归,所以松筠《西陲总统事略序》中有"前此汪知县廷楷原辑未成之稿"之语,而祁韵士纂辑《西陲总统事略》的每卷卷首,也署有"原任山东知县汪廷楷仰亭原辑"字样。汪氏的生平,在《光绪丹徒县志》卷二六、《宣统山东通志》卷五九中有记载。汪氏有《西行草》传世,虽然我们无法了解到原辑的编纂情况,但从今存的作品可以想见他也是一位有才华的文士⑤。此外,根据祁韵士嘉庆十年到达伊犁的时间,可以推知汪廷楷是在此前就纂辑志书;而松筠上书请求在伊犁编纂志书是嘉庆十一年,可见松筠的纂辑通志要求也是在有了一定的积累之后才提出的,并非像朝廷大学士所议定的那样"事不可行"(参下)。

松筠在嘉庆十一年向朝廷提出了在伊犁编纂通志的请求,但被嘉庆帝驳回。《清仁宗实录》记载云:

> 谕大学士等议驳松筠请纂《伊犁总志》一折。所议是。伊犁等处事宜,详载《西域图志》一书,即有应行续增之处,亦应在京开馆纂辑。如

---

① 《书目答问补正》,第149页。
② 前引《清宣宗实录》卷一二"嘉庆二十五年十二月己酉"条。
③ 近刁美林有《徐松为〈钦定新疆识略〉作者补证:兼谈清人的著作权意识》,《北方文物》2013年第1期,第79—83页。
④ 松筠于嘉庆五年正月第一次授伊犁将军,未上任即降职。嘉庆七年实为第一次赴任。
⑤ 近年研究,有刘志佳《汪廷楷〈西行草〉整理与研究》可参,新疆师范大学2011届硕士学位论文。

圣制诗文有应接续恭载者,馆臣在京恭录编次,可期详备,断无颁发伊犁再行纂载之理。况伊犁办理屯防等事,是其本务,该处优通文义之人甚少,编纂书籍,亦非所长。松筠所奏,未免受人怂恿,事不可行。著方略馆存记,俟纂办《剿平三省邪匪方略》告成后,将《西域图志》再行续纂。其自乾隆四十七年以后应增事宜,即著该将军详查咨送方略馆,以备采辑。①

松筠本人所修的《西陲总统事略序》中也提及:

> 丙寅(嘉庆十一年)冬,筠曾有纂办通志之请,仰蒙圣鉴,以边地书籍罕征,难于纂辑,特命馆臣续纂《西域同文志》,嗣是各城奉文查送事宜,均由伊犁汇总核转,款册纷如。昔尝伏读高宗纯皇帝御制文诗两集,又承乏西北,驭历有年,于边事较悉。因就汇核之暇,检前此汪知县廷楷原辑未成之稿,属祁郎中韵士重加排纂,一手编辑,用叙兵屯镇抚之要、边防形势之宜。仍复亲为厘定,并令城守尉宗室赓宁为绘舆图。书成,凡十二卷,自愧弇陋少文,不敢妄言兹乘,名曰《伊犁总统事略》,藏之衙斋,用备公余省览,或于守土思职之义,不无小备焉。②

序中的《西域同文志》或当是《西域图志》之误③。但根据序文所称,在此申饬之后,松筠仍然进行着此项工作。一方面经过伊犁将军府为馆臣提供各地事宜一事,也为他纂修志书提供了材料,另一方面,祁韵士的到来也使这项工作有了比汪廷楷更为合适的编纂人选。

祁韵士字鹤皋,一字谐庭,山西寿阳人。乾隆四十三年进士,改庶吉士,授编修,擢中允,累迁礼部郎中。嘉庆九年,充宝泉局监督,因户部亏铜案而受牵连,于次年遣戍伊犁。他在任国史馆编修期间,历经八年,编成《蒙古回部王公表传》一二〇卷,因此在史书编纂和西北历史知识上都训练有素。在汪廷楷未完成的旧稿基础上、利用各地汇总的事宜材料,祁韵士在嘉庆十二

---

① 《清仁宗实录》卷一七二"嘉庆十一年十二月丁亥"条,《清实录》第30册,第248页。
② 《西陲总统事略》,《中国边疆丛书》第一辑,第10册,第1—2页。
③ 据梁章钜《退庵自订年谱》"道光元年"条记载:"是年,充大清通礼馆纂修,又充内廷方略馆纂修。……又分纂《西域图志》,未成书。"《年谱丛刊》第135册,第17页。据此可知当时方略馆确有续纂《西域图志》事。而乾隆四十七年成书之《西域图志·凡例》,亦有"艺文、人物,仁俟续登"之语。

年编纂成了《伊犁总统事略》十二卷,并于次年期满释还①。这部书后来多以《西陲总统事略》之名印行(详下版本考证)。

但严格而言,《西陲总统事略》只是一部排次各地事宜而成的政书,缺乏历史地理沿革方面的内容,而且在详略编排上也有值得商榷的地方,它距离松筠最初编纂通志的理想仍有很大的距离,序中"不敢妄言志乘,名曰《伊犁总统事略》"的论述包含了这种遗憾。因此当他在嘉庆十八年第三次担任伊犁将军时,在戍的徐松帮助他完成了这一心愿。从下面的目录对比中可以反映出从《西陲总统事略》到《新疆识略》间的一些异同(图表3):

图表3 《西陲总统事略》与《新疆识略》目录对照表

目次	《西陲总统事略》	《新疆识略》
卷首	校刻西陲总统事略序(程振甲) 西陲总统事略序(松筠) 西陲总统事略叙(晋昌)	钦定新疆识略序 凡例 武英殿修书处刊校钦定新疆识略诸臣职名 圣藻
卷一	初定伊犁纪事 初定回疆纪事 伊犁驻兵书始 伊犁兴屯书始	新疆总图 　疆域总叙 　新疆道里表 　新疆水道总叙 　新疆水道表
卷二	南北两路全境图说	北路舆图
卷三	南北两路疆域总叙 南北两路山水总叙 南北两路卡伦总叙 南北两路军台总目	南路舆图
卷四	官制兵额(兵书。自此以下至卡伦门专叙伊犁本境之事) 职官题名	伊犁舆图

---

① 相关行年,参祁韵士《鹤皋年谱》,版本有祁氏筠渌山房自刻本;《年谱丛刊》第118册影印民国《万里行程记》排印本;《万里行程记(外五种)》李广洁整理本。

续表

目次	《西陲总统事略》	《新疆识略》
卷五	城池衙署（旗井） 疆域山川 坛庙祠宇 粮饷（茶布）	官制兵额
卷六	训练 军器 营务成案	屯务 　兵屯 　旗屯 　回屯 　屯务成案
卷七	兵屯（户屯、水利） 旗屯（水利） 回屯（水利） 屯务成案	营务 　行操式 　各营军器数目 　营务成案
卷八	钱法（铜铅厂、煤厂） 船工（坝工、木税） 图籍 教学 世职 节孝	库储
卷九	牧厂 厂务成案 卡伦 会议卡伦成案	财赋 　钱法 　铜厂、铅厂、铁厂 　煤窑、木税、居税、杂税
卷一〇	塔尔巴哈台事略 乌鲁木齐所属事略 回疆各城事略	厂务
卷一一	土尔扈特源流 哈萨克源流 布鲁特源流 霍罕路程记	边卫 　卡伦安设表

续表

目次	《西陲总统事略》	《新疆识略》
卷一二	汉乌孙释地 唐西突厥释地 哈萨克马说 涡洼马辩 厄鲁特旧俗纪闻 回俗纪闻	外裔 哈萨克世次表 布鲁特头人表
附录	绥服纪略图诗(松筠) 西陲竹枝词(祁韵士)*	

* 总目中两刻《西陲竹枝词》,而漏刻《绥服纪略图诗》,二集编叶自为起讫,故装订者无所依傍,今所见《西陲总统事略》于此附录二集前后排列往往不一。

徐松不仅掌握了各地的文书材料,同时在南北二路的考察更使他对西域的理解具有了切身的感受,加之从容的时间(在戍七年),因此无论是见识还是内容,都远在《西陲总统事略》之上。除了目录中体现出来的整饬之外,在图表的绘制、地名的考核、事件的详略上,都堪称别具匠心,具备了通志书的特色。以《西陲总统事略》"南北两路山水总叙"和《新疆识略》"新疆水道总叙、表"相较,前者山水合叙,只有五叶,总括性的介绍,甚至还不如前此齐召南《水道提纲》西域诸水能得要领;而后者仅叙水道,已增至二十八叶,河分经流、枝流与伏流,分别列入表中,并以淖尔为归宿,其间关系显然得力于目验,因而泾渭分明。水的意义被突出,充分体现了徐松对西域干旱区地理特质的认识程度,而有关内陆地区水流的划分,也明显地展示了作者在理论上的思考。《新疆识略》中关于水道的资料和理论,直接影响到了他的另一部力作《西域水道记》的产生。

嘉庆二十五年徐松释还,松筠在升任热河都统后,"陛辞之日,恭进所纂《伊犁总统事略》十三卷",不意得到新即位的道光皇帝的赞赏,"赐名《新疆识略》,御制序文,付武英殿刊行"[①]。在这里,"新疆"作为一个省级行政区的

---

① 《松文清公升官录》"嘉庆二十五年庚辰"条,《年谱丛刊》第119册,第320页。按,其言"十三卷",指卷首加正文十二卷。

专有地名,首次被政府启用①。

《新疆识略》因为意想不到的褒宠,后来的记载也有反过来将修志的功德归于朝廷的,如道光帝《新疆识略序》:"顾其幅员之广、经理之宜,初未勒有成书,昭示来许,因面命松筠司其事。"②《畿辅通志》卷二二六《徐松传》:"伊犁将军凤知松者,会有旨纂《新疆志》,属松亲历各城,周咨彼中情事。"③而徐松的遣返也被说成在《新疆识略》之后,如《清国史·徐松传》云:"将军松筠奏进《事略》(按,即《新疆识略》),并叙其劳,特旨释还。"④其实这样一部志书的出现,仍然是要归功于以松筠为代表的伊犁将军和汪廷楷、祁韵士到徐松诸人的努力。从内容上来说,徐松的识见更是在方志编纂、西域史地研究等方面树立了卓越的榜样。榎一雄《关于徐松的西域调查》在第二节、第八至一一节用很长的篇幅考证《西陲总统事略》《伊犁总统事略》《新疆识略》之间的关系。作者认为,《新疆识略》与前此《伊犁总统事略》最大的不同,就是突出了徐松作为新的编辑者对新疆总志体裁的见识,而在叙述的详略、地图的绘制、各种专名的统一、表格的配备等方面,也无不优胜于祁韵士所编。马长泉《松筠和〈钦定新疆识略〉》一文也论证了该书概述清王朝底定新疆前后的重大事件、图表并用而便于查核、贯穿了经纶事务的思想、对边防设施给予较为详细的描述、突出作为伊犁将军的松筠在新疆的活动等等编纂特色⑤。

插图38 祁韵士《伊犁总统事略》最早的刻本书影

关于以上二书的版本,首先是祁韵士编定的《伊犁总统事略》在嘉庆十

---

① 参李之勤《新疆一名的由来》,《中国历史地理论丛》第一辑,西安:陕西人民出版社,1981年7月,第164—175页;收入作者著《西北史地研究》,郑州:中州古籍出版社,1994年12月,第444—449页。又齐清顺《西域、新疆与新疆省》,《西北史地》1981年第3期;收入作者著《清代新疆研究文集》,乌鲁木齐:新疆人民出版社,2008年10月,第10—19页。
② 道光皇帝《钦定新疆识略序》,《新疆识略》,《中国边疆丛书》第一辑,第11册,第10—11页。
③ 《畿辅通志》卷二二六《徐松传》,《续碑传集》卷七八,第一叶正面。
④ 《清国史》嘉业堂抄本《文苑传》卷五八《徐松传》,第984页。
⑤ 马长泉《松筠和〈钦定新疆识略〉》,《喀什师范学院学报》2002年第4期,第45—50页。但该文径将《新疆识略》认定为松筠的著作,是比较明显的欠缺。

三、十四年分别由当时现任伊犁将军的松筠、晋昌作序,在嘉庆十六年松筠任两江总督时,由前吏部侍郎程振甲刊刻印行①。该书最早的版本用《伊犁总统事略》之名(插图38),在各卷版心的象鼻处均有"伊犁总统事略"字样,但后来显然是松筠打算继续完成理想中接近于完美的通志形式的《伊犁总统事略》,而将祁韵士编定者另改了一个与附录的《西陲竹枝词》相仿的书名——《西陲总统事略》,这或许是他第三次担任伊犁将军的嘉庆十八年之后的事②,因此以后流行的版本都改名为《西陲总统事略》(插图39),

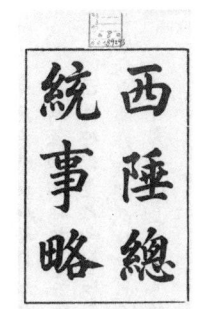

插图 39 改名《西陲总统事略》后的嘉庆、道光刻本扉页书影

而将版心的"伊犁总统事略"字样削去了③,不过松筠、晋昌的序中仍然保存了"伊犁总统事略"的说法,可以看到最初的书名遗痕。

道光年间,祁韵士之子寯藻(1793—1866)任江南学政,访得《西陲总统事略》旧版,因此又将之重印行世。重印的版本与前印《西陲总统事略》完全一样,只是在起首更换了内封的版刻,原来的楷书"西陲总统事略"书名替换为篆书,背面则有祁寯藻道光十九年六月的识语,可以帮助我们了解重印的时间。台北文海出版社《中国边疆丛书》第一辑影印有楷书题名之《西陲总

---

① 榎一雄《关于徐松的西域调查》根据《西陲总统事略》各卷首编刊人名"宫保将军松筠湘浦纂定"的官衔,认为版刻应该是在其既加太子少保(宫保)又担任伊犁将军之际,即嘉庆十八年六月第三次任伊犁将军之后至同年九、十月间加太子太保衔之前。载《榎一雄著作集》第二卷,第78页。其说不妥。一、程振甲《校刻西陲总统事略序》:"振甲与先生雅故同在枢垣。先生之督两江也,遣次子洪溥往谒,出此书寄示,即为校刊,且序其后。"从其语气上,当是松筠任两江总督的当年其子洪溥即往拜见,并将《西陲总统事略》寄示,当时即校刊印行;而在该书附录的祁韵士《西陲竹枝词》前,也有署"嘉庆十六年重九日通家子程洪溥题"的内封,按常规亦当是刊刻当年题版。二、嘉庆十六年松筠任两广总督,例称"制军",然以曾任伊犁将军,其书又在将军任上完成,故用将军衔自无不可,"宫保"反倒是用刻版当年的加衔以提高声望者。

② 松筠曾于嘉庆五年、七年、十八年三度被任命为伊犁将军,但第一次未赴任,参前引《清仁宗实录》卷五七、六五、九三、二一〇、二一四、二七〇、三一一。

③ 以《伊犁总统事略》命名的该书,笔者所见仅中国国家图书馆北海分馆所藏胶片(DJ1723号),系东洋文库藏书。榎一雄认为该书二名,应是"西陲总统事略"在前,后来又在版心加字而改版为"伊犁总统事略",见其《关于徐松的西域调查》,《榎一雄著作集》第二卷,第79—80页。但其说恐误。因为在该书附录的二集《绥服纪略图诗》和《西陲竹枝词》上,版心象鼻处均有书名,可见《西陲总统事略》原来也是刻字配套的;特别是后来道光十九年此书重印时袭用了《西陲总统事略》的版心无字的版刻,所以更可确定《伊犁总统事略》版心有字本在前。

统事略》本流传①。

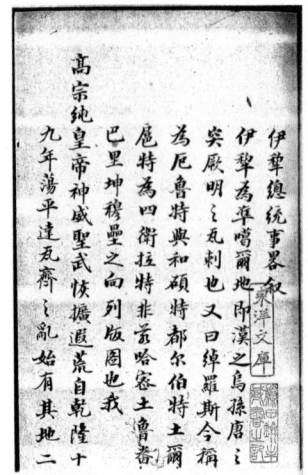

插图40 藤田丰八旧藏祁韵士《伊犁总统事略》抄补本书影

该书也有抄本流传,晋昌叙云:"己巳(嘉庆十四年)夏,余奉命量移来伊,方以任大事繁、难以报称为虑,途次适接湘浦寄示《伊犁总统事略》十二卷,于车中阅之。"其时书版未刻,故当是抄本。又今东洋文库有藤田丰八(1869—1929)旧藏抄本《伊犁总统事略》(插图40),内容同于祁韵士编纂的《伊犁总统事略》,但是卷四的"职官题名"却有所增补,刻本的职官记载截止到嘉庆十二年十二月,而抄本则增补到松筠第三次担任伊犁将军的"嘉庆十九年四月十八日到任"。因此这有可能是一个一直被增补到松筠在第三次伊犁将军任上的《伊犁总统事略》的抄本。它也同样反映了《西陲总统事略》最早被命名为"伊犁总统事略"的特点(图表4)②。

图表4　祁韵士《西陲总统事略》版本源流图

汪廷楷原辑未成稿(佚)

祁韵士《伊犁总统事略》稿本(佚)

《伊犁总统事略》刻本　　　　《伊犁总统事略》增补抄本
(嘉庆十六年程序本)　　　　(东洋文库藤田丰八旧藏)

《西陲总统事略》刻本
(嘉庆十六年程序本)

《西陲总统事略》刻本　　　　《西陲总统事略》影印本
(道光十九年祁识本)　　　　(台北,文海出版社,1965年)

---

① 前引《西陲总统事略》之《中国边疆丛书》影印本。
② 该抄本承池田温先生复印样张赐赠。又榎一雄也对此作过研究,但认为是对《西陲总统事略》进行增补而编纂《伊犁总统事略》的底本,见其《关于徐松的西域调查》,《榎一雄著作集》第二卷,第79—80页。其先后顺序与笔者所论相反,这仍然是由于在《西陲总统事略》刻本问题上对"伊犁""西陲"使用先后的推断不同所致。

《新疆识略》最早的书名也叫《伊犁总统事略》,龙万育《西域水道记序》称:"嘉庆丁丑岁(二十二年),谪戍伊犁,与旧友太史徐星伯先生比屋居,见先生所撰《伊犁总统事略》及《新疆赋》《汉书西域传补注》,叹其赅洽。"①可知写作当初即用其名。今俄罗斯国家图书馆藏斯卡奇科夫旧藏《伊犁总统事略》,当系徐松所藏底本之誊清校补本,惜仅存卷一②。残本半叶 10 行,行 9 字。其文字与刻本《新疆识略》略有差异,而为后者之底本无异。抄本文字有校改,其中"军台道里表""新疆水道表"部分有浮签甚多,均

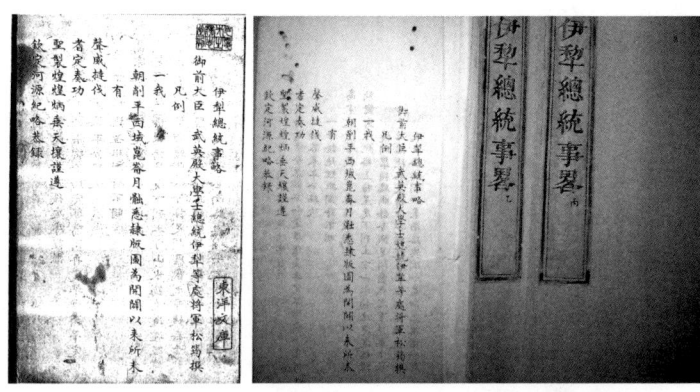

《新疆识略》曾用名《伊犁总统事略》时期旧抄本书影
插图 41(左)东洋文库藏本;插图 42(右)美国国会图书馆藏本

为后来刻本所无,当系该书刻成后徐松继续增订的内容,为方便修订,71 叶均为散叶,未加装订。

又今东洋文库有张其锽(1877—1927)钤"无竟先生独志堂物"印的旧藏《伊犁总统事略》抄本十册十二卷(插图 41),除署名作"御前大臣、武英殿大学士、总统伊犁等处将军松筠撰"不同于《新疆识略》外,正文的内容与后者

---

① 《西域水道记(外二种)》,第 7 页。
② 该书在俄罗斯国家图书馆善本部今编号为 300,斯卡奇科夫本人编号为 441。相关著录,参 A. I. Melnalknis, *Catalogue of books Chinese and Manchu to bibliotheca Mr . C. A . Skatshkoff*, Moscow, pp. 207—208;麦尔纳尔克尼斯著《斯卡奇科夫所藏汉籍写本和地图题录》,张芳中译本,北京:中国国家图书馆,2010 年 9 月,第 176—177 页。其云:"18 世纪末写本。142(71)叶,34.5×21.5 厘米。纸质书衣,线装。书口破旧起皱,有徽斑;第 13—14 叶撕破。正文作过校改:有 148 处行书书写的增补词句;这些词句用楷书书写在浮签上并贴在相应的书叶上;此外,文中还夹有 21 张签条:28 和 29 叶之间夹有 5 张,42 和 43,50 和 51,52 和 53,84 和 85,100 和 101,118 和 119,120 和 121,124 和 125 叶之间分别夹有 2 张。新疆纪中有关大地测量、地形、交通线路和水文地理中的部分。正文中提到的最近日期为 1782 年,增补词句中为 1793 年。"经俄罗斯科学院东方文献研究所所长波娃娃教授联系,笔者得以于 2013 年 10 月 7 日在莫斯科俄罗斯国家图书馆善本部目验包括该书在内的斯卡奇科夫部分旧藏汉籍,谨此致谢。

同，当是徐松进上底本之抄本①。此外，《清代名人传略》"松筠传"也提道："美国国会图书馆藏有一部该书（按，指《新疆识略》）旧抄本，题名《伊犁总统事略》，内容与武英殿刻本稍异，或许是较早的校订本。"②该书与东洋文库本一样是抄自进呈以前未改名的底本（插图42），其中地图均为彩绘③。至其刻本，则先有道光二年武英殿刻本行世，其中御制序言下有"道光御笔"白文、"政在养民"朱文方印二，且套红印制，其后则有缪荃孙所谓"厂肆覆刻本"流传，无道光二印，书框缩小，"光绪甲午（二十年）仲春上海积山书局石印"本即其一种。今则有《中国边疆丛书》第一辑、《续修四库全书》本影印流传（图表5）④。

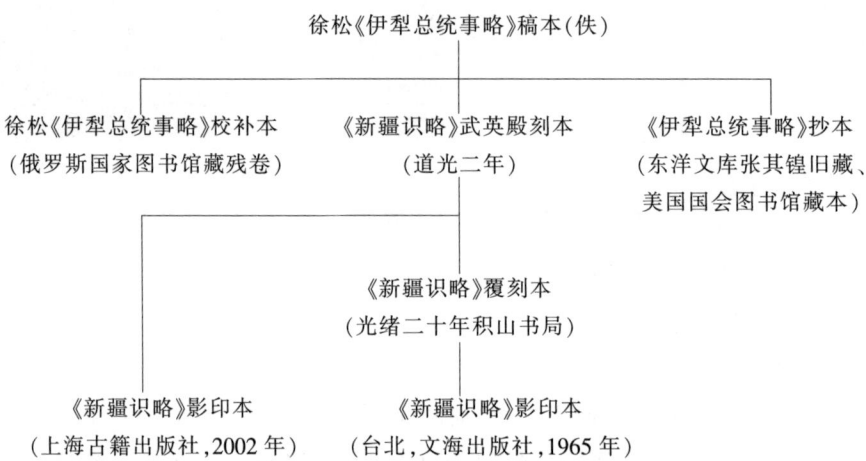

图表5　徐松《新疆识略》版本源流图

《新疆识略》的成功，使得嘉庆皇帝原本打算在京师续编《西域图志》的

---

① 该抄本也承池田温先生复印样张赐赠，榎一雄《关于徐松的西域调查》亦曾提及，参《榎一雄著作集》第二卷，第81页。按，抄本凡例叶有"无竟先生独志堂物"朱文扁方印，系张其锽藏书印。其锽字子武，号无竟，室名独志堂等，广西临桂人。光绪三十年进士，官湖南芷江知县、南路巡防统领等。入民国，任湖南军事厅长、广西省省长等职。著有《墨经通解》《墨子大取篇校注》《独志堂丛稿》等。

② 中译本《清代名人传略》"松筠传略"在中册，第365－367页（杜联喆撰稿），《伊犁总统事略》译作《伊犁总统实录》，误；榎一雄《关于徐松的西域调查》引用原文，译作《伊犁总统事略》，是，见《榎一雄著作集》第二卷，第74页。

③ 美国国会图书馆藏《伊犁总统事略》抄本、刻本，均承李孝聪教授拍摄样张提供参考。

④ 《新疆识略》影印本有：《中国边疆丛书》第一辑，第11册影印积山书局本（本书引文据此）；《续修四库全书》第732册，第485－796页影印武英殿本。

计划也中断了。今一档馆保存的一份档案就是在《新疆识略》刊行后，原本续编《西域图志》的官员向道光皇帝询问是否继续编辑的奏折，其云：

> 再查嘉庆十一年十二月二十四日奉旨：大学士等议驳松筠请纂《伊犁总志》一折……钦遵在案。嗣于嘉庆十六年七月间经前任总裁臣庆桂等奏请续纂《西域图志》，奉旨：依议，钦此。正纂办间，旋因嘉庆十八年十月纂辑《平定教匪纪略》一书，二十二年十一月续校辽、金、元三史，是以《西域图志》尚未纂辑。嘉庆二十五年十二月，经现任吉林将军松筠呈进《新疆识略》，交武英殿刊刻，道光二年四月刻竣，令臣等拟赏各省总督及伊犁将军等各在案。是《新疆识略》已有成书，业经颁赏，所有《西域图志》一书是否尚须续纂之处，伏候训示遵行。谨奏。①

遗憾的是我们目前还没有看到对于这份奏折的正面答复，但是从目前没有再度出现修订本的《西域图志》来看，这个计划可能夭折了。松筠与其流放者组成的幕府在伊犁完成的《新疆识略》，以实际的成绩出色地顶替了当初没有被允准在西域开展的编纂计划。

以上的奏折还纠正了以往将道光皇帝"道光元年孟春之月御笔"的序言年代视作《新疆识略》刊刻的时间的错误。最初的武英殿本刊刻成书的时间，应该是道光二年四月，这从一档馆所保存的地方总督、伊犁将军等在同年稍后上奏的《奏谢赏〈新疆识略〉折》中可以得到印证②。

2 《新疆赋》一卷

该书正文一卷，前有赋序，后分《新疆南路赋》《新疆北路赋》二章，仿效汉班固《两都赋》、张衡《二京赋》体制，以葱岭大夫、乌孙使者相为问答，分咏天山南北二路地理之形势，以及乾隆以来平定西域之武功，论者以为可与当时之《盛京赋》《西藏赋》先后辉映、鼎足而三，成为清代开辟疆土、统一国家

---

① 佚名《奏为〈新疆识略〉业经成书〈西域图志〉是否尚须续纂事》，档号：03-3648-028。
② 据一档馆今所公布档案，直隶总督颜检因距离京师路途最近，故最早于道光二年四月十五日得书，四月十八上谢恩折，军机处录副档号：04-01-12-0361-044；云贵总督史致光最晚，于同年九月九日上谢恩折，宫中档号：03-2845-030，又军机处录副档号：04-01-12-0368-031。

的辉煌巨制①。但与其他赋作的不同在于,徐松是在对新疆进行南北考察后进行这一赋体的创作;更重要的是徐松对南北二路的山川形势进行了提纲挈领的描述,正文之外,又句栉字梳,自为注解,丰富了赋体的叙事功能。《事辑》"所著书目"、《光绪顺天府志》卷一二六著录为"《新疆赋》二卷",当系误解二章为二卷所致。

书前有万载孙馨祖序云:"乾隆乙卯(六十年),(馨祖)丁母忧归,已五十六年。中间病病而残废,及七十而戍伊犁,见新疆图,摹之不成,亦不能已,今又六年。星伯先生出自定开方图,复以《新疆赋》见示,令作序。"据其年而推定,作此序的时间应为嘉庆乙亥(二十年,1815)。但据徐松赋序:"走以嘉庆壬申之年(十七年)西出嘉峪关,由巴里坤达伊犁,历四千八百九十里。越乙亥(二十年),于役回疆,度木素尔岭,由阿克苏、叶尔羌达喀什噶尔,历三千二百里。其明年,还伊犁。"②则至少是在嘉庆二十一年从南疆回到伊犁后才写的。孙馨祖的记载可能因记忆不确而有些计算上的差错。又根据上揭龙万育《西域水道记序》:"嘉庆丁丑岁(二十二年),谪戍伊犁,与旧友太史徐星伯先生比屋居,见先生所撰《伊犁总统事略》及《新疆赋》《汉书西域传补注》,叹其赅洽。"则其《新疆赋》初稿成于嘉庆二十一、二十二年之间当无问题。在今天流传的《新疆赋》注文中有"今嘉庆二十四年,圣寿六旬"之句,是最晚的确切纪年,可以看到初稿在后来又经增订的痕迹。

作为三部西域著作中最早成书者,《新疆赋》也留下了一些在以后两部著作中已经弥补了的错误。如仍称阿勒坦山乌梁海为阿勒坦乌梁海、称噶勒札尔巴什淖尔为札尔噶勒巴什淖尔、以北庭都护府为李德裕所筑,且称其在济木萨"城北里许",又说在阜康得金满县碑,等等。

北京大学图书馆藏有《新疆赋》稿本一卷(善本编号□472),二十五叶,四周单栏,无格,半叶14行、行28字,小字双行夹注,赋序叶有"曾渡媵山"朱文方印,为徐松藏书印,卷前有孙馨祖序,卷后有彭邦畴道光四年冬日跋,与今传刻本无异,系徐松底稿清写本无疑。此外,稿本多处引用了《长春真人西游记》的文字作为注文,而后者是徐松在道光二年四月才得以寓目的(参

---

① 彭邦畴《新疆赋跋》:"在昔高庙赋盛京,泰庵和公赋西藏,渊乎懿哉,诚钜制也。今上御极之初,余同年友星伯徐君……成《新疆赋》二篇……煌煌乎与《盛京》《西藏》之作后先辉映,班孟坚、左太冲之流未足多矣。"《西域水道记(外二种)》,第560页。

② 以上二序文字,分见《西域水道记(外二种)》,第517、519页。

本书第三章"《西域水道记》研究"第一节之"稿本的写定时间"),因此《新疆赋》稿本也当是在道光二年至四年间写定的。稿本与刻本文字的不同主要在地名上,如稿本之"穆素尔岭""喀喇沙尔",刻本作"木素尔岭""哈喇沙尔"等,皆当系后来据《西域同文志》规范者。此外,稿本在彭邦畴跋后,又有道光五年八月至十二月陈嵩庆、陈裴之、张锡谦、张琦的读后题识(插图43)。以往对于刻本付梓的时间多以彭邦畴"道光甲申(四年)冬日"题跋的时间为准,这是比较容易出现意外的判断,但现在有了稿本上道光五年的题识未能刻入书中的下限,则以彭跋时间作为付梓的年代就有了比较可靠的旁证(《光绪顺天府志》卷一二六作道光二年刻本,误)。其书徐松赋序页有"廖嘉馆印"朱文印,知为李盛铎(1859—1937)藏书;书前空白叶又有"山西等处承宣布政使司之印"朱文大印,可知系李氏宣统三年任山西布政使时所得书。

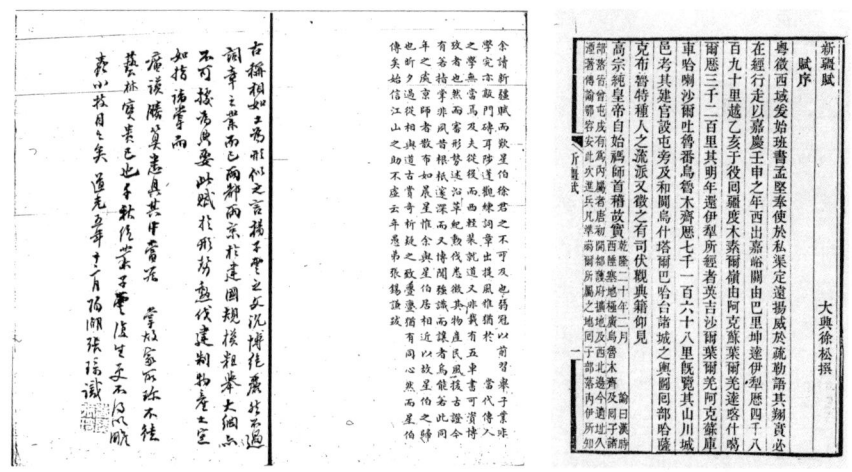

插图43 《新疆赋》稿本题识　　插图44 《新疆赋》刻本书影

江标《题吴德襄出示徐松所藏同人书札六绝句》之二自注云:"先生《新疆赋》初刻本,有'曾渡阴凌'印记,系当日赠诸同好者。后印本皆无之。"①中国国家图书馆藏美国犹他州谱牒学会胶片《新疆赋》有此印②,即系此初刻本,但江标云"曾渡阴凌"系"曾渡夐山"之误,"夐"与"凌"通。凌山之称,见

---

① 江标《题吴德襄出示徐松所藏同人书札六绝句》,《同人书札》,第册九叶正面。
② 中国国家图书馆藏犹他州谱牒学会胶片《新疆赋》,编号 UTF0720。

于玄奘《大唐西域记》卷一"跋禄迦国"条下①,徐松比定凌山即冰山,为今昭苏、拜城交界之木札尔特达坂②,是伊犁与阿克苏之间的捷径,但也是天山隘口中最为艰险的通道,并非寻常人等能够翻越。而徐松于嘉庆二十一年为伊犁参赞大臣长龄幕府而赴喀什处理图尔第·迈玛特案件,曾经翻越达坂③,故引以为荣,而有此印章。此初刻本印与北京大学图书馆藏徐松稿本《新疆赋》印两相对照,初刻本即由稿本原印蜕摹刻而来。"凌"又作"䝕",是用《说文解字》的解释④。可见徐松此印文非止一枚。《新疆赋》道光四年刊本后来成为底本(插图44),不断被影印或翻刻,特别是以《大兴徐氏三种》(或称"西域三种""徐星伯先生著书三种")的名义,将徐松《西域水道记》《汉书西域传补注》与《新疆赋》同刊者颇多,如北平琉璃厂宝森堂本、北平隆福寺文奎堂本、光绪十九年上海宝善书局本、光绪二十九年金匮浦氏静寄东轩《皇朝藩属舆地丛书》本、上海鸿文书局本,后三种均为石印袖珍本。上海鸿文书局的《西域三种》还和李文田的《汉西域图考》合印为《西域四种》流传于世。单独刊行的有光绪八年元尚居斠刊本(与光绪九年斠刊之英和《卜魁城赋》同印),《畿辅通志》卷二二六"徐松传"亦刻入该赋(无自注)。今则有台北文海出版社《中国边疆丛书》第二辑影印文奎堂本、《中国西北文献丛书》影印元尚居本、北京中央民族学院《新疆四赋》本、《清代诗文集汇编》影印读有用书斋本行世⑤。不过后来的印本,都没有了"曾渡凌山"的印章。由本人整理的"大兴徐氏三种",也以《西域水道记(外二种)》为名,作为"中外交通

---

① 玄奘、辨机原著,季羡林等校注《大唐西域记校注》,北京:中华书局,1985年2月,第67—68页。
② 《西域水道记(外二种)》或作穆素尔岭、木素尔岭,第89—92页。
③ 徐松《西域水道记》卷二:"嘉庆二十一年正月五日黎明,自噶克察哈尔海军台行二十里,至(木素尔岭)山麓,朝日始升。据鞍鱼贯,如缘螺壳,天风横吹,飞沙击面,寒砭肌骨,噤不出声。冰每坼裂,宽或近尺,塞马骨作桥。上岭数里,渡雪海,周三四里,一线危径,界海正中,劣裁容马。"《西域水道记(外二种)》,第90页。
④ 《西域水道记(外二种)》在"凌山"下专门有注释云:"《唐书·地理志》谓之冻凌山。《诗》:'纳于凌阴。'《传》曰:'凌阴,冰室也。'周官掌冰者曰凌人,是知凌即冰。《说文》作䝕,引《诗》'纳于䝕阴'。"第91页。
⑤ 《西域三种》,《中国边疆丛书》第二辑,沈云龙主编,台北:文海出版社,1966年6月,第23册影印,外封题《西域水道记》,实则包括其他二种。吴坚主编《中国西北文献丛书》,兰州:古籍书店,1990年10月,第102册,第575—595页;吴丰培辑、中央民族学院少数民族古籍整理出版规划领导小组编《新疆四赋》,北京,1982年12月印行;《清代诗文集汇编》第536册,第725—744页。

史籍丛刊"的第 18 种,由中华书局出版,其中即有《新疆赋》之整理本①。

3 《汉书西域传补注》二卷

是书二卷,《事辑》"所著书目"有著录。《畿辅通志》卷二二六"徐松传"误作《后汉书西域传补注》,据以沿误者颇多②。《汉书西域传》原载《汉书》卷九六上、下,为古来正史西域文献之滥觞,但因时年久远而学者又难得亲历,历来治《汉书》者,对《西域传》中史实、地名多所阙疑,或者解析歧错。徐松以周历天山南北,并有编纂西域通志《伊犁总统事略》之重任,遂首先考订《西域传》中古代地名之沿革,以今证古,成《汉书西域传补注》二卷。其书注重地理沿革之考订,与《新疆赋》综理清代开辟事实之当代史纵横交错,成为《西域水道记》之先声;而其与《西域水道记》的互见和互补作用也特别值得注意(如吐鲁番地区的介绍、葱岭西中亚地区的注释、胡杨树形状的描写等等)。《清儒学案》卷一四一"星伯学案"称:"尝以班固作《西域传》,颜师古注未能赅备,而后之考西域者,多未亲历其地,耳食相袭,讹误滋多。如《传》言西域三十六国,荀悦所纪与《汉书》异,则据班氏以驳荀之误;《传》言南北火山,颜氏不加诠释,则据《通鉴注》以正颜注之疏;《传》言河有两源,则证以今地,知河有三源,出葱岭者二,出于阗者一;《传》言玉门、阳关出西域有两道,则据《隋书·裴矩传》知汉时两道皆在山南,山北为匈奴,故无道,至隋有山南两道,又增北山一道,汉之北道、隋之中道,今亦谓之南道,往回疆者由之,隋之北道今亦谓之北道,往乌鲁木齐、伊犁者由之。诸若此类,皆详为考订,撰《汉书西域传补注》二卷。"③其言徐松之考证成果,颇得其荦荦大者。而杨树达(1885—1956)为《续修四库全书提要》所撰《汉书西域传补注》之提要,于其优劣得失,言之尤详,附文于下:

《汉书西域传补注》二卷(道光九年张琦刻本)。清徐松撰。徐氏字星伯,顺天大兴人,嘉庆十年乙丑进士,授翰林编修,官至陕西榆林府知

---

① 《西域水道记(外二种)》,第 515—562 页。
② 如李约瑟《中国科学技术史》中译本第五卷第一分册译者注,北京:科学出版社,1976 年 10 月,第 64 页;王聿均《徐松的经世思想》,载《近世中国经世思想研讨会论文集》,台北:中研院近代史研究所编印,1984 年 4 月,第 191 页。以上论著均沿《畿辅通志》之说而误。
③ 按,《清儒学案》原文"汉之南道、隋之中道,今亦谓之南道,往回疆者由之,汉之北道今亦谓之北道,往乌鲁木齐、伊犁者由之"句有误,据《汉书西域传补注》订正。

府,道光二十八年戊申卒,年六十八。徐氏博极群书,于嘉庆间以事谪戍伊犁,遍游天山南北两路。所至诹咨走卒,记其山川曲折,为《西域水道记》五卷、《新疆志略》十卷。释归以后,复就所经历,征引故记而为此书。故其所考释,恒得之目验,与他人徒凭故纸者虚实不侔。如"葱岭"下注:"今伊犁西南境善塔斯岭即葱岭之一山。""有城郭田畜,与匈奴、乌孙异俗"下注云:"今天山南回部皆有城郭、田畜,同汉时西域国;天山北蒙古部落事游牧,同汉时匈奴、乌孙俗。"鄯善"白草"下注云:"春发新苗,与诸草无异,冬枯而不萎,高三四尺,性至坚韧,以之织物,其用如竹,惟哈喇沙尔城东特伯勒古地产者最坚实,心可为箸。"罽宾"其民巧,雕文刻镂"下注云:"罽宾今痕都斯坦,其地镂玉,有鬼工。"又"封牛"下注云:"今有此牛,形小,膊上有犎。"大宛"马汗血"下注云:"今伊犁马之强健者,前髀及脊柱往往有小疮出血,名曰伤气。必在前肩髀者,以用力多也。前贤未目验,故不知其审。"又"其人皆深目,多须髯,善贾市"下注云:"今安集延种人近之。"皆身经目睹事之尤著者也。至其解释地形,尤为精析。如谓天山在焉耆之北,乌孙都北山之南,敦薨水不经渠犁之西,葱岭南北河于阿克苏南合为一水,未尝两河双注分入蒲昌,皆能发前人之所未发。其释玉门、阳关出西域有两道,引《隋书·裴矩传》互相勘校,谓"汉、隋之南道,今不置驿,汉之北道、隋之中道,今谓之南道,往回疆者由之。隋之北道,今亦谓之北道,往乌鲁木齐、伊犁者由之。"又引《后魏书·西域传》"出西域本有二道,后更为四出"之语,谓四出之二,为《汉书》所不数,"其余二道,皆经莎车,即汉之南道,是言四出者,实惟一道而已。"比勘今昔,如锥画沙,读之使人意快。其他考证,如无雷国下辨捐毒非身毒,纠颜监之疏;乌孙国下谓乌孙昆弥因常惠上书实在元康二年,摘《通鉴考异》校改元康为神爵之误,皆义据坚卓,确不可移。惟上卷鄯善国下云:"其弟尉屠耆降汉,具言状。"徐氏谓"久在汉,故曰降",不悟尉屠耆久质于汉,不得归,后匈奴遣其兄安归立为君,故遂降汉,情事了然,非以"久在汉,故言降"也。下卷乌孙国下云:"副使季都别将医养视狂王。"徐氏谓"医养"为"知医者及厮养",不悟《外戚传》云:"哀帝遣谒者张由将医治中山小王。"又云:"令孙建将医往问疾。"又云:"孝王薨,有一男,嗣为王,太后自养视。"知此传亦当以"养视"连文,不当以"医养"连读。然小有疵累,不足为全书之病。近日王先谦撰《汉书补注》,于徐氏此书几完全采录,非无故矣。①

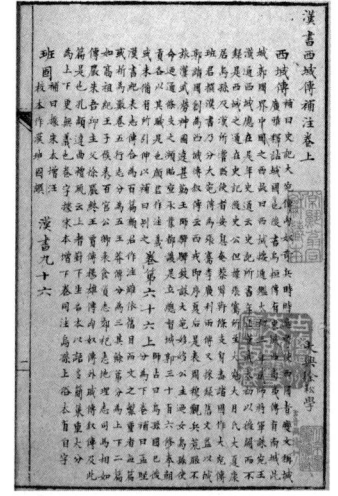

插图 45 《汉书西域传补注》稿本书影　　**插图 46** 《汉书西域传补注》刻本书影

杨树达所称王先谦(1842—1917)撰《汉书补注》,是光绪年间集大成的《汉书》集注成果,在《西域传》中,确实是完全袭用了徐松的成果②,此后,杨守敬、熊会贞《水经注疏》亦皆引徐松补注,而如开篇所揭,沈师徐《唐书西域传注》之旨趣、体例,也多仿徐松《汉书西域传补注》。

据上引龙万育《西域水道记序》,可知徐松于嘉庆二十二年在伊犁亦已完成该书初稿,但根据今刻本所征引典籍之繁富,其于释归后当又多所增订。今中国国家图书馆藏有稿本二册(善本编号 3972;插图 45),三十四叶,行款、用纸、笔迹均同于北京大学图书馆藏《新疆赋》稿本,其中间有徐松亲笔校勘字迹,当系归京后誊清之手定底稿本,有"古潭州袁卧雪庐收藏""常熟翁同龢藏本""北京图书馆藏"印,可知由徐松身后递藏情况。该书署名"大兴徐松学"③,后来刻本从之,是为付梓之底本无疑。

---

①　杨树达撰《汉书西域传补注》提要,见《续修四库全书总目提要(稿本)》,济南:齐鲁书社,1996 年 12 月,第 3 册,第 542—543 页。
②　王先谦《汉书补注》一〇〇卷,光绪二十六年虚受堂刊本,北京:中华书局,1983 年 9 月影印。
③　此处"学"即注释阐述之意,仿何休注《公羊传》署名"何休学"典实,陆德明《经典释文·春秋公羊音义》:"学者,言为此经之学,即著述之意。"

《汉书西域传补注》刻本最早有阳湖张琦道光九年序刻本(插图 46)①,其后之印本均从其影印、覆刻,所知有道光二十二年钱熙祚辑《指海》丛书本(1935 年上海大东书局影印)、光绪五年王灏辑《畿辅丛书》本、光绪六年章寿康辑《式训堂丛书初集》本、光绪二十年广雅书局辑《广雅书局丛书》本、光绪三十年朱记荣辑《校经山房丛书》本,又有以《西域三种》(插图 47)、《西域四种》印行者,参《新疆赋》叙录。

插图 47 《西域三种》书影

今本有《丛书集成初编》本、《中国边疆丛书》第二辑本、《丛书集成新编》本、《二十五史三编》本、《二十四史订补》本、《续修四库全书》本等行世②。由本人整理的《西域水道记(外二种)》,也包括了《汉书西域传补注》③。

4 《西域水道记》五卷、《校补》一卷

该书正文五卷,前有邓廷桢、龙万育序,及作者自序,以及英和、叶绍本、彭邦畴题词。是作者在谴戍新疆期间,通过实地调查并广泛阅读文献资料的基础上,以西域水道为核心而撰著的一部清代新疆地理专书。

根据上引龙万育序:"嘉庆丁丑岁(二十二年,1817),谪戍伊犁,与旧友太史徐星伯先生比屋居,见先生所撰《伊犁总统事略》及《新疆赋》《汉书西域传补注》,叹其赅洽。先生又出其《西域水道记》草稿数卷。余方为逑书,而先后赐环归京师。"则其书在伊犁期间即已完成初稿。今所见中国国家图书馆藏《西域水道记》四卷本(善本编号 SB3869,插图 42),当系道光初年回到京师后的手定底稿本(插图 48),并有誊写后不断加入之笺条数十。其后经

---

① 张之洞《书目答问》在张琦本前有"原刻本"之说,见《书目答问补正》,第 94 页。而依张琦序,则前此不当有刻本也。
② 《汉书西域传补注》,《丛书集成初编》第 3254 册据《指海》本排印。《西域三种》,《中国边疆丛书》第二辑,第 23 册。《丛书集成新编》第 97 册影印道光本。《二十五史三编》,影印《丛书集成初编》本,长沙:岳麓书社,1994 年 12 月,第三分册,第 831—857 页。《二十四史订补》,第 3 册影印道光九年本,第 277—312 页。《续修四库全书》第 270 册影印道光本。
③ 《西域水道记(外二种)》,第 383—514 页。

过十多年的修改,在道光十九年由邓廷桢在两广总督任上刻印出版,由于卷一"罗布淖尔所受水"内容较多,因此扩充为两卷,遂由四卷稿本成为五卷刻本(插图49)。

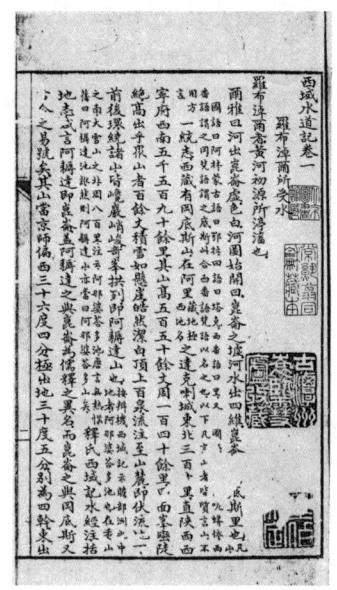

插图 48 《西域水道记》稿本书影

插图 49 《西域水道记》刻本书影

道光刻本有个别讹误被挖补重刻,今流行者率多挖补本,其版曾归京师本立堂,而有各种影印或翻刻本。以《大兴徐氏三种》本合印者最多,如北平琉璃厂宝森堂本、北平隆福寺文奎堂本、光绪十九年上海宝善书局本、光绪二十九年金匮浦氏静寄东轩《皇朝藩属舆地丛书》本、上海鸿文书局本,后三种均为石印袖珍本。如前所揭,还有《西域四种》本(插图 50)。王锡祺(1855—1913)辑《小方壶斋舆地丛钞》亦排印该书(光绪十七年上海著易堂排印本,第四帙,不分卷),然多有删节。今之流行本则有《中国边疆丛书》第二辑影印文奎堂三种本(第 23 册),道光刻本则有北京中央民族学院编《西北开发史料丛编》第一辑影印本(约 1980 年)、扬州江苏广陵古籍刻印社影印本(1991 年 2 月),徐氏手定底稿本亦有《续修四库全书》影印本(第 728 册,第 73—154 页),惜未印其中徐松笺注。

在刻本印行之后,作者又不断进行修改直至去世,身后其修改本残卷(缺卷三)为钱振常所得,撮抄其笺改内容为《西域水道记校补》一卷,先后由姚觐元(1823—1900)光绪二十八年《咫进斋丛书》四集、宣统元年沈宗畸(1864—1926)《晨风阁丛书》、1920年缪荃孙《烟画东堂小品·星伯先生小集》予以刊刻,近年则有《清人文集地理类汇编》据《星伯先生小集》标点本①、《丛书集成续编》影印《晨风阁丛书》本②。其修改本原书则由钱振常子钱恂(1853—1927)赠给日本早稻田大学图书馆,近年由周振鹤发现并录文公布。由本人整理的《西域水道记(外二种)》,以《西域水道记》刻本为底本,吸收了稿本以及《西域水道记校补》本的成果③。

插图50 《西域四种》书影

有关该书版本流传详细情况,参本书第三章"《西域水道记》研究"之版刻流传三节。

《西域水道记》在正式版刻之前,还有《西域水经注》《西域河源志》等名称④。最终的定稿《西域水道记》是作者在《新疆识略》中新疆水道部分研究内容的进一步扩充,在"新疆水道表叙"中,作者论述道:"《水经注》以水出而流入海者,命曰经流,引他水入于大水及海者,命曰枝流。中国之海,新疆谓之淖尔,今以发源自注淖尔者,为经流,附他水以入淖尔者为枝流,至其余细水,自行自止,则以地多沙碛,往往渗漏入沙,谨遵《钦定河源纪略》,概以伏

---

① 谭其骧主编《清人文集地理类汇编》第五册,杭州:浙江古籍出版社,1988年8月,第456—469页。
② 《丛书集成续编》第223册,台北:新文丰出版股份有限公司,1989年7月。
③ 最新的成果,还可参看前引荣新江《俄罗斯国家图书馆所见〈西域水道记〉校补本》。
④ 吴荣光《徐星伯仪部松〈西陲策马图〉三首,图为多馀山侍郎庆画》之一云:"待补熙朝文献考,葱河今有注经人。"自注:"君有《西域水经注》,从来方舆所未备。"《石云山人诗集》,《续修四库全书》第1497册,第639页;斌良《九月望后一日吴兰雪中翰过访小斋,留饮赏菊,再邀姚伯昂太史、徐星伯中翰,适徐以事不果来》:"有美徐公期不至,画图谁和蓼花吟。"自注:"徐太史纂《西域河源志》,未刻。"《抱冲斋诗集》卷一二,《续修四库全书》第1508册,第180页。

流称之。"他创造性地根据内陆河流归宗于湖泊的现象,而将西域河流归为十一个水系(此水系《西域图志》卷二"西域水道图说"略有不同,如巴尔库勒淖尔未予标明),并在体例上模仿《水经注》的写作方式,自为注记。其所包括的范围,是乾隆《皇舆西域图志》中天山南北路、安西南北路四个区域,即嘉峪关西直至巴尔喀什湖以东以南的广大西北地区。其各水系内容如下:

卷一
　　罗布淖尔(今罗布泊)所受水上
卷二
　　罗布淖尔所受水下
卷三
　　哈喇淖尔(今哈拉湖)所受水
　　巴尔库勒淖尔(今巴里坤湖)所受水
　　额彬格逊淖尔(今玛纳斯湖)所受水
　　喀喇塔拉额西柯淖尔(今艾比湖)所受水
卷四
　　巴勒喀什淖尔(今巴尔喀什湖)所受水
卷五
　　赛喇木淖尔(今赛里木湖)所受水
　　特穆尔图淖尔(今伊塞克湖)所受水
　　阿拉克图古勒淖尔(今阿拉湖)所受水
　　噶勒札尔巴什淖尔(今布伦托海)所受水
　　宰桑淖尔(今斋桑泊)所受水

《西域水道记》在详细记载各条河流情况的同时,对于其流经地区的建置沿革、重要史实、典章制度、民族变迁、城邑村庄、卡伦军台、厂矿牧场、屯田游牧、日晷经纬、名胜古迹等,都有丰富的考证。正如王先谦《合校水经注序》所称道的那样,本书做到了"因水以证地,而即地以存古"[①]。而且书中各水系都有详细的开方地图进行对照,所有的地名,都以《西域同文志》为准进行了统一。尤其是对乾嘉时期新疆开发的史实,有详细的描述,使得本书在

---

① 王先谦《合校水经注序》,作者著《虚受堂文集》卷五,《续修四库全书》第1570册,第340页。

地理沿革之外，又具有了当代史的意义。

《西域水道记》的失误，《新疆图志·艺文志》有比较详细的挑剔（部分论点，亦有不可以为定论者），今附录以为参考：

《西域水道记》八卷

国朝徐松撰。是书于诸水源流、分合，考证详核，近世言西域者罕与比伦。然克里雅河唐辨机《西域志》谓之媲摩川。北流入于沙碛，而此记乃谓注葱岭大河，入罗布淖尔；那林河西北流入于咸海，而此记仅云"流徼外"。是于二河未悉其委。元之昂可喇河，即今昂噶喇河，土俗相沿，古名尚在；谦河，即唐之剑河，岑参诗："剑河风急云片阔，沙口石冻马蹄脱。"即此河也。说详《方舆纪略》。则当为伊聂谢河，《一统志》所载甚明，此记以谦为昂噶喇，而以昂可喇为伊聂谢，遂使二水互易其名，考之地形，按之古籍，无一相合。至玉须、阿浦二水，《元史》所载即指伊聂谢上源而言，自此记指厄尔库、伊里穆。魏源《海国图志》又以为非，皆求之昂噶喇所受之水，南辕北辙，辩愈繁而愈失矣。《水经》之龟兹西川即今木杂喇特河，龟兹东川即今和色尔河，下游合流为渭干河，与郦注所云"合为一水，经龟兹城南而东南入于大河"之文相符合。此记指"库车城东发源扣克讷克岭下之水，不与西川会，不入河"者以当龟兹东川，显与郦说相背。达兰岭在珠勒都斯河北，此记误载在河南。昌马河出苦峪东南山中，东北流与苏勒河会，此记误谓昌马在苏勒之东。汉时匈奴焉支山在删丹，今甘肃山丹县。此记误谓即焉耆府城东北之博罗图山，而以焉支为焉耆之通假。谓塞勒库勒西八日程为乾竺特，则道里误。《水道记》："自塞勒库勒西五日程，曰黑斯图济；又西南三日程，曰乾竺特，岁贡沙金一两五钱。"今按，塞勒库勒西五日程为今图斯库尔，即《水道记》之黑斯图济；又西南三日程，为今瓦罕地，《水道记》以为乾竺特，误。谓苦峪城为明成化中筑，则年月误。正统六年(1441)筑。《元史·耶律希亮传》之叶密里，即额密尔地，以河得名；《宪宗本纪》作叶密立，一地也。是记谓"额敏河音转为额密河"，是矣；见额敏河条，今西图作亦额密河。而以叶密里为即阿力麻里则非，见和尔郭斯河条。皆百密之一疏也。①

----

① 《新疆图志》卷九〇，第3310—3312页。

5 《唐两京城坊考》五卷

该书系今知徐松最早完成初稿的著作。书前有徐松嘉庆十五年四月所作序称："己巳之岁（嘉庆十四年），奉诏纂辑唐文，于《永乐大典》中得《河南志图》，证以《玉海》所引、《禁扁》所载，灼是次道旧帙，其源亦出于韦述《两京记》而加详焉。亟为摹钞，爱同球璧。校书之暇，采集金石传记，合以程大昌、李好文之《长安图》，作《唐两京城坊考》，以为吟咏唐贤篇什之助。"于此可知成书经过。按，记载隋唐两京城坊之集大成著作，在唐开元年间有韦述《两京新记》五卷；北宋皇祐、熙宁间，则宋敏求（字次道）踵事增华，据以著《长安志》《河南志》各二十卷。然在徐松著述时，《两京新记》《河南志》久佚，欲复唐两京城坊故事而不得。嘉庆十四年，徐松任《全唐文》提调兼总纂官，得以从《永乐大典》中找到由元人迻录、改编的宋氏《河南志》及图，因假全唐文馆钞胥录出，并据当时收集之唐人碑志材料，撰为《唐两京城坊考》五卷，嘉庆十五年全书初稿完成，因于当年四月作序。其后又不断修改垂四十年之久，并在晚年由张穆协助编辑，道光二十八年二月下旬，距徐松临终前四五天，犹补入材料，今本卷五"洛阳陶化坊"之河南府参军张轸宅所用吕岩说撰《张轸墓志》下有张穆注记云："穆案，星伯先生卒于道光二十八年三月初一日，此条则将属纩将之前四五日手书示穆，令补入书（稿本作'考'）中。时穆新遭妻丧、儿孝兰疾亦垂殆，仓皇摧割之际，宝持手迹，幸未遗失，附注于此，以志痛也。"①于斯可见二人之敬业精神。

是书徐松手定底稿本今存二种，一藏上海图书馆（善本编号 T11301），题作《唐两京考》，一册二卷，封面有"咸丰癸丑（三年）九月购于都门"字样，卷首有"杭州叶氏藏书""合众图书馆藏书印"章，可知系叶景葵（1874—1949）旧藏。半叶九行、行二十五字，无栏格，注双行，墨笔小楷，间有红笔为纲目。有徐松批注、增补遍布封面、行间、天头及笺条；又有部分工楷增补，疑为沈垚手笔。颇多"松按"字样被勾去，当系较早之稿本。不过也有不少徐松增补之材料，为今据刻本和北京大学稿本整理之定本所未收录者。一藏北京大学图书馆（善本编号□487，插图 51），凡一册五卷，三十四叶，半叶十行、行二十八字，注双行，并粘有徐松、张穆笺改条。封签署"伯昂题"，为徐松同年

---

① 张穆注记，前引徐松撰、张穆校补《唐两京城坊考》，第 159 页。

进士姚元之手书。序与图目叶有藏书印六,递藏井然,依次为:"大兴徐氏臧图籍印"满汉合璧朱文,系稿本主人徐松藏印;"月斋金石书画之印"朱文、"靖易亭长"白文,均为张穆藏印;"古潭洲袁卧雪庐收藏"白文,为袁芳瑛(1814—1859)藏印;"麇嘉馆印"朱文,为李盛铎藏印;"北京大学藏"朱文,则为北京大学图书馆新中国成立前用印。其书由徐松、张穆散出而递藏于袁芳瑛、李盛铎、北京大学经过,参本书第三章"《西域水道记》研究"第一节"版本之一"之"稿本的递藏"。

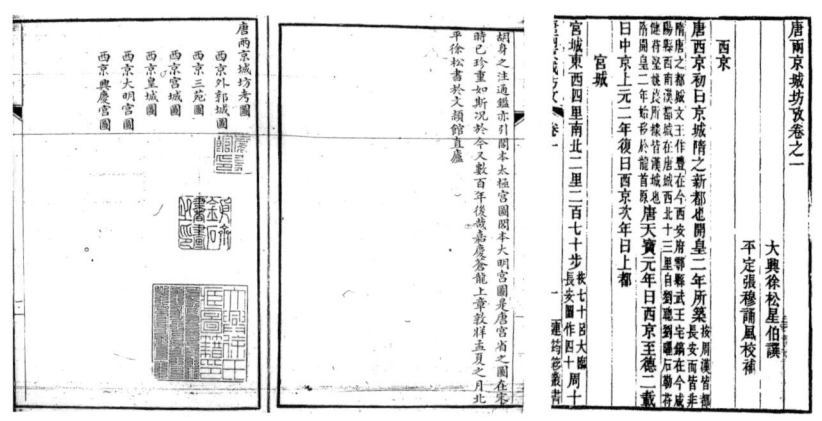

插图 51 《唐两京城坊考》稿本书影　　插图 52 《唐两京城坊考》刻本书影

《唐两京城坊考》刻本则据北京大学稿本,于徐松去世当年由张穆为灵石杨尚文校刻辑入《连筠簃丛书》(插图 52),故署"大兴徐松星伯撰、平定张穆诵风校补",其书如《事辑》所言"犹先生生前所知",然其刻成则在徐松身后。其后又有光绪五年定州王灏谦德堂辑刊之《畿辅丛书》本,1935—1937年上海商务印书馆《丛书集成初编》据《连筠簃丛书》本排印版(1985 年北京中华书局据以重印,同年台北新文丰出版股份有限公司则以《丛书集成新编》之名于第 96 册中影印《丛书集成初编》排印本)。今则有方严(徐苹芳、赵守俨)以《连筠簃丛书》为底本、以稿本作订补之点校本(北京:中华书局,1985 年 8 月)为最佳,书后附程鸿诏《唐两京城坊考校补记》、唐两京考古实测复原图及索引,极便对照、检索。此外,新出之《续修四库全书》亦影印有《连筠簃丛书》本(第 732 册,第 379—456 页)。

徐松《唐两京城坊考》以史料之排比参证见长,而体大思精,是"对隋唐长安、洛阳城市规制、宫殿官署、街市坊里、苑囿渠道、水陆交通、风土人物等记述最为详备的划时代巨著"(李健超《增订唐两京城坊考序》)。尤其是徐松在序中提出"古之为学者,左图右史,图必与史相因也"的复古观念,实则为都城史料编纂方法之创新。序中又言其编纂缘起云:"余嗜读《旧唐书》及唐人小说,每于言宫苑曲折、里巷歧错,取《长安志》证之……作《唐两京城坊考》,以为吟咏唐贤篇什之助。"在文学阅读中引入地理空间的欣赏观念,则在今日犹属前沿。

唯其书以个人之力爬罗剔抉于零散之史料之间,阙漏难免。即如久佚之《两京新记》第三卷残抄本,亦在徐松身后出于东瀛金泽文库中;加之考古学之发展与出土文献之涌现,使两京研究成为热潮,本书之订补成果亦斐然可称。其实证性之订正补遗专著,即有以下各种:

(1)阎文儒、阎万钧《两京城坊考补》,郑州:河南人民出版社,1992年6月。

(2)辛德勇《隋唐两京丛考》,西安:三秦出版社,1991年10月。

(3)杨鸿年《隋唐宫廷建筑考》,西安:陕西人民出版社,1992年3月。

(4)李健超《增订唐两京城坊考》,西安:三秦出版社,1996年2月。

(5)杨鸿年《隋唐两京坊里谱》,上海:上海古籍出版社,1999年9月。

(6)杨鸿年《隋唐两京考》,武汉:武汉大学出版社,2000年3月。

(7)李健超《增订唐两京城坊考(修订版)》,西安:三秦出版社,2006年8月。

于此亦可见徐松著作之于两京学兴起之奠基地位。

又,该书有爱宕元日文译本(东京:平凡社,1994年4月)。

6 《登科记考》三十卷

书名又称"唐登科记考",《事辑》"所著书目"称:"《唐登科记考》三十卷。此书稿本为荃孙所得,王一梧师刻入《南菁丛书》。《通志》列传云一卷,误。"据此记载可知该书稿本曾为缪荃孙所得,而由王先谦(字益吾,又作一梧)于光绪十四年刻入《南菁书院丛书》第一集(插图53)。今稿本不传,上海图书馆、香港大学冯平山图书馆分别藏有清抄本(插图54)①。赵守俨以《南菁书院丛书》为底本之点校本(北京:中华书局,1984年8月),书后又附有岑仲勉《登科记考订补》、张忱石编制人名索引,最便使用。此外,《丛书集成续编》(第56册)、《续修四库全书》(第829册)均影印出版有《南菁书院丛书》本;而更早的台北惊声文物供应公司、京都中文出版社也于1972年3月同时影印该本,并附录罗继祖发表于《东方学报》的《登科记考补遗》、那须和子对正编和补遗所作的索引。

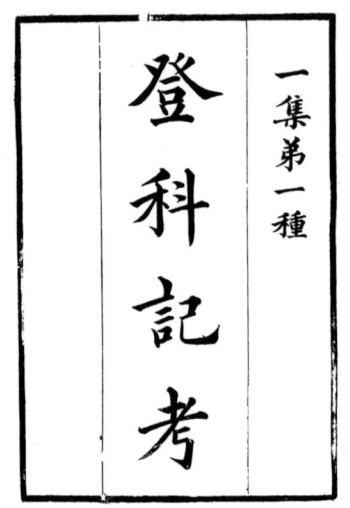 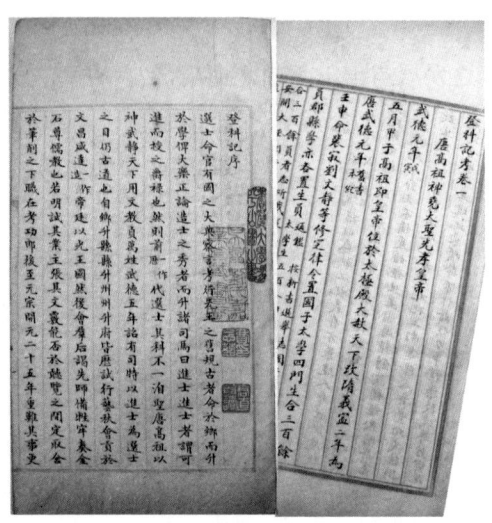

插图 53 《登科记考》南菁丛书本书影　　**插图 54** 《登科记考》清抄本书影

科举制度是中国古代社会后半期重要的人才选拔制度,科举取士肇始于隋,而在唐代兴盛并逐步制度化,其中进士一科尤为时人所重,由进士题名录一类的记录发展成的登科录成为研究科举制度的重要史料,唯唐宋时代所编之《唐登科记》均残缺或失传。徐松以《文献通考》卷二九《选举》二所保存的唐登科记总目为科名、人物之纲,从大量文献资料中采辑科举资料补充其中,纂为《登科记考》三十卷,前二十四卷为唐代部分,卷二十五、二十六为五代部分,卷二十七为登科年代不详的人物,后三卷为别录。唐人登科记例不载明经,而徐松的编纂目的重在详赡,故亦按年补入。赵守俨《登科记

---

① 上海抄本作《唐五代登科记考》,善本编号:线善830733-44,凡三十卷,十二册。香港抄本见饶宗颐编著《香港大学冯平山图书馆善本书录》著录,香港:龙门书店,1970年2月,第140页;是书六册,承毛秋瑾博士代摄样张,知为费念慈(1855—1905)旧藏,后为刘承干嘉业堂递藏本。

考点校说明》概括本书之长为：取材宏富而不伤于滥、注意反映有关科举取士各个方面的问题、考证和按语精辟；他因此认为本书的作用"实际上是一部相当详备的、经过考订的唐五代科举史料编年，对于研究唐代的历史、文学都是很重要的参考书"。

该书前有徐松"道光十八年孟夏"任礼部铸印局员外郎时所作叙，当为初稿完成时间。按照他的著书习惯，成书以后也一直在作补正。与《唐两京城坊考》一样，由于晚近地不爱宝，大量出土的墓志成为补充、订正该书的丰厚材料，而传统文献中被遗漏的内容也不在少数，因此补苴之作不断出现。论文而外，结集成书之作如下：

(1) 孟二冬《〈登科记考〉补正》，北京：北京燕山出版社，2003年2月。

(2) 薛亚军《〈登科记考〉补编考证》，浙江大学博士后工作报告，2003年6月。

(3) 王洪军《〈登科记考〉再补正》，桂林：广西师范大学出版社，2010年1月。

(4) 陶易《唐代进士录》，合肥：安徽大学出版社，2010年3月。

(5) 许友根《〈登科记考补正〉考补》，南京：南京大学出版社，2011年12月。

7 《明氏实录注》一卷

该书《事辑》"所著书目"著录云："《明氏实录注》一卷，会稽赵氏丛书本。"①"会稽赵氏丛书"指会稽（今浙江绍兴）赵之谦（1829—1884）于光绪年间辑刻之《仰视千七百二十九鹤斋丛书》，凡六集四十种，1929年绍兴墨润堂书苑、1934年上海蟬隐庐均有影印本。《明氏实录注》在第五集第五种。今有《丛书集成新编》

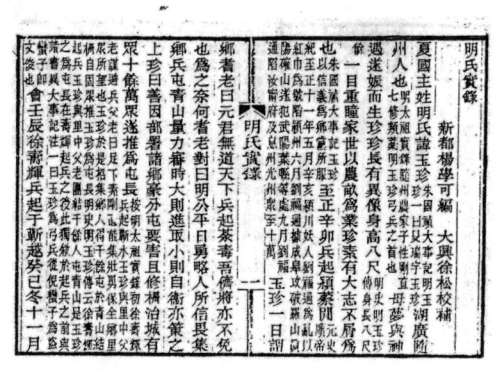

插图55 《明氏实录注》书影

（第103册，第81—87页）、《续修四库全书》（第350册，第625—639页）影印本流传（插图55）。

---

① 缪荃孙《事辑》，作者著《艺风堂文集》卷一，《续修四库全书》第1574册，第29页。

该书原题名"明氏实录",署"新都杨学可编,大兴徐松校补"。杨学可为明人,生平不详,所著《明氏实录》系元末在四川建立夏国(1362—1371)之明玉珍(1331—1366)、明昇(1357—?)父子之传记①。其书《明史》卷九七《艺文志》二、《四库全书总目》卷六六"史部·载记类存目"均有著录,《四库总目提要》云:

> 《明氏实录》一卷(浙江吴玉墀家藏本),明杨学可撰,学可新都人。是书记明玉珍父子始末,玉珍当元末起兵,窃据巴蜀,一传而灭。然无大淫虐,故明昇之降,论者以孟昶比之。是书所述虽不无溢美,而序次颇详,亦足与正史相参考。"实录"之名,古人通用,故凉刘昞有《燉煌实录》,唐许嵩记六代之事,称《建康实录》,而《李翱集》有《皇祖实录》,乃其大父之行状。学可作此,盖沿古名,非尊明氏父子为正史也。然五代十国,记载如林,不过曰志、曰记、曰传、曰录,宋以来相沿久矣,何必定用此目乎?

徐松据《元史》《元史纪事本末》《明太祖实录》《明史·明玉珍传》《宋濂集》《七修类稿》、朱国桢《大事记》等书,为之校订、注疏,文字数倍于原作,而事迹因此详赡。书后有沈垚跋,可知徐松注疏之优长,跋云:

> 明玉珍乘元末之乱,盗据蜀土两世,凡十有一年。杨学可撰《明氏实录》,纪载寥寥。大兴徐星伯先生得彭文勤公校本,取《明太祖实录》及《大事记》《明史》本传诸书补注于下,事迹始备。古来霸史之见于艺文志者,今多不传,而学可之书犹存。学可文笔未合史法,将赖先生之注以传,不可谓非幸矣。先生著书数十种,《新疆水道记》及《汉书西域传补注》等书,精确创所未有。是注特其游戏之作,然改正错简、考核同异,皆极精当。撰出先生,即小种亦非寻常可及。惠松厓先生注《太上感应篇》,人不重感应篇,而重注。先生此书,亦犹是也。一拳之石,具有龙门、太华之观,真可宝贵者矣。先生属垚书数语于后,垚于先生无能为役,谨识钦服之忱云尔。乌程沈垚跋。

按,沈垚该跋,《落帆楼文集》失收,据其文意,当系道光十五年与徐松初会时

---

① 有关明玉珍父子及其大夏国的研究,可参滕新才《明玉珍及其大夏国本末》,作者著《且寄道心与明月:明代人物风俗考证》,北京:中国社会科学出版社,2003年6月,第1—30页。

所跋,可为成书之下限。跋中"彭文勤公"指彭元瑞(1731—1803,字掌仍,号芸楣,谥文勤),曾任《四库全书》副总裁,徐松所得校本当系彭元瑞修四库时从吴玉墀进本抄录者。又云"先生著书数十种",可证今所知徐松著作,仅其子遗尔。

8 《徐星伯说文段注札记》一卷

此系徐松在所藏段玉裁《说文解字注》三十卷本上的笔记,其上并过录有龚自珍的札记。今湖南图书馆有徐松批校之《说文解字注》(善本编号 193.3/71,插图 56),即刘肇隅据以辑校《徐星伯说文段注札记》之底本。

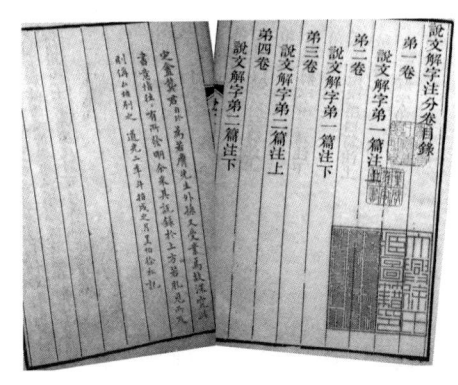

插图 56 《说文解字注》徐松批校本书影

龚为段氏外孙,幼承家学,道光元年任内阁中书时,与赐环之同僚徐松结为挚友,道光十九年龚氏离京,有诗别松,以"宗工"称之。徐松身后,其书为何绍基所得,光绪丁酉(二十三年)刘肇隅作馆何氏文孙棠孙家,将龚、徐笔记分别录出(故刊印时卷前有"湘潭刘肇隅编校"字样),壬寅(二十八年),由其师叶德辉汇以桂馥《说文解字抄按》二卷为《说文段注校三种》,刻入《观古堂汇刻书》第一集第二册中。是书又有以《观古堂所刊书》印行者,后叶启倬辑《郋园先生全书》(长沙:中国古

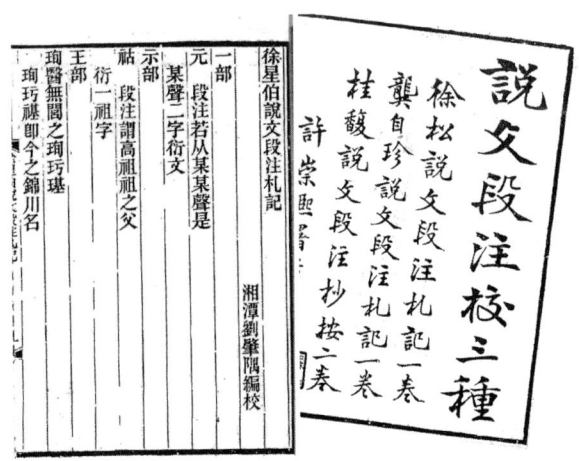

插图 57 《徐星伯说文段注札记》刘肇隅辑校本书影

书刊印社,1935 年),汇印叶德辉刊印书籍,亦影印该书。今则有《丛书集成续编》第 72 册影印本(第 10—11 页,插图 57)。

札记凡三叶、十八则,严格而言,并非一部专著。刘肇隅叙云:"今海内多事,豪杰争求济时之学,老师守训诂者将为时所诟病。然经济生于义理,

义理根于文字,则又乌可废也。……《说文段注》,前有'大兴徐氏藏图籍印''星伯校读'二朱印,知为大兴徐氏故物,徐录龚说于上方,自识者以'松按'别之。"龚、徐二人在嘉道之际虽不以小学名家,而龚自珍所为政论、徐松素著经世之书,于此皆可证平日小学精研之功底。徐松《西域水道记》往往有引《说文解字》和段玉裁注处,如卷四:"特穆尔里克岭亘空格斯、哈什两河间,段氏若膺说'陉'字义云:'两川之间必有山焉,是为坎象。坎者,陷也。高在下间为陷,故一山在两川间者曰山绝坎,又谓之陉。'特穆尔里克岭正陉之谓矣。"以文字训诂求证地形,均可见平日修养。

札记有引"薛稷书《随信行禅师碑》"者,据严可均道光十四年腊月八日《答徐星伯同年书》云:"至来书言迩日见梁永阳王前墓志、高丽隋碑、薛河东所书信行禅师碑,闻所未闻,安得手录其文,以补鄙著金石三录及全梁、全隋文哉?"①则徐松所得该碑当在其年。然就全部札记而言,或非一时写就。其以碑碣文字考证经典,即《畿辅通志》称道其"性好钟鼎碑碣文字,谓足资考证"之例;又有云"今山西人犹读八如必",则据方音而证古音,亦科学方法之一也。凡此均可见作者朴学方法之前沿性。

此书《事辑》《小集》均未著录。榎一雄《关于徐松的西域调查》对观古堂刻本已有论及②,《说文学源流考略》也最早提及该书③。然刘肇隅过录徐松札记,未录徐松于卷前所作题识,而仅自作序言中略言其意,故以上各本均未见此段文字。兹据湖南图书馆藏原书录之,以见徐松札记缘起:"定盦龚君自珍为若膺先生外孙,又受业焉,故深究此书意恉,往往有所发明。余采其说,录于上方。若肊见所及,则称'厶按'别之。道光二年斗指戌之月,星伯徐松记。"

9 《松文清公升官录》不分卷

《松文清公升官录》(以下简称《升官录》),朱格抄本,正文四十八叶,半叶九行,行二十五字,中国国家图书馆藏本(编号:传 684.1736/867),有《年

---

① 严可均《答徐星伯同年书》,作者著《铁桥漫稿》卷三,第 1488 页。
② 《榎一雄著作集》第二卷,第 64、66 页。
③ 张其昀《说文学源流考略》第三编第二章第二节"段著的著述",贵阳:贵州人民出版社,1998年1月,第 158 页。近年专题论文有李军《徐松〈徐星伯说文段注札记〉论略——段玉裁〈说文解字注〉的校勘力作》,《宁夏大学学报》2014年第4期,第 40—44 页。

谱丛刊》影印本（第119册，第239—335页），题作"（清）佚名编"。与原本相校，其浮签三纸，有二叶未能影印（插图58）。

按，松文清公即松筠，卒于道光十五年，谥文清。该编仅录其履历至道光十三年，或即当年所编。是其书名为后人所加，原书则为松筠在世时所编。考其抄写笔迹，与今分藏中国国家图书馆、北京大学图书馆之《徐星伯三种》的底稿誊清本无异；更为重要的是，乾隆五十五年叶上，粘有行草书签条，云："时喀尔喀戈壁数旗缺雨，向例，凡内外札萨克游牧，倘遇灾荒，查其被灾轻重。轻则许该札萨克借俸抚恤，重则奏请赈济。公方在查办间，有札萨克头等台吉乌尔湛札布报称该旗被旱，已将札萨克本年例收所属之牛羊及自畜之牛羊散给属下穷人，其不敷者，饬令有力之台吉官兵互为赈贷，仍率所属虔诚祈雨。公乐其好施，行文被旱之处，均令照此抚恤。全活者甚众。"[①]其笔迹与徐松亲笔书信和其他稿本书如《西域水道记》稿本签条完全一致，其他两叶未影印的浮签经笔者目验，亦与之同。因此该书有可能与徐松自己编定的其他著作一样：在自己的初稿写就之后，由家中的抄书人为其誊清，并继续在其上用签条增加内容。

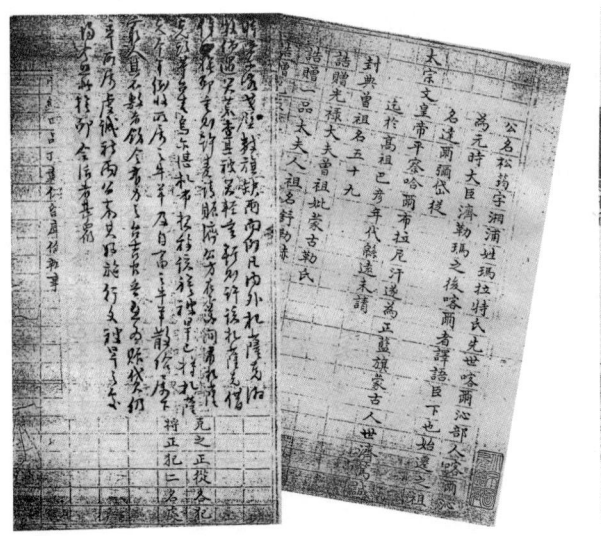 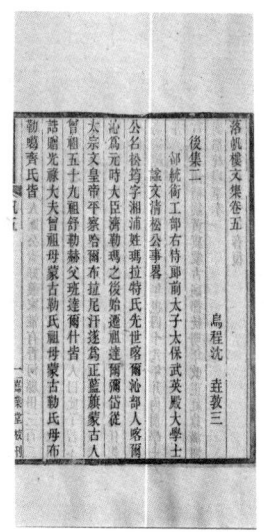

插图58　《松文清公升官录》抄本书影及徐松浮签　　插图59　沈垚撰《松筠事略》书影

徐松为松筠编写年谱式的《升官录》，是有其情感依据的：徐松在伊犁遣

---

① 《松文清公升官录》，《年谱丛刊》影印本第119册，第279页。

成七年,得到时任伊犁将军的松筠照顾,在其幕府编纂《新疆识略》,并因此得到道光皇帝的赏识,而起复为内阁中书。道光十三年徐松在京,而松筠也功成名就,九秩欣开,由对其历官、生平比较了解的前幕僚进行年谱的编录,自是情理中事。

道光十五年松筠去世,《都统衔工部侍郎前太子太保武英殿大学士谥文清松公事略》(下简称《事略》)由馆寓徐松家中的沈垚撰成(《落帆楼文集》卷五,嘉业堂"吴兴丛书"本;插图59),这无疑帮助我们认识到松筠对身后功德早就托付给徐松的事实。沈垚的《事略》丰富而翔实,《升官录》显然在其中起到了作为行年依据的蓝本价值,两相对照,《事略》中的大部分事迹都可以在《升官录》中找到,有些甚至行文也完全依旧。当《事略》完成之后,《升官录》的简略行文自然也被《事略》所替代,因此最后两年的事迹也就没有再续写,这就是我们今天看到的这册被废弃的《升官录》。不过,徐松在《升官录》上的签条内容,却没有在《事略》中出现,也许是因为签条加入的时候远在沈垚撰成《事略》之后①。

又按,松筠生年,前此纪大椿《论松筠》考订为乾隆十六年、阿拉腾奥其尔《松筠论稿》作乾隆十九年②。今得《升官录》,可知筠实生于乾隆十七年二月二十六日③,即可知《升官录》仍然具有不可替代的价值。马长泉《松筠生年考》即据以揭示之,《松文清公升官录补注》近年亦由其与张春梅合作出版④;唯未能对《升官录》的作者有所考证,亦未能检索原书、补其未予影印之浮签为憾。

10 《新斠注地理志集释》十六卷

《新斠注地理志》十六卷,系乾嘉学者钱坫研究《汉书地理志》的著作,钱

---

① 相关研究,参笔者《伊犁将军松筠研究二题》,《张广达先生八十华诞祝寿论文集》,台北:新文丰出版公司,2010 年 9 月,第 713—744 页。特别是其中"《松文清公升官录》与松筠传记的撰写"一节。
② 纪大椿《论松筠》,原载《民族研究》1988 年第 3 期,后收入作者著《新疆近世史论稿》,哈尔滨:黑龙江教育出版社,2002 年 4 月,第 411—428 页;阿拉腾奥其尔《松筠论稿》,作者著《清代伊犁将军论稿》,北京:民族出版社,1995 年 12 月,第 96—107 页。
③ 《松文清公开官录》,《年谱丛刊》影印本 119 册,第 240 页。
④ 马长泉《松筠生年考》,《历史档案》2009 年 2 期,第 116 页;马长泉、张春梅《松文清公升官录补注》,开封:河南大学出版社,2010 年 6 月。

坫字献之,号十兰等,江苏嘉定(今属上海)人,钱大昕族子。乾隆三十九年副榜贡生,游学京师,与洪亮吉、孙星衍等切磋,专精于训诂、地理之学。《新斠注地理志》即其著作之一种,刻印于嘉庆二年岑阳官舍。

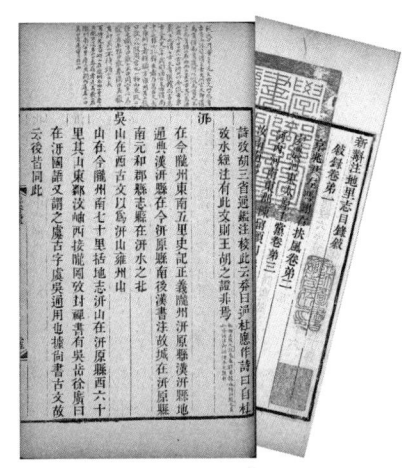

插图60 《新斠注地理志集释》稿本书影

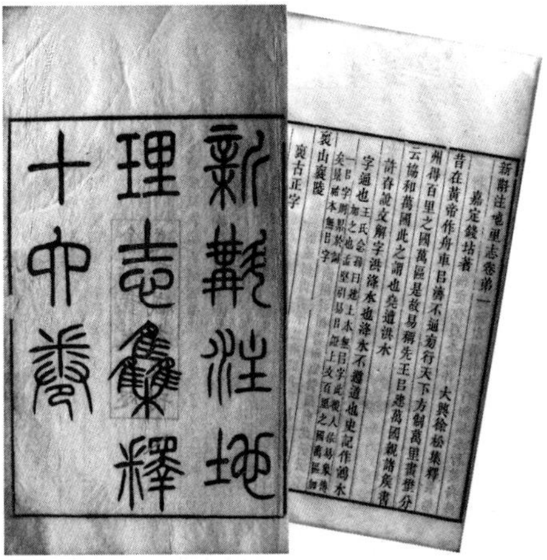

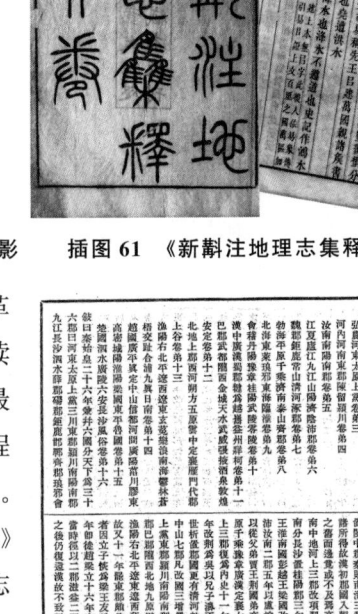

插图61 《新斠注地理志集释》刻本书影

《汉书地理志》为历来研究沿革地理的学者所尊奉与精研的必读书,徐松因此以钱坫的著作作为最新的研究成果,而在自己研读过程中不断地将他人的成果贴笺其上。在他去世之后,该书散落,据《事辑》"所著书目"记载:"《新斠注地理志集释》十六卷,此书稿本为姚方伯觐元所得,章硕卿大令刻之。"是知稿本为姚觐元所得(插图60),并经过他和缪荃孙、章寿康整理,于同治十三年由章寿康(1850—1906,原名贞,字硕卿)以《新斠注地理志集释》为名刻印行世(插图61)。而该稿本四册,今藏中国国家图书馆藏(善本编号02160)。

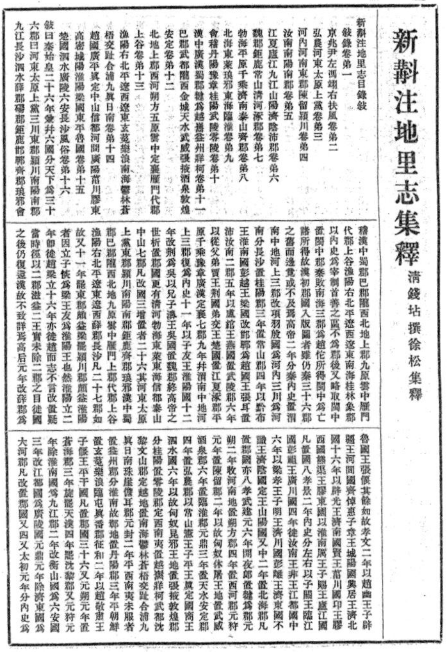

插图62 《新斠注地理志集释》排印本书影

该书又有《历代地理志汇编》本(罗汝南辑,光绪二十四年广东集古书屋刊),题作《新斠注地里志》。1936—1937年上海开明书店出版《二十五史补编》,据同治原刻排印该书(插图62),1957年北京中华书局又据开明原版重印。

11 《元史西北地理考》四卷(未见)

此书缪荃孙亦未见,《事辑》"所著书目"载:"《元史西北地理考》,见沈垚《金山以东地理释》。"今查沈垚《西游记金山以东释》原文并未提及此书,缪氏所记有误。论及该书者为张穆《元朝秘史译文钞本题词》:"《永乐大典》十二先元字韵中载《元朝秘史》一部……闻徐丈星伯云:程春庐京丞曾手录一通,于所著《元史西北地理考》中娄(屡)引之。今《地理考》为人窃去,所抄《秘史》,亦遂不可踪迹。"①又,魏源《海国图志》卷三《元代疆域图叙》云:"近世嘉定钱詹事大昕、毛贡士岳生、大兴编修徐先生松,皆从事元史。……徐先生之于舆地,专门绝学,所为《元史西北地里附注》及《诸王世系表》,亦未卒业。"②其言《元史西北地里附注》,亦即《元史西北地理考》。

按,《元史》卷六三"地理志六"后有"西北地附录"一节,徐松《元史西北地理考》当系据《元朝秘史》等书对该部分进行考证的著作。然其书在徐松身前已被窃,似为乌有。而日本汉学家岛田翰(1879—1915)于1895年访问中国,在其《江浙间所见所获名人遗著》中却记载了该书:"《元史西北地理考》四卷,徐星伯手稿本。"并云:"《西北地理考》,人间未闻有传本。"③可见其书当时尚存世间。

12 《顾亭林年谱》(未见)

此书缪荃孙《事辑》未见著录。张穆《顾亭林先生年谱题词》云:

> 本朝学业之盛,亭林先生实牖启之。……闻桐城胡雒君虔,尝为先生撰次年谱,惜未之见。大兴徐丈松钩稽各书,依年排纂,已写有定本。

---

① 张穆《元朝秘史译文钞本题词》,《月斋文集》卷三,《续修四库全书》第1532册影印本,第283页。
② 魏源《海国图志》卷三,《魏源全集》第4册,第65页。
③ 岛田翰《江浙间所见所获名人遗著》,参榎一雄《关于徐松的西域调查》,《榎一雄著作集》第二卷,第64—65页。

会何太史绍基自金陵来,携有上元车明经守谦(号秋舲)所辑谱,互用勘校,车氏差详。……徐丈欲更事厘订,以出守榆林未遑。穆乃不自揆度,比而叙之,综两谱之异同,究大贤之本末,世之景行先生者,尚其有考于斯。道光二十三年五月朔日,平定后学张穆记。①

今张穆所撰年谱文中亦多有引"徐谱"及"松案"语,可知在出守榆林之前确实已经有定本写成。

魏源《与徐松书》载:"前岁出都时,命觅《顾亭林年谱》及《外集》。此书家中本有之,因儿辈搬家,卷帙凌乱,徧检未获,容再寻之。"②该札作于道光二十二年,是知徐松在出守榆林前一直收集相关资料撰写该年谱。

顾炎武(1613—1681,字宁人,号亭林)为明末清初著名学者,以节气著称,而为学主张经世致用,所著《天下郡国利病书》《肇域志》《日知录》等,注重实学,成为清代学者之不祧之祖。徐松为之撰年谱,亦可见对其景仰,由此不难发现嘉道之际学者著书立说对于民生、世用之终极关切。

13 《西夏地理考》(未见)

此书《事辑》"所著书目"著录云:"《西夏地理考》,见沈垚与先生书。"今查沈垚《与徐星伯中书书》:"渊甫书来,述先生撰《西夏地理考》,以图籍未备,下询刍荛。"③按,该信写于道光八年至十五年间,沈垚在浙江未见徐松而通过张履(1792—1851,字渊甫)互通书信讨论地理期间。沈垚在信中还提及附西夏地图给徐松事,可见徐松在西域之行后,正在进行《西夏地理考》的著述,其全面展开西北历史地理研究的工作亦由此可见。

徐松在陕西与西夏学专家张澍的书信中,也体现出他对于西夏史的精熟,以至张澍专门将自己的《西夏姓氏录》手稿寄呈徐松审读④。徐松同时代的藏书家韩泰华《无事为福斋随笔》云:"徐星伯太守松著西夏书,将次成就而殁。曾见一册,较吴氏西夏纪事远胜。"⑤吴书指清代吴广成的《西夏书事》。

---

① 张穆《顾亭林先生年谱题词》,《年谱丛刊》第72册,第161—162页。
② 魏源《与徐松书》,《同人书札》,第十一叶正面。
③ 《落帆楼文集》卷二,第廿六叶正面。
④ 徐松《与张澍书》,前引《小莕苍苍斋藏清代学者书札》,第548—550页。
⑤ 韩泰华《无事为福斋随笔》上卷,《续修四库全书》第1181册,第11页。

此外,斯卡奇科夫旧藏清人绘制的《西夏地图》册,疑为徐松《西夏地理考》所用的稿本①。

又,龚自珍《与吴虹生书》谓:"徐星伯先生注三关下云在大同外,大错。"②此疑指徐松未完成的《西夏地理考》或《元史西北地理考》诸书中的考证。

14 《宋三司条例考》一卷(未见)

三司条例司是北宋王安石变法所创设的中央组织机构,熙宁二年(1068)二月立,熙宁三年五月即罢。在其存在的短期内,新法迭出,体现了熙宁变法的重要内容。《宋三司条例考》当即考证其设置、运转情况的著作。是书未见。《事辑》"所著书目":"《宋三司条例考》一卷,见《畿辅通志》列传。"按,《畿辅通志》所记,《大清畿辅先哲传》"徐松传"亦沿袭之。徐松致力于宋代政书之研究,早年在《全唐文》馆曾从《永乐大典》中辑出《宋会要》《中兴礼书》,晚年亦在整理《宋会要》,并收藏《宋太宗实录》《刑统赋》等相关书籍,因此考证宋代相关职官问题等,自在其研究范围之内。《畿辅通志》所载,当有所据。

今据张穆《与许印林书》(道光二十七年二月廿七日)云:"星伯先生二次赴陕,本属蛇足。今病矣,尚无来京确耗。拟刻其《两京城坊考》,久未寄到。《登科记》《三司条例考》皆佳书。如老翁一旦不讳,并有散失之虑也。"③其时张穆正在京师为杨尚文辑刻《连筠簃丛书》,徐松的著作均在其刻印范围之内。从书信内容可知,徐松的《两京城坊考》《登科记考》《宋三司条例考》其时均已成稿,但是由于徐松、张穆不久先后辞世,仅《两京城坊考》刻入丛书;

---

① 可恰诺夫《苏联列宁国家图书馆藏西夏唐古特国地图册手稿》,《东方国家和民族》第一册,1959年,李步月中译本载《西北历史资料》1980年第1期;可恰诺夫后来出版的博士论文《唐古特国家史纲》对地图的介绍又有增补,莫斯科:科学出版社,1968年。相关研究,参黄盛璋、汪前进《最早一幅西夏地图:〈西夏地形图〉初探》,《自然科学史研究》1992年第2期,第177—187页;李之勤《关于苏联列宁图书馆藏西夏地图册手稿的作者和西夏地形图的绘制年代》,载作者著《西北史地研究》,第488—496页;胡玉冰《汉文西夏地图文献述要》,《文献》2005年第1期,第93—110页;胡玉冰《传统典籍中汉文西夏文献研究》第四章"清代汉文西夏文献"之"徐松及其《西夏地理考》",北京:中国社会科学出版社,2007年5月,第272—274页;黄盛璋《开辟西夏民族历史地理考古学新研究与编制〈西夏历史地理考古图集〉刍议》,《亚洲文明》第四集,西安:三秦出版社,2008年5月,第299—308页。
② 龚自珍《与吴虹生书(十)》,《龚自珍全集》,第351—352页。
③ 张穆《与许印林书》,王献唐辑录《顾黄书寮杂录》,济南:齐鲁书社,1984年1月,第23页。

其余两种书稿果如张穆所虑,流散到书肆。所幸《登科记考》为缪荃孙所得,刻入《南菁书院丛书》,而《宋三司条例考》则散失不知去向。

15 《宋会要沿革》(未见)

是书《事辑》未载,缪荃孙《宋太宗实录跋》论及:"《宋太宗实录》,原八十卷,今存卷二十六至三十、卷七十六、卷七十九、卷八十共八卷,李申耆先生写寄粤中,吴石华兰修、曾勉士钊从而传抄,徐星伯先生索之石华,石华即以此本寄京。后有曾、吴两跋,并索星伯所撰《宋会要沿革》一册为报,未知星伯写寄与否。"①其下附吴兰修跋云:"右《太宗实录》残本八卷,李申耆明府写以寄余,勉士从余转钞者。徐星伯舍人以书索之,不及别写,即以此勉士本奉寄,俟他日补写还之。爱书成癖,亦文字一场公案也。愿舍人以《会要沿革》一册报之,即以此为引玉之砖矣,道光癸巳九月望日,吴兰修记。"②按,此书当系徐松为整理《宋会要辑稿》所作先期研究之成果。

二　编著

1 《皇清文颖续编》一百八卷、首五十六卷、目录十卷

《皇清文颖》一百卷、首二十四卷,张廷玉、董邦达等奉敕撰,乾隆十二年武英殿刻印,高宗有序。该书收录乾隆九年以前清代君臣的文章,其中历朝皇帝二十四卷、朝臣之作一百卷。仁宗朝,又由邦达之子董诰奉敕续修,其中皇帝五十六卷、朝臣一百八卷,嘉庆十五年武英殿刻成,有仁宗序。书中的上表中未列徐松名,而《清代名人传略》记载有徐松参纂(第488页),据《大清畿辅先哲传·徐松传》的记载:"时司书房者,大学士董诰,以松渊雅俊才,心重之,一切应奉文字,皆出松手。"③因此其时董诰领衔的著述由徐松实际参编的可能性是存在的。实际上,在庶常馆三年时期,庶吉士都要参与编校内府刻书的工作,因此徐松自授庶吉士起就开始了内府典籍编纂的训练。

---

① 缪荃孙《宋太宗实录跋》,作者著《艺风堂文续集》卷六,张廷银、朱玉麒主编《缪荃孙全集·诗文》一,南京:凤凰出版社,2014年3月,第377页。
② 同上注,第378页。
③ 《大清畿辅先哲传》卷二五,第廿一叶正面。

该书今有《续修四库全书》影印本(第 1663—1667 册)。

2 《钦定授时通考》七十八卷

《钦定授时通考》七十八卷,初由鄂尔泰等奉诏编纂,乾隆七年武英殿刻印,有乾隆序,书分天时、土宜、谷种、功作、劝课、蓄聚、农余、蚕桑八门,分叙农耕之事。《四库全书总目》卷一〇二"子部·农家类存目"有著录。嘉庆十三年,奉诏续补其中耕织图,由董诰等任正总裁,而实际负责续补者,则系初授翰林院编修而在书中列名"署纂校官"的徐松、孙尔准二人。书成,于同年付武英殿刻印。

3 《钦定全唐文》一千卷、目录四卷

该书通称《全唐文》,系清代继康熙《全唐诗》之后又一部官修唐人总集,收集唐五代文 20025 篇、作者 3035 人。由仁宗敕编,于嘉庆十三年开全唐文馆,董诰等任正总裁。实际负责编纂的是署"提调兼总纂官"的三人和"总纂官"六人,徐松名列第一,《全唐文》的前期编修与体例匡定,应由其主要负责。但其在全唐文馆仅一年多,嘉庆十五年八月即外任湖南学政。该书于嘉庆十九年闰二月修成奏进,在扬州刊校,三年后刻印流传。今有北京中华书局(1983 年 11 月)、《续修四库全书》(第 1634—1652 册)影印本,均附有清陆心源(1834—1894)《唐文拾遗》七十二卷、《唐文续拾》十六卷。

4 《东朝崇养录》四卷

该书四卷,辑录乾隆年间慈宁皇太后寿庆恭进之寿礼。道光十七年二月宣宗阅视明陵,徐松以礼部祠祭司主事先期奉皇太后赴丫髻山,因将前此在史馆从宫史及

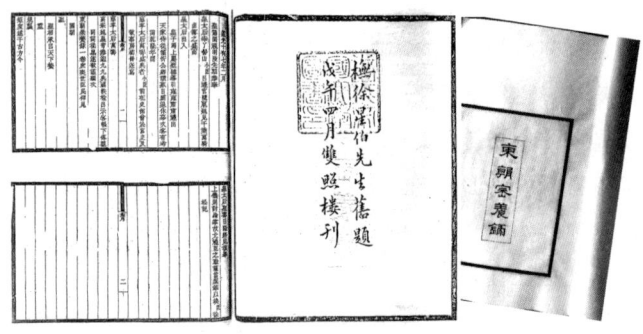

插图 63　徐松辑《东朝崇养录》书影

敬事房档册中录出的乾隆十六、二十六、三十六年皇太后六十、七十、八十大寿之寿礼名目,辑为《东朝崇养录》一卷。前有徐松序文,述编辑因由。其书手稿为傅增湘所得,于 1917 年由吴昌绶(1868—1924)刻入《松邻丛书》甲编,附有吴氏识语,原书据徐松序为一卷,《松邻丛书》分为四卷。今有《丛书集成续编》第 53 册影印本(第 193—247 页;插图 63)。

三 辑佚

1 《宋元马政》二卷

　　该书二卷,缪荃孙《事辑》云:"《宋元马政考》一册,此书稿本归荃孙。"又《星伯先生小集跋》:"《宋元马政考》,刻于上虞罗氏。"以上说法均不确,考其《艺风藏书记》云:"《宋元马政》二卷"条云:"旧钞本,《宋马政》采自《会要》,出《永乐大典》一万一千六百七十二,《元马政》采自《经世大典》,出《永乐大典》一万一千六百七十八,徐星伯先生汇钞。"①因此这仅是徐松辑自《永乐大典》中关于宋、元马政的佚书,而非其考证著作。

　　缪荃孙所得徐松《宋元马政》汇抄本,也当是由徐松从《永乐大典》不同册中抄出后汇集在一起的。其中《宋马政》一卷,在《宋会要辑稿》中,今藏中国国家图书馆;《元马政》一卷,即《大元马政记》,系《经世大典》"政典"中的"马政"篇。《经世大典》为元代会要体政书,至顺年间由赵世延等奉敕撰,明代以后即不存,其内容多为《永乐大典》所保存。今俄罗斯国家图书馆藏《经世大典》抄本一册,抄录由《永乐大典》卷一七五九五抄出的《阜通七坝》和卷一一六七八抄出的《马政》部分,系徐松借抄本,封面有徐松考证的题识,当即其汇钞本之《元马政》部分所据②。徐松题识云:

　　　　《大典》"马字韵"载:"《经世大典》云:'国家肇基朔方'"至"以述于兹",其下接《元史·兵志·马政》,自"西北马多"至"一高丽、耽罗",其

---

①　缪荃孙《艺风藏书记》卷四,《缪荃孙全集·目录》一,第 66 页。
②　该书在俄罗斯国家图书馆善本部今编号为 255,斯卡奇科夫本人编号为 7871。相关著录,参 A. I. Melnalknis, *Catalogue of Books Chinese and Manchu to Bibliotheca Mr. C. A. Skatshkoff*, p.174;张芳中译本《斯卡奇科夫所藏汉籍写本和地图题录》,第 156 页。其云:"1839 年抄本。48(24)叶,28×17.5 厘米。纸书衣,线装。前书衣有徐松的题跋及抄写日期。"

下接"至元六年"至"依上施行"云云。按,"至元六年"以下不见史志,盖《经世大典》之文,录者失标书名耳。道光十九年七月,星伯借钞并记。

从以上题识可知,徐松通过比勘《元史》等文字,最早从《永乐大典》抄本中判断出《经世大典》中的《大元马政记》内容,因而有了《宋元马政》的汇抄。

缪荃孙所得《宋元马政》旧抄本今不知其处,但光绪十三年文廷式(1865—1904)曾据缪氏藏徐松辑本转录"元马政"为二卷,并附校后识语①;文氏故后,抄本归易培基(1880—1937)收藏,后又转为柯劭忞(1848—1933)藏书,柯氏著《新元史》,"马政"类亦据此补葺。其后抄本又归罗振玉,收入其《雪堂丛刻》清沈斋抄本中②,又刻入《广仓学宭丛书甲类》中③,王国维并撰题跋记其始末④。后复有台北广文书局1972年影印本。详细研究参苏振甲《元政书经世大典之研究》⑤。

又,近年王清源撰文,以文廷式辑《经世大典》佚文抄本二册今藏辽宁省图书馆,并认为其中一册之《征伐高丽纪事》《元代画塑记》《阜通七坝》《元马政》皆系文廷式转抄缪荃孙藏徐松从《永乐大典》本辑出者,其根据则是《元马政》下文氏题识⑥。然缪荃孙著作中并未有前三种之著录,故仍当以王国维系列题跋的考证为据⑦,将《元马政》以外的辑本归诸文氏直接录自《永乐大典》为是。王文以文氏题识中"此卷"为"此册",故有此误。

2 《经世大典站赤门》八卷

该书亦系元代已佚之政书《经世大典》"政典"类中的"站赤(驿传)"篇,

---

① 文廷式《元马政题识》:"此卷从缪筱珊编修处转钞,盖徐星伯录出之本也,今翰林院所藏,已佚此两卷矣。丁亥十月三十日校毕记。萍乡文廷式。"转引自王清源《〈永乐大典〉中元代史料举隅:以文廷式辑〈经世大典〉佚文为例》,中国国家图书馆编《〈永乐大典〉编纂600周年国际研讨会论文集》,北京:北京图书馆出版社,2003年4月,第195页。
② 《雪堂丛刻》之民国四年刻本无此卷。
③ 《广仓学宭丛书甲类》,一名《学术丛编》,姬佛陀辑,民国五年上海仓圣明智大学排印本。《宋元马政考》刻入第一集。
④ 王国维《大元马政记跋》二则,原刊《观堂别集》卷三,《王国维全集》第14卷,第403—404页。
⑤ 苏振甲《元政书经世大典之研究》第四章"经世大典原文辑考"之"大元马政记",台北:中国文化大学出版部,1984年5月,第41—43页。
⑥ 王清源《〈永乐大典〉中元代史料举隅:以文廷式辑〈经世大典〉佚文为例》,前引《〈永乐大典〉编纂600周年国际研讨会论文集》,第191—200页。
⑦ 王国维《元高丽纪事跋》《元代画塑记跋》《大元仓库记跋》《大元毡罽工物记跋》《大元官制杂记跋》,《王国维全集》第14卷,第409—411页。

由徐松自《永乐大典》卷一九四一六至一九四二三中辑出,徐松在其《西域水道记》刻本后的校补中,于卷五"阿拉克图古勒淖尔所受水"曾经引用①。该辑本在其去世后,为 1848 年派往北京创设东正教馆天文台的俄罗斯学者斯卡奇科夫购得,1873 年由莫斯科鲁米扬采夫斯基博物馆收藏②。1914 年日本学者羽田亨曾经前往抄录,后来曾经与 1919 年由文求堂书肆购归日本的莫里逊文库(今名东洋文库)所藏徐松据以抄写的《永乐大典》底本对照,发现徐松的抄本对于《永乐大典》本在系年等方面的错误做了许多订正,但同时也在抄录过程中新增了错讹③。其后法国学者伯希和于 1925 年也曾往调查,对该辑本的版本情况有所记载,参前引《俄国收藏之若干汉籍写本》。麦尔纳尔克斯尼斯《斯卡奇科夫所藏汉籍写本和地图题录》亦有著录④。

3 《宋中兴礼书》三百卷、《续编》八十卷

《宋中兴礼书》三百卷,淳熙八年(1181)礼部太常寺纂修,收录南宋中兴以来所行各种典礼,分为三百卷、六百八十门;嘉泰二年(1201),太常寺主簿叶宗鲁又续修孝宗朝典礼,为《宋中兴礼书续编》八十卷。其书向无刊本,徐松在全唐文馆时,从《永乐大典》中抄出,并在道光年间由陈杰、龙万育协助厘定成帙,但卷数均已有缺⑤。

---

① 徐松《西域水道记(外二种)》,第 594 页。
② 鲁米扬采夫斯基博物馆之图书馆为列宁图书馆的前身,1990 年代改名为俄罗斯国家图书馆。
③ 羽田亨《元代驿传杂考》,《羽田博士史学论文集》上卷《历史篇》,辛德勇中译见《日本学者研究中国史论著选译》第九卷《民族交通》,北京:中华书局,1993 年 10 月,第 487—563 页。
④ A. I. Melnalknis, *Catalogue of Books Chinese and Manchu to Bibliotheca Mr. C. A. Skatshkoff*, pp. 174—175;张芳中译本《斯卡奇科夫所藏汉籍写本和地图题录》,第 156—157 页。俄罗斯国家图书馆善本部今编号为 256,斯卡奇科夫本人编号为 51。其云:"19 世纪上半叶抄本,抄自《永乐大典》卷一万九千四百一十六和卷一万九千四百二十三。3 册,25×17.5 厘米。纸质书衣,线装。第 1 册,76(38)叶。第 2 册,194(97)叶,第 17—18 叶撕裂破损。第 3 册,200(100)叶。第 2 册和第 3 册的书脊处有'仁利和记'字样。部分校改文字提至天头处。正文前贴有欧阳玄 1332 年为《经世大典》作的序,援引自欧阳玄的《圭斋文集》。遗漏掉了《永乐大典》卷一万九千四百一十七中自'十月中书兵部'以及一万六千四百二十三中'同官站马三十五匹'词后的部分文字(根据'站赤'一书核对,北平,1936,翻印自日本珂罗版印刷品《永乐大典》卷一万九千四百一十六~一万九千四百二十六,东京《东洋文库》系列出版)。根据伯希和《俄国收藏之若干汉籍写本》,徐松也曾抄录了上述 8 卷《永乐大典》。"
⑤ 北京大学图书馆藏本《中兴礼书续编》第一卷卷首有"大兴徐松、乌程陈杰、成都龙万育校刊"字样,今所见钞本中亦多有"松按""杰按"处。

其书上海图书馆藏有好学为福斋抄本,当系徐松原誊清抄本。缪荃孙《事辑》载:"《宋中兴礼书》二十四册,此书稿本归瑞安孙太常衣言。"① 或即此本。徐松在厘定此书后曾抄寄李兆洛②,今未见。中山大学藏曾钊(1793—1854)校抄本,或当据李兆洛所得抄本以传抄者(插图64)③。

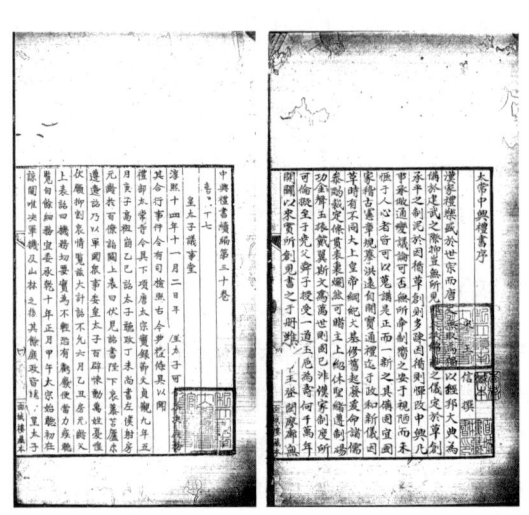

插图64　《宋中兴礼书》面城楼校抄本　　　插图65　《宋中兴礼书》宝彝堂抄本

而徐松的另一个稿本则归龙万育,拟由其用成都家中活字排印,但因龙万育卒而未果,书散落书肆。钱聚仁(1788—1852,字味根)任彭山知县,遂得之蜀中④。其后蒋光焴(1825—1892)曾据以抄录,即宝彝堂本,今藏中国国家图书馆(编号9357、9358),《续修四库全书》据以影印(第822—823册,

---

① 缪荃孙《事辑》,第29页。

② 李兆洛《与徐星伯同年》:"《中兴礼书》厘定已成完帙,不朽鸿业也。已属竹吾录付见寄,未知何日得快读耳?"作者著《养一斋文集》光绪本卷一八,第二十叶正面。

③ 中山大学本为原岭南大学旧藏,旧藏善本编号2164,中山大学新编号K892.96/4;有"曾钊之印""面城楼藏书印""李葆藏本""顺德温君勒藏书""私立岭南大学图书馆藏书"等印章,卷首又有周连宽题跋。姚崇新学兄代为复制书影,谨致谢忱。曾钊有据李兆洛《宋太宗实录》本抄录事,见缪荃孙《宋太宗实录跋》,参本书第163页注①。《宋会要》或亦因此转抄。

④ 沈炳垣《中兴礼书》跋,中国国家图书馆藏《中兴礼书》卷首;《续修四库全书》第822册,第1页;钱泰吉《曝书杂记》卷下"中兴礼书",《丛书集成初编》第57册,第93页;朱绪曾《开有益斋读书志》卷三"中兴礼书、续中兴礼书"条,《清人书目题跋丛刊》七,北京:中华书局,1993年1月影印光绪六年刻本,第50页。三人所记龙万育均误作龙元任(1779—?);又谓钱味根(聚仁)得书,沈作重庆,钱作成都。

插图 65)。又有朱绪曾(1805—1860)据钱本传录者,而劳权(1817—?)、顾沅(1799—1851)复从朱本抄录①,则系由钱聚仁处递抄者,今均未知何处。朱绪曾亦言叶名澧(1811—1859)曾从徐松传录有精校本,今亦不见。此外,中国国家图书馆另藏有叶渭清(1886—1966)校本(编号 405、406)、北京大学图书馆藏有刘承干(1881—1963)嘉业堂旧藏本(编号 NC4677.2/5735)、浙江大学图书馆藏韩泰华旧藏本,皆当从稿本抄录者②。

4 《宋会要辑稿》五百卷

《宋会要》为宋代官修列朝会要之总称。作为典章制度的总汇,宋代前后十次纂修会要,至明人编纂《永乐大典》而将宋会要史事分隶各韵时,已仅存七种。徐松嘉庆十四、十五年在全唐文馆,据《永乐大典》辑录《宋会要》凡五六百卷③,为《永乐大典》辑书之最宏大者。道光年间徐松欲依《玉海》所载《宋会要》体例,进行编次厘定而终未果,今其辑稿本中有"松按"十余条(插图 66)④。

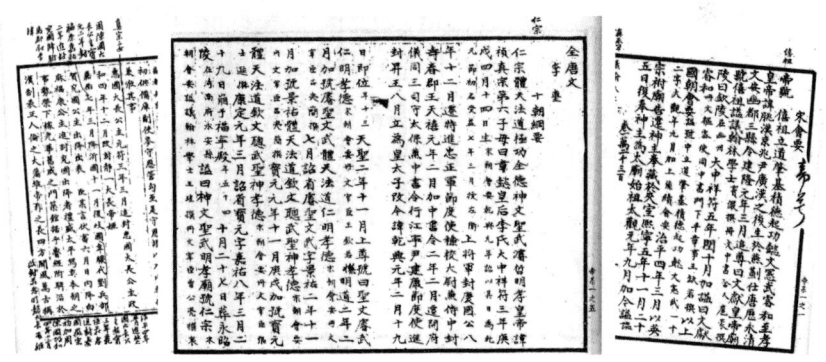

插图 66 《宋会要辑稿》原抄本

① 朱绪曾《开有益斋读书志》卷三"中兴礼书、续中兴礼书"条,同上注。
② 最新的研究有史广超《〈永乐大典〉辑佚述稿》第三章《全唐文馆〈大典〉辑佚》,郑州:中州古籍出版社,2009年9月,第185—229页;同作者《〈中兴礼书〉及〈续编〉版本考述》,《图书馆杂志》2013年第5期,第85—90页。
③ 徐松《宋会要辑本跋后记》:"《宋会要》世无传者,余于《永乐大典》中辑出,无虑五六百卷。"载俞正燮《癸巳类稿》卷一二,作者著、于伟等校点《俞正燮全集》壹,合肥:黄山书社,2005年9月,第581页。汤中《宋会要研究》卷三述刘承干语:"原稿五百卷,一卷一册。"
④ 今存李兆洛、严可均、胡敬致徐松信札均论及整理《宋会要》事。又韩泰华《无事为福斋随笔》卷下:"《宋会要》载于《永乐大典》,徐星伯太守曾钞之,约余同为编纂,星伯亡而此书散。"《续修四库全书》第1181册,第17页。胡敬《宋孝宗赐临安府张构手敕》亦提及徐松所录《宋会要》,作者著《崇雅堂删馀诗》,《续修四库全书》第1494册,第322页。

徐松身后，辑稿本流落琉璃厂翰文斋，为缪荃孙所得。光绪十二年张之洞在广州设立广雅书局刊印书籍，缪遂与屠寄(1856—1921)共同整理该书以望刻印①。但因张之洞调任而未果。稿本与他们整理另抄的广雅本均为书局提调王秉恩售与嘉业堂主人刘承干，刘氏于民国四年至十三年(1915—1924)聘刘富曾整理，录成清本四百六十卷，而原辑稿本被后者剪裁、删取，无复本来面目。1931年北平图书馆从刘承干处购得徐松原辑稿本，由陈垣等组成"宋会要编印委员会"，于民国廿五年(1936)由上海大东书局印刷所代为影印二百套行世。今有北京中华书局本(1957年11月)、台北新文丰出版公司本(1976年10月)、上海古籍出版社《续修四库全书》(2002年3月，第775—786册)影印本行世。又有王云海《宋会要辑稿考校》(上海：上海古籍出版社，1986年8月；开封：河南大学出版社，2008年4月第2版)，以今存《永乐大典》对《宋会要辑稿》做了校勘、补辑；陈智超《宋会要辑稿补编》(北京：全国图书馆文献缩微复制中心，1988年7月)，对被刘富曾删落之原辑内容进行了整理影印。此后，分类点校出版过《宋会要辑稿·崇儒》(苗书梅等点校，开封：河南大学出版社，2001年9月)、《宋会要辑稿·刑法》(马泓波点校，开封：河南大学出版社，2011年10月)、《宋会要辑稿·蕃夷道释》(郭声波点校，成都：四川大学出版社，2010年10月)。而完整的最新整理本《宋会要辑稿》，则由四川大学古籍整理研究所刘琳等校点，上海古籍出版社出版(2014年6月)。

《宋会要辑稿》之相关研究，可参以下论著：

(1) 汤中《宋会要研究》，上海：商务印书馆，1932年4月。

(2) 国立北平图书馆《影印宋会要辑稿缘起》，《宋会要辑稿》卷首，上海：大东书局印刷所，1936年；《两宋十三朝会要纂修考》，台北：新文丰出版公司，1976年10月影印本。

(3) 王云海《宋会要辑稿研究》，河南师大学报增刊，1984年3月；收入作者著《王云海文集》，开封：河南大学出版社，2006年1月，第1—409页。

(4) 陈智超《解开〈宋会要〉之谜》，北京：社会科学文献出版社，1995年5月。

---

① 缪荃孙《事辑》："《宋会典》五百卷，此书稿本归荃孙，今归广雅书局。"第29页。其云"会典"，误。

5 《四库阙书》一卷

该书又名《秘书省续编到四库阙书目》或《宋绍兴秘书省四库阙书目》等,系南宋绍兴年间秘书省访求阙书之目录,元代以后罕见流传。徐松于嘉庆年间在全唐文馆时从《永乐大典》录出,并在道光十二年据朱彝尊(1629—1709)《经义考》所引进行订补而成《四库阙书》一卷。其跋云:

> 《四库阙书》者,宋绍兴中访求书籍之目也。《书录解题》云:"《秘书省四库阙书目》一卷,绍兴改定其阙,注阙字于逐卷之下。"《通志略》有《求书目》一卷,明文澜阁盈字号第六厨有《四库阙书目》一部二册,钱遵王《述古堂书目》有《绍兴编求阙书记》二卷,或言求书,或言阙书,义则一也。其书散见《永乐大典》,曩时校书,录得副帙。初无义例,杂乱参差,惟核以《宋史·艺文志》,虽多寡悬殊,而先后次序往往不甚相远,知此书当时馆阁旧目,作史者盖据以增益之。且有足订史志之缺误者。……朱氏竹垞撰《经义考》,每引《绍兴书目》,又引《绍兴四库续到阙书》,所谓《阙书》,实即此本,而核其所引《绍兴书目》,亦所相符。复有出此本之外者,悉人间当尚有传钞,而《大典》卷帙繁富,一时搜辑,不无遗漏。今皆据以补入,仍题曰《四库阙书》,以存《永乐大典》之旧云。道光壬辰(十二年)四月,徐松跋。①

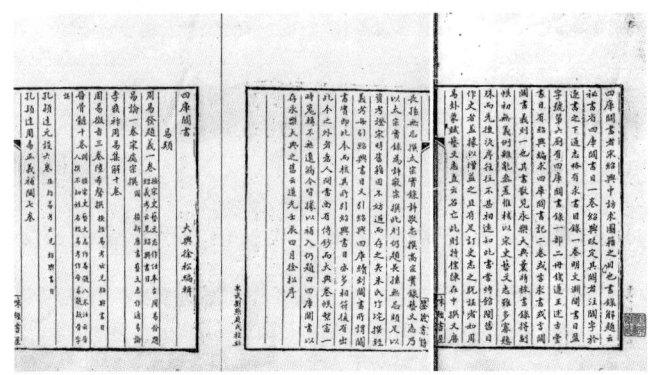

插图 67 《四库阙书目》味经书屋抄本书影

该书有刘喜海味经书屋抄本(中国国家图书馆藏,编号 2770;插图 67)、

---

① 徐松《〈四库阙书〉跋》,《小集》,第廿二叶正面至廿三叶正面。

李盛铎木犀轩抄本(题作"宋绍兴秘书省四库阙书目",北京大学图书馆藏,编号□3286),徐松原稿本则据缪荃孙《艺风堂藏书再续记·秘书省续到四库阙书目》记载,谓由钱恂(字念劬)所得①,或亦如《西域水道记校补》之递藏,系其父钱振常所传,今则不知踪迹。

徐松《永乐大典》辑录本之外,该书确有自元人旧本抄录之二卷本传世,如光绪廿四年罗桬所得明本者即是,该书民国后归缪荃孙,缪氏将其与徐松抄本对照,所谓"旧钞有而此本无者,几及一半,旧钞无而此本有者,亦有一百多种,谨录出以示长沙焕彬叶君补注刻之"②。该本有缪氏据徐松本贴笺无数,后归李盛铎,而入藏北京大学图书馆(善本编号□208)。

叶德辉(字焕彬)前此亦得丁丙(1821—1890)迟云楼抄本,而取宋人官私书目进行校勘、补证,成《宋秘书省续编到四库阙书目》二卷,光绪二十九年刻入《观古堂书目丛刻》中,但缪氏录出之徐松辑《永乐大典》本内容,未见补入重刻。上海商务印书馆曾据观古堂本排印该书(1957年与《宋史艺文志》合刊,图表6)③。

图表6 《四库阙书》版本源流图

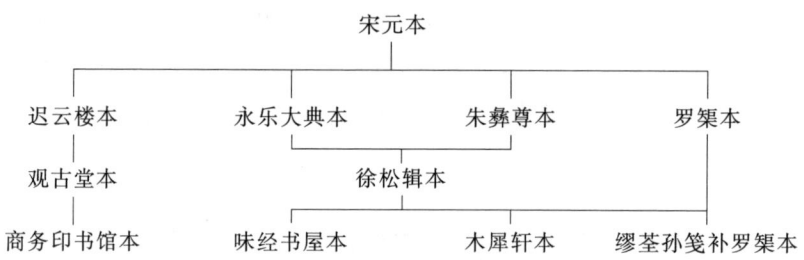

6 《伪齐录》二卷

该书为南宋从政郎杨尧弼撰,记载金人扶植刘豫称帝的历史,亦由徐松

---

① 缪荃孙《艺风堂藏书再续记》"校本第五",《缪荃孙全集·目录》一,第357页。其云:"钞校本。题下有'绍兴十五年改'六字,此从元人钞本传录。今年入部,钱念劬年侄忽以徐星伯先生从《大典》录出之本,薄薄一册,两本相校,旧钞有而此本无者几及一半。旧钞无而此本有者,亦有一百余种。谨录出以示。长沙焕彬叶君补注刻之。叶君刻注本与旧钞本相同。"

② 同上注。

③ 有关《四库阙书目》的最新研究,可参张固也、李秋实《〈秘书省续编到四库阙书目〉补校刍议》,《图书馆学刊》2008年第5期,第121—124页;张固也、王新华《〈秘书省续编到四库阙书目〉版本源流考》,《新世纪图书馆》2010年第1期,第73—76页。

在全唐文馆时从《永乐大典》中辑录。徐梦莘《三朝北盟会编》略有引述，而原书未见流传；《四库全书》"史部·史钞类"有《伪豫传》，亦未及本书。徐松身

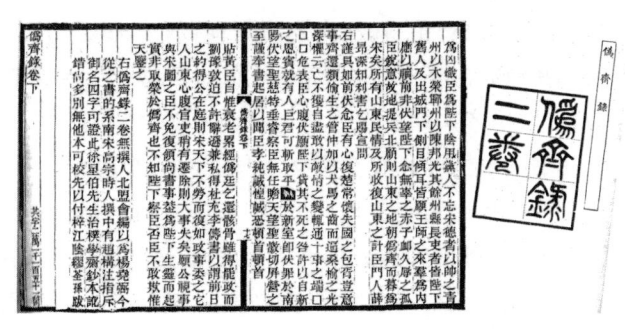

插图 68 《伪齐录》缪荃孙刻本书影

后，书散出而为缪荃孙所得，刻入其《藕香零拾》丛书中（插图 68）①，但其《事辑》未及，则其书为缪氏所得，当在《事辑》编定之光绪二十五年之后。书后有缪荃孙跋：

> 右《伪齐录》二卷，无撰人，《北盟会编》以为杨尧弼，今从之。书的系南宋高宗时人撰，中有赵构注"指斥御名"四字可证。此徐星伯先生治朴学斋钞本，讹错尚多，别无他本可校，先以付梓。江阴缪荃孙跋。②

此书之徐松抄本，《艺风藏书记》"《伪齐录》二卷附《刘豫事迹》一卷"条著录有其外征：

> 《伪齐录》二卷附《刘豫事迹》一卷，旧钞本，绿格本，阑外前有"治朴学斋著录"六字，后有"星伯绌书"四字。卷中朱笔点校，皆星伯先生手迹。③

该抄本今藏上海图书馆（善本编号 18994）。中国国家图书馆又有清抄本《伪齐录》二卷、《刘豫事迹》一卷。

7 《河南志》四卷

该书又作《元河南志》，撰人无考，当系元人抄录宋敏求《河南志》二十卷本改编而成。明人修《永乐大典》，依韵编入卷九五七八中，徐松在全唐文馆时据以抄录，其《唐两京城坊考序》云："己巳之岁（嘉庆十四年），奉诏纂辑唐

---

① 缪荃孙《〈伪齐录〉跋》，作者辑刻《藕香零拾》，北京：中华书局，1999 年 2 月影印本，第 294—312 页。
② 同上注，第 312 页。
③ 缪荃孙《艺风藏书记》卷四，《缪荃孙全集·目录》一，第 58 页。

文,于《永乐大典》中得《河南志图》,证以《玉海》所引、《禁扁》所载,灼是次道旧帙。其源亦出于韦述《两京记》而加详焉。亟为摹钞,爰同球璧。"徐松著《唐两京城坊考》,即据以为洛阳都城考证之基础。

其书五十二叶,用"全唐文"红格纸抄,半叶十一行、行二十一字,注小字双行。徐松身后为袁芳瑛(1814—1859)所得,后归翁同龢(1830—1904),故书上有"古潭州袁卧雪庐珍藏""均斋秘笈""虞山翁同龢印""常熟翁同龢藏本"诸印,今入藏中国国家图书馆(善本编号 3857,插图 69)。当时所附之图,则不知所踪,然中国国家图书馆藏有道光四年庄璟所摹绘之《宋次道洛阳志图》十四幅,其封题:"星伯摹自《永乐大典》,道光庚子(二十年)四月装成,藏于好学为福之斋。"则当系徐松倩庄璟摹绘本(善本编号 17684,插图 70)。

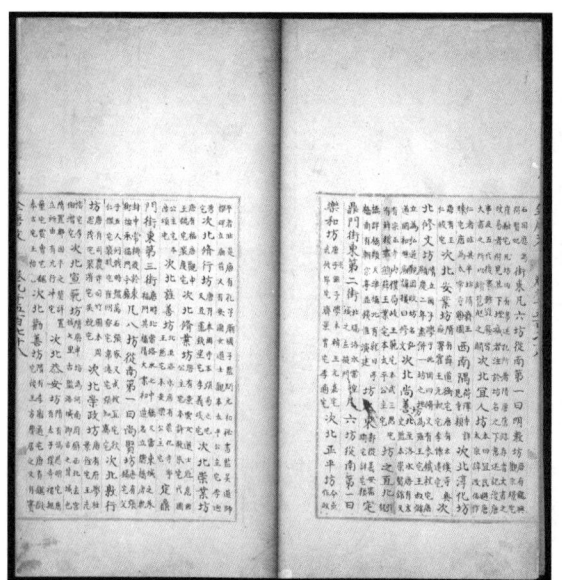 

插图 69 《河南志》徐松抄本书影　　**插图 70 《河南志图》徐松摹本函封**

此书刻印,初由缪荃孙据翁同龢藏本录副[1],后刻入其《藕香零拾》丛书第九册"以"字卷(插图 71),前附阮元所刻魏晋四朝洛阳图,后有缪氏跋语,交代其书流传及辨宋元之别甚详[2]。又有《丛书集成续编》影印出版[3]。高敏

---

[1] 《事辑》"辑《大典》书":"《河南志》三卷,此书稿本归常熟师,荃孙录其副。"第 29 页。
[2] 《元河南志》,《藕香零拾》,第 175—259 页。
[3] 《元河南志》,《丛书集成续编》第 235 册,第 211—270 页。

点校本《河南志》系目前最好的整理本①。该书以徐松原抄本为底本,校补以《藕香零拾》本及其他相关文献,后附徐松旧藏庄璟摹绘之《宋次道洛阳志图》和《永乐大典》卷九五六一中的《河南府图》三十三幅,以及相关文字资料,又有索引,既称全备,又便检索。

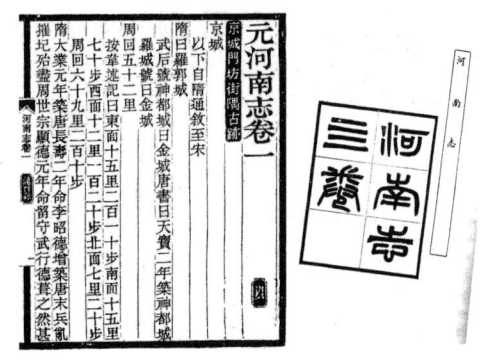

插图 71 《河南志》缪荃孙刻本书影

徐松在嘉道年间参与的著述活动还远远不止这些。如嘉庆年间增补的《皇朝文献通考》三〇〇卷,徐松也列名在"皇朝三通诸臣职名·校对"中,职衔为"署翰林院编修"②。又如祁韵士纂《皇朝藩部世系表》四卷,在筠渌山房本于道光丙午(二十六年)刊刻时,就有"大兴徐松重订"字样。而马总《通历》,亦由徐松假黄丕烈(1763—1825)士礼居孤本抄副,并校正、补目、作记,1915 年由叶德辉排印问世。

四 《星伯先生小集》及续补

徐松著述中最大的损失是其别集类诗文作品未曾传世。这样的别集中,其学术的短章、文学的吟咏,应当更能反映其日常生活中的文字才情。即使他自己并不想以诗文名世,如前引胡敬诗《书徐星伯同年真定书院风动碑诗后》云"暇劝君吟辞以鲁",知徐松早年对写作诗文有所推辞③;又前引湖南巡抚广厚在嘉庆十七年为查明徐松是否有悖谬诗文一事时,也提及徐松自称:"我作诸生时专习举业文字,因未能工稳,故未经存留。迨中进士,除庶常馆月课外,即在武英殿当差,后蒙恩授职编修,又在文颖馆充当提调官兼全唐文总纂,无暇究心诗文。前年复蒙简放湖南学政,按试各郡,更无闲空,是以并无诗文底稿。"可见其早年的诗文写作确实是比较被动的④。但在

---

① 《河南志》,高敏点校,北京:中华书局,1994 年 6 月。
② 该书又名《清朝文献通考》,有"万有文库"第二集"十通"排印本,上海:商务印书馆 1936 年;杭州:浙江古籍出版社 2000 年曾予影印。
③ 前引左眉《静庵文集》卷首。
④ 前引广厚《奏为遵旨查抄学政徐松任所赀财并查明并无悖谬诗文事》。

诗文成为士人日常生活的时代,即使作为应酬的作品,也会为那一时代的文人结集成数量可观的文集。以很高的名次科举入仕的徐松,自然会在诗文创作的领域里游刃有余。从其《新疆赋》和《西域水道记》中体现出来的文笔和才情,确实已经非同一般。

我们从以下这些与徐松同时代人的诗作题目和笔记书信中,即可以看到徐松曾经参与过的唱酬:

嘉庆六年:左眉《余有哭端予诗,曾录寄吴春麓、姚伯昂矣,嗣见星伯诗,重有感于怀,复作诗二首》。①

嘉庆十二年:"府君(孙尔准)入都,寓崇文门外三眼井。偕同年徐星伯松、胡书农敬、姚伯昂元之、陈范川鸿墀唱酬,编诗为《城南集》。"②

道光三年:张祥河(1785—1862)《欧阳文忠公生日,硕士、兰雪二丈招同朱虹舫、徐星伯、黄霁青、谢向亭、潘功甫、龚定葊集九里梅花村舍赋诗,即席呈二丈》。③

道光五年:陆继辂《消寒一集,宾谷先生招同春湖副宪,石士学士,南雅编修,雪樵检讨,心壶侍御,兰雪、星伯、茗孙、诗舲四舍人,孟慈员外,子芬、伯游两茂才,分赋近畿古迹,得华阳台》。④

道光十二年:陈鸿墀《与徐松书》:"和夫子《蝶茧诗》,曾睹之否?夫子赐诗及笔札,悉装裱敬悬于座右,无日不对文潞公、韩魏公。"⑤

道光十四年:斌良(1771—1847)《澹园西偏有隙地数亩,荒秽不治久矣,辛巳冬,余自豫还京,家居无事,命园丁扫除而垦辟之,杂植秔稻蔬菜,近今十三年来,土脉腴润,榆柳茂豫,因高旷地构堂三楹,取莲花经语,颜曰味雨堂,南小坡陀筑话山亭于颠,以供延瞩。邀姚伯昂太史、吴兰雪州牧、徐星伯太史作诗酒之会,虽处人海中,萧然若山居风

---

① 左眉《静庵诗集》卷四,《清代诗文集汇编》第 398 册,第 372 页。
② 孙慧惇、孙慧翼编《平叔府君年谱》(《孙尔准年谱》)《年谱丛刊》第 131 册,第 463—464 页。
③ 张祥河《欧阳文忠公生日……即席呈二丈》,作者著《诗舲诗录》卷三,《续修四库全书》第 1512 册,第 260 页。
④ 陆继辂《消寒一集……得华阳台》,《崇百药斋三集》卷三,《续修四库全书》第 1497 册,第 126 页。
⑤ 陈鸿墀《与徐松书》,《同人书札》,第八叶正面。

物。……勉和八章,亦各言其志而已》。①

道光十六年:梁章钜(1775—1849)《师友集·吴葆晋》:"光州吴太守葆晋……余于丙申入觐,君约程春海侍郎、徐星伯中书、龚定庵主事饯余于大川淀寓宅,酣嬉竟日,各为诗文纪之。"②程恩泽《嘉平十三日大雪,次日未休,积尺许矣。奉约吴荷屋中丞、徐星伯前辈、徐廉峰编修集鸿生舍人寓斋,分韵得表字》③。吴荣光《程春海司农招集家红生舍人宝晋寓阁赏雪,以"林表明霁色"分韵,得色字。同集者徐礼部松、徐太史宝善,宾主五人》④。徐宝善《大雪初晴,春海兄约吴荷屋、徐星伯两前辈集吴红生同年绿云阁分韵得霁字》⑤。祁寯藻亦有《十二月十三日大雪盈尺,翼日程春海少司农恩泽招吴荷屋荣光、徐星伯松两前辈,徐廉峰宝善编修同集吴鸿生葆晋舍人城南高斋,以"林表明霁色"分韵赋诗见示,因成转韵长句报之》。⑥

道光十八年:俞正燮(1775—1840)《道光戊戌,吴红生舍人以乾隆丙子闰重九尊祖画箑诗册属和》:"重赓八十三年韵,愧厕徐(星伯)龚(定庵)蒋(子潇)句间。"⑦

道光二十四年或稍后:张开福《次韵奉和星伯先生大人〈郡斋蓼花〉之作,即请教正》。⑧

---

① 斌良《澹园西偏有隙地数亩……亦各言其志而已》,作者著《抱冲斋诗集》卷二三,《续修四库全书》1508 册,第 318 页。
② 梁章钜《师友集》卷六"吴葆晋"条,道光二十六年刻本,第廿三叶正背面。
③ 程恩泽《嘉平十三日大雪……分韵得表字》,《程侍郎遗集》卷五,《续修四库全书》第 1511 册,第 263 页。
④ 吴荣光《石云山人诗集》卷一九,第 638 页。吴荣光编,吴尚忠、吴尚志补编《荷屋府君年谱》(《吴荣光年谱》)"道光十六年"条亦载:"余奉旨回京候补。……时与同年史望之尚书致俨……及蒋丹林副宪祥墀……徐星伯仪部松……为文酒书画之会。……余通籍三十八年,师友之乐,外官十七年所未有也。"《年谱丛刊》第 134 册,第 369—370 页。
⑤ 徐宝善《大雪初晴……分韵得霁字》,《壶园诗钞选》卷一〇,《续修四库全书》1516 册,第 621 页。
⑥ 祁寯藻《十二月十三日大雪盈尺……长句报之》,《馒斚亭集》卷二二,《续修四库全书》第 1522 册,第 11 页。
⑦ 俞正燮《道光戊戌,吴红生舍人以乾隆丙子闰重九尊祖画箑诗册属和》,作者著《四养斋诗稿》卷二,《俞正燮全集》叁,第 25 页。
⑧ 张开福《次韵奉和星伯先生大人〈郡斋蓼花〉之作,即请教正》,《同人书札》,第卅七叶背面至卅八叶正面。

从以上这些零碎的记录,可见徐松在宣南的诗社集会中,并不是一位袖手旁观者。但是在这些记载中体现出来的徐松作品都佚失了。

涉及徐松文学创作的资料还有关于其在西域的楹联故事:道光二十五年,徐松的同年进士魏襄在兰州与正在代理陕西巡抚的邓廷桢见面,魏襄在后来给徐松的信中说:"晤嶰翁……流连五日,无日不纵谈,亦无不谈及阁下。渠言口外所经历各庙宇,凡楹联之可诵者,皆出星伯之手。因背诵某处某处联句,历历不遗一字。"①邓廷桢能够清晰地背诵出徐松的作品,一方面是其过目成诵的记忆力,另一方面,当然也是徐松联句蕴藉的文学才情使人印象深刻所致。通过遣戍亲眼所见,邓廷桢验证了徐松的文学禀赋。可惜我们现在还能够见到的联句,只有天山库舍图岭关帝庙一联:"赫濯震天山,通万里车书,何处是张营岳垒;阴灵森秘殿,饱千秋风雪,此中有汉石唐碑。"②以及集陶渊明、庾子山句为朱尔赓额伊犁且园面面山楼楹联:"方宅十余亩,草屋八九间;榆柳两三行,梨桃百余树。"③虽然吉光片羽,但联句用典、写实,确实是模山范水的行家。

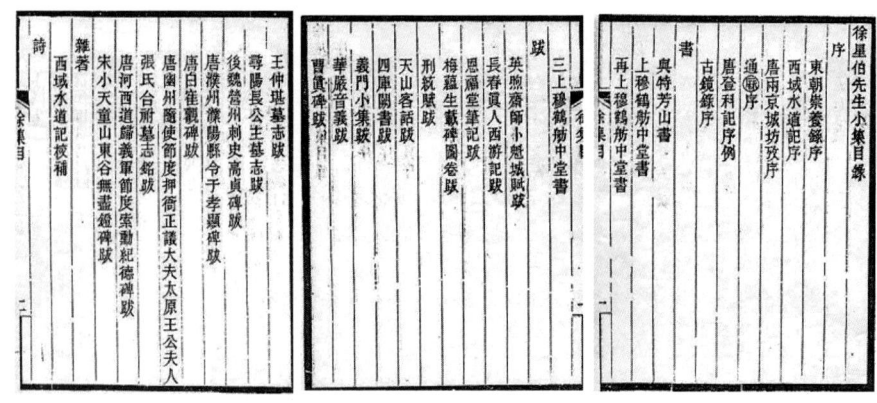

插图 72 《徐星伯先生小集》目录书影

① 魏襄《与徐松书》二,《同人书札》,第十五叶正面。
② 徐松联句,见方士淦《东归日记》道光八年(1828)四月二十七日载,《年谱丛刊》第 139 册,第 453 页;缪荃孙《小集》序中所引亦当出此。
③ 该联原载《西域水道记》卷四:"磨河折而西,经塔勒奇城西北,潴水为水磨。又南流,经皇渠西,断坡曲岸,细柳新蒲,小溆潆回,自成幽境。又南三里许,积为小湖,周可里许。临湖西岸,故江南盐巡道朱尔赓额字白泉,诗人朱筠纯之子。筑成馆于此,名曰'且园'。园中有楼,曰'面面山楼'。余集陶渊明、庾子山句为楼楹联曰……"《西域水道记(外二种)》,第 248 页。

缪荃孙的晚年,一直从事着徐松诗文的收集工作,但在他最终刻定的《小集》中,只是收集到了 31 篇(插图 72),因此在《云自在龛随笔》的"《华严经音义》"条中,他会发出"又钞得星伯序一篇,如获一真珠船矣"而感慨①。然而吉光片羽,已经体现出了徐松的文采以及这些作品值得搜集的意义。笔者在徐松的研究过程中,也陆续收集到了他的部分作品,因将其目录与《小集》中实际收入的作品目录抄录如下,以见徐松以上著述之外的创作情况(《小集》所收,目录前以 * 标出;作品以类编排;各类下略依写作时间顺序排列,年份不知者置末;书信则按受书人归并)。有关这些作品的全文以及写作时年的考订和人物事件的笺证,当另为《徐松文集》辑佚本以表出之。

诗赋

　　律中吕赋

　　江汉朝宗于海赋

　　郴州试院赠陈茂才起诗诗

　　癸酉立春日饼筵联句诗

　　恭录《西域虫鸣草》终卷,诗以志幸

　　经伊犁双烈殉节地有感

　　咏鹦鹉

　　题袁少迂画濮栩生飞文阁图二首

　　* 赋得麦天晨气润试帖诗

　　老夫子大人示读《卜魁集》,恭赋长句

联句

　　伊犁且园面面山楼楹联

　　* 巴里坤关帝庙联句

　　贺宝珣新婚联

　　赠起东姻丈联

　　挽杨怿曾联

　　挽长龄联

---

① 缪荃孙《云自在龛随笔》卷三,《缪荃孙全集·笔记》,南京:凤凰出版社,2013 年 12 月,第 82 页。

奏禀

奏报到任日期并谢恩事

奏为即日由长沙起程前往宝庆等处岁试事

奏为恭报岁试宝庆等各属情形事

奏为妥为安置游民事

奏为奉旨补授浙江嘉兴府知府谢恩事

奏为奉旨调补陕西榆林府知府谢恩事

禀为榆林、葭州、怀远、神木、府谷五州县请展缓征收折（一）

禀为榆林、葭州、怀远、神木、府谷五州县请展缓征收折（二）

禀为病躯难以供职请开缺回籍调理事（一）

奏为奉旨补授陕西榆林府知府谢恩事

禀为病躯难以供职请开缺回籍调理事（二）

书序

＊《唐两京城坊考》序

＊《古镜录》序

＊《西域水道记》序

《缉古算经》序

＊《通历》序

＊《东朝崇养录》序

＊《唐登科记考》序

《静庵文集》序

信札

与伯昂书

与法式善书

与钱泳书

与色卜星额书

再与色卜星额书

三与色卜星额书

四与色卜星额书

五与色卜星额书

与鲍珊书
再与鲍珊书
与徐鉴书
再与徐鉴书
三与徐鉴书
四与徐鉴书
五与徐鉴书
与五兄书
再与五兄书
与周凯书
与长龄书
与陈奂书
与陆继辂书
与全庆书
与汪远孙书
与罗士琳书
与李兆洛书
再与李兆洛书
＊与特芳山书
＊上穆鹤舫中堂书
＊再上穆鹤舫中堂书
＊三上穆鹤舫中堂书
与张穆书
再与张穆书
与张澍书
再与张澍书
三与张澍书

题跋

《艺林伐山》跋
《眺松亭赋钞》跋

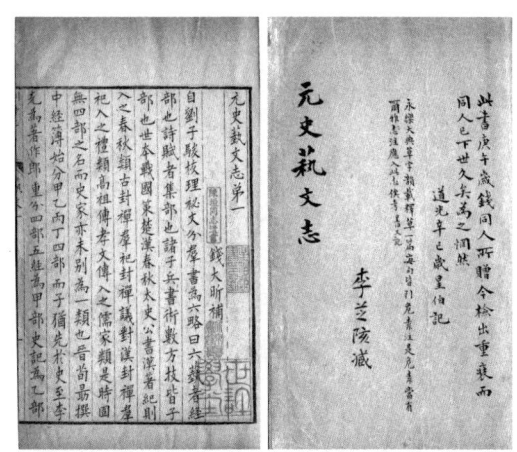

插图 73 《元史艺文志》徐松旧藏本书影及题跋

《雪矶丛稿》跋

《九国志》跋

《元史偶录》题识

《宋会要辑本跋》后记

《元史艺文志》跋（插图73）

《周易虞氏消息》跋

＊《长春真人西游记》跋

《说文解字注》跋

＊《华严音义》跋

《说文解字》跋

《吕氏家塾读诗记》跋

《云麓漫钞》跋

＊英煦斋师《卜魁城赋》跋

《争座位帖》跋

＊《四库阙书》跋

《金石录》跋二则

《海塘全图》题识

＊《天山客话》跋

《古器款识》观款

＊《义门小集》跋

《四六法海》跋

＊《恩福堂笔记》跋

＊《梅蕴生载碑图卷》跋

《西藏志》题识

《经世大典·马政》题记

＊《刑统赋》跋

《宋次道洛阳志图》题记

《成化本长安志》跋

《宣南讲学图》跋

《桃源图》题记

蒙古文石砚题记二则

《唐宗子陇西李氏再修功德记》跋
 *《寻阳长公主墓志》跋
 *《唐河西道归义军节度索勋纪德碑》跋
《宋拓梁萧敷敬妃墓志铭合册》跋
 *《王仲堪墓志》跋
 *《曹真碑》跋
《宋麟州将军山神庙碑》跋
 *《后魏营州刺史高贞碑》跋
 *《唐濮州濮阳县令于孝显碑》跋
 *《唐白鹤观碑》跋
 *《唐幽州随使节度押衙正议大夫太原王公夫人张氏合祔墓志铭》跋
 *《宋小天童山东谷无尽镫碑》跋

杂著

拟道光十八年殿试卷
 *《西域水道记》校补

第三章 《西域水道记》研究

《西域水道记》是徐松的代表作,与他所有著作体现出来的精益求精著述方式相一致,对于该书的修改从初稿完成后就始终持续着。即使这是在他生前就已经刻印出版的著作,但此后却一直根据新的材料完善着它。在徐松身后著述与藏书散落的重大劫难之后,《西域水道记》却非常幸运地留下了它从稿本到刻本、再到最终的修改本这样一些重要的原始文件,为我们还原这一名著的成书过程、充分理解《西域水道记》的内容,提供了丰富的材料。作为一部体大思精的西域著作,在狭义概念的"西域"处于最大地理空间的历史时段中,《西域水道记》站在一个前无古人的高度,将时空经纬中不断变换着的西域面貌纵横有致、清晰全面地描述了出来。它的所有记载,对于考索今天的新疆乃至其周边地区的历史地理风貌和政治人事变迁,都是重要的史料。以下的研究,即从其版本源流和文本考索两个方面,提供《西域水道记》研究的一些初步成果。

一　版本之一:徐稿本与沈抄本

1　稿本的写定时间

《西域水道记》是徐松在遣戍伊犁时期就已完成了初稿的地理著作。写作这部书的一个重要机遇是伊犁将军松筠请他帮助重新编纂《伊犁总统事略》(后改名《新疆识略》),因而得以对天山南北进行大量的实地调查。《新疆识略》如其凡例所载,由于体例的限制,"聊为交代册籍,非敢同于志乘,故古迹、物产，无裨政务者，概置不录"①。这虽然有一定的自谦成分②，但其不能备载的方志内容实际却不止"古迹、物产"。因此，对于自己的西域文献研究与实地调查的更多内容，徐松以传统《水经注》的方式作了编纂。而最终，作为副产品的《西域水道记》，却以鲜明的个性特点成为徐松不朽的代表作。龙万育在道光三年为《西域水道记》所写的序是我们了解其写作的重要资料：

> 嘉庆丁丑岁（二十二年），谪戍伊犁，与旧友太史徐星伯先生比屋居，见先生所撰《伊犁总统事略》及《新疆赋》《汉书西域传补注》，叹其赅洽。先生又出其《西域水道记》草稿数卷。余方为迻书，而先后赐环归京师。松湘浦先生奏进先生所撰《事略》，御制序文，付武英殿施行。好事者又争为刊《新疆赋》《汉书补注》，将以次开雕《水道记》。先生以此记定本余手写也，因问叙于余。

> 先生于南北两路壮游殆遍，每所之适，携开方小册，置指南针，记其山川曲折，下马录之。至邮舍则进仆夫、驿卒、台弁、通事，一一与之讲求。积之既久，绘为全图。乃遍稽旧史、方略及案牍之关地理者，笔之为记。记主于简，所以拟《水经》也。又自为释，以比道元之注。即用郦氏注经之例。记则曰导、曰过、曰合、曰从、曰注；释于经水曰出、曰迳、曰会、曰自、曰入，于枝水曰发、曰经、曰汇。又以图籍所纪，异文踳驳，使夫揽者叹其混淆，一以《钦定西域同文志》写之，而释其可知者，斯诚有条不紊矣。每卷之后，各附以图。盖先生孜孜不倦，十载成书，吾知其必能信今传后，岂独资余续顾氏之书也哉！③

在第二段的引文中，我们了解到徐松通过实地调查而绘画出西域山水详细的地理图，然后"遍稽旧史、方略及案牍之关地理者"，撰成了《西域水道记》的草稿。而在第一段引文中，又可以知道嘉庆二十二年当龙万育遣戍伊犁时，徐松不仅已经写成了《伊犁总统事略》及《新疆赋》《汉书西域传补注》三

---

① 《新疆识略》，第28页。
② 榎一雄《关于徐松的西域调查》即云："在凡例的末尾，徐松解释到'故古迹物产，无裨政务者，概置不录'。不过，这并不能说明他无视历史，我们从他在卷一新疆总图的地名旁标注汉代古名，在同是卷一的概说新疆地理的新疆疆域总叙中把现在的地理与历史地理联系在一起叙述的方式中，就能觉察出这点来。"《榎一雄著作集》第二卷，第90页。
③ 《西域水道记（外二种）》，第7、9页。

书,而且也已经写就《西域水道记》的草稿。龙氏成为这部草稿的誊清者,所以徐松请他以知情者的身份为本书作序。

龙万育,字赞皇,号夔堂,成都人①。晋昌《西域虫鸣草》(《戎旃遣兴草》卷下)有其《读〈西域虫鸣草〉》二首,可知其确曾遣戍伊犁,而在晋昌将军的幕府与徐松同事。在李兆洛的《与徐星伯同年》中提及:"龙观察未免爱博不专。然当此时,如此人亦何可多得。比曾得其信否?甚念,而末由致书也。"②即指龙万育;姚元之《竹叶亭杂记》也有徐松转述"龙观察万育"在乌鲁木齐告诉他任官陕西时所遇大鸟奇事③。可见他是与徐松非常熟悉的朋友。他们提及龙万育的官称"观察",是清人对道员的别称。在嘉庆十九年刊刻的《阿文成公年谱》(《阿桂年谱》)卷首"校对"栏中,也看到"甘肃分巡西宁兵备道龙万育"的署名④,可见其"观察"的实际任职。最近颜世明、高健的《清代刻书家龙万育生平考述》一文,通过一档馆藏乾嘉时期龙氏履历片和《清实录》等资料,更为我们勾画了其早期仕历:龙万育于乾隆五十五年以拔贡选用四川南溪县训导;五十九年,以兼办西藏军务得力,升用陕西高陵知县;嘉庆年间,历任留坝厅同知、兴安、西安知府、巩秦阶道、西宁道;二十一年,署理甘肃布政使;二十二年,以徇庇下属、隐匿实情,遣戍伊犁;道光元年六月,以修浚伊犁河堤坝有功,释还⑤。

书商是龙万育重要的社会身份。上引《西域水道记序》的开篇曾提及"余既槩《方舆纪要》书成",这是指嘉庆十六年经彭元瑞校定、与顾炎武《天下郡国利病书》合印的顾祖禹《读史方舆纪要》活字刊本。中国科学院藏嘉庆十七年李骥元《李中允集》,亦系龙万育序刻本。所以从西域归来后,龙万育作为四川刻书家的身份,更加彰显。道光五年,龙氏《敷文阁汇钞》刊印十四种书籍⑥,成为实用的小型丛书。据上引颜世明、高健文的记载,就目前所

---

① 龙万育敷文阁印《邓批四书》卷首有其嘉庆戊辰(十三年)序,末钤"龙万育印""字赞皇号夔堂"二章,而其后道光间印书则多署"成都龙万育夔堂校梓"字样。参《敷文阁汇钞》道光五年印本各种。
② 李兆洛《与徐星伯同年》,《养一斋文集》光绪本卷一八,第二十叶正背面。
③ 《竹叶亭杂记》卷八,第169页。
④ 那彦成编《阿文成公年谱》(《阿桂年谱》),嘉庆十九年(1814)刊本,《年谱丛刊》第99册影印本,第212页。
⑤ 颜世明、高健《清代刻书家龙万育生平考述》,《理论月刊》2014年第11期,第73—76页。
⑥ 《清代刻书家龙万育生平考述》以为十七种,系误将《缉古算经》分为四书所致,参《辑古算经》单印本及《敷文阁汇钞》封面所列,则十四种明矣。

知,其一生自撰经部著作三种,刊印书籍二十余种,而以刻印《读史方舆纪要》《天下郡国利病书》显名后世。

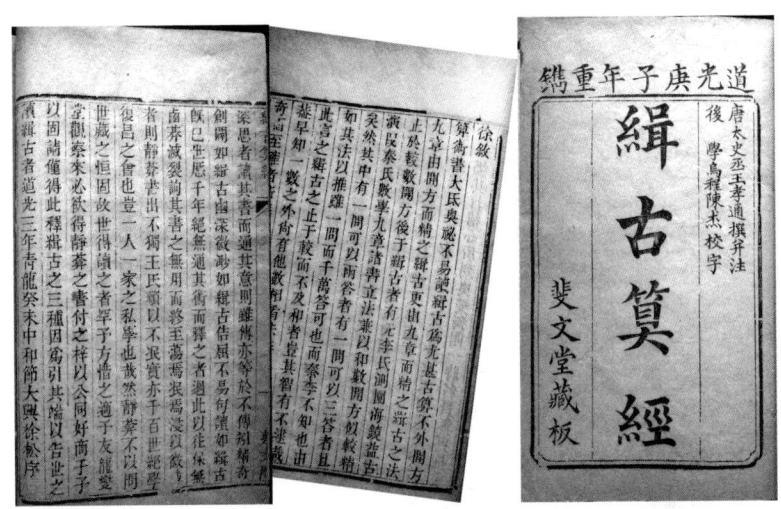

插图74 《缉古算经》龙万育刻本及徐松序书影

徐松与龙万育的书缘也很深。张之洞《书目答问》卷三"子部·天文算法第七"中著录道光五年所印陈杰《校缉古算经》一书,称"成都龙氏刻本",亦指龙万育敷文阁的刻本①,其中有徐松序言(插图74)。由徐松从《永乐大典》辑录的《宋中兴礼书》原本也是托他在成都付梓的,沈炳垣的《中兴礼书跋》中有详细的记载:

> 宋太常《中兴礼书》向无刊本流传,即抄本亦罕见,故《四库全书》中未经著录。今徐星伯松先生于《永乐大典》中汇钞成帙,手校定本,钱味根明府曩于都门见之,后因龙观察元任家有活字板,许以刷印,遂将此书携入川中任所,而观察旋归道山,此书不幸亦流落川中。迨味根谒选彭山知县,因赴重庆府,忽于书肆觏及,急购以归,今所传钞者即此本也。……咸丰壬子(二年)重阳前一日,甑山老农沈炳垣手记,时年六十又九。②

同时的钱泰吉(1791—1863)《曝书杂记》、朱绪曾《开有益斋读书志》也记录

---

① 《书目答问补正》,第225页。
② 沈炳垣《中兴礼书跋》,《续修四库全书》第822册,第1页。

了这一流传经过,影响更大①。但其中龙元任是龙万育之误。徐松的《西域水道记》请龙万育为序,实际上也包括要请龙万育刻印该书的动机,该序文或者就是徐松代拟②。但是因为一些特殊的原因,龙万育并没有在写序的道光三年前后刻印成《西域水道记》,而是相隔十多年之后由邓廷桢完成了这项工作。

道光三年前,一部由乾隆四库馆臣从《永乐大典》辑录出来、孤本流传的《奉天录》,也由徐松处传抄给龙万育刊刻,又由龙万育传抄给秦敦夫请校勘名家顾广圻校订刊刻,流传世间③。顾广圻《思适斋集》卷八《重刻奉天录序》记载此事云:"秦敦夫先生在都中得《奉天录》一册于龙燮堂观察,云出自徐星伯太史家者。"④顾序题下标曰"癸未",则道光三年也⑤。由此可见徐、龙交谊确也不浅。

目前能够看到的稿本是中国国家图书馆藏《西域水道记》四卷本。该书四周单栏,无格,半叶十二行、行三十三字,小字双行夹注,与目前留存下来的徐松藏《新疆赋》《汉书西域传补注》的稿本从用纸到字迹都一样,但不是徐松的恭楷笔迹,而是倩人誊写的。在该稿本的眉端、行间,间有徐松修改、补充的行书笔迹,卷一首叶与卷四末叶均钤有"星伯审定"的白文方印。因此,该本的确切版本称谓应该是徐松手定底稿本(在本文的讨论中,简称"稿本"或"徐稿本")。

根据其注文的内容,稿本的写定年代应该在作者回到京师之后的道光初年。有一件事帮助我们判断稿本的上限,那就是其中已经引用了《长春真人西游记》的文字五处,如:

元长春邱真人《西游记》云:"沿天池南下,左右峰峦峭拔,松桦阴

---

① 参前引沈炳垣《中兴礼书》跋、钱泰吉《曝书杂记》卷下"中兴礼书"、朱绪曾《开有益斋读书志》卷三"中兴礼书、续中兴礼书"条。

② 在下面要谈到的中国国家图书馆藏《西域水道记》稿本中,有一条徐松亲笔修改龙万育序文的笺条,写有"赐环归京师。松湘浦先生奏进先生所撰《事略》,御制序文,付武英殿施行。好事者"字样,在后来的刻板序文中,确实就有这条内容。这或许可以作为徐松代拟序文因而可以轻易改写的佐证。

③ 《奉天录》有龙万育敷文阁校刻本、秦恩复石研斋刻本。

④ 顾广圻《重刻奉天录序》,《思适斋集》卷八,北京:中华书局,1993年1月影印道光己酉刻本(题作《顾广圻书目题跋》),第510页。

⑤ 此书亦有张穆藏抄本,当亦后来自徐松处传抄者。今藏台北"中央图书馆"。参"中央图书馆"特藏组编《标点善本题跋集录》,台北:"中央图书馆",1992年5月,第93—94页。

森,高逾百尺,自巅及麓,何啻万株。众流入峡,奔腾汹涌,曲折湾环,可六七十里。二太子扈从西征,始凿石理道,刊木为四十八桥,桥可并车。薄暮宿峡中,翌日方出。入东西大川,水草盈秀,天气似春,稍有桑枣。按,今伊犁绝无枣树。"盖四十八桥其来已旧,今因其遗址为四十二桥,彼土不知,遂谓前将军保文端公所创,憪于访古矣。(稿本卷三、刻本卷四)

《长春真人西游记》云:"辛巳中秋日,抵金山东北,少驻,复南行。其山高大,深谷长坂,车不可行。三太子出军,始辟其路。乃命百骑挽绳,县辕以上,缚轮以下,约行四程,连度五岭,南出山前,临河止泊。从官连幕为营,因水草以待铺牛驿骑。有诗三绝,其二云:'金山南面大河流,河曲盘桓赏素秋。秋水暮天山月上,清吟独啸夜光毬。'"(稿本卷四、刻本卷五)

根据《小集》中徐松《长春真人西游记跋》的记载:"适从龚定庵假读此记,西域余所素经,识其相合者如此。道光二年四月大兴徐松跋。"①可知徐松读到《长春真人西游记》的时间是在返京以后,既然稿本中引用了《长春真人西游记》的材料,则可以推断它是在赐环归京的道光二年后誊抄的。

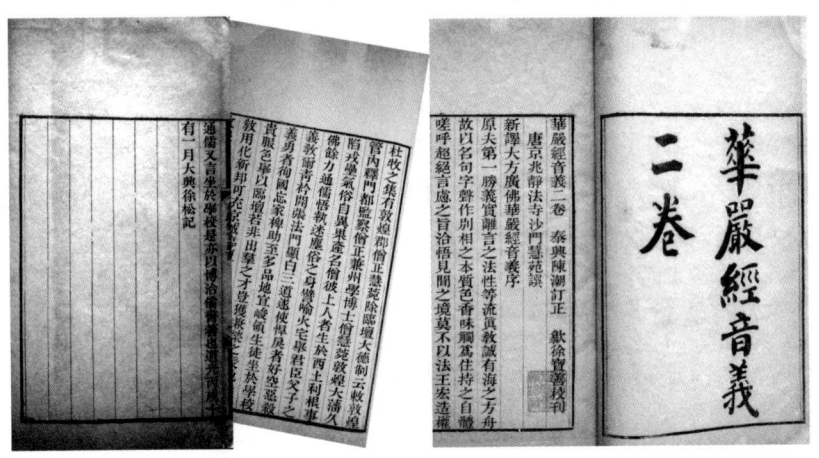

插图 75 《华严经音义》及徐松序文书影

稿本的下限,同样也可以通过徐松藏书的情况来作出判断,那就是缪荃

---

① 徐松《长春真人西游记跋》,《小集》,第二十叶正面。

孙在《云自在龛随笔》卷四中曾经记载他获得徐松藏书《华严经音义》一书的情况：

> 《华严经音义》二卷，徐星伯先生藏北藏本，陈东之校定，属徐远峰刻之（插图75）。此书自孙渊如辑《仓颉篇》、任幼蕴辑《字林》征引及之，学者始知有是书。臧君在东合校西藏、北藏刊行（粤雅又刻入丛书）。上元陈君雪峰又精刻之，惟在东凡属梵言，悉从简省，此本独全，出字亦较备。东之考证极详，许丈珊林粘签其上，亦可参。此书当以是本为最。又钞得星伯序一篇，如获一真珠船矣。①

缪氏获得的徐松跋语，收录在他辑刊的《小集》中，跋后有"道光丙戌十有一月大兴徐松记"字样②，由此，我们知道徐松获得《华严经音义》的时间最晚就是在写跋语的道光丙戌（六年）十一月③。

在《西域水道记》刻本卷一开篇的注文中，有这样两段夹注：

> 然则阿耨达山，亦当曰阿那婆答多山矣。惟慧苑《华严经音义》云："准经，香山顶上有阿耨达池，四面各流出一河。"本经为说其义，较长。是阿耨达山即香山，不当如辨机分为二也。

> 按，《华严经音义》以东面者私陀河，出金刚师子口；南面者恒伽河，出银象口；西面者信度河，出金牛口；北面者缚刍河，出琉璃马口。与诸书互异。④

这两段夹注，引用了《华严经音义》一书。但是刻本《华严经音义》的注文，在稿本中是没有的，所以稿本写定的时间应在道光六年之前。即此稿本是在道光二年至六年期间誊写的。

2 稿本的笺条与沈抄本

稿本的写定，大概是因为当时曾经有过刻印的可能，所以作了誊清；但

---

① 缪荃孙《云自在龛随笔》卷三，《缪荃孙全集·笔记》，第82页。
② 徐松《〈华严音义〉跋》，《小集》，第廿四叶正面。
③ 这一《华严经音义》也曾失窃，徐松道光十五年《与汪远孙书》："弟有旧钞足卷《华严经音义》，失而复得，因恕惠家廉峰付之剞劂，刷印粗毕，附呈一帙，以备清赏。"可知刻本在失而复得之后。此札承李经国先生复印赐示。
④ 《西域水道记（外二种）》，第17—19页。

最终又未能实现,便延搁下来。而这也给了徐松进行修订的机会,因此在稿本中,夹了许多的笺条来补正写定的稿本内容(插图76),据笔者统计,有41条之多(徐松自序一纸不计在内)。这些笺条笔迹不同,大多数可以判断出自徐松手笔,另一些则可能是帮助校勘整理者的笔迹。它们原来都粘贴或附夹在需要补正的相关叶内(至今仍有因粘贴太紧而未能揭下者),但当书散出之后,被书商或收藏者揭下汇集在一起,按册将它们分成了四分,并且在笺条的后面都写了数字表明其所在的叶码。但是在做这件事的人之前,那些笺条已经被人挪动,以致所

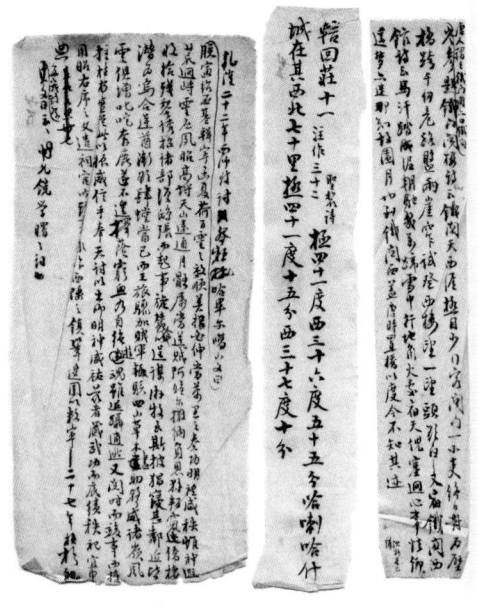

插图 76 《西域水道记》稿本签条

标叶码和卷数与实际应贴附的位置大多并不相符。兹据其文字内容,重新排定在稿本中的实际卷叶次序如下;另外,这部稿本在《续修四库全书》中已被影印[①],遗憾的是没有将笺条同时印出。对于通过稿本研究徐松《西域水道记》成书过程者来说,是一个并不完整的影印本,所以下面的排序也将笺条全文录出,作为《续修四库全书》影印本的补充(图表7)。

图表7 《西域水道记》稿本笺条及顺序对照表

序数	稿本笺条	原排顺序 (卷/叶)	实际顺序 (卷/叶)
01	赐环归京师。松湘浦先生奏进先生所撰《事略》,御制序文,付武英殿施行。好事者	2/17	卷首龙序,稿本今无卷首

---

① 徐松《西域水道记》稿本四卷,《续修四库全书》第728册,第73—154页。

续表

序数	稿本笺条	原排顺序（卷/叶）	实际顺序（卷/叶）
02	准此论之,计三十年应有一万六百三十一日,则一千二百三十三年积四十三万六千九百三十四日又十分日之一,以回回岁实三百六十五日一百二十八分之三十一,约之得一千一百九十六年又一百四日半弱。从嘉庆二十四年六月初二日逆数之,当托始于唐高祖武德六年三月初三日也。其字曰哈。	1/9	1/9A
03	出喀什噶尔境。唐景龙二年,突骑施酋长娑葛入寇,五千骑出安西,五千骑出拨换,五千骑出焉耆,五千骑出疏勒。郭元振在疏勒,栅于河口,不敢出,疑即斯河也。牌租阿巴特河又东一百里,至托克察哈尔地。又东九十里,至伊米什地。又东八十里,至阿克察哈尔地。又东八十里,至沙瑚尔地。其南岸,伯斯罕沙碛也。(元人谓沙碛为沙陀,今蒙古语曰戈壁。下皆质言沙碛。)又东九十里,至玛拉尔巴什庄北。	1/11	1/10B
04	至噶巴克阿克集。其地极四十四度二十五分、西三十六度三十分。《河源纪略》云	1/12	1/11B
05	今正为叶尔羌。《元世祖纪》:"至元十一年春正月,立于阗、鸦尔看两城水驿十三,沙州北陆驿二。"《曷思麦里传》:"哲伯令曷思麦里持乃蛮主曲出律首往徇其地。若可失哈儿、鸦儿牵、斡端诸城,皆望风降附。"鸦尔看、鸦儿牵,即叶尔羌音之转也。《一统志》	1/11下	1/11B
06	西源出喀楚特城南大山,源处极四十一度五分、西四十三度三十分,东北流二百余里,有齐齐克里克岭水南流百二十里,经塞勒库勒庄东来汇。塞勒库勒在叶尔羌城西八百里,为外藩总会之区。	1/13	1/12B
07	二十七两七钱。西源折而东南流,有水经羌珲山东来汇。又东,迳托里布隆之南,是曰托里布隆河。托里布隆河东南流百余里,折而东北,又折而西北,凡数百里,迳密尔岱山之北。(密尔岱)	1/14	1/13B

续表

序数	稿本笺条	原排顺序（卷/叶）	实际顺序（卷/叶）
08	高二尺许。托里布隆河又折而东北流,迳英额齐盘山北	1/15	1/15A
09	东源出库克雅尔山,(回语库克,青色,山色青,下临坎,故名。)在和阗西,与其南山属。水自山出北流,有一水自西来汇,东源又北流二百余里,至沙图城北	1/16	1/16A
10	或即听杂阿布欤?源处极四十度三十分、西三十九度五十分。听杂阿布河又东北流	1/17	1/16B
11	译言地乳也。《元史》亦曰:于阗又曰斡端。《暗伯传》:尝亲迎于敦煌,阻兵不得归,乃客居于于阗宗王阿鲁忽之所。世祖遣薛彻干等使阿鲁忽以通好,阿鲁忽留使者数年不遣。暗伯悉以己马驼厚赆之,令逃去。薛彻干等得脱归,具以白世祖,世祖叹久之。既而命元帅不花帖木尔征于阗,暗伯乘间至行营,见薛彻干于帐中。薛彻干曰:"公之忠义,已上闻矣。"不花帖木尔遂承制命暗伯权充枢密院客省使。俄有旨护送暗伯妻子来京师。按,阿鲁忽者,察合台太子之孙、合剌旭烈大王之子、威远王阿吉之兄、太祖之曾孙也。阿鲁忽称于阗王,则于阗者,阿鲁忽分地也。纪传屡言征斡端,征阿鲁忽耳。阿鲁忽亦作兀卢。《旦只儿传》:至元十九年,从诸王合班元帅忙古带军至斡端,与叛王兀卢战,胜之。《拜延八都鲁传》:至元十六年,兀浑察从大军征斡端。《刘恩传》:进兵斡端,海都将玉论亦撒率兵万人迎战,游骑先至,设伏以待,大败之。《世祖纪》:至元十六年九月,以忽必来别速台为都元帅,将蒙古军三千人、河西军一千人,戍斡端城。十七年九月,也罕的斤进征斡端。二十年三月,遣阿塔海戌曲先,汉都鲁迷失帅甘州新附军往斡端。二十三年正月,立罗不怯台阇鄽斡端等驿。二十四年正月,以钞万锭赈斡端贫民。二十五年七月,命斡端戍兵三百一十人屯田。二十	1/19	1/19B

续表

序数	稿本笺条	原排顺序（卷/叶）	实际顺序（卷/叶）
	六年九月,罢斡端宣慰司、元帅府。《仁宗纪》:延祐六年三月,斡端地有叛者入寇,遣镇西武靖王搠思班率兵讨之。是在元时,屹然重镇。地有六城,		
12	出水分流。其源处极四十一度二分,西三十七度四十分,出谷而会,	1/19下	1/19B
13	玉陇哈什,《元史》作玉龙杰赤,《太祖纪》"十六年,皇子术赤、察合台、窝阔台分攻玉龙杰赤等城"是也。其河亦二源,西源出哈朗归山,(东北距额里齐城二百八十里。)东源出雪山,源处极四十一度十分,西三十七度。二源既会	1/20	1/20A
14	辖回庄十一。(圣制诗注作三十二。)极四十一度,西三十六度五十五分。哈喇哈什城在其西北七十里,极四十一度十五分、西三十七度十分。	1/35	1/21A
15	哈喇哈什河、玉陇哈什河各东北流,二百余里而合。又东北,迳卡塔里齐山之东。又东北,迳塔克三克尔之东。又东北,迳巴什博克邑之东地。皆沙碛也。合流凡四百馀里。又东北,与西来之喀什噶尔、叶尔羌河会。《汉书》曰	1/21下	1/21B
16	(明《华夷译语》冰曰莫勒孙,即木素之转音。)	1/27下	1/28A
17	(乾隆二十二年,西师致讨,祭额林哈毕尔噶山文曰:"朕寅绍丕基,辑宁函夏。荷百灵之效顺,美报必伸,当万里之奏功,明禋咸秩。惟神邈荒迥峙,灵应凤昭,高埒天山,远通月魄。属当逆贼阿睦尔撒纳负恩狡叛,窜迹侨栖,收拾残黎,诱招诸部,复鸱张而起事,旋蚕食以逞谋,游牧至斯,披猖寖甚,邻近皆潜。为乌合逆酋,渐欲肆螳当。已而王旅骤加,贼军辄骇,四山草木,尽助声威,诸岭风云,俱增叱咤。奔鹿遂不遑择荫,穷鱼乃自绝游魂。虽追蹑逋逃,又阅时而竣事;而摧拉枯朽,实从此以振威。信乎奉天讨以出师,明神咸祐;兹者崇武功而底绩,秩祀宜申。用	1/35	1/35A

续表

序数	稿本笺条	原排顺序（卷/叶）	实际顺序（卷/叶）
	昭右序之文,遣祠官而致享;永作西陲之镇,巩边圉以绥宁。"二十七年,秩于祀典,每岁致祭。其文曰云云。中允饶学曙之词也。)		
18	(惟神保障遐方,奠基西土。层峦内供,在漠南绥靖之前;协气遥迎,溯阆外奋扬之日。逐飞廉于塞外,八公之草木皆兵;示象鼎于寰中,九牧之神奸悉化。辑宁有地,报享宜颁。朕底定荒陬,乂安绝域。怀柔所及,龙堆尽列于版图;抚驭攸加,月窟咸通于声教。叛酋溃窜,头屡触于不周;胜旅先登,尸遂陈夫贰负。稽肤功之迅奏,实灵劲之克彰。用奏明禋,永垂嘉典。峙金方而作镇,著神功于华岳以西;表翠嶂以为屏,秩祀典于流沙之外。尚期出云降雨,远敷惠泽于边疆;惟兹酌醴牵牲,敬念普存于民力。神其来格,鉴此苾芬。)	1/36	1/35A
19	(天山蜿蜒数千里,凡今新疆北路之南面大山,皆可谓之天山。而《汉书》屡言天山,则其时必举一主峰名之。晋灼、颜师古不能实指其地,《唐书·地理志》亦两歧其说。证以《汉书·匈奴传》《西域传》,盖其时所谓天山,即今之博罗图山。山在焉耆国之北,故又曰焉耆山。《太平御览》引《西河旧事·匈奴歌》曰:"亡我祁连山,使我六畜不蕃息。失我焉支山,使我妇女无颜色。"焉支为焉耆之通借,祁连与焉耆并举,正以互文见义,非祁连山之外别有焉耆山也。蒙古语谓天为腾格里,西域有腾格里山,今时指为天山主峰,亦非《汉书》之天山也。说详余《汉书西域传补注》。)	1/37	1/37B
20	唐人谓之铁门关,亦曰铁关。岑参《题铁门关楼》诗云:"铁关天西涯,极目少行客。关门一小吏,终日对石壁。桥跨千仞危,路盘两崖窄。试登西楼望,一望头欲白。"又《宿铁关西馆》诗云:"马汗踏成泥,朝驰	1/38	1/38A 刻本无诗歌内容

续表

序数	稿本笺条	原排顺序（卷/叶）	实际顺序（卷/叶）
	几万蹄。雪中行地角,火处宿天倪。塞迥心常怯,乡遥梦亦迷。那知故园月,也到铁关西。"盖唐时置桥以度,今不知其迹。(沈抄本已添)		
21	吐鲁番镇城西南九百余里。吐鲁番者,元时火州地。《元史·地理志》作合剌火者,《阿术传》作哈剌霍州,他纪传作合剌和州,亦作哈剌火州。《巴而术阿而忒的斤传》:交州即火州也,统别失八里之地,北至阿术河,东至元敦甲石哈,巴而术阿而忒的斤曾孙火赤哈儿的斤嗣为亦都护。至元十二年,都哇卜思巴等率兵十二万围火州,声言曰:阿只吉奥鲁只诸王以三十万之众犹不能抗我而自溃,尔敢以孤城当我锋乎?亦都护曰:吾闻忠臣不事二主,吾生以此城为家,死以此城为墓,终不能从尔也。受围凡六月不解。都哇以书系矢射城中曰:我亦太祖皇帝诸孙,何以不附我?且尔祖尝尚公主矣,尔能以女与我,则休兵。不然,则急攻尔。其民相与言曰:城中食且尽,力已困,都哇攻不止,则相与俱亡矣。亦都护曰:吾岂惜一女,而不以救民命乎?然吾终不能与之相见。以其女也立亦里迷失别吉厚载以茵,引绳坠城下而与之,都哇解去。其后入朝,还镇火州,屯于州南哈密力之地,兵力尚寡。北方军忽至其地,大战力尽,遂死之。子纽林的斤遂留永昌。按,回纥衙帐本在元之和林,唐末回纥衰弱,转徙高昌,后役属耶律大石,元太祖时最先纳土,而犹君长其地,逮火赤哈儿的斤入朝,还屯哈密力。考至元二十年四月,立别十八里和州等处宣慰司,则火赤哈儿之不还火州,殆以朝廷设宣慰司故也。既又为叛王所杀,回纥于是遂亡。吐鲁番镇城曰广安,唐之安乐城。其东七十里为元火州治,今曰喀喇和卓。又东五十里曰鲁克沁,东汉之柳中城也。广安城西二十里为汉交河城。准部之强,地为所有。康熙六十一年	1/39	1/39A

续表

序数	稿本笺条	原排顺序（卷/叶）	实际顺序（卷/叶）
22	嘉勇公于五十七年奏言："臣于上年十二月二十三四等日,经过鄂凌、扎林淖尔、星宿海、博勒齐尔喇嘛托罗海等处地方,系黄河发源之地,数百里内溪涧交错,泉水甚多,冬令处处凝冰,远近高下,竟无路径。"长公亦每为余言其时策骑以行,至鄂敦塔拉,则池冰如镜,粲然遥列,不识其数。(此条"逾星海"下。沈抄本未添)	1/40	1/40B
23	凡千六百余里,迳山之东麓,迄于克倭渡口。山即古大积石,今曰大雪山,(即即《汉志》"金城郡河关县"下所云"积石山,在西南羌中"者也,自章怀太子注《后汉书》,误认龙支县之小积石为《禹贡》之积石,杜佑踵其谬,至蔡传沿以释经,而大小积石合而为一矣。小积石山在今甘肃河州西北七十里,山之西北百二十里为积石关。)	1/40	1/40B
24	振下是"字"字 增祖 昕归 州犹 方佩隼 □深特达当是子云特达	2/11	2/10A 2/10A 2/10A 2/10A 2/10B 2/11A
25	(《西行纪略》。)焕彩沟三字,立石路侧,理藩院笔帖式正书,填以朱,其石亦汉碑。石之阴隶书四行,首行曰"惟汉永和五年六月十五日(下缺。)",二行曰"臣云中沙南侯",余皆不可辨识。焕彩沟又五里,为南山口	2/17	2/17A
26	哈木哈玛尔淖尔矣。淖尔正南隔山为哈密界,汉之伊吾也。《通鉴》:"魏永平元年,高车王弥俄突与柔然伦汗可汗战于蒲类海,不胜,西走三百余里。伦汗军于伊吾山北。"按,高车所遁,盖今色毕、噶顺两沟之间。其中有白山子径道,南通陶赖军台,即伊吾山北。淖尔北三百余里	2/20	2/19B

续表

序数	稿本笺条	原排顺序（卷/叶）	实际顺序（卷/叶）
27	长六尺六寸八分。其地疑元之彰八里也。(《元史·地理志》"畏兀儿地第三十六"曰:"彰八里,至元十五年授朵鲁知金符,掌彰八里军站事。"按,彰八里亦作昌八里,亦作掺八里。《耶律希亮传》:"中统二年,至昌八里城。夏,逾马纳思河。"是昌八里在马纳思河之东也。《李进传》:"至元十九年,命屯田西域别石八里。二十三年秋,海都及笃娃等领军至洪水山,进军溃,被擒,从至掺八里。"是掺八里在别石八里之西也。)河经县城东八里	2/21	2/20B
28	北流至县北。沿河左右,悉为民田。又西北流百五十里,与乌兰乌苏河会。水草所交,莫测远近,群雁止宿,恒亿万计。《元史》云云	2/23	2/23A
29	与乌兰乌苏河会。水草所交,莫测远近,群雁止宿,恒亿万计。《元史·耶律希亮传》:"中统二年,逾玛纳思河,抵叶密里城。"余数渡斯河	2/23	2/23A
30	苏海图(准语苏海图,有柽柳处。)	2/23	2/23B
31	察哈尔为蒙古强部,或谓是元之苗裔。按,《元史·忙哥撒尔传》云:"忙哥撒尔,察哈札剌儿氏。曾祖赤老温恺赤,祖挪阿,父那海,并事烈祖。"是察哈尔之有部落,在有元建国之先矣。其汗曰林丹,虐其部人,天聪六年征之。林丹汗渡黄河西奔,死于锡喇伟古尔之大草滩。八年,其宰桑及其妃墨尔根降。九年,其妻苏泰福晋及其子额哲内附,于张家口外设都统辖之。其游牧在京师西北四百三十里,当直隶、山西边外,左右翼各四旗。其界北至内蒙古之阿巴哈纳尔右翼旗、阿巴噶右翼旗、苏尼特左右翼旗、四子部落旗,西至内蒙古之喀尔喀右翼旗、茂明安旗,东北至内蒙古之克什克腾旗,南至直隶口北三厅、山西大同府、朔平府、归化城。乾隆二十九年,自其游牧移官兵千八百三十七人	2/28	2/27B 共二纸

续表

序数	稿本笺条	原排顺序（卷/叶）	实际顺序（卷/叶）
32	《后汉书·郡国志》"广陵郡"："东阳刘昭云：县多麋。"引《博物志》云："十百为群，掘食草根，其处成泥，名曰麋䁖。"斯之鹿圈，盖其畴欤？《释名》："水泆出所为泽曰掌。"《段解》一上云："水渟处如手掌中也。"	4/7	3/7B 此纸两则，第二则刻本无。
33	为撒玛勒河源，源亦发自北山，谷长百里，流沚涓涓，当暑清凉，草深没马。水出谷南流（云云）	4/26	3/26A
34	三十二年，阿布赉遣都拉特柯勒奉表至伊犁乞师二万人，并假大炮，将大举伐霍罕。将军不许，其后霍罕仍取塔什罕城焉。哈萨克部凡三，曰左部、（亦曰东部。）曰右部、（亦曰中部。）西部。左部置汗一，今曰翰里，始归顺之汗阿布赉子也，乾隆四十七年嗣。其所辖卫逊诸鄂拓克附崆郭罗鄂伦及鄂尔果珠勒卡伦在伊犁西，素宛鄂拓克附沁达兰卡伦在伊犁北，为最近，阿塔海瑚兰素诸鄂拓克去伊犁为远。右部置汗一，今曰托霍木，始归顺之汗阿布勒班毕特孙也，嘉庆十四年嗣。又置王一，今曰江霍卓，阿布勒班毕特曾孙，（阿布勒班毕特之长子曰博罗特，嗣为汗。其次子曰阿布勒必斯，别爵为王。有西部台吉巴喇克者，生子杭霍卓而卒，巴喇克之妻改适阿布勒必斯，因以杭霍卓为养子，朝廷命之嗣王爵。江霍卓则杭霍卓子也。）嘉庆五年嗣。所辖色密斯奈曼及斯班奈曼诸鄂拓克，皆附塔尔巴哈北。西部处极西，（按，《土尔扈特部传》云："土尔扈特屯牧额济勒河，所居地曰玛努托海，北界俄罗斯，南界哈萨克，东界哈喇哈尔榜，西界图里雅斯科，是哈萨克已近西海，盖即西部也。"）无汗王，惟置二品以下台吉。	4/33	3/33A
35	其台吉托克托库楚克所辖者曰喀喇拜吉格特鄂拓克，佳拜所辖者曰克勒拜吉格特鄂拓克。乾隆三十七年至为西部矣。即奈曼（色密斯奈曼、斯班奈曼总名曰奈曼鄂拓克。）	4/33	3/33A

续表

序数	稿本笺条	原排顺序（卷/叶）	实际顺序（卷/叶）
36	阿拉克图古勒淖尔四源，东北源为额敏河， 　　漠北大山曰阿勒坦山，译言金山也。山顶极四十八度七分、西二十二度二分，其尾极四十六度五分、西二十度四分。元时太宗之孙昔里吉、脱忽、海都分地多在金山。(《元史·土土哈传》："至元十五年，大军北征，率钦察骁骑千人以从，追失烈吉，逾金山，擒札忽台等以献。二十九年，略地至金山，获海都之户三千馀。"《刘哈剌八都鲁传》："昔里吉叛，宗王别里铁木而奉命往征，帝谕哈剌八都鲁从行。师次金山，有使者云自脱忽王所来，愿得一见。王以为信，左右曰：诈也！脱忽所居要害，殆与昔里吉为耳目，愿勿听。遣兵窥之，脱忽方饮酣，进击，大败之。因获昔里吉所遣使，知其不为备，乘势进击，大破、擒之。"《玉哇失传》："成宗在潜邸，帝以海都连年犯边，命出镇金山。"《月赤察儿传》："金山南北，叛王海都、笃娃据之，不归正朔垂五十年，时入为寇。大德十年，叛王灭里铁木儿等屯金山。武宗帅师，出其不意，先逾金山，月赤察儿以诸军继往。月赤察儿奏曰：诸王秃苦灭本怀携贰，而察八儿游兵近境，叛党素无悛心。臣以为昔者笃娃先众请和，虽死，宜安抚其子款彻。又诸部既已归顺，宜处诸降人于金山之阳，吾军屯田金山之北。"按，昔里吉者，宪宗子，脱忽者，灭里大王之子，海都者，合失之子，皆太宗孙。脱忽分地在金山，而为昔里吉耳目。是昔里吉分地在金山西也。《宗室世系表》无笃娃之名，而海都、笃娃分据金山南北，疑笃娃即脱忽，特《宗室表》脱忽子无款彻耳。海都子察八儿游兵金山近境，则海都分地亦近金山矣。)山顶西南八百余里雅尔	2/17	4/7A

续表

序数	稿本笺条	原排顺序（卷/叶）	实际顺序（卷/叶）
37	地在楚呼楚山西二百里,土尔扈特部旧居其额什尔努拉地。明崇祯时,土尔扈特和鄂拉勒克汗与绰罗斯交恶,越哈萨克,投俄罗斯,于喀山额济勒河之南、图理雅斯科之东马努托哈居焉。后为准噶尔伊克明阿特游牧云云(据余理初所辑)	3/9	4/9B
38	科布多城(《元史·武宗纪》:"大德四年八月,与海都军战于阔别列之地,败之。"姚燧撰《乞台普济先德碑》:"成宗诏皇上抚军漠北,以辅导之扈从,壹是军务,悉听于公。寇出金山南阔别列,子也儿吉尼将左卫射士居颜行当寇骁将,手搏,斩其首。"〈按,阔别列之地在金山之南,即今之科布多也。阔科、别布皆双声,列、多音亦相近。〉)西南二百余里	3/12	4/11B
39	又一百三十二载,当康熙二十五年,为察罕汗之末年。察罕汗名曰厄里克谢靡汗罗费赤。察罕汗死,无子,有一女曰票多尔厄里克谢耶费赤,素枭雄,习战斗,嗣父位,是为察罕三皮提里普尔汗。亦曰叩肯汗,其国言男曰叩,女曰叩肯也。上距依番瓦什里鱼赤,凡二十四代,(按,自是其国世传于女,至乾隆五十六年为第七传扣肯汗。嘉庆十年,遣使来边,其时复为男汗)扣肯汗遣使索取(云云)(此条据余理初所辑,存以俟考)	3/23	4/23A 此条与刻本异
40	注"名曰柏兴":"按,斯科者,若中国省治府城,柏兴若县治。""按,柏兴为拜牲之讹"句,删。	3/23	4/23A 此条刻本未用
41	又东北流,过铿格尔图喇。(此条接"驻兵五百名之后") 额尔齐斯河既会布克图尔玛河,北流,有胡苏图水自东来入之。又东北,有乌兰斋水自东来入之,图鲁台水自西来入之。又东北,有一水自东来入之,乌达图水自西来入之。又东北,有乌里雅苏图水自东	2/17	4/23B

续表

序数	稿本笺条	原排顺序（卷/叶）	实际顺序（卷/叶）
	来入之,额贝图水自西来入之。又东北,有坤达图水自东来入之,阿海图水自西来入之。又东北,有一水自东来入之,乌里雅[苏]台水自西来入之。又东北,有布尔噶苏台水自东来入之,塔里衮水自西来入之。诸水皆细流也。额尔齐斯河又东北,迳铿格尔图喇之东。铿格尔图喇,俄罗斯小城也。极五十一度二十分、西三十三度四十五分。 又东北流,过森博罗特城。 　　额尔齐斯河自铿格尔图喇东北流,有额布根水自西来汇。又东北,有图伦亢寄淖尔水自东经哈里尔之北来汇。又东北,有一水自东北来汇,阿布水自西来汇。又东北,有乌兰布拉克自西来汇。又东北,迳布里尔之东,有一水自东北来汇。又东北,有乌孙楚谦水自西来汇。又东北,有察罕鄂博水自东来汇。又东北,有察尔河自西南来汇。又东北,迳森博罗特城东,森博罗特城极五十三度三十分,西三十二度二十分,地距中国界已千余里。阿睦尔撒纳之窜也,实由斯以遁。定边右副将军兆公惠奏言:委署参领额林策等至俄罗斯森博罗特图喇,向玛玉尔查问阿睦尔撒纳踪迹,玛玉尔言,适据齐伦图喇报称有步行二人向刈草之人告云:我系阿睦尔撒纳,可报知尔头目前来渡我。其人即告知丕坦,遣人操舟前往,久未回报。复遣人往看,并无踪迹,惟于额尔齐斯河曲寻获渡口小舟,盖由此渡河以东矣。 又东北流,过达布逊淖尔。 　　额尔齐斯河自森博罗特城东北流,有一水自东来汇,折而西流数十里,包达布逊淖尔之北以至其东。淖尔极自五十四度二十五分至五十五度八分,西三十二度三十分。达布逊淖尔者,盐池也。康熙五十九年,俄罗斯使臣伊思迈罗付言:"我国之人今		

续表

序数	稿本笺条	原排顺序（卷/叶）	实际顺序（卷/叶）
	于盐池以南宰桑淖尔之处修建房屋居住。"乾隆二十年，参赞富公德奏言："额尔齐斯之北有达布逊图喇地方，其地产盐。" 又东北，折而西北流，塔喇河注之。		

以上稿本的笺条，在后来的刻本中基本都已纳入，但也有个别的不同。如稿本卷一38A下引岑参《题铁门关楼》《宿铁关西馆》二诗，在刻本中仅云"唐岑参有《题铁门关楼》及《宿铁门关西馆》诗"。又如稿本卷四有两条有关俄罗斯的内容，在稿本上均注云"据余理初所辑"，即俞正燮《俄罗斯事辑》，其中一条又有"存以俟考"的注，最后在刻本中未收。这种不同可以看作是徐松在最后的定稿时作出的修改。《俄罗斯事辑》载入道光十三年由张穆、许瀚（1797—1866）编排并在京付刊的俞正燮《癸巳类稿》卷九中，由此可以看到稿本笺条在道光十三年之后被增加的信息。

笺条中更为重要的信息是"沈抄本"一词的出现。该词凡两见，一处是前揭稿本卷一38A下引岑参《题铁门关楼》《宿铁关西馆》二诗下，有"沈抄本已添"字样，一处是卷一40B"嘉勇公"条下，有"沈抄本未添"字样。无论"已添""未添"，最后在刻本中都已补入，因此这是徐松在增补稿本内容时为了记住与另一个"沈抄本"之间的同异而做的记号。而这个"沈抄本"，应该是帮助他进行增订的沈垚的抄本。

关于沈垚，在前此的论述中已多所提及。他因为对西域地理的卓越见识而通过《新疆私议》一文被徐松所赏识，于是从道光八年之后，他们之间开始有这方面内容的通信。道光十五年，沈垚进入京师应考，遂被徐松邀住在家，从那个时候起，科举未第的沈垚就一直在京师受雇于徐松、姚元之等人，帮助编纂地理著作，直到道光二十年，他以四十三岁的英年早逝。沈垚在道光十六年就移居内城姚元之处，所以他帮助徐松进行《西域水道记》的修订工作，应该是同时抄写了一个《西域水道记》的本子，然后两人分头订补；当他从内城"间旬相访"（张穆《落帆楼文稿序》）于宣武门外的徐松时，再进行探讨。从稿本与刻本之间一些比较大的行文差别来看，刻本的底本应该是从稿本过录又加上了沈垚修订的"沈抄本"内容。沈垚在进行《西域水道记》修订的过程中,也完成了如《元史西北地蠡测》二卷、《西游记金山以东释》一卷、《西域小记》一卷等的小著述。但因为贫穷,他始终没能脱离雇佣的身份,因而也未能完成自己的名山之作。这种遗憾,在《落帆楼文集》卷八、卷九致乡友如张履、孙夔、许海樵、纪石斋、丁子香等人的书信中比比皆是。

3 从稿本到刻本

《西域水道记》从稿本到刻本,发生了一些变动,可以看到徐松著述过程的一些认识发展。

一是卷数从四卷发展为五卷。这主要是由于反映天山南路"罗布淖尔所受水"的内容扩充,而使之从稿本的一卷发展为刻本的两卷所致。罗布淖尔接受了来自帕米尔东、昆仑山北和天山南麓的水系,同时清代再度钦定的"初源说",以及平定大小和卓木、平定乌什事件等当代史的内容也使其相关描述头绪纷繁。徐松不被文字均衡的写作定势所束缚,将罗布淖尔三源所包括的塔里木盆地的西部作为第一卷,自三源合流后的东部作为第二卷,显然是非常合乎历史与地理的发展逻辑的。

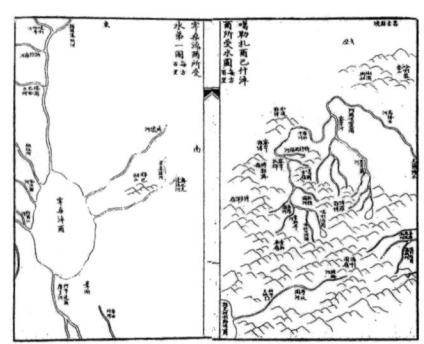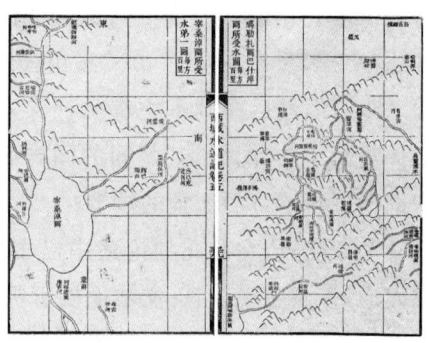

插图 77 《西域水道记》稿本、刻本地图对照

二是每卷之后的地图(刻本卷一无)徐松都进行了重绘(插图 77),这同样也是由于他在京师得到更多的机会与专精天文、历算和地理等各个方面的友朋切磋,并得读大量不为前此所见资料而具有更为精确的地图观念所致。这一点,我们通过他在一些作为定点的山川、聚落经纬度的修改和补充上就可以看出其必须重绘地图的原因(图表 8):

图表8 《西域水道记》刻本与稿本经纬度对照表

卷数	地名	刻本	稿本
卷一 罗布淖尔所受水上	冈底斯山	当京师偏西三十七度五十分、极出地三十四度二十分	偏西三十六度四分、极出地三十度五分
	僧格喀巴布山	极三十四度五十五分、西三十七度三十分	偏西三十六度、极三十一度一分
	得尔必楚克河	源处极四十三度四十五分、西四十四度二十分	源处偏西四十三度二分、极四十度八分
	哈喇库勒	极四十三度五十分至四十四度十分、西四十五度至四十六度	阿喇古山偏西四十二度四十一分、极三十九度五十二分，午正日景夏至长二尺九寸四分、冬至长一丈九尺九寸三分、春秋分长八尺三寸五分。水出其山，西南流……潴为哈喇库勒
	噶巴克阿克集	地极四十四度二十五分、西三十六度三十分	稿本原无，笺条补入
	泽普勒善河西源	源处极四十一度五分、西四十三度三十分	源处偏西四十二度、极三十七度至三十八度 笺条省改同底本
	听杂阿布河东源	源处极四十度三十分、西三十九度五十分	源处偏西三十九度、极三十六度六分 笺条改同底本
	哈喇哈什河	其源处极四十一度二分、西三十七度四十分	其源处偏西三十六度八分、极三十六度 笺条改正同底本
	玉陇哈什河东源	源处极四十一度十分、西三十七度	源处偏西三十五度、极三十六度 笺条改正同底本
	额里齐城	极四十一度、西三十六度五十五分	地偏西三十五度五十二分、极三十七度 笺条改正同底本

续表

卷数	地名	刻本	稿本
	哈喇哈什城	极四十一度十五分、西三十七度十分	偏西三十六度十四分、极三十七度十分 笺条改正同底本
卷二 罗布淖尔所受水下	阿克苏河西支	源处极四十度五十分、西四十度五十分	源处偏西三十九度八分、极四十一度
	瑚玛喇克河	源处极四十一度三十分、西三十九度	源处偏西三十七度、极四十一度八分
	哈喇塔勒河与葱岭、于阗河会处	会处极四十度十五分、西三十六度四十分	偏西三十五度五分、极四十度四分
	玉陇哈什村	极三十六度五十二分、西三十六度二十分	偏西三十五度三十七分、极三十六度五十二分
	齐尔拉村	极三十六度四十七分、西三十五度四十分	偏西三十二度四十二分、极三十六度四十七分
	克勒底雅城	极三十六度五十八分、西三十四度三十分	偏西三十三度二十五分、极三十七度
	塔克村	极三十六度十三分、西三十四度四十五分	偏西三十三度四十五分、极三十六度十三分
	孔郭尔郭	极四十度二十五分、西三十六度二十分,午正日景夏至长三尺一分、冬至长二丈二寸六分、春秋分长八尺四寸七分	偏西三十六度五十八分、极四十度十五分
	沙雅尔城	极四十度五十五分、西三十四度十五分,午正日景夏至长三尺一寸七分、冬至长一丈一尺二分、春秋分长八尺七寸二分	偏西三十三度二十一分、极四十一度五分

续表

卷数	地名	刻本	稿本
	木素尔河（渭干河西源）	源处极四十二度二十分、西三十六度二十分至五十分	源处偏西三十六度、极四十二度
	赫色勒河（渭干河东源）	源处极四十二度、西三十四度三十分至三十五度十分	源处偏西三十四度、极四十一度
	渭干河（赫色勒河与雅尔干河汇处）	两河汇处极四十一度二十五分、西三十五度十分	源处偏西三十四度八分、极四十一度三十五分
	大裕勒都斯河	源处极四十二度四十五分、西三十四度三十分	源处偏西三十二度六分、极四十二度
	小裕勒都斯河	源处极四十三度十分、西三十一度三十分	偏西二十九度、极四十三度
	博斯腾淖尔	极四十二度又八分、西自二十八度三十分至二十九度五十九分	偏西二十九度至二十七度六分、极四十一度八分
	罗布淖尔	极四十度三十分至四十五分、西二十八度十分至二十九度十分	偏西二十八度至二十七度、极四十度至五分
	阿勒坦噶达素齐老	极三十五度五分、西二十度三十五分	偏西二十度四分、极三十五度
卷三 哈喇淖尔所受水	昌马河	源处极三十八度五十分、西十九度三十四分	《西域图志》云："源处极三十九度、西十九度四十分。"
	苏勒河	源处极三十七度五十八分、西二十度四十分	稿本无
	党河	东源出窟窿山，源处极三十六度五十八分、西二十度四十分 西源出窟窿山西克博图山，源处极三十七度三十三分、西二十一度四十分	《河源纪略》云："党河源处极三十八度、西十度五分。"

续表

卷数	地名	刻本	稿本
	党城	其地极三十八度五十五分、西二十一度三十四分,午正日景夏至长二尺八寸九分、冬至长一丈九尺六寸八分、春秋分长八尺二寸七分	其地极三十九度三十五分、西二十度二十四分
	敦煌县	县治极三十九度三十分、西二十一度三十七分,午正日景夏至长三尺、冬至长二丈零二寸二分、春秋分长八尺四寸五分	此处纬度,稿本原作"四十度十二分",旁改同底本
	哈喇淖尔	极三十九度四十六分、西自二十三度之三十五分至二十四度之三分	极三十九度八分、西二十二度六分至二十三度
	色尔腾海	极自三十八度五十分至三十九度五分、西二十三度一分至二十分	极三十九度、西二十二度
巴尔库勒淖尔所受水	镇西府治	极四十三度三十九分、西二十三度三十六分,午正日景夏至长三尺六寸七分、冬至长一丈三尺七寸一分、春秋分长九尺五寸四分	三十六分:稿本无
额彬格逊淖尔所受水	昌吉县（宁边城）	县治极四十三度四十五分、西二十九度二十六分,午正日景夏至长一尺八寸一分、冬至长一丈五尺五寸四分、春秋分长六尺六寸八分	稿本原无,笺条补入
	绥来县	县治极高四十四度二十分、西三十度二十五分,午正日景夏至长三尺八寸一分、冬至长二丈四尺五寸二分、春秋分长九尺七寸七分	西三十度二十五分:稿本作"西二十九度四十八分"

续表

卷数	地名	刻本	稿本
喀喇塔拉额西柯淖尔所受水	安济哈雅	安济哈雅地极四十四度十三分、西三十一度十二分,午正日景夏至长三尺七寸九分、冬至长二丈四尺三寸八分、春秋分长九尺七寸三分	稿本"极"下有"高"字。西三十一度十二分:稿本原作"西三十度五十四分",旁改同底本
	库尔喀喇乌苏(庆绥城)	极四十四度二十四分、西三十一度四十四分,午正日景夏至长三尺八寸三分,冬至长二丈四尺六寸一分,春秋分长九尺七寸九分	西三十一度四十四分:稿本原作"西三十度四十四分","一"字旁添
	安阜城	极四十四度三十三分,午正日景夏至长三尺八寸五分、冬至长二丈四尺七寸九分、春秋分长九尺八寸四分	西三十三度十分:稿本原作"西三十二度三十分",旁改同底本
	喀喇塔拉额西柯淖尔	极四十四度三十五分至四十六分、西三十二度四十一分至三十三度二十五分	稿本原作"极四十五度八分至四十六度、西三十度四分至九分",旁改同底本
卷四 巴勒喀什淖尔所受水	特克斯河	《水道提纲》云:"特克斯河出根克多贝格根地之大山东麓,西三十四度,极四十三度六分。"	稿本同
	空格斯河	源处极四十三度三十一分、西三十二度五十八分强	源处极四十三度八分、西三十一度五分强
	空格斯河与特克斯河会处(伊犁河)	极四十三度四十五分、西三十四度二十分	极四十四度四分、西三十三度六分
	哈什河	源处极四十四度八分、西三十二度四十五分	西三十二度四十五分:稿本作"西三十一度七分"
	哈什河汇伊犁河	汇处极四十三度四十一分、西三十四度二十分	稿本无

续表

卷数	地名	刻本	稿本
	惠远城	极四十三度五十分、西三十五度强	稿本无
	巴勒喀什淖尔东西长	极四十五度五分至八分、西三十六度五分至三十七度四分	稿本同
卷五 阿拉克图古勒淖尔所受水	阿勒坦山	山顶极四十八度七分、西二十二度二分,其尾极四十六度五分、西二十度四分	稿本原作"其顶极四十八度七分、西二十二度二分,其尾极四十六度五分、西二十度四分",笺条改同底本
	绥靖城	极四十七度五分、西三十四度三分,午正日景夏至长四尺三寸七分,冬至长二丈八尺三寸四分,春秋分长一丈零七寸六分	稿本同
	雅尔城	极四十七度五分、西三十四度四十分,午正日景夏至长四尺三寸七分,冬至长二丈八尺三寸四分,春秋分长一丈零七寸六分	西三十度四十分:稿本原作"西三十度二十分",旁改同底本
	阿喇克图古勒淖尔	极四十七度又六分、西三十五度又九分	稿本原作"极四十六度六分、西二十三度九分",旁改同底本
噶勒札尔巴什淖尔所受水	噶勒札尔巴什淖尔	极自四十六度三十分至四十七度二十分、西二十八度至二十九度二十分	稿本原作"极四十六度、西二十一度五分",旁改同底本
宰桑淖尔所受水	额尔齐斯河	极四十六度十分、西二十八度二十分	稿本原作"极四十五度五十分、西二十四度十分",旁改同底本
	宰桑淖尔	极自四十七度之五十九分至四十八度之三十一分、西自三十度之四十五分至三十一度之五十八分	稿本原作"极四十八度五分、西二十三度",旁改同底本

续表

卷数	地名	刻本	稿本
	铿格尔图喇	极五十一度二十分、西三十度四十五分	三十度:稿本笺条作"三十三度"
	森博罗特城	极五十三度三十分、西三十二度二十分	稿本无
	达布逊淖尔	极自五十四度二十五分至五十五度八分、西三十二度三十分	稿本无
	北极	《元史·天文志》载"四海测验":"北海,北极出地六十五度,夏至晷景长六尺七寸八分,昼八十二刻,夜一十八刻。"	稿本同

以上的经纬度大多发生了改变,许多记录既不同于当时权威的《水道提纲》《钦定西域图志》和《钦定河源纪略》,也与《乾隆内府舆图》所标不完全一致,可能是徐松得到了当时更为精确的测量资料。

三是许多考证都得到了新的材料补充或修改。如体现《西域水道记》重视出土文献与传统史料印证的碑刻录文,在刻本卷三敦煌一地中录有五方,但在稿本中只有《唐李府君修功德碑》《唐李氏再修功德碑》二方,重要的碑刻《周李君重修莫高窟佛龛碑》《元至正造象记》《唐索勋纪德碑》三方都是在刻本中新加的。又如刻本卷二讨论额尔勾河即古"计戍水"一条,补充了唐代阙啜忠节送唐御史中丞冯嘉宾于计舒河口的材料。外如卷一回回历、卷四海都地问题,都有新材料给予了修改。

因此,如果真的在道光初年稿本的基础上刻印《西域水道记》的话,则势必会失去许多令全书生色的精彩篇章。

4 稿本的校勘价值

稿本的存在使我们发现了许多成书过程中徐松的思考与认识发展,以及其得到友朋帮助而进一步完善的内容。在笔者的《西域水道记》点校中,对稿本到刻本的不同与增补情况,都给予了反映,相信它能够更直接地将这种改变体现了出来。

除了这种写作过程的认识意义之外,稿本对刻本内容的讹误纠正也是值得注意的。虽然我们强调从稿本到刻本的质量提高是毋庸置疑的,但实际上在点校过程中有许多地方稿本也帮助纠正了刻本中的误植之处。兹将点校过程中得到稿本证明而作出的订正举例如下(例证中之底本即指刻本):

卷一"乌兰乌苏河"下:"经霍尔干庄北(在喀什噶尔城东北三十里)","东北三十里",稿本作"北五里",是,底本涉下"伯什克勒木庄"下"在喀什噶尔城东北三十里"而误。

卷一"叶尔羌河"下:"《曷思麦里传》:'哲伯令曷思麦里持乃蛮主曲出律首往徇其地。'"后一"曷思麦里",底本误作"曷思麦思",据稿本、《校补》本、《方壶》本改。

卷一"泽普勒善河"下:"又西四日程,曰博洛尔,其地南即巴勒提。""即"字,稿本作"接",是。

同上:"额尔德呢遂攻塔什罕,丕色勒来拔","拔"字,稿本、《方壶》本作"援",是。

同上:"六月,复进正项特磬料十一片,黄钟磬二、太簇磬一、大吕磬三、夹钟磬五。""太"字,底本作"大",据稿本、《方壶》本改。

卷一"听杂阿布河"下:"东源出库克雅尔山,回语库克,青色,山色青,下临坎,故名。""山色",稿本作"山石",是。

卷一"哈喇哈什河"下:"回语阜滏勒为消灭,盖诅咒之词。""为"字,稿本作"谓"。

卷一"玉陇哈什河"下:"按,《汉书·西域传》言于阗多玉,《梁书·西南夷传》有于阗玉河,是其名称,从来已久。""按"字,底本作"接",据稿本、《校补》本、《方壶》本改。

卷二"三源既合"下:"乾隆二十七年,素诚赴乌什办事","诚":底本作"城",据稿本、《校补》本、《方壶》本改。

卷二"额尔勾河"下:"布古斯孔郭尔郭东二百五十里,至叶伊勒干(回语叶伊勒,开展之义,干,谓平也,言其地宽平)。"此处及注文中"干"

字,底本、《方壶》本作"于",据稿本改。按,此条注文引自《西域同文志》卷二,经核对,稿本是。

卷二"沙雅尔城"下:"南距渭干河七十里""裕勒都斯巴克在渭干河西岸","渭干":底本作"渭于",据稿本、《方壶》本改。

同上:"蒙古语托罗海,首也。""海":底本、《方壶》本作"汉",据稿本、《校补》本改。

卷二"渭干河"下:"木素尔岭系往来要路","岭":底本作"领",据稿本、《校补》本、《方壶》本改。

卷二"渭干河"下:"探知阿克苏城之阿布塞塔尔率众一千人","千":底本作"干",据稿本、《校补》《方壶》本改。

同上:"赫色勒者,渭干河东源也""河流经岩下,雅尔干河来汇,是为渭干河""渭干河东流""渭干河经洞前南流八里""渭干河南流,经胡木土喇庄西""渭干河又南,经提根庄东""渭干河即龟兹西川矣","渭干":底本作"渭于",据稿本、《校补》本、《方壶》本改。

同上:"牌租阿巴特庄在库车城西四十里","牌":底本、《方壶》本误作"稗",据稿本改。

同上:"库车城西南五十里","西":底本作"酉",据稿本、《方壶》本改。

同上:"渭干河南流,经胡木土喇庄西","土":底本、《方壶》本作"上",据稿本、《校补》本改。

卷二"海都河"下,"哈布齐垓"凡十一见,"垓"字底本于第一、二、八、九、十一处,作"赅",今据稿本、《方壶》本改正。

同上,"作巨镇于回中,峰层嶂叠","于":底本作"千",据稿本、《校补》本改。

同上,"《水经注》曰:'其水屈而南,迳渠犁国西。'"《水经注》,底本作《水经》,"南",底本无此字,均据稿本补。

卷二"罗卜淖尔"下:"合剌火者""哈剌霍州""合剌和州""哈剌火

州"四处"刺"字,底本均误作"剌",据稿本笺条改正。

卷三《唐李府君修功德碑》下,"虚谷腾声,洪钟应物","腾":底本作"胜",据稿本改。

卷三《唐李氏再修功德碑》下,振下是"字"字;增祖;昕归;"州犹";"方佩隼";"□深特达当是子云特达"。按,除"方佩隼"底本已有,其余皆为稿本独有。

卷四"哈什河"下阿布喇勒山祀文:"昧谷之西,遣亥章以测日;轮台以外,驻戍己而开屯","己":底本作"巳",据稿本改。

同上"乌哈尔里克河"下:"(乾隆)四十六年,王巳兴等三十户垦田九百亩","己":底本、《方壶》本作"巳",据稿本改。

同上"吉勒苏胡岭"下:"岭高数里,悬崖耸峭,危石倚空,哈什洪涛,冲啮其趾。""高":底本、《方壶》本作"南",据稿本改。

同上:"麓有碎石,抟结坚实","抟":底本、《方壶》本作"搏",据稿本改。

另外,稿本的大部分文字都有徐松用朱笔所做的句读,在笔者点校过程中,对理解原文也有不小的帮助。如卷一"乌兰乌苏河"下,"南渠溉塞尔们庄,经城西,南入于河",如果没有朱笔句读的指引,笔者就标点成了"经城西南,入于河";又如对于西域音译的人名、地名并列情况,《西域水道记》往往夹有小字"句"字间隔,但很多地方没有,如卷一"葱岭北河"下,"军机大臣议:回部设立阿奇木共三十一城,计其大小,酌为三等:叶尔羌、喀什噶尔、阿克苏、和阗为四大城,乌什、英吉沙尔、库车、辟展为四中城,沙雅尔、赛喇木、拜、库尔勒、玉古尔、牌租阿巴特、塔什巴里克、哈喇哈什、克勒底雅、玉陇哈什、齐尔拉、塔克、阿斯腾阿喇图什、阿尔琥、玉斯屯阿喇图什、英额齐盘、巴尔楚克、沙尔呼勒、鲁克察克、托克三、喀喇和卓、洋赫、克勒品为二十三小城,俱给阿奇木伯克图记。其分寸,大城视内地佐领,中小城递减",以上用顿号的地方,朱笔句读能很快帮助点校者进行准确的标点。

5 稿本的递藏

《西域水道记》稿本今藏中国国家图书馆,其间递藏,则可由藏书印给予判定。目前所见的稿本并不见卷首的他人序和题词之类,因此第一册卷一首叶就印有"星伯审定"白方、"古潭州袁卧雪庐收藏"白方、"常熟翁同龢藏本"朱长方、"北京图书馆藏"朱方四印,此外,卷四地图的最后一叶正面,也钤有翁同龢"均斋秘笈"朱长方、"虞山翁同龢印"白方两印,它们指示了该书由徐松——袁芳瑛——翁同龢——北京图书馆(今中国国家图书馆)的递藏经过。这也是徐松大量藏书(包括其著作)在身后递藏的历程,因此在这里提出来分析。

徐松的藏书在身后散落,在缪荃孙《星伯先生小集跋》中已经提及:"(徐松)子延祖先殁,家亦中落。藏书万卷,大半斥卖。"①临近徐松住宅而曾经是他藏书来源的琉璃厂书肆,此时以雄厚的实力与丰富的经验成为这批藏书的优先购买者。通过这一中介,徐松的藏书陆续流散出来,当时身居京师的藏书家袁芳瑛成为最大的买家。芳瑛字漱六,湖南湘潭人,道光二十三年举人,二十五年进士,改翰林院庶吉士,散馆授编修。后升御史,出为松江知府,卒于官。袁芳瑛以藏书名世,黄濬称之为"近代第一"②,而徐松藏书的散出正是在其任翰林编修期间,故近水楼台,所得最多。

关于袁芳瑛藏书的流散,也以黄濬《花随人圣庵摭遗》"袁漱六藏书散出始末"条记载最详。其中记载袁氏卒后,藏书载入湘中,其子榆生无故书雅记之好,以五间楼房闭置,积年不问。光绪五年,李盛铎之父李明墀(1823—1886)任湖南巡抚,盛铎随宦湘中,得以设计从榆生处购得大量珍本,入藏其木犀轩中。这批藏书中就有徐松的旧藏如《唐两京城坊考》稿本、《新疆赋》稿本、《雪矶丛稿》钞本等,它们随着木犀轩五万多册的藏书,在李盛铎去世之后入藏今北京大学图书馆,这成为袁氏旧藏徐松书籍的重要传递过程之一。

在李盛铎之后,袁榆生又将其父藏书再度辇至北京琉璃厂出售,在缪荃孙的《河南志跋》中有相关的记载:

光绪壬申(按,光绪无壬申,当为甲申,即光绪十年),袁漱六前辈卧雪庐藏书辇来厂肆火神庙,名钞旧校,触目琳琅,而值极昂。荃孙境又极窘,无计得之,又不能自已,心跃跃然,目炯炯然,逐日蹒跚书城之侧,寝食俱废。见友人中能得者,则谨志之,为他日借阅地。一日,见《河南

---

① 缪荃孙《星伯先生小集跋》,《小集》,第二叶背面。
② 黄濬《花随人圣庵摭遗》,第 485—486 页。

志》钞本一巨帙,无卷数,用《全唐文》格子,封面题《河南志》,识是徐星伯先生手笔。城池宫阙,自周至唐悉具,知是宋次道《河南志》之首册,而星伯先生修《全唐文》时所录者。议价不成,次日即为人购去,懊恼欲绝。后探知归常熟师所,因乞归录副而细校之。①

跋中所云"常熟师"即翁同龢,字叔平,号松禅等,江苏常熟人,咸丰六年状元,官至协办大学士,为同治、光绪两朝帝师。其父翁心存(1790—1862),即嗜藏书。与跋中所记《河南志》抄本一样,这里讨论的《西域水道记》稿本,还有《汉书西域传补注》稿本,都是翁氏在袁芳瑛藏书流落京师琉璃厂时用重金购得的徐松旧藏。戊戌变法时,翁同龢被开缺回籍,其京师典籍由侄孙斌孙继承,后移置天津。斌孙卒后,则由其二子之廉、之熹继承;之廉卒,又由之熹独守典藏,在新中国建立后,将部分善本捐赠北京图书馆,上述三种徐松旧藏亦因此庋于中国国家图书馆②。此即袁氏旧藏徐松书籍的重要传递过程之二(图表9)。

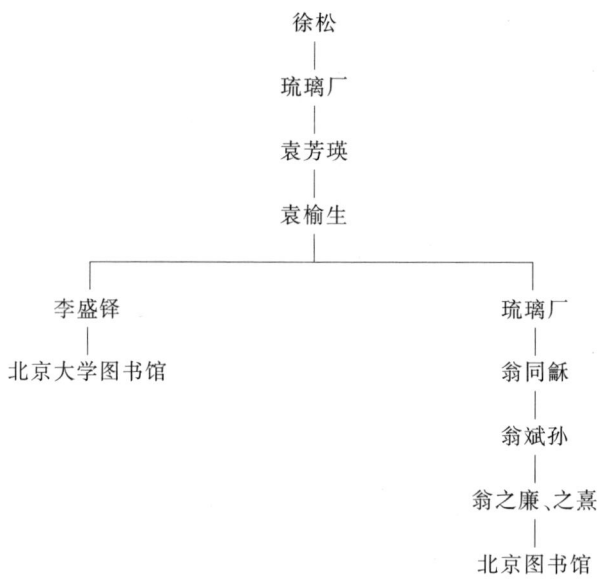

图表9　袁芳瑛旧藏徐松书籍递藏图

---

① 缪荃孙《河南志跋》,《藕香零拾》,第235页。
② 参郑逸梅《〈常熟翁氏捐献书目册〉跋》,《郑逸梅选集》,哈尔滨:黑龙江人民出版社,2001年1月,第五卷,第325—326页。

这仅仅是今所知袁芳瑛旧藏徐松书籍的部分图书递藏的一个示意表。至于徐松书籍流散传递过程的全面探讨,笔者拟在今后的"徐松藏书聚散考"中作详细的研究。

二 版本之二:木刻本与排印本

1 刊刻年代考

通行的《西域水道记》刻本并没有留下刻板的牌记,有关年代的记录只有卷首龙万育的序文和徐松的自序,前者题为"道光三年锦里龙万育叙",后者署曰"道光初元日南至,郯徐松撰","日南至"是冬至的别称,"郯"是蓟的古体,代指徐松占籍大兴地方的旧称。在这两个年代中,龙万育序文的时间更晚一些,因此《西域水道记》的刊刻年代被认定为道光三年①。——作为该书最流行的版刻年代说法,不仅大多数的图书馆在关于馆藏该书的记载上都作这样的著录,有关徐松及其西北历史地理学的研究论著也大率是这样的记述。比较审慎的论述虽然将道光三年序作年代与版刻年代分开,但也还是根据了这个序文年代而将《西域水道记》的版刻推断为距道光三年不太久的"道光初"②。

这种根据卷首序年比定刊刻时间的错误,榎一雄最早给予了纠正。他本人在最初的研究中也沿用了道光三年的旧说③,但紧接着便提出了令人信服而被人忽视的重要证据,即邓廷桢序文的署衔是判定其刊刻年代的标准。而通过对《西域水道记》引书的内证和同时代人的论述,也可以为榎一雄的看法提供强有力的内证。

一般而言,序文的年代多与刊刻的时间相近,前此在"稿本的写定时间"中,我们已经讨论了正是因为徐松有请龙万育刊印该书故以其名义作序的

---

① 当《西域水道记》与《新疆赋》《汉书西域传补注》合在一起而又没有版刻牌记时,则又多以三书序文中年代记录最晚的张琦《汉书西域传补注序》之道光九年作为统一序刻时年。
② 如宿白《〈李君莫高窟佛龛碑〉合校》注④,载《敦煌吐鲁番研究论文集》,中国敦煌吐鲁番学会编,上海:汉语大词典出版社,1990年6月,第45页。该文又收入作者著《中国石窟寺研究》,北京:文物出版社,1996年8月,题作《武周圣历李君莫高窟佛龛碑》,注④在第262页。
③ 这一错误参榎一雄《关于徐松的西域润查》初刊之《近代中国》11卷第154页、13卷第186页,但在14卷第148页已经进行了纠正,收入《榎一雄著作集》第二卷后不再体现这一认识过程。

论证,但在龙万育序文写作的道光三年之后并没有很快将该书付梓。因为《西域水道记》的考证文字,本身有许多出自其后很久的内容。如在《小集》中,收录了徐松的《〈天山客话〉跋》,题跋的时间:"道光甲午(十四年,1834)后学徐松识。"①洪亮吉作为先期遣戍伊犁的学者,在徐松《西域水道记》中,显然是重要的关注对象,其卷三征引的《万松歌》、卷五征引的《净海赞》,可以看作是徐松以往早就读到的洪亮吉诗文。但据上引文,徐松读到《天山客话》则是在较晚的道光十四年,而《西域水道记》刻本卷四"巴勒喀什淖尔所受水"中,就引用了一则《天山客话》的记载:

> 磨河者,乌里雅苏图水也,当广仁城西,三泉并发,南流经沙梁西,由其南分为二支。东支东南流,经中营头屯地南、塔勒奇头屯地北,果子沟水来汇,是为磨河。《天山客话》云:"绥定河出墨花鱼。"余访土人,盖磨河所产,是曰磨河鱼,音讹墨花也。②

根据这一点,可以判定刻本应在道光十四年之后。

更为重要的是,在前此讨论"稿本的笺条与沈抄本"时,已经考证了所谓"沈抄本"实际上就是沈垚参与《西域水道记》修订时所用的抄本。沈垚在道光十五年才进京识荆徐松,并开始帮助他整理西域文稿,今《西域水道记》中已经汇入了沈垚的修订成果,因此刻本的年代就更应在道光十五年之后了。

而李兆洛的书信帮助我们确定《西域水道记》刊刻年代的上限。在光绪本《养一斋文集》卷一八中,有李兆洛的《与徐星伯书》:

> 前曾致一书,想得达。比惟道候安善、兴居如宜。……春浦学使来,一见相得,深荷盼睐。学博才赡,而心平气和,通达时变,不为目论。……鹤皋先生《西陲要略》《西域释地》两书已刊布,先生想见之,甚有条理,可宝贵。深惜先生《新疆志略》一书遂晦其名耳。近时所欲述造,已有成者否?成则幸以见寄,冀及未死而见之也。可附刻者即当商刊之也。近徐钧卿刻所著《割圆密率》三卷极精,然亦须学者为之细草。又郑复光刻《正弧六术通法图解》一卷,亦极周密,于春浦处见之,未及

---

① 徐松《〈天山客话〉跋》,《小集》,第廿二叶正面。
② 《西域水道记(外二种)》,第247—248页。

究心也，先生想见之，乞各索数本见寄。[①]

李兆洛是徐松同年进士中的知交，也是当时知名的地理学家，在李兆洛留下的数封致徐松的书信中，都是互相交换著述信息并且南北代购相关书籍的内容。道光九年，徐松还曾将已刻和未刻的“西域三种”寄李兆洛，请为校订[②]。可以想见，如果《西域水道记》版刻行世，徐松最先要寄赠的，自当是同道而又相知的李兆洛。该信所及“春浦学使”即祁寯藻，“鹤皋先生”则其父祁韵士。据祁寯藻《观斋行年自记》记载：“（道光）十七年，简放江苏提督学政，九月到任。学政驻扎常州府江阴县。”[③]而其时李兆洛正主持江阴暨阳书院，祁韵士的《西陲要略》《西域释地》二书经由张穆厘定，亦于是年付梓印行，祁寯藻肯定是在当年九月到达江阴任上不久就去拜访了当地的耆宿李兆洛[④]；而后者也很快将看到《西陲要略》《西域释地》二书的信息告知了京师的徐松，并为“《新疆志略》一书遂晦其名”而深深惋惜。祁韵士二书作为沿革地理研究的专著，以篇幅的精简与内容的集中而优胜于前此政书体《新疆识略》的内容庞杂，自无问题；但如果与体大思精、结构缜密的《西域水道记》相比，则又当相形见绌。李兆洛没有将《西域水道记》与祁韵士的同类著作相比，显然在道光十七年九月尚未见到该书。因此我们完全可以将该书的刻板印行放在这封信之后来考虑。

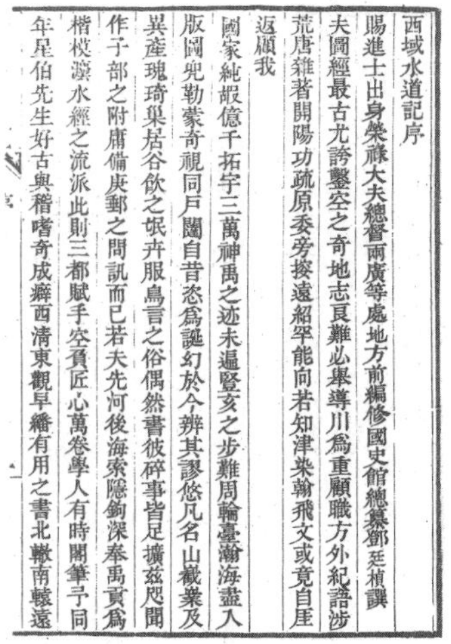
西域水道記序
賜進士出身榮祿大夫總督兩廣等處地方前編修國史館總纂鄧廷楨譔
夫圖經最古尤誇鑿空之奇地志良難必舉導川爲重顧職方外紀語涉
荒唐雜著開陽功疏原委旁接遠紹罕能向若知津栞翰飛文或竟自厓
返顧我
國家純嘏億千拓宇三萬神禹之迹未遍豎亥之步難周輪臺瀚海盡入
版圖兜勒蒙奇視同戶闥自昔恣爲誕幻於今辨其謬悠凡名山藏業及
異產瑰琦巢居谷飲之氓卉服鳥言之俗偶然書彼碎事皆足擴茲咫聞
作子部之附庸備庚鄄之問訊而已若夫先河後海索隱鉤深奉禹貢爲
楷模瀹水經之流派此則三都賦手空負匠心萬卷學人有時閣筆予同
年星伯先生好古與稽嗜奇成癖西清東觀早繙有用之書北轍南轅遠

插图 78 《西域水道记》卷首邓廷桢序言所示职衔

而榎一雄更早地从另一位《西域水道记》序作者邓廷桢的署衔上找到了解决这一版刻

① 李兆洛《与徐星伯书》，《养一斋文集》光绪本卷一八，第廿六叶背面至廿七叶正面。

② 蒋彤编《武进李先生年谱》（《李兆洛年谱》）“道光九年”条：“大兴徐新（星）伯松，乙丑同举进士，邮至塞上所作三种，曰《西域水道记》，曰《新疆赋》，曰《汉西域传补注》，属为订正。且言扬州罗士琳深通四元算术，为道地焉。”《年谱丛刊》第 131 册影印本，第 123—124 页。

③ 祁寯藻编、祁世长续编《观斋行年自记》（《祁寯藻年谱》），《年谱丛刊》第 146 册影印本，第 558—559 页。

④ 《武进李先生年谱》“道光十七年”条下记载：“九月，寿阳祁公寯藻赴江苏学政任，到江阴。……至之日，已昏暮，先生以非时，辞疾不见。驺从乃入使院，侵晨乃相见焉。”第 177 页。

年代的关键。邓廷桢的序文没有表明写作的时间,因而被寻找刻板标记者所忽略,但是他所署的官衔"赐进士出身、荣禄大夫、总督两广等处地方、前编修国史馆总纂"最终引起了榎一雄的注意(插图78),联系到卷首英和题词"十年心力谁鉴之?梨枣流传赖吾党"下的注语"邓嶰筠制军为镂板于粤东",则由邓廷桢刻板于两广总督任上的事实就完全可以得到肯定。而邓廷桢任两广总督的时间是在道光十五年至十九年之间,这在《邓尚书年谱》中也有明确的记载:"十五年秋九月,擢两广总督,冬,入觐。""十九年冬十二月,林公调任两广总督,公总督两江,以次年元旦受代。"①

根据《西域水道记》的署衔,可以将《西域水道记》的刻板年代确定在道光十五年至十九年之间,因此,《邓尚书年谱》选择了一个中间的年代——"道光十七年"记载这一事件:"按,公在粤曾刻同年友大

插图79　李兆洛像及其致徐松书札

兴徐松《西域水道记》五卷,并为之序。见原书吉林英相国和题词。"②这显然是比较审慎的态度。榎一雄则根据道光十七年之后邓廷桢忙于禁烟运动而无暇他顾,推断这一刻印书籍的文治之功应该在就任两广总督的前半期,即道光十五年末至十七年末之间③。但是上揭《与徐星伯书》显示道光十七年九月李兆洛尚未见到《西域水道记》一事,却为这一推断提供了反证。我们

---

① 《邓尚书年谱》,《年谱丛刊》第135册影印本,第151、161页。
② 同上书,第154—155页。
③ 《榎一雄著作集》第二卷,第94—100页。其云:"我想说的是邓廷桢能够监督《西域水道记》的雕版,并担任校对工作的时间,是在其任两广总督期间的事务相对较少的前半期(恐怕是从道光十五年末最多至道光十七年末这一期间)。"

第三章 《西域水道记》研究　221

恰恰可以根据李兆洛的书信,推断《西域水道记》的刻板是在邓廷桢任两广总督的后期——道光十七年末至十九年末之间。而《同人书札》中李兆洛的信,又帮助我们进一步确定了《西域水道记》在道光十九年刻成的结论(插图79):

> 星伯先生同年阁下:奉到《西域水道记》之赐,读之快慰,是诚超奇于郦氏之外。西域常在版图,此为鸿濛之辟。即有分析,尤为伯益之经矣!如此奇书,当吾世而得见之,何其幸乎!所寄《舆图历代》套印写本,比已卒业,俟装池竟,即可奉呈,须后有便耳。为淳父学使刻《说文系传》成,并刻小徐《篆韵谱》,以成小徐全书,附以校勘记,大抵岁内尚未能断手也。闻京师近时印武英殿宋辽金元四史,兆洛故藏尚缺《元史》,能为购一部,是所望也。该价示知,即寄缴。藉承兴居,不一。兆洛手状。九月三日。①

信中所记"为淳父学使刻《说文系传》",即《重刊景宋本说文系传》,是书前有道光十九年九月江苏学政祁寯藻叙,末有李兆洛跋及道光十九年季冬承培元校勘记后跋。李跋云:

> 道光戊戌之岁,淳父先生祁公奉命视学江苏,其驻节在江阴县,而兆洛适为其邑书院主讲,以同馆,故得奉谒先生。先生见即问小徐《说文系传》行世者何本,别有佳本否。……先生立命往借之,至即勾工梓之,命兆洛为之校理,阅一年,刻成。②

据此,则其致徐松此札,亦系道光十九年九月三日所作。而徐松《西域水道记》也应该是在当年稍早刻板刷印后,便在第一时间带给了李兆洛。

从道光十七年李兆洛期盼徐松西域力作"冀及未死而见之",到道光十九年发出"如此奇书,当吾世而得见之,何其幸乎"的欢呼,可见作为作者的徐松和作为同道的李兆洛,都希望《西域水道记》能够及早面世并先睹为快。毫无疑问,道光十九年九月三日李兆洛提到的徐松《西域水道记》,正是在此信书写之前稍早的日子里刻版刷印,并在第一时间带给了李兆洛。

---

① 李兆洛《与徐松书》,《同人书札》,第一叶正、背面。
② 李兆洛《重刊景宋本说文系传跋》,徐锴《说文系传》,《四部备要》排印本,上海:中华书局,1936年,第205页。

此外，对徐松执弟子礼的学者许瀚也于道光十九年十一月得到《西域水道记》，在日记中留下了送往文成堂装订的记录①，可能也是《西域水道记》甫经付梓刊刷的早期印本。

2 与邓廷桢的交谊

《西域水道记》刊印的动机里，不能不考虑到徐松与邓廷桢私交之谊。关于这一点，榎一雄也注意到邓廷桢在序里称徐松为"同年"，但他错误地将"同年"一词理解为仅仅是同榜进士相称，所以既然邓廷桢在嘉庆六年、徐松在嘉庆十年先后中了进士，遂推测这里的"同年"只是因为二人在朝中成为编纂《全唐文》的同事，因而攀缘相称。这一理解其实是不准确的。"同年"一词原来是进士考试的同年登第者之互称，后来也有因攀附而泛称者，如王应奎(1684—1757)《柳南随笔》卷二所论：

> 古人以同举为同岁，见于《后汉书·李固传》及《三国志·魏武帝纪》。其称同年则自唐始。唐宪宗尝问李绛曰："人于同年固有情乎？"对曰："同年乃九州四海之人，偶同科第，或登科然后相识，情于何有？"前明正、嘉以前，风俗犹为近古。……今世不论年谊有无，通谒概称年家，即屠酤儿亦然，最为无理，王新城《分甘馀话》中尝痛斥之。而今人名刺往来，若不署此二字，见者即疑为轻己，辄有拂然之色，亦可怪矣！②

但这里邓、徐之间的"同年"称谓却并非这种世俗的攀缘，而是因为在明清时代，乡试中举也成为士人科举道路上重要的环节，故同年中举同样可以称为"同年"。法式善《会陶然亭记》开篇即云："凡乡、会试同第于有司者，皆谓之同年；其以时集也，谓之团拜。"③就说明了清代这种同年相称的流行含义。通过《邓尚书年谱》和《徐星伯先生事辑》，可以发现他们二人确实是嘉庆五

---

① 许瀚《许瀚日记》"道光十九年十一月初七日"条："归诣星伯先生，观地图。""十五日"条："《西域水道记》送文成订。"崔巍整理，石家庄：河北教育出版社，2001年1月，第143、144页。按，以上记录疑是许瀚由徐松家获得始得刊印而未经装订之《西域水道记》，自往文成堂加工装订成册之意。文成堂为京师前门与崇文门之间打磨厂路南书铺，孙殿起《琉璃厂书肆三记》："文成堂，高致平，字均亭，深县人。于光绪□年开设，在打磨厂路南。至二十年，其子存智字博华继其业。"《琉璃厂小志》，第139页。其言光绪间开设，疑非是。孙殿起、雷梦水《记厂肆坊刊本书籍》所记文成堂刊书有道光二十二年刻本流传者，《琉璃厂小志》，第169页。

② 王应奎《柳南随笔·续笔》，王彬、严英俊点校，北京：中华书局，1983年10月，第41—42页。

③ 法式善《存素堂文集》卷四，《清代诗文集汇编》第435册，第383页。

年的恩科举人。因此，邓廷桢与徐松之间虽然没有同年考中进士，却还存在着同年乡试中式的科举事实。同时的严可均作《答徐星伯同年书》以及在《王仲堪墓志跋》称“同年徐翰林松购藏于家，拓数本赠予”①，也是以嘉庆五年中举而称之为“同年”者。

基于这样一种乡试同年关系，二人在先后中进士、授编修后，又曾有过同事相谐的岁月，因此非常投契。从同时人孙尔准记载他们在编修《全唐文》时期的聚会诗作如《雨中偕邓嶰筠、徐星伯饮陈小孟寓》《雨中小病柬胡书农陈小孟徐星伯时三人同直禁中》中②，就不难体会这种同事的欢娱。而我们在邓氏的《双砚斋诗钞》中读到其《喜徐星伯入关，以诗迓之二首》（插图80），更可以分明地确认二人之间深厚的友谊：

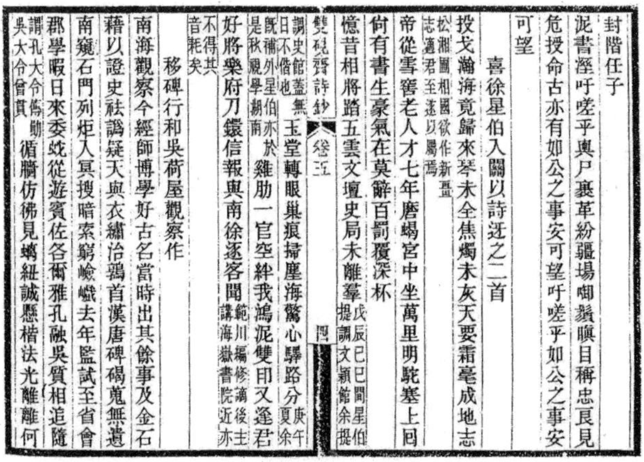
封階任子
泥書壓吁嗟乎輿尸褁革紛驪場衂鬚瞋目稱忠艮見
危授命古亦有如公之事安可望吁嗟乎如公之事安
可望
喜徐星伯入關以詩迓之二首
投戈瀚海竟歸來琴未全焦燭未灰天要霜毫成地志（松湘圃相國欲作新疆志適君至遂以屬焉）
帝從雪窖老人才七年磨蝎宮中坐萬里明駝塞上回
尙有書生豪氣在莫辭百罰覆深杯
憶昔相將踏五雲文壇史局未離羣（戊辰己巳間星伯提調文穎館余提
雙硯齋詩鈔 卷五 四
調史館蓋無日不偕也）玉堂轉眼巢痕掃塵海驚心驛路分（庚午夏余
既補外星伯亦於是秋視學湖南）雞肋一官空絆我鴻泥雙印又逢君
好將樂府刀鐶信報與南徐逐客聞（範川編修謫後主講海嶽書院近亦
不得其音耗矣）
移碑行和吳荷屋觀察作
南海觀察今經師博學好古名當時出其餘事及金石
藉以證史祛譌疑天與衣繡治鶉首漢唐碑碣蒐無遺
南𥨈石門列炬入冥搜暗索窮嶮巇去年監試至省會
郡學暇日來委蛇從遊賓佐各爾雅孔融吳質相追隨
（謂孔大令傳勛吳大令會貫）循牆彷彿見螭紐誠懸楷法光離離何

插图 80　邓廷桢《喜徐星伯入关，以诗迓之二首》

投戈瀚海竟归来，琴未全焦烛未灰。天要霜毫成地志，松湘浦相国欲作《新疆志》，适君至，遂以属焉。帝从雪窖老人才。七年磨蝎宫中坐，万里明驼塞上回。尚有书生豪气在，莫辞百罚覆深杯。

忆昔相将踏五云，文坛史局未离群。戊辰、己巳间，星伯提调文颖馆，余提调史馆，盖无日不偕也。玉堂转眼巢痕扫，尘海惊心驿路分。庚午夏，余既补外，星伯亦于是秋视学湖南。鸡肋一官空绊我，鸿泥双印又逢君。好将乐

① 分见严可均《铁桥漫稿》卷三、卷一〇，《续修四库全书》第 1488 册，第 659 页；第 1489 册，第 72 页。

② 孙尔准《泰云堂诗集》卷六，《续修四库全书》第 1495 册，第 568 页。

府刀镮信,报与南徐逐客闻。范川编修谪后,主讲海岳书院,近亦不得其音耗矣。①

这两首诗作于嘉庆二十五年邓廷桢任西安知府而徐松遣戍伊犁期满赐环时,对友朋绝域生还的喜悦,全从往昔相将的回忆与痛饮深杯的豪情中体现了出来。

此后的徐松回到京师,执掌文坛近三十年,成为西北历史地理学的领军人物,完成了《西域水道记》等一系列名山之作的撰述。而邓廷桢也官运亨通,从西安知府之后,先后担任湖北按察使、江西布政使、安徽巡抚等职,并于道光十五年升任两广总督。遣戍归来的徐松虽然因为《新疆识略》的编纂而起用为内阁中书,但二十多年的时间,却一直沉浮在位卑禄薄的京官任上。《西域水道记》这一名山之作在当时的刊刻付梓,如果不是"有力者"的资助,可谓遥遥无期。从道光三年龙万育的序言到道光十九年的最终印行,正是这样一种漫长的等待。这期间,龙万育这样著名的书商、李兆洛那样著名的学者,都曾经为该书的刻版印行做出努力,但最终还是由升任两广总督的邓廷桢毅然镂板自任,使《西域水道记》在道光以后风行天下。

邓廷桢在两广总督任上刊印《西域水道记》的动机,除了这一同年之谊,更重要的还在于他和作者徐松一样,对《西域水道记》这一著作所具有的经世致用的现实和学术意义的卓见。邓廷桢《西域水道记序》提及出版该书的动机时说:

予于畴昔,自木天以载笔,喜访舆图;纂李唐之全文,勤搜志乘。虽功疲于掌录,固愿廑于胸罗。今者劳劳保赤,编筹海晏而不遑;匆匆汗青,烛炳公余而姑待。宝书观成于我友,珍帚顿触乎初心。勉分校字之劳,重辱弁言之属。②

舆图志乘的偏好,胸罗世界的执著,是邓廷桢的夙愿;因为海防的操劳使他不能完成早年的著述愿望,而徐松《西域水道记》的完成,正好促动了他敝帚自珍的初衷。邓廷桢所以如此欣然地"勉分校字之劳,重辱弁言之属",正是由于徐松的著作完成了他们一代人共同的经世心愿。榎一雄根据邓廷桢

---

① 邓廷桢《双砚斋诗钞》卷五,《续修四库全书》第 1499 册,第 336 页。
② 邓廷桢《西域水道记序》,《西域水道记(外二种)》,第 5 页。

《西域水道记序》的内容及其禁烟事迹,也曾对这一崇高的心期作出过较高的评价:

> 正因为他(笔者按,指邓廷桢)作为两广总督深知与英国交涉和取缔鸦片的艰辛,才能更深刻地理解新疆社会的特异性以及对其统治的艰难,才能痛感详细准确地掌握有关这一地区知识的必要性。……徐松流放伊犁,趁受托编纂地志的机会,彻底展开对这个地区的历史和现状的调查研究,一定也是痛感到这种必要性的结果。而劝说作者拿出藏在书箱底十年以上的原稿,并将其刊行的两广总督邓廷桢,也一定是痛感这种必要性的一人。①

这一评语,对道光年间有所作为的士大夫知识分子作出如此理解,确实是深中肯綮且符合实际的。关于那一时代知识分子"世界观"的论述,过去比较集中于林则徐、魏源这样的少数典型人物身上②。而从《西域水道记》著述与刊刻的例证,包括该书众多的题词中反映出的经世精神③,就可以发现,"放眼看世界"其实是那一时代知识分子的群像。可以申论的是:邓廷桢在鸦片战争发生的前夜刊印西北边塞的地理书,除了邓、徐之间的个人交谊之外,更应关注的是知识界的精英对于来自西方挑战的预感。这种危机感的认识是全方位的,就遥远的海防前线刊印《西域水道记》一事,便可见他们——嘉道之际的知识界,对于世界的认识也远远超出了同光之际发生"海防"和"塞防"之争的后来者。

历史时常伏有先机。这一套鸦片战争前夕刻印的《西域水道记》,也很快在战争发生后不久,便成为刻印者邓廷桢本人及其战友林则徐的"指南"。因为历史让他们在1821年及稍后的日子里,先后充军伊犁。邓廷桢刻印《西域水道记》,及其序言中表彰该书"补阙""实用""利涉""多文""辨物"的五善,都在他们的遣戍途中一一得以验证,也成为邓廷桢人生中的"书谶"!

无论如何,值得欣慰的是,邓廷桢和徐松的同年友谊持续了他们的一

---

① 《榎一雄著作集》第二卷,第100页。
② 即使是林则徐和魏源,他们的经世意识也多有从徐松著作和交往中互相砥砺所得者,参拙稿《西北史地学背景下的徐松与邓廷桢、林则徐交谊》《思想与思想史的资源:魏源致徐松三札考论》,见本书第14页注①。
③ 如前引徐松同年进士彭邦畴的题词开篇即言:"才不为世用,乃箸经世书。"《西域水道记(外二种)》,第15页。

生,相隔二十五年的宦海沉浮之后,晚年的两人再度在陕西相逢(参本书第一章"徐松生平考论"第六节"暮年宦游")。经历西域遣戍的邓廷桢,晚年曾一再提及徐松在西域的萍踪,如道光二十四年升任甘肃平庆泾道的徐松同年进士魏襄,曾经写信给徐松,告知在经过兰州时与邓廷桢相晤的情景:"到甘省,晤嶰翁,虽彼此俱未见过,而同乡同年,且相好中俱之熟识而投契者多,故一见与故交无异。流连五日,无日不纵谈,亦无不谈及阁下。"[①]徐松在榆林知府任上拂袖而去后,身为陕西巡抚的邓廷桢再一次伸出援臂,使他续职录用。但是从河南临近潼关的徐松,却未及与老友重逢,便听到了来自西安的邓廷桢去世的噩耗。

枯守着邓廷桢为他刻印的《西域水道记》,晚年的徐松仍然继续补正着这一名著,将一张张笺条夹注其中,但似乎再也没有这样的挚友在其生前肯来关心《西域水道记校补》的印行。两年之后,他也相随邓廷桢遽归道山。由邓廷桢在两广总督任上镂刻的《西域水道记》木版,辗转流落到京师书肆本立堂;徐松自藏的一套《西域水道记》初印本及其亲笔修订的《西域水道记校补》残卷,在半个世纪之后漂泊东瀛。

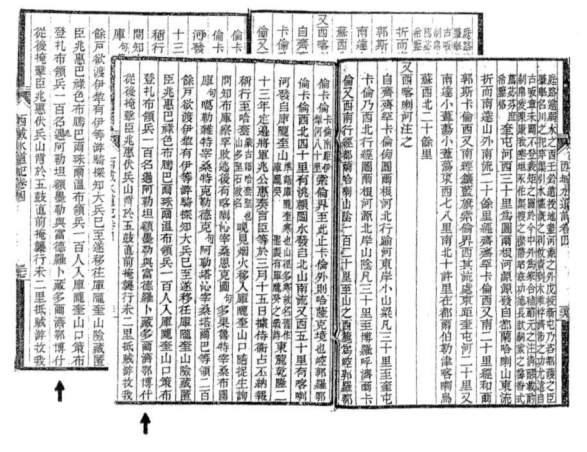

插图81 《西域水道记》初刻本与挖补本对照

3 初刻本与挖补本

道光十九年由邓廷桢在广东所刻的《西域水道记》木版,是后来所有翻印本的祖版。该版分五卷,半叶十一行、行二十八字,有小字双行夹注,卷二至卷五后均附有地图。卷首有邓序、龙序、自序和题词,除龙序与自序版心叶码连接外,邓序、题词皆自成起讫,因此后来的版本在装订上有先后参差或者遗漏题词等情况,但均非因为版刻不同而引起。唯一的重要区别是这个版刻曾经作过小小的修补,因此有笔者拟定的所谓"初

---

① 魏襄《与徐松书》,《同人书札》,第十五叶正面。

刻本"与"挖补本"之分。笔者在对日本早稻田大学图书馆徐松旧藏《西域水道记》刻本上徐松亲笔校改内容进行整理时,发现了这一问题。

在徐松自藏的刻本上,有他亲笔改正版刻误字42处。其中卷四第三十七叶十行,有"策布登扎布领兵一百名遇阿勒坦额墨勒"句,"遇"字旁改为"過"(插图81);卷五第十五叶二十一行,有"即欲前進擒爾禡木特"句,"爾"字旁改为"兩"。这很明显是因为形近而发生了误刻。但是当笔者用其他的刻本进行对照时,发现徐松的这两处讹字别本均不误。而发生这两处不同的别本在其他方面又都与徐松藏本完全一致,由此而断定两处有误者应该是初刻本,而不误者则是发现了这两处错误后刻工即进行了挖补的本子。

这种初刻本当时印行非常少,但也非绝无仅有。据笔者的调查,今上海图书馆所藏《西域水道记》有一种为未经挖补之初刻本,编号"长402129—33",凡一函五册,无卷首题词,钤"杭州叶氏藏书""武林叶氏藏书印""合众图书馆藏书印",前二印系藏书家叶景葵的藏书章,而合众图书馆印也与之有关:叶氏晚年丁日寇侵华丧乱,目睹公私书籍流散,遂于1939年5

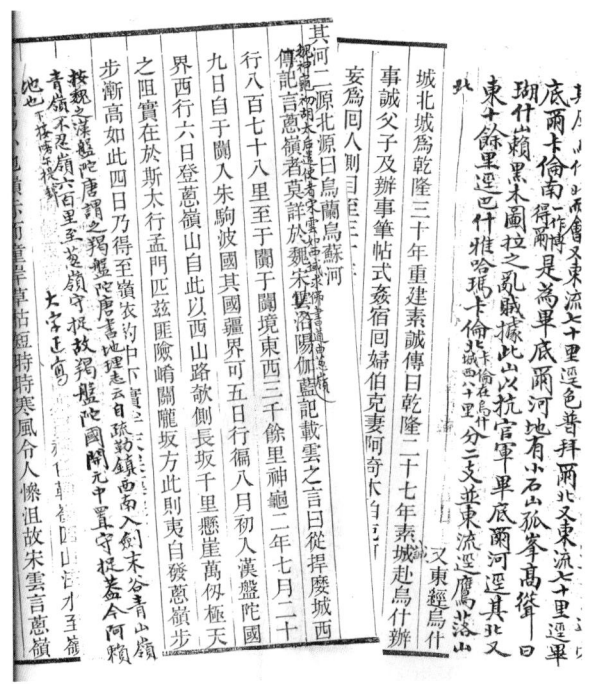

插图 82 《西域水道记》张穆修订本书影

月与张元济(1867—1959)等在上海发起创设合众图书馆,将自己大宗藏书亦捐入其中,新中国成立后合众书又归藏上海图书馆。

2005年,荣新江教授又在俄罗斯国家图书馆东方文献中心收藏斯卡奇科夫旧藏中发现了可能是张穆藏本的两种《西域水道记》刻本,其中之一有大量的签条和眉批(编号3B2—4/496/2,插图82),另一种(编号3B2—4/

496/1)又使我们看到初刻本卷三第四十二叶还有整叶抽换的现象①。

《西域水道记》的木版后来可能归徐松收藏,但在他身后却与《新疆赋》《汉书西域传补注》的版刻一起流散到书肆中,因此后来印行的版本扉页上有"京师本立堂藏版"的印记。据孙殿起(1894—1958)《琉璃厂书肆三记》记载:"本立堂,刘应奎,字星五,宛平县人,于光绪十□年开设,承印柏林寺大经。二十年,易徒孙承源字固本经理。三十三年,应奎子若松继其业。凡经营四十余年歇。"②因此木版归藏本立堂当是光绪年间的事。此外,流行的《西域水道记》版本中,也有在扉页左下角钤楷书印"书存琉璃厂宝森堂"字样者,宝森堂是咸丰年间就由江西人徐氏在琉璃厂开设的书肆③,它或者在本立堂前后得到过这个版刻。其后文奎堂印徐松《西域三种》,扉页牌记也作"北平隆福寺文奎堂藏版",文奎堂是光绪七年由河北束鹿县人王云瑞在东城隆福寺开设的老店,但牌记有"北平"二字,则是民国年间方始得到版刻的标志④。这种挖补本今则有北京中央民族学院编《西北开发史料丛编》第一辑影印本(约1980年,有缺叶)、扬州江苏广陵古籍刻印社影印本(1991年2月),以及《中国边疆丛书》第二辑影印文奎堂三种本(台北:文海出版社,1966年5月,第23册)。

《西域水道记》后来以《大兴徐氏三种》或《西域三种》这样的名称而与《新疆赋》《汉书西域传补注》合印者最多。但就目前所知而言,多为光绪以来印行本,除上述北京印本外,它如光绪十九年上海宝善书局本,牌记作"光绪癸巳仲冬宝善书局石印";光绪二十九年金匮浦氏静寄东轩《皇朝藩属舆地丛书》本,牌记作"光绪癸卯春上海文瑞楼石印";上海鸿文书局本,牌记作"上海鸿文书局石印",后三种都是用了当时流行的石印技术印行的袖珍本。上海鸿文书局的《西域三种》甚至还和李文田的《汉西域图考》合印为《西域四种》流传于世。

以上诸多流行的版本虽然更换了许多出版的书肆或书局,但都与邓廷桢所刻的挖补本版式完全一致,因此《西域水道记》在刻本上没有太多需要

---

① 参前引荣新江《俄罗斯国家图书馆所见〈西域水道记〉校补本》,第254—255页。
② 孙殿起《琉璃厂书肆三记》,《琉璃厂小志》,第125页。
③ 同上书,第126页。
④ 北京在清代多称京师,1912年中华民国成立,称北京,1928年改称北平,1949年中华人民共和国成立,又改为北京。

注意的校勘问题。只有后来影响很大的王锡祺辑《小方壶斋舆地丛钞》本，据挖补本重新进行了排版，因而出现了许多差别，需要引起注意。

4 《小方壶斋舆地丛钞》排印本

《小方壶斋舆地丛钞》(以下简称《方壶》)系清末重要的舆地丛书著作汇编，全书有正编、补编、再补编各十二帙，编辑者王锡祺，字寿萱，号瘦冉，室名小方壶，江苏清河(今淮阴)人，清季曾任刑部司官。《方壶》三编先后出版于光绪十七、二十、二十三年，由上海著易堂印行，合计收辑地理著作千余种，是舆地丛书中空前的集成之作，而且因为用小字排印，经济实用，在清末民初成为史地研究者风行一时的案头必备①。

《西域水道记》收录在《方壶》正编第四帙二十七册(插图 83)，凡三十八叶，不分卷，而按刻本原卷数分为五段，又除原文的纲目文字占一行排印外，其注解文字均作双行小字夹注，原注中注则又作双行小字括注，因此阅读起来非常不便。

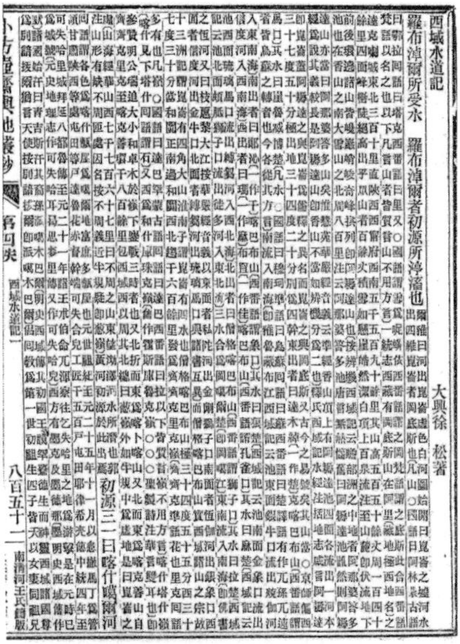
西域水道記

羅布淖爾所受水

羅布淖爾者初源所渟滀也

大興徐松著

初源三曰喀什噶爾河

小方壺齋輿地叢鈔

西域水道記一

八百五十一

南清河王氏鑄版

插图 83 《小方壶斋舆地丛钞》本《西域水道记》书影

犹有甚者，《方壶》在排印过程中改变了原书的内容，约而计之，可归为以下二类：

(1) 误植

最大的问题是对于水道原本分明的“逕”“经”二字随意排印，并不分辨。《西域水道记》是徐松刻意追求《水经注》撰著体例而严谨用词的著作，他借龙万育的序表达过这样的体例意识：“记主于简，所以拟《水经》也。又自为释，以比道元之注。即用郦氏注经之

① 王锡祺生前尚有《小方壶斋舆地丛钞三补编》之辑，凡九十六种，十帙十五辑，稿本今存大连市图书馆。四编的研究，可参吴丰培《王锡祺与〈小方壶斋舆地丛钞〉及其他》，《中国边疆史地研究》1995 年第 1 期，第 92—98 页；又收入马大正等整理《吴丰培边事题跋集》，乌鲁木齐：新疆人民出版社，1998 年 2 月，第 385—399 页。《小方壶斋舆地丛钞三补编》今有整理本行世，沈阳：辽海出版社，2005 年 12 月。

例。记则曰导、曰过、曰合、曰从、曰注；释于经水曰出、曰迳、曰会、曰自、曰入，于枝水曰发、曰经、曰汇。"因此《方壶》本"迳""经"二字的混淆，等于混淆了西域水道经水与枝水之间的区别。

此外，误植之字也不一而足，如：

卷一："地有回庄，故时设卡伦"，"时"误作"特"。

卷一："近城东北五六里，为大坎，筑高台以守"，"近"误作"进"。

卷一："官兵奋勇迎敌，贼恃众拒守"，"拒"误作"距"。

卷一："《元世祖纪》"，"世"误作"始"。

卷二："围赖黑木图拉时"，"围"误作"图"。

卷二："著传谕舒赫德"，"舒"误作"夲"。

卷二："壁有题字曰惠勤"，"勤"误作"勒"。

卷二："库车铜厂山"，"厂"误作"厥"。

卷四："赤身乘马，逃据山岭，放枪滚石相拒"，"乘、拒"误作"弃、距"。

卷五："是知旃裘之族，麇萃于斯"，"麇"误作"麋"。

卷五："又东北流，过萨马尔斯科"，"科"误作"河"。

(2) 省夺

出于节省篇幅和排印方便的考虑，《方壶》本对原书进行了有意识的删省，如原书的序文、题词、地图，在排印中均从省略，这些重要的内容实际上是正文的背景依托，而地图更是《西域水道记》的点睛之处。

此外，原书一再出现的"说详余《汉书西域传补注》"也被删去，使读者进一步寻求详细的考证失去了出处。他如"宋时入西夏，详沙州下"（卷三）、"盖雍正四年颁给茂海物也。茂海事见特穆尔图淖尔条下"（卷四），其中小字注文是史书体例中常见的"互见"之法，同样在《方壶》中也被删去，行文的详略遂不得而见。

原书中大量乾隆时期山川祭祀文，实际上表明了清代开发新疆的踪迹，而且因为徐松看到了当时颁发的原文，因此大多注出了应诏为文的作者，如钱大昕《秩祀伊犁河文》、朱筠《秩祀格登山文》(皆在原书卷四),这在二人的文集中均不见载,是补佚的重要文献依据;又如《会典》关于密尔岱山采玉为宫磬的文字(卷一"泽普勒善河"下),也是新疆采玉史上的重要文献,注在其间,最为恰当,但《方壶》本都以其无补地理而删省。

另外,《方壶》本也有无意识的夺字、夺句,如卷四"特穆尔里克河由南来汇","里"字夺;卷五"有音图库斯水,有乌兰乌苏河","乌兰乌苏"夺作"乌兰苏"。卷三"清水河北流,古尔班多邦水自东来入之,古尔班沙扎海水自西来入之,出山为玛纳斯河","古尔班沙扎海水自西来入之"一句皆夺。

当然,在《西域水道记》原书中的一些误植,《方壶》本也有根据文字逻辑而改正的地方,如卷一"暗伯悉以己马驼厚赆之","己"字原误作"巳";卷二"近闻大兵平定准噶尔,前来进贡仙鹤","来"字原误作"年"等。但这种例子仍然不能改变它对原书处理的负面影响。从文献角度上来说,《方壶》本的流传对《西域水道记》原书的价值是有所损害的。在笔者整理的《西域水道记(外二种)》中,同样也汇校了《方壶》本的文字得失(图表10)。

图表10 《西域水道记》版本源流图

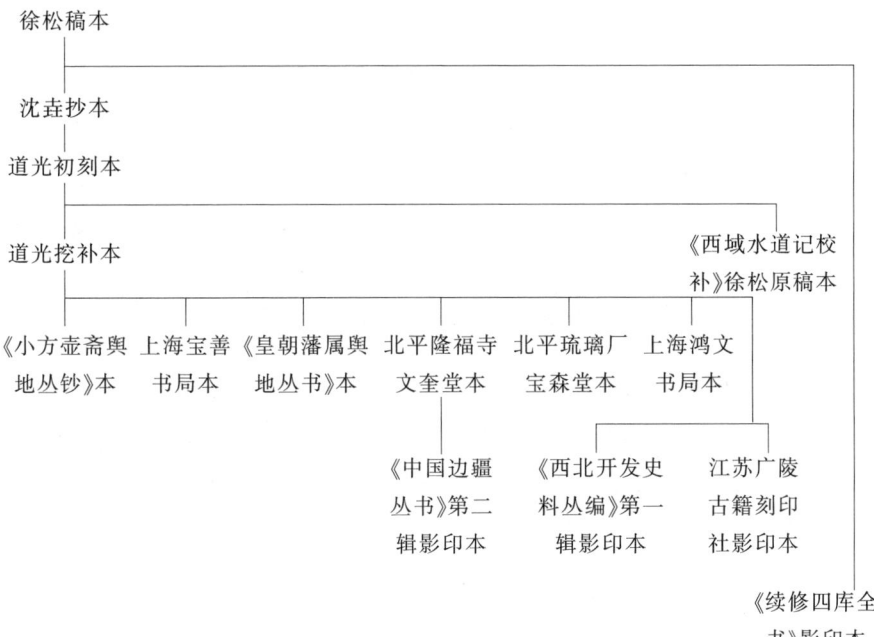

三 版本之三:《西域水道记校补》

《西域水道记》最能体现出徐松对待自己著作"藏诸名山,传之其人"的庄重心迹。在清末,他的《西域水道记校补》被多次刻印,因此,徐松《西域水道记》的研究者,大多知道这样一个重要的补正内容。

1 《咫进斋丛书》本

按照时间的先后,首先刻印的《西域水道记校补》是《咫进斋丛书》本。《咫进斋丛书》是姚觐元刊印的丛书名[①],觐元字彦侍,一作念慈,室名咫进斋,浙江归安(今湖州)人。道光举人,曾任职农曹,光绪八年官至广东布政使。觐元承其祖文田之学,好搜罗古籍,又勇于流布,光绪九年刻印《咫进斋丛书》三集三十五种,为艺林所称。此后他又有四集本之刻印,收书五种:《说文经字考》《海东金石存考》《西域水道记校补》《投壶考原》《玉湖渔唱》。《西域水道记校补》凡十四叶,半叶十三行、行二十一字,在丛书的目录、卷首、卷尾中,其名称均不一,作"西域水道记残卷""西域水道记残本""西域水道记校补残本"等,署作"钱振常辑",前有钱氏之跋语:

> 《西域水道记》残本四卷,得自都门庙市,丹、黄、青三色校识,间以墨签,审为徐星伯先生手迹。前幅有"大兴徐氏藏图籍印"。意刻成后,先生重加点勘,偶有补正,下签待改也。今循刻本次第,录成此册,名曰《西域水道记校补残本》,尚冀已佚之第三卷复出,为延津之合焉。光绪七年正月望,归安钱振常识于宣南寓舍。

钱振常字笾仙,归安人。同治六年举人,十年进士,曾任礼部主事,晚年任绍兴、扬州、苏州书院山长。与兄振伦(1816—1879)合著有《樊南文集补编笺注》十二卷(振伦笺、振常注)。从以上的跋语可知他在京师庙市上得到了徐松《西域水道记》的残本四卷(缺卷三),其中夹有徐松的修改笔迹,可分为另签改正和行间径改两种方式。钱氏按照刻本的次序,将这两种修改内容录

---

① 姚觐元的图书生涯,参看赵红娟《姚觐元、姚慰祖父子生平与藏书活动考述》,《中国典籍与文化》2012年第3期,第104—110页。

为《西域水道记校补残本》,并转交给同乡姚觐元刻入《咫进斋丛书》。

但是现在流行的《咫进斋丛书》仅三集,其四集只有中国国家图书馆所藏朱印三册(善本编号 SB962),其上有大量的校改文字,实际上只是一个刻板的校样本,在目录后面有一行题记云:"此书刊成,彦侍方伯谢世,致未印行于世,惜哉!"由此我们看到,最早刊刻的《西域水道记校补》因为姚觐元在光绪二十六年的去世而未能传世。

九年之后的宣统元年,《晨风阁丛书》印行,《西域水道记校补》终于流传人间。

2 《晨风阁丛书》本

《晨风阁丛书》系沈宗畸刊印的丛书名,宗畸原名宗畴,字太侔、孝根,号南雅,室名朴学斋、晨风阁等,祖籍浙江,广东番禺人。他在清末未获功名,晚年寓居北京,卖文自给。《晨风阁丛书》收书二十三种,《西

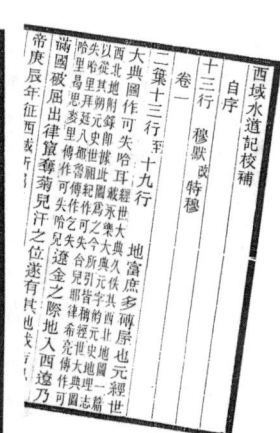

插图 84 《晨风阁丛书》本《西域水道记校补》及钱、沈跋语

域水道记校补》为其第五种,其校补的正文文字与《咫进斋丛书》本略同,但是跋语的不同显示它们之间仍存在不一样的底本(插图 84):

> 《西域水道记》残本四卷,庚辰(光绪六年)七月得自都门饶松圉书贾家,丹、黄、青三色校识,间以墨签,有"大兴徐氏藏图籍印",审为星伯先生手迹。意刻成后,重加点勘,偶有补正,下签待改也。因依刻本次序排录,名之曰《西域水道记校补残本钞》,尚冀已佚之第三卷复出,为延津之合焉。辛巳(光绪七年)人日录毕,复付写官誊成十五叶。

这个跋语附在《西域水道记校补》本的卷末,内容与《咫进斋丛书》本基本一致,显然可以判断出还是由钱振常所撰,但还有一些新的信息:一是确切地

指出了得到徐松旧藏《西域水道记》残本四卷的时间和地点——"庚辰七月得自都门饶松圃书贾家",据孙殿起《琉璃厂书肆三记》的记载:"琉璃厂路南,由东至西……善成堂,饶起凤,字松圃,江西人,于同治间开设。徒孙茂卿、王绳武(行四),刊有《十朝东华录》《十朝圣训》及他书多种。经营二十余年歇,后易福润堂。"① 由此可知所谓"饶松圃书贾家"就是琉璃厂的善成堂书肆②。这是钱振常经常光顾的地方,因此当他息影江南,还在《致缪荃孙书》中发出"上海、常熟著名之抱芳阁,不如都门之善成堂"的感叹③。而善成堂饶氏也确实是书贾中的佼佼者,《清代野记》就有关于他的口碑:"宝森堂之李雨亭,善成堂之饶某,其后又有李兰甫、谭笃生诸人,言及各朝书版、书式、著者、刻者,历历如数家珍,士大夫万不能及焉。"④

二是非常明白地说明了这是一个录文的副本。也许是因为觉得自己的字迹不太清晰,所以钱振常请人根据自己辑录的文本重新誊写了一本。与《咫进斋丛书》本相勘,可知姚觐元所据正是钱振常的录文本,而此处沈宗畸所据为录文副本。从二者的题跋上,也可以知道钱振常的录文本是在光绪七年的正月七日就完成了,但当时并没有写题跋就交给了写官去誊抄,等写官将钱氏录文与誊抄的副本交回时,他才于正月十五日在录文本上面题写了跋语,而副本上的跋语也当是同时所题。根据二本的跋语,我们似乎可以用《西域水道记校补残本》指称《咫进斋丛书》所据的钱氏录文,而用《西域水道记校补残本钞》指称《晨风阁丛书》所据的录文副本。

在《晨风阁丛书》钱振常跋语之后,还附了刊印者沈宗畸的一段跋语:

> 此书写本上虞罗氏唐风楼藏,云得之钱唐丁氏善本书室。后附跋尾,不著姓氏,谓补正出自星伯先生手。今观签记各条,均至精密,为星伯先生自校无疑。宣统纪元三月,从罗叔言参事借观。爰写校上板,以广其传。番禺沈宗畸。

---

① 孙殿起《琉璃厂书肆三记》,《琉璃厂小志》,第115页。
② 榎一雄《关于徐松的西域调查》关于《西域水道记校补》也有详细的讨论,并且注意到《晨风阁丛书》本,但仅仅认为它是在下面要论及的缪荃孙《小集》本的底本,因而忽略了二者跋语的不同,根据后者所云"都门庙市"考证为城内的隆福寺书市,显误。参《榎一雄著作集》第二卷,第38—39页。
③ 顾廷龙校阅《艺风堂友朋书札》,上海:上海古籍出版社,1980年10月,第757页。
④ 转引自王冶秋《琉璃厂史话》,第28页。

这一跋语交代了《西域水道记校补残本钞》的递藏情况。钱唐丁氏指清末藏书四大家之一的杭州丁申(？—1887)、丁丙(1832—1899)兄弟，他们可能是因为乡谊而获得了钱振常赠送的录文副本；上虞罗氏指罗振玉(字叔言,曾任学部参事)，在本书的开篇，即讲到这位辑佚大家因为对乡贤礼敬而有收集徐松著作的爱好。但是因为跋语未署作者，经过几番传递，钱振常的功绩被湮没了。

《晨风阁丛书》今有北京市中国书店据原版刷印本(未标年代,约1985年前后；复有中国书店出版社2010年8月影印本)，其中《西域水道记校补》一卷，也有《丛书集成续编》影印本①。而在民国年间，范希曾(1899—1930)为张之洞《书目答问》作补正，就在原来的《西域水道记》之下附上了"番禺沈宗畸宣统元年刻《晨风阁丛书》内有《西域水道记校补》一卷"的信息②。

3 《星伯先生小集》本

在清末民初，最热衷于徐松著述与藏书收集者莫过于缪荃孙，这在前此的论述中已频频提及。我们可轻易地在他所编印的书中找到《西域水道记校补》，这就是在其辑刻的《烟画东堂小品》丛书第七册《小集》卷末"杂著"中的内容。

《小集》本的《西域水道记校补》也附有与《咫进斋丛书》本相同的钱振常跋语(只是遗漏了"正月"下的"望"字；插图85)，因此可知这也是根据《西域水道记校补残本》即钱氏录文刊刻的。而榎一雄认为《小集》中的《西域水道记校补》是"收入到《晨风阁丛书》中的东西的再版"③，这显然是不正确的。因为从底本依据来说，《晨风阁丛书》所据为《西域水道记校补残本钞》，倒该是《小集》本

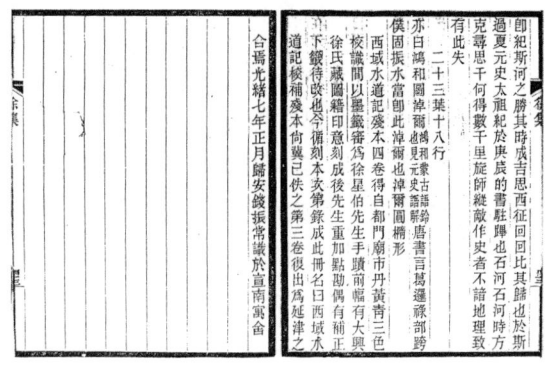

插图85 《星伯先生小集》本《西域水道记校补》跋语

---

① 《丛书集成续编》第223册，第69—83页。
② 范希曾《书目答问补正》最早有南京江苏国学图书馆1931年初版。《西域水道记》著录在卷三"史部·地理·水道"中。
③ 参《榎一雄著作集》第二卷，第38页。

底本的再版。

但缪荃孙的底本是否抄自相同的《咫进斋丛书》本呢？答案也是否定的，其底本直接得到了钱振常的录文。这在《艺风老人日记》和《艺风堂友朋书札》中有可以比定的材料。

在《艺风老人日记》丁巳年(1917)的日记中，可以看到他一直在抄录、刊校《星伯先生小集》(参前"徐松生平考论"所引日记)。到了年底的十二月八日，日记写道："发钱彦劬信，寄《西域水道记校补》去。"①丁巳年十二月八日当公元1918年1月19日，日记中提及的钱彦劬则指清末民初重要的政坛人物钱恂(插图86)。恂初名学嘉，字念劬，一作彦劬，号积跬步斋主人，钱

插图86　钱恂画像

振常长子。光绪初曾入薛福成(1838—1894)门下，受命整理过天一阁藏书，编成《天一阁见存书目》。后随薛福成出使英、法、意、比等国。光绪二十三年首创留学日本之议，次年赴日，任湖北省留学生监督，弟钱玄同(1887—1939)、子钱稻孙(1887—1966)等，皆留学日本而有所成就，夫人单士厘(1856—1943)也以《癸卯旅行记》《归潜记》成为中国女子走向世界的最早记录。钱恂在1909年回国，民国时期任总统府顾问、参政院参政等职，晚年一直居住在北京。钱恂幼承家学，也继承了其父的大量藏书，因而与缪荃孙常有书籍的交往，据缪荃孙《艺风堂藏书再续记·秘书省续到四库阙书目》的记载："题下有'绍兴十五年改'六字，从元人钞本传录。今年入都，钱念劬年侄忽以徐星伯先生从《大典》录出之本，薄薄一册，两本相校，旧钞有而此本无者几及一半，旧钞无而此本有者亦有一百余种，谨录出以示长沙焕彬叶君

---

① 缪荃孙《艺风老人日记》稿本，北京：北京大学出版社，1986年4月影印本，第8册，第3117页。

补注刻之。"①缪氏与钱振常皆同治六年举人,故称钱恂为年侄,其时在 1914 年②,钱恂向他展示了徐松的《四库阙书目》。当他数年之后在上海刻印《小集》时,钱恂向他提供了《西域水道记校补》的录文本,所以当《西域水道记校补》刻成时③,缪荃孙首先就寄了样本给钱恂。

在《艺风堂友朋书札》中,有钱恂的一封回信提及此事:

筱珊年伯大人赐览:

    月前发还《示朴骈腾》,时适目患红肿,未克敬复。近目肿退,亟趋大吉巷,而驾已南矣。罪罪。《骈腾》承夹签,至感至谢。刻时当一切遵教。《四库阙目》已钞好,仍寄尊处转交刘翰兄为幸。《水道记残校》承刊入丛书,何幸如之。惟他日盼寄还原稿耳。手肃,布请著安。年愚侄钱恂顿首。一月廿六。④

这里的"一月廿六"当即 1918 年 1 月 26 日,距缪荃孙寄信正好一周之后。正因为钱恂看到了据钱振常录文本版刻之《西域水道记校补》,故在回信中催促缪荃孙寄还录文本。

由此可知,《小集》本《西域水道记校补》与《咫进斋丛书》本一样,得到了钱振常《西域水道记校补残本》录文真迹作底本,只是借书给姚觐元与缪荃孙的人,或许有父子的区别罢了。

4 徐松手稿本

虽然通过沈宗畸、缪荃孙的努力,《西域水道记校补》终于流传人间,但以上丛书的底本《西域水道记校补残本》和《西域水道记校补残本钞》,现在

---

  ① 《艺风堂藏书再续记》,《缪荃孙全集·目录》一,第 357 页。
  ② 缪荃孙《琉璃厂书肆后记》:"余辛亥(1911)出都,遁迹海上……甲寅(1914)秋日,重作京华之行。"《琉璃厂小志》,第 105 页。
  ③ 据扉页牌记,全本的《烟画东堂小品》丛书在缪荃孙去世之后的 1920 年才印行,据其日记,则丛书各本在其生前均已刻板,故有零本先印行者。
  ④ 《艺风堂友朋书札》,第 719 页,《示朴骈腾》原标作"示朴《骈腾》",误。按,钱恂伯父钱振伦有《示朴斋骈体文》六卷行世(同治六年,泰州崇实书院刊本),《示朴骈腾》当即其集外未刊文。复旦大学吴格先生在琉璃厂曾购得钱振伦著《示朴斋骈体文》集外文 47 篇,有钱仲联整理本《示朴斋骈体文〉未刊集外文》行世,参《学术集林》卷四,上海:远东出版社,1995 年 9 月,第 78—124 页。钱仲联小引以为"盖乃我伯父钱恂家藏书散失者",疑此集外文即此处所谓《示朴骈腾》。据此钱恂致缪荃孙书,则 1918 年前后,钱恂曾编排该稿本为《示朴骈腾》,倩缪荃孙校勘,并拟付梓印行,后因循未果。

究竟是否存佚人间,却不得而知。因此,钱振常所得徐松旧藏的《西域水道记》残本四册以及据以录文的那些笺条,即《西域水道记校补》的手稿,似乎更是难以踪迹了。

然而非常幸运的是,当笔者开始《西域水道记》的研究工作时,周振鹤先生在《中华读书报》发表了《早稻田大学藏书一瞥》的文章①,其中提到早稻田大学的好书,举例说:"一本是徐松的《西域水道记》。此书中国也有,不算稀奇,稀奇之处在于它是徐松自己亲笔的校注本,此处无法详言,当另文专述。"他在这里首次披露了《西域水道记校补》手稿所在。而其专文《早稻田大学所藏〈西域水道记〉修订本》亦在翌年年初发表②。作者在论文中对《西域水道记校补》做了录文和初步研究,如从《艺风堂友朋书札》和《艺风老人日记》中找到钱恂与缪荃孙之间关于《西域水道记校补》的记载;指出徐松参考了《东西洋考每月统记传》的信息等等。但是由于此前没有对已有版本做出充分的调查,其录文与考证不免舛误。其后,早稻田大学的石见清裕先生也加入到关于这一早稻田大学藏本的介绍中来③。

石见清裕在《日本早稻田大学图书馆所藏徐松〈西域水道记〉之著者亲笔校订本简介》的初稿中,附有钱恂在丙午(光绪三十二年)八月给早稻田大学的《赠辞》影印件,成为了解徐松旧藏《西域水道记》残本入藏早稻田大学图书馆因缘的根据:

> 溯自丁酉之岁(光绪二十三年),恂首发我国人宜留学日本之说。翌岁戊戌,始浙江,次湖北,又次江南,相继派遣留学生于东,恂皆预闻其事。陆军之外,入学于早稻田者为多。恂又赠家藏书籍三千余册于早稻田图书馆,故关系尤密切。迄乎今兹,留学之数日以增,早稻田更宏开舍宇以收容之。留学诸君,获益愈多,则创为留学之说之人,意亦更慰。

---

① 周振鹤《早稻田大学藏书一瞥》,《中华读书报》2000年8月2日,3版。

② 周振鹤《早稻田大学所藏〈西域水道记〉修订本》,《中国典籍与文化》2001年第1期,第86—95页。在该文发表之前,笔者得到李孝聪教授的介绍,通过电话向周先生请教详细的情况,承其热情相告研究专文已经写就并投《中国典籍与文化》杂志社刘玉才先生处的信息,因此得以从刘先生处先睹为快,并将自己的心得就相关问题致信周先生请教。承蒙不弃,将笔者的信件的相关内容附骥其文后。信件中有的说法尚未思考成熟,若有与本书相悖处,以本书为准。

③ 参前引石见清裕《日本早稻田大学图书馆所藏徐松〈西域水道记〉之著者亲笔校订本简介》、《早稻田に残された徐松の直笔》《早稻田に残された徐松の直笔:早大图书馆所藏自笔校订本》。

作为首倡留学日本之说的钱恂,为了答谢早稻田大学收容中国留学生的热情,因此捐赠了自己家藏的三千余册图书——这就是奠定早稻田大学汉籍藏书的中日文化友好交往事件之由来。

钱恂捐赠藏书的具体时间,在石见清裕文后附图提供的《清国人钱恂寄赠日本东京专门学校大学科汉文书之目录》影印件中也有显示(插图87),这份目录是钱恂亲笔书写的、捐赠早稻田大学(当时的"东京专门学校大学科")的图书清单,首叶第二行下有"明治三十四年(1901)三月二十四日"的书写日期,因此捐赠的时间也当在其后不久①。

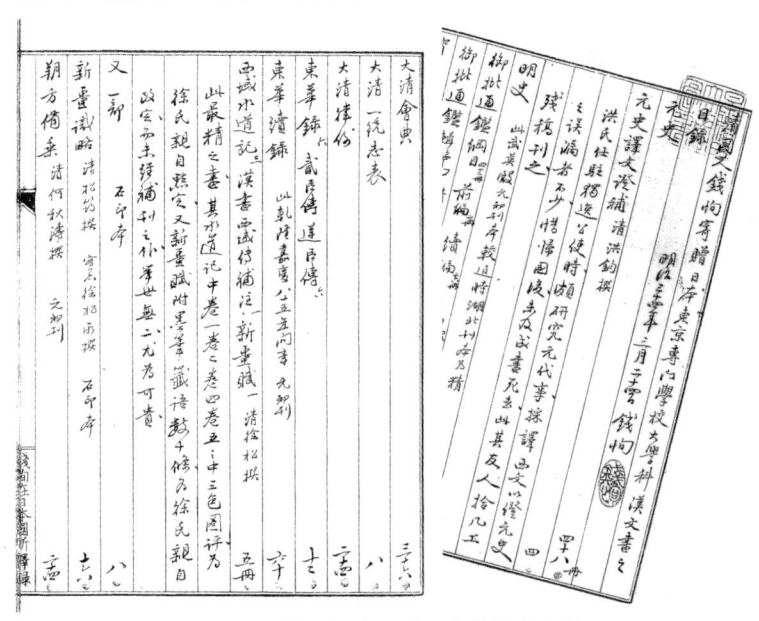

插图87　钱恂捐赠早稻田大学图书目录

根据钱恂目录的著录,我们看到了有关《西域水道记》的记载:

《西域水道记》三、《汉书西域传补注》一、《新疆赋》一,清徐松撰。五册

---

① 早稻田大学高木理久夫先生近年就钱恂赠书目录发表了系列整理与研究成果,如《早稻田大学开校期における钱恂の寄赠图书について》,《早稻田大学图书馆纪要》第55号,2008年3月,第48—103页;《钱恂著述图书目录と解说》,《早稻田大学图书馆纪要》第59号,2012年3月,第85—123页;《钱恂年谱(增补改订版)》,《早稻田大学图书馆纪要》第60号,2013年3月,第108—195页。2014年5月15日,承石见清裕教授安排、陪同,笔者得以在早稻田大学图书馆古籍部经眼钱恂旧藏《西域水道记》等文献,并与高木理久夫先生见面,承赠以上研究文献。谨致谢忱。

此最精之书,其《水道记》中卷一、卷二、卷四、卷五之中三色圈评,为徐氏亲自点定。又《新疆赋》附墨笔签语数十条,为徐氏亲自改定而未经补刊之作,举世无二,尤为可贵。

很明显,钱恂在这里可谓"三千宠爱在一身",将这五册书定为了捐赠图书中最有价值的瑰宝。

从上面的著录中,可知钱氏父子在不能得到徐松《西域水道记》卷三原本的情况下,按照"徐氏三种"的格式,用别的版本配齐了五册书籍。在石见清裕文的附图中,还影印了钱振常在《西域水道记校补》徐松原稿中的跋语(插图88):

星伯先生自校《西域水道记》,振常得残本四卷。先生手书六十一签,惧其散佚,因循次排粘于左。辛巳(光绪七年)六月记。

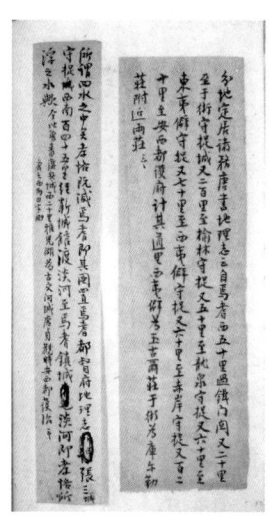
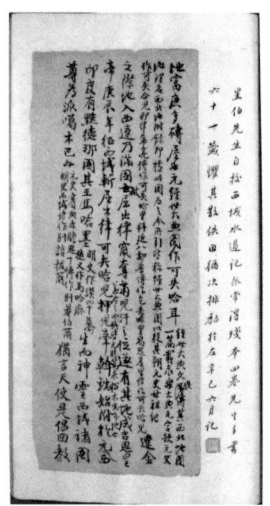
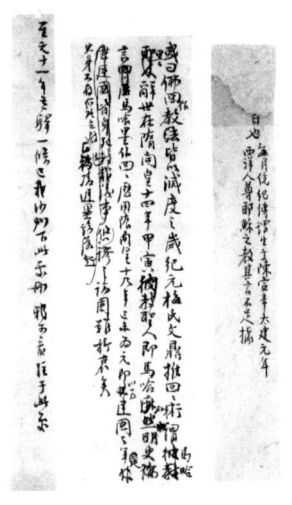

插图88 《西域水道记校补》徐松手迹与钱振常题跋

插图89 《西域水道记校补》使用《东西洋考每月统记传》的记录

这是在他进行《西域水道记校补》录文和请人誊写副本半年以后的事了,因为最终没能得到残缺的第三卷,他将签文集中粘贴了起来,并郑重地写了跋语。

由于池田温教授、石见清裕先生的帮助,笔者最终看到了徐松《西域水道记校补》全部笺条和行间径改页的影印件。通过这些徐松亲笔修订的内容,笔者发现以往录文中误植、省夺、歧异等等校勘未精之处,因此能够在前人辑印的基础上,将《西域水道记校补》的内容力求准确地汇聚在《西域水道记》的点校之中。而《西域水道记校补》各本之间的歧异,笔者也进行了校勘,提供给使用以上几种流行印本的读者参考①。

徐松《西域水道记校补》的内容使用了道光十八年戊戌九月发行的一期《东西洋考每月统记传》中关于"回回历"问题的材料②,这既是他中西方资料兼收并蓄的表现,也是其修改工作进行到晚年的明证(插图89)。它也多次使用了道光二十一年张穆从国史功臣馆中抄录的《元经世大典图》的材料③,从而成为其校补内容的又一时间依据。关于其征引文献的全面分析,笔者将在以后的"《西域水道记》征引文献录"中详细讨论。而由此二例即可概见——校补《西域水道记》的工作,伴随了徐松的后半生(图表11)。

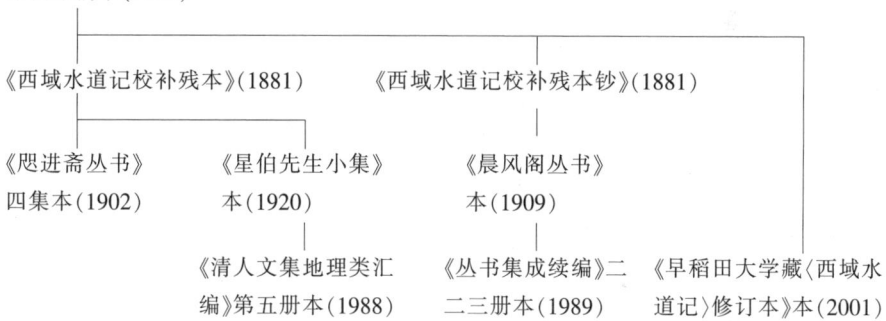

图表11 《西域水道记校补》版本源流图

---

① 拙校《〈西域水道记校补〉汇校》,载《西域水道记(外二种)》,第563—602页。
② 《西域水道记校补》之卷一十三叶六行笺条云:"《每月统纪传》谓生于陈宣帝太建元年(569)。西洋人尊耶稣之教,其言不足据。"《西域水道记(外二种)》,第568页。《每月统纪传》即由西方传教士郭实腊和传教士组织中国益智会先后编纂的中国境内最早的期刊《东西洋考每月统记传》,此处所记系"戊戌(1838)九月"号《回回之教》一文,参黄时鉴整理本《东西洋考每月统记传》,北京:中华书局,1997年6月,第413页。
③ 张穆著,邓瑞点校《阎若璩年谱》"康熙二十二年"条注:"穆于辛丑六月,从《永乐大典》画出《元经世大典西北地图》以诒魏君默深,刻入所辑《海国图志》中。"北京:中华书局,1994年9月,第64页。

四 文本之一:清代西域流人与早期敦煌研究

1 敦煌学前史与徐松的敦煌研究

中国当代研究敦煌学学术史的一些学者,多将1909年作为中国敦煌学发展的开始①。但是他们也都强调,此前有关敦煌的研究,是敦煌学的前奏,我们可以将这一早期敦煌的研究历程称为"敦煌学前史"。事实上,随着史料的挖掘和文书的公布,前史期的敦煌研究远比我们所知丰富而复杂。当我们开始"敦煌学:第二个百年研究视角与问题"的讨论时,前史时期的详情追述无疑将为我们在未来研究中提供文献资料与方式方法上更多的借鉴。

敦煌在中国传世文献上的地位是与中原王朝在西部力量的消长相关的。嘉峪关在明朝的建立(洪武五年,1372),以及随后的闭关(嘉靖三年,1524),使敦煌沦为"化外",逐渐在文献中消失了它的踪迹。它再次受到重视,是与清初开始对西域的经营相连的。自康熙进兵以来,敦煌于雍正元年开始先后设立所、升格为卫,继又建县、屯田、移民,成为西进的基地。乾隆年间官修的《钦定皇舆西域图志》,即将嘉峪关以西的地区作为统一的行政区域给予记载。其《凡例》云:"自嘉峪关以西,安西州、哈密、镇西府久隶版籍。惟是西域荡平之后,改设州县,移驻提镇,经制攸殊,且为新疆门户,是编托始于此,所以备西域之大全也。"②可以说,从乾隆二十一年《西域图志》奉敕编撰开始③,有关敦煌的研究就在经营西域的清代方略中走上了150年的"敦煌学前史"历程。

乾隆平定西域之后,清代流放制度有一项重要的举措,就是增添了西域

---

① 相关论著如林家平等《中国敦煌学史》"绪论·中国敦煌学史的分期",北京:北京语言学院出版社,1992年10月,第8—15页;荣新江《敦煌学十八讲》第八讲"中国和日本的敦煌学研究",北京:北京大学出版社,2001年8月,第164—191页;刘进宝《敦煌学通论》第五章"敦煌学研究遍天下",兰州:甘肃教育出版社,2002年9月,第427—541页;李正宇《敦煌学导论》第六章"敦煌学的兴起和发展",兰州:甘肃人民出版社,2008年10月,第109—133页。
② 傅恒等纂辑、钟兴麒等校注《西域图志校注》,乌鲁木齐:新疆人民出版社,2002年9月,第6页。
③ 《钦定四库全书提要》载:"《钦定皇舆西域图志》五十二卷,乾隆二十一年奉敕撰,乾隆二十七年创成初稿。"《西域图志校注》,第1页。

为其重要的流放地。虽然从嘉峪关通往哈密的清代官道已经不必经由敦煌,但东来西往的文人,对于这个曾经辉煌于丝绸古道上的重镇,都引领遥望①,有的甚至迂道访问。早期的敦煌研究,便因为流放者与敦煌在清代的遇合而展开。

敦煌学前史时期的研究著作,最具有学术价值而至今仍被征引传颂的,是嘉庆时期流放文人徐松的《西域水道记》。七年的遣戍,使他成为西北历史地理学的开创者,对敦煌的研究成果,主要集中在其《西域水道记》的记载里,是其西域研究的有机组成部分。《西域水道记》的第三卷"哈喇淖尔所受水",记载了今甘肃境内嘉峪关以西地区的历史地理。这一带的水系,在徐松的记载中,是由发源于祁连山中的苏勒河(今疏勒河)、党河合流西去,汇到玉门关西的哈喇淖尔(今哈拉湖,已干涸)。其西源党河所经过的敦煌,即在"因水以证地,而即地以存古"的体例中②,得到了详细的记载。

有关西域的地理范围,虽然其西界随时随势而消长,但是东界以敦煌西边的玉门关、阳关为标志,是历代的共识③。因此一般而言,敦煌的研究并不包括在西域研究的范围中。《西域图志》这种因一时的政治、军事原因造成的嘉峪关以西为西域的地理描述,其实后来也没有被所有的研究者继承,如与徐松同时而稍早的祁韵士,在其编纂的《西陲总统事略》中,就严守"哈密为新疆门户"的界限④。直到清末王树楠(1851—1936,楠或作枏、枬)等编纂的《新疆图志》,也都以两关或者星星峡为东界,而未将敦煌纳入到西域的地理范围中。即使在徐松为伊犁将军松筠所纂官修的著作《新疆识略》中,也遵守了伊犁将军总统天山南北的行政范围,将新疆的地域界定在哈密以西。甚至在"新疆水道表"中专门说明:"哈密以东安西州、敦煌县、玉门县各水,非新疆所属,故不载。"⑤

---

① 诸多流人虽未能亲历敦煌,但经过接近敦煌的清代玉门县或安西州时,总要想起这一敦煌古郡。如祁韵士《万里行程记》:"玉门县旧名达尔图,今为县,距嘉峪关二百九十里。……古玉门关在今敦煌县,自今玉门县视之,远在西南。西行者不复经彼,盖古今驿路不同耳。"《万里行程记(外五种)》,第24页;林则徐《荷戈纪程》:"玉门县系乾隆二十四年御赐今名,非古之玉门也。古玉门关在今敦煌县境,今之驿路不必由之。"《林则徐全集》第9册,第4674页。
② 王先谦《合校水经注序》语,《虚受堂文集》卷五,第340页。
③ 有关西域范围的相关论述,可参荣新江《西域史研究的回顾与展望》,《历史研究》1998年第2期,第132—148页。
④ 《西陲总统事略》卷三"南北两路疆舆总叙",第151页。
⑤ 《新疆识略》卷一"新疆水道表",第294—295页。

但是,当徐松开始撰写自己的名山著作"西域三种"时,超迈乾隆时代《西域图志》的勃勃雄心便在字里行间表露出来。他的西域研究格局,受到了前揭《西域图志》的影响。在那里,西域的主体被分成四路:安西南路、安西北路、天山南路、天山北路[①]。安西南路中的敦煌,就必然成为《西域图志》重点描述的内容。在《西域图志》中,卷八"疆域"一、卷二〇"山"一、卷二五"水"一,都有关于敦煌自然与历史地理的描述,卷二〇的"鸣沙山"条下,甚至还抄录了《唐朝散大夫郑王府咨议陇西李太宾碑》(即《李府君修功德碑》)、《唐凉州司马检校国子祭酒兼御史中丞碑》(即《李氏再修功德碑》);他如卷二九"官制"、卷三一"兵防"、卷三四"贡赋"、卷三六"学校"等,均对敦煌的相关沿革有所记载。

徐松在伊犁完成的《新疆赋》,专门表彰乾隆时代"勒方略以三编,界幅员为四路"的功绩,其下自注:"《钦定皇舆西域图志》四十八卷,乾隆二十七年大学士傅恒等奉敕撰,分新疆为四路:嘉峪关、玉门、敦煌至安西州为安西南路,哈密、镇西府、迪化州为安西北路,库尔喀喇乌苏至伊犁、塔尔巴哈台为天山北路,辟展、哈喇沙尔、库车、叶尔羌、和阗为天山南路。"[②]由此可见其对《西域图志》的属意之深。到了《西域水道记》,这种后出转精的追求便从区域范围到地理描述各个细节上,开始详尽地表现出来。敦煌的研究,正是这一追求的具体而微。

2 《西域水道记》敦煌记载的分析

《西域水道记》今存三种比较重要的版本。据笔者以上的考证,在徐松由伊犁赐环归京的嘉庆二十五年之前,就已经完成了该书的草稿,但这一稿本并未留存下来。我们现在所能见到的最早稿本,是中国国家图书馆藏《西域水道记》四卷本,该稿本写定的时间应在作者回到京师之后的道光初年;而《西域水道记》流传的刻本,则由邓廷桢在担任两广总督任上的道光十九

[①] 《西域图志·凡例》:"疆域,略分四路凡十二卷。出嘉峪关自东而西,历叙新设之安西州,玉门、敦煌二县为一卷,属安西南路。北自哈密抵镇西府为一卷,叙准噶尔部乌鲁木齐东境新设之迪化州为一卷,属安西北路。叙库尔喀喇乌苏、塔尔巴哈台诸路为一卷,伊犁东路为一卷,伊犁西路为一卷,属天山北路。叙回部只辟展属为一卷,哈喇沙尔、库车、沙雅尔属为一卷,赛喇木、拜、阿克苏属为一卷,乌什、喀什噶尔属为一卷,叶尔羌属为一卷,和阗属为一卷,属天山南路。"《西域图志校注》,第6页。

[②] 《西域水道记(外二种)》,第519—520页。

年雕版于广州。但是作者的撰著,并没有因为刻本的印行而停止,而是在此后不断进行修改,直至去世。这一修改本残卷后来为钱振常所得,原稿由其子钱恂捐赠给了今天的日本早稻田大学。可惜的是,这一修订本中,记载敦煌的卷三已经丢失。以上三种版本的《西域水道记》在内容上的不断修改,体现了徐松撰著该书的名山理想。其中关于敦煌部分的记载,也是一个精益求精的典型个案。兹将稿本与刻本中的敦煌记载揭示如下(插图90;图表12)。

插图90 《西域水道记》稿本、刻本关于敦煌的记载

图表12 《西域水道记》稿本与刻本中的敦煌记载对照表

(按,以下录文,版本文字多有不同者,稿本、刻本分列;文字相同者或间有不一者,则稿本、刻本合并,出校记说明。)

稿本(1822—1826)	刻本(1839)
西源曰党河,源导四蟒山, 敦煌县城东南七百九十里,有两淖尔,南北相去八十里。南曰伊克锡尔哈晋,出水西流,为大水河;北曰巴罕锡尔哈晋,出水西流,为奎天河。两河间雪山拱峙,矗立四峰,是曰四蟒山。在布朗吉尔南三百四十里。出水西流二十余里,入沙。又出于泉沟脑,为党河源。《河源纪略》云:"党河源处极三十	西源曰党河,二源并导, 东源出窟窿山,山在敦煌县东南,与雪山相属也。山北出细流五,并山麓西流七十里,迳五个山嘴北而会。源处极三十六度五十八分、西二十度四十分。水又西百里,迳伊克锡尔哈晋南,是曰锡尔哈晋河。或作西勒哈金河,字之讹也。又西二十五里,迳迈苏图南。又西二十里,迳奎天峡口南,是曰奎天河,河南岸皆沙山也。河又西流二十里,迳红石喇牌南。又西十里,迳头道沙滩南,水色赤。又西二十里,迳二道沙滩南。西

续表

稿本	刻本
八度、西十度五分。"党河又西流，会大水河、奎天河水，迳钓鱼沟，熊懋奖《西行纪略》云："党水源从东南雪山至钓鱼沟，记程两日。钓鱼沟产金，至敦煌六站。"傍库尔图，俗曰磺山，去党河三十里。山谷有小水，曰坤都锡纳图，南流六七里，入沙，仍出，汇于党河。	源出窟窿山西克博图山，水西北流七十里，迳巴罕多尔盖。又西北三十五里，迳大河口，为大水河。源处极三十七度三十三分、西二十一度四十分。大水河又西北五十里，迳头道沙滩南，水色亦赤。又二十里，迳二道沙滩南。两河间沙山隔之，自大水河逾沙山，至奎天河五十里。旧《柳沟志》言党河所出，四峰矗立，曰四蟒山。询诸故老，莫识其名。自大水河至敦煌县城，七百三十里。
西过鸣沙山南。 　　党河自库库尔图山南，复西流至鸣沙山。山在敦煌县城东南四十里。	西过鸣沙山南。 　　二源至二道沙滩入沙，皆伏流二十里复出于乌喇窑洞之北，会为一河，色赤，党河自头道沙滩以下至双河岔，色皆赤。是曰党河。准望盖在鸣沙山之东南也。山在敦煌县城东南四十里。

稿本·刻本
《新唐书·地理志》："鸣沙山一名沙角山，又名神沙山。"《肃州志》引《元和志》云："鸣沙山一名神沙山，其山积沙为之，峰峦危峭，逾于山石，四面皆沙陇，背如刀刃，人登之即鸣，随足颓落，经宿风吹，辄复还如旧。"今《元和郡县志》无此语。

稿本	刻本
山东麓有雷音寺，倚山为宇。石龛古佛，或塑或绘，不可悉数，故又曰千佛洞。寺经回人蹂躏，残毁太半，龛亦为沙所没，惟唐碑二通尚存。	山东麓有雷音寺，倚山为宇。山错沙石，坚凝似铁。高下凿龛以千百计，年祀邈远，经历兵燹，沙压倾圮，梯级多断。而佛相庄严、斑斓金碧者，犹粲然盈目，故又曰千佛岩。
	岩之莫高窟前，侧立《周李君重修莫高窟佛龛碑》，盖碑创于前秦。彼土耆士赵吉云：乾隆癸卯岁（四十八年，1783），岩畔沙中掘得断碑，有文云"秦建元二年（366）沙门乐僔立"，旋为沙所没。《李君碑》即修乐僔功德也。《莫高窟碑》两面刻，度以建初尺，高五尺七寸六分、广三尺二寸，前面二十八

续表

稿本	刻本
	行、行五十字,后面三十行、行四十八字,碑首篆额"大周李君修功德记"八字,已剥落。第一行曰:"大〈缺八字〉上柱国李君莫高窟〈缺一字〉龛碑并序"。第二行曰:"首望宿卫上柱国敦煌张大忠书、弟应制举〈缺六字〉字"。其文曰:"原夫容万物者,天地也;容天地者,太虚焉。星辰日月,天之文;卉木山河,地之理。推之律吕,寒暑之节〈缺十字〉可〈缺一字〉。然而三家不定,四术犹迷。□申膺断之辞,竞起异端之论。矧乎正觉冲邃,法身常住,凝功窅冥,湛然无〈缺九字〉骛一乘;绝有为而□无为,独尊三界。若乃非相示相,总权实以运慈悲;非身是身,苞真应而开方便。不言作言〈缺九字〉为有象之宗,神仪广现。至若吉祥菩萨,宝应真人,效灵于太古之□,启圣于上皇之始。或练石而断鳌足,立〈缺九字〉而察龟文,调五行而建八节。复有儒童叹凤,生震旦而郁玄云;迦叶犹龙,下阎浮而腾紫气。或因山起号,或〈缺九字〉风,删诗书而立训。莫不分条共贯,异派同源;是知法有千门,咸归一性。等碧空之含万象,均沧海之纳百川。其道〈缺七字〉能使三千国界,悉奉赆而输琛;百亿人天,并承风而偃化。拔众生之毒箭,作群品之良医。恚龙屏气于盂中,狂象亡〈缺七字〉感。洒法雨而随根,无愿不从;皦慈光而逐物,丰功厚利。诚无得而称焉。我大周之驭宇也,转金轮之千辐,运〈缺七字〉谛于心田,皎三伊于智藏。慈云共舜云交映,慧日与尧日分晖。德被四天,不言而自信;恩隆十地,不化而自行。莫荚生〈缺五字〉物不召而自至,瑞无名而毕臻。川岳精灵,列韬钤而受职;风云秀气,俨槐棘以承荣。傑休兜离,韵谐韶护;蛮夷戎狄,饰〈缺五字〉更绍真乘,载隆正法,大云遍布,宝雨滂流。阐无内之至言,恢无外之宏唱,该空有而闻寂,括宇宙以通同。荡荡乎,巍巍〈缺五字〉名言者也。莫高窟者,厥初秦建元二年,有沙门乐僔,戒行清虚,执心恬静,尝杖锡林野,行至此山,忽见金光,状有千佛,〈缺五字〉造窟一龛。次有法良禅师,从东届此,又于僔师窟侧,更即营建。伽蓝之起,滥觞于二僧。复有刺史建平公、东

续表

稿本	刻本
	阳王〈缺七字〉后合州黎庶,造作相仍。实神秀之幽岩,灵奇之净域也。西连九陇坂,鸣沙飞井擅其名;东接三危峰,泫露翔云腾〈缺七字〉后显敞,川原丽,物色新。仙禽瑞兽育其阿,斑羽毛而百彩;珍木嘉卉生其谷,绚花叶而千光。尔其镌崿开基,植端〈缺七字〉塔,构层台以篦天。刻石穷阿育之工,雕檀极优阗之妙。每至景躔丹陆,节启朱明,四海士人,八方缙素,云趋兮〈缺八字〉归鸡足之山,似赴鹫头之岭。升其栏槛,疑绝累于人间;窥其宫阙,似游神乎天上。岂异夫龙王散馥,化作金台;〈缺八字〉幢幡五色而焕烂,钟磬八音而铿锵。香积之饼俱臻,纯陀之供齐至。极于无极,共喜芬馨;人及非人,咸歆晟馔。遥〈缺七字〉大周圣历之辰,乐僔、法良发其宗,建平、东阳弘其迹,推甲子四百他岁,计窟室一千余龛。今见置僧徒,即为〈缺九字〉让,燉煌人也。高阳顼之裔,太尉颛之苗。李广以猿臂标奇,李固以龟文表相。长源淼淼,既浴日而涵星;层构〈缺九字〉祖穆,周燉煌郡司马、使持节张掖郡诸军事、张掖太守兼河右道诸军事、检校永兴酒泉二郡大中正、荡寇将军,祖〈缺一字〉随大黄府上大都督、车骑将军,并多艺多能,谋身谋国,文由德进,武以功升,为将有御远之方,作牧得安边之术。庭抽孝〈缺九字〉泉,竭诚而奉上。谦光下物,不自骄矜,流令誉于当年,钟馀庆于身后。考达,左玉钤卫、效谷府旅帅、上护军,〈缺十字〉倜傥之姿,凤负不羁之节。荆山虹玉,不能比其内润;宋国骊珠,无以方其外朗。行能双美,文武兼优,临池擅〈缺九字〉之妙。尝叹息而言曰:夫人生一代,难保百龄,修短久定于遭随,穷通已赋于冥兆。假令手能拉日,力可拔山,〈缺九字〉条之露,何用区碌荣利弃掷光阴者哉!于是涤胸襟、疏耳目,坦心智之所滞,开视听之所疑。遂讽诵金言,〈缺十字〉归正舍邪;遇善恭虔,必能尊重赞叹。乃于斯胜岫,造窟一龛,藻饰圆周,庄严具备。妙宫建四庐之观,宁〈缺廿三字〉下峥嵘,悬日〈缺四字〉吐风云于涧曲。岩嶤而郁律,杳窱而〈缺廿四字〉就窟设斋,燔香作礼。爰届兹日,斯道载宏,

续表

稿本	刻本
	接武归依,信根逾固者矣。〈缺廿二字〉绮际,材称刘楚,器是拔茅。涧松以磊落见寻,岩菊以芳菲入用。其〈缺廿三字〉论苦空之理,乃相谓曰:是身无常,生死不息,既如幻如化,亦随起〈缺廿一字〉应诺风从,复于窟侧更造佛刹。穿凿向毕,而兄遂亡。公任左玉钤卫、效谷府旅帅、上护军〈缺七字〉行紫金镇将、上柱国。并奇才卓荦,逸调昂庄。泰初之晓月团团,玄度之清风肃肃。羽垂天〈缺十四字〉后必昌,象贤〈缺一字〉踪无绝。乃召巧匠、选工师,穷天下之谲诡,尽人间之丽饰。驰心八解脱,缔〈缺十三字〉槃之变。中浮宝刹,迎四面以环通;旁列金姿,俨千灵而侍卫。璇题留月,玉牖来风。露滴砌而〈缺十三字〉表,还同鹿苑之游。粤以圣历元年五月十四日修葺功毕,设供塔前,陈桂馔以薰空,奠兰羞而味野。〈缺十字〉无虞,万邦〈缺一字〉伪末之萌,群品沐淳源之始。拂轻衣而石尽,释教长流;去纤芥而城空,法轮恒转。且夫立功立〈缺三字〉扬于竹〈缺一字〉;何况大慈大悲,不宣畅于金册?辄课庸浅,敬勒丰碑,合掌曲躬,乃为词曰:法身常住,佛性难原。形包化应,迹显真权。无为卓尔,寂灭凝玄。乘机逐果,示变随缘。大周广运,普济含灵。金轮启圣,玉册延祯。长离入阁,屈轶抽庭。四夷偃化,重译输诚。爰有名窟,寔为妙境。雁塔浮空,蜂台架迥。珠箔星缀,璇题月鋆。自秦创兴,于周转晟。西连九陇,东接三危。川坻绮错,物产瑰奇。花开德水,鸟哢禅枝。十方会合,四辈交驰。雕甍跂凤,镂槛盘龙。锦披石砌,绣点山窗。云紫宝盖,日灼金幢。芳羞味野,香气浮空。粤惟信士,披诚回向。脱屣尘劳,拂衣高尚。旁求巧妙,广选名匠。陈彼钩绳,凿斯岩嶂。代修七觉,门袭三归。取与有信,仁义无违。雕镌宝刹,绚饰金晖。真仪若在,灵卫如飞。营葺兮既终,丹青兮已毕。相好备兮圆满,福祥臻兮贞吉。百劫千劫兮作年,青莲赤莲兮为日。著如来之衣,入如来之室。佛道兮旷荡,法源兮迤溢。勒丰碑兮塔前,庶后昆兮可悉。维大周圣历元年(698)岁次戊戌伍月庚申朔拾肆日癸酉敬造。"此下十

续表

稿本	刻本
	二行低一字,文曰:"李氏之先,出自帝颛顼高阳氏之苗裔。其后名繇,身佐唐虞,代为大理。既命为理官,因而以锡其姓。洎殷之季年,有理微,字德灵,得罪于纣,其子理贞违难,避地居殷,食李以全其寿,因改为李。其后汉武开拓四郡,辟李翔持节为破羌将军、督西戎都护,建功狄道,名高四海,殒命寇场,追赠太尉,遂葬此县,因而家焉。其后为陇西之人,逯凉昭食邑燉煌,又为燉煌人也。远祖颙,汉太尉公,历幽、豫二州刺史,食邑赤园宕〈缺一字〉。显祖昭,魏使持节武张酒瓜等四州诸军事、四州刺史、河右道大中正、辅国大将军。曾祖穆,周燉煌郡司马、使持节张掖郡诸军事、张掖太守兼河右道诸军事、检校永兴酒泉二郡大中正、荡寇将军。〈缺二字〉随大黄府上大都督、车骑将军。考达,左玉钤卫、效谷府旅帅、上护军、〈缺四字〉军。亡兄盛,昭武校尉、甘州禾平镇将、上柱国。弟怀节,上柱国。弟怀惠,骑都尉。弟怀恩,昭武校尉、行西州白水镇将、上柱国。弟怀操,昭武校尉、行紫金镇将、上柱国。侄奉基,朔麾副尉、行庭州盐池戍主、上骑都尉。侄奉逸,朔卫、上柱国。男奉诚,朔卫。侄奉国,朔卫。孙令秀,朔卫。造碑僧寥廓。上柱国镌字索洪亮。"
	莫高窟又有《元至正造象记》。度以建初尺,碑高三尺三寸,宽二尺八寸,上截作龛形,龛中作佛像,像之左右及上方各作二行,分用六体字书"唵嘛呢八咪吽"字,额正书"莫高窟"三字,旁有小字正书"起初"二字。龛左曰"功德主　妃子　屈术　速来蛮西宁王　太子养阿沙　速丹沙　阿速歹　结来歹　脱花赤大王",又左曰"卜鲁合真　陈氏妙因龛";右曰"维大元至正八年(1348)岁次戊子五月十五日守朗立　长老娄耳立鬼　刘交有　张即立俺布　刘耳立鬼　弄卜仄令布　琓有藏布　□忍东　吴叉赛　把里耳儿　弄卜耳者　翟忍布",又右曰"奢蓝令旂刻"。龛下方曰"沙州路河渠司提领威罗沙　哈只　大使递流吉　大使兴都　百户宜吉　科忍布　善友脱呆　答失蛮　杨若者　华严奴

续表

稿本	刻本
	吴脱延　刘拜延　解递立鬼　解滝布　文殊奴　罕班耳的刺　也先拈木　张宣　梁黑狗　玉立勾　李世荣　递立鬼　刘三蛮　陈世昌　翟文通　李刘家狗　曾失罕　拜延　阿三布　僧令　旃蓝捞　令只合巴　公哥力加　张耳赤　弄卜忍勿　德沼　口惠　鲧乙尼　迭立迷失　院主口革　叉束　叉立即　没口子　律竜布　奂即　掠兀沙　哈刺阳　阿卜海牙　陈教化　吴教化　智宝　耳立鬼　口正布　间乙尼　朵立只　波洛歹　昆都思　尼智成　夭的哥失"。
一曰《大唐陇西李府君修功德碑记》。度以虑傀尺,碑高八尺三寸,宽三尺三寸,额篆书四行,行三字,曰"大唐陇西李府君修功德碑记"。	千佛岩睡佛洞外有《唐李府君修功德碑》,石质坚致,文多完好。度以建初尺,碑高八尺三寸,宽三尺三寸,篆额四行,行三字,曰"大唐陇西李府君修功德碑记"。
稿本・刻本	

碑之可辨者二十五行,行五十二字,其前应有一行,全缺。今载其可辨者:"飞阁,□□霞连。依□□居,□出人境。圣□时照,一川星悬。□钟□□,□□雷□。灵仙鬼物,往往而在。属以贼臣千□,□寇□□,□□地维,暴殄天物。东自陇坻,旧陌走狐兔之群;西尽阳关,遗邑聚豺狼之窟。□木夜警,和门昼扃,塔中委尘,禅处生草。时有住信士、朝散大夫,郑王府咨议陇西李太宾,其先指树名氏,紫气度流沙之西,刺山腾芳,□名感悬泉之下。时高射虎,人望登龙,开国西凉,称藩东晋。咨议即兴圣皇帝十三代孙。远派天分,世济其美,灵根地植,代不乏贤。六代祖宝,随使持节侍中西陲诸军事、镇西大将军、领护西戎校尉、开府仪同三司、沙州牧、燉煌公、玉门西封邑三千户。曾祖达,皇燉煌司马,其后因家焉。祖操,皇大黄府车骑将军。考奉国,皇昭武校尉、甘州和平镇将,早逢昌运,得展雄材。一命是凌云之资,百龄怀捧日之庆,垂条布颖,业继弓裘。筑室连阁,里成冠盖。难兄令弟,卓然履道之贤;翼子谋孙,宛尔保家之主。咨议天授淳粹,神假正直,交游仰其信,乡党称其仁。义泉深沉,酌而不竭;道言虚远,感而遂通。尝以为挹江海者,难测其深浅;望乾坤者,不究其方圆。况色空皆空,性相无相,岂可以名言悟,岂可以文字知。夫然,故方丈小室,默然入不二之妙;智度大道,法尔表无念之真。以其虚谷腾声(1),洪钟应物,所以腾宫山坼,佛日天开,爱水朝清,昏衢夜晓。一音演法,四众随缘,直解髻珠,密传心印。凡依有相,即是所依;若住无为,还成有住。由是巡山作礼,历险经行,盘回未周,轩辀□断。刻削有地,缔构无人,遂千金贸工,百辆兴役,奋锤龙壑,揭石靸山。素涅盘像一铺,如意轮菩萨、不空罥索菩萨各一铺,画报恩、天请问、普贤菩萨、文殊师利菩萨、东方药师、西方净土、千手千眼观世音菩萨、弥勒上生下生、如意轮、不空罥索等变各一铺,贤劫千佛一千躯。初坯土涂,旋布错彩,豁开石壁,俨现金

续表

稿本·刻本
容。本自不生,示生于千界;今则无灭,示灭于双林。考经寻源,备物象设,梵王奔世,佛母下天。如意圣轮,圆转三有;不空妙索,维持四生。人其报恩,天则请问。六牙象宝,摇紫珮以栖真;五色兽王,载青莲而捧圣。十二上愿,列于净刹;十六观门,开其乐土。大悲来仪于鹫岭,慈氏降迹于龙华。丕休哉!千佛分身,聚成沙界;八部敷众,重围铁山。希夷无声,悉窣欲动。尔其檐飞雁翅,砌盘龙鳞,云雾生于户牖,雷霆走于阶陛。左豁平陆,目极远山;前流长河,波映重阁。风鸣道树,每韵苦空之声;露滴禅池,更澄清净之趣。时节度观察处置使、开府仪同三司、御史大夫、蔡国公周公,道洽生知,才膺命世,清明内照,英华外敷,气迈风云,心悬日月。文物居执宪之重,武威当杖钺之雄,括囊九流,住持十信。爰因蒐练之暇,以申礼敬之诚。揭竿操矛,阗戟以从;蓬头胼胁,傍车而趋。熊罴启行,鹓鸾陪乘,隐隐轸轸,荡谷摇川而至于斯窟也。层轩九空,复道一带,前引箫唱,上干云霓。虽以身容身,投迹无地;而举足□足,登天有阶。目穷二仪,心出三界。有若僧政沙门释灵悟法师,即咨议之爱弟也。戒珠圆明,心镜朗彻,学探万偈,辩折千人。出火宅于一乘,破空遣相;指化城于四坐,虚往实归。于是引兄大宾,弟朝英,侄子良、子液、子望、子羽等,拜手于阶下。法师及侄僧志融敛袂于堂上,曰:主君恤人求瘼,戡难济时,并税且均,家财自给。是得旁开虚洞,横敞危楼。将以翼大化,将以福先烈,休庇一郡,光昭六亲。况祖孙五枝,图素四杀(2),堂构免坠,诒厥无惭。非石何以表其贞,非文何以纪其远。且登高能赋,古或无遗;遇物斯铭,今岂遐弃。纷然递进,来以求蒙。蔡公乃指精庐而谓愚曰:操斧伐柯,取则不远;属词比事,固可当仁。仰恭指归,俯就诚恳。敢□□其狂简,庶仿佛于真宗。□大历十一年(776)龙集景辰□□□有十五日辛未建,妹夫乡贡明经摄燉煌州学博士阴庭诫。"

【校记】

(1) 腾:刻本作"胜",据稿本改。

(2) 杀:稿本作"刹"。

稿本	刻本
一曰《唐宗子陇西李氏再修功德记》。度以汉虑俿尺,碑高八尺二寸五分、宽三尺一寸四分。	其碑阴为《唐李氏再修功德碑》。

稿本·刻本
额篆书四行,行三字,曰"唐宗子陇西李氏再修功德记",碑正书,可辨者二十八行,行六十三字,前后似各有一行,全缺,末行字不依格。今载其可辨者:"□□□□□府□籍广广乃□□□□振字□□□□□□王系也(1),增祖□□□□大□□□□司郎中(2)、赐绯鱼袋□□□□□□□□昈归唐(3),赠右散骑常侍。英髦骧驷,□□□灵。皆以稽古微言,留心儒素。或登华弟,更高拔□之名;文战都堂,每中甲科之的。虽云流陷,居戎而不坠弓裘;暂冠□州(4),犹次列将军之列。子既承恩凤阙,父乃擢处貂蝉。朱门不愧于五侯,树戟崇隆于贵

续表

稿本・刻本
族。至而源分特秀,门继簪裾,家承九锡之枝,流派祥云之胤。时遭西陲沮没,□□至德年中,十郡土崩,殄绝玉关之路,凡二甲子,runス偶大中之初,中兴启途,是金星耀芒之岁。皇化溥洽,通乎八宏;遐占雪山,绵邈万里。府君春秋才方弱冠,文艺卓荦,进止规常,迥然独秀。时则妻父河西陇右一十一州节度管内观察处置押蕃落营田支度等使、金紫光禄大夫、特进、食邑二千户实封三百户、赐紫金鱼袋南阳张公讳义潮,慕公之高望,藉公之文武。于是乃为秦晋,遂申伉俪之仪;将奉承祧,世祚潘阳之美。公其时也,始蒙表荐,因依献捷,〈按,即捷字。〉亲拜彤廷。宣宗临轩,问□所以;公具家谍,面奏王阶。上亦冲融破颜,群公愕视。乃从别敕,授凉州司马、检校国子祭酒兼御史中丞、赐紫金鱼袋,锡金银宝贝,诏令陪臣,乃归戎幕,□□余载,河右麾戈,拔帜抉囊,龙韬尽展,克复神乌,而一戎衣。殄勍寇于河兰,碱獯戎于瀚〈按,即瀚字〉海。加以陇头雾卷,金河泯湍濑之波;蒲海枭鲸,流沙弛列烽之患。复天宝之□孙,致唐尧之寿域,晏如也。百城无拜井之虞,十郡丰登,吏士贺来苏之政。此乃三槐神异,百辟稀功,英雄半千,名流万古。公又累蒙朝奖,恩渥日深。方佩隼□(5),用坚磐石,勋猷未萃,俄已云亡。享龄五十有二,终于燉煌之私弟。亡叔僧妙弁在蕃,以行高才峻,远迩瞻依,名达戎王,费普追召,特留在内,兼假临坛供奉之号,□以擅持谈柄,海辩吞流;恩洽燉煌,庇庥家井。高僧宝月,取以为俦;僧叡余踪,扇于河陇。亡妣氾氏太夫人,龙沙鼎鼐,盛族孤标,庭训而保子谋孙,轨范而清资不乏。承家建业,荐累代而扬名;阀阅联绵,长绪帝王之室。今乃逝矣,佳誉存焉。故府君赠右散骑常侍,生前遇三边无警,四人有暇于东皋。命驾倾诚,谒先人之宝刹,回顾粉壁,念畴昔之遗踪;瞻礼玉豪,叹红楼之半侧。岂使林风透闼,埃尘宝座之前;峣岭阳乌,曝露茶毗之所。墱道之南,复有当家三窟,今亦重修,泥金华石,篆籀存焉。于是乃慕良工,访其杞梓,贸材运斧,百堵俄成。鲁国班输,亲临胜境,云霞大豁,宝砌崇墙,未及星环,斯构嶷立。雕檐化出,巍峨不让于龙宫;悬阁重轩,晓方□于日际。其功大矣,笔何宣哉!亡兄河西节度衙推兼监察御史明达,天与孤贞,松筠比节。怀文挟武,有张宾之策谋;破虏擒奸,每得玉堂之术。曾朝绛阙,敷奏金鸾。指画山川,尽踪横于天险。兄明德,任沙州录事参军。操持吏理,六曹无阿党之言;深避四知,切慕乘鸥之咏。兄明诠,燉煌处士。今古满怀,洒落卿云之彩;□先效义,光腾粉露之文;五栁〈按,即柳字〉闲居,慕逍遥于庄老。夫人南阳郡君张氏,即河西万户侯太保张公弟十四之女。温和雅畅,淑德令闻,深遵陶母之仁,至切齐眉之操。先君归觐,不得同赴于京华;外族留连,各分飞于南北。于是兄亡弟丧,社稷倾沦。假手托孤,几辛勤于苟免。所赖太保神灵,辜恩剿虩,重光嗣子,再整遗□。虽手创大功,而心全弃致,见机取胜,不以为怀。乃义立侄男,秉持旄钺,总兵戎于旧府,树勋绩于新埠。内外肃清,秋豪屏迹。庆丰山涌,呈瑞色于朱轩;陈霸动容,叹高□壮室。四方向义,信结邻羌,运筹不愧于梓橦,贞烈岂惭于世妇。间生神异,成太保之徽猷;虽处闺闱,寔谓丈夫之女。然心悟道,并弃樊笼,巡礼仙岩,彰〈按,即愿字〉图镂于喘□。于时顿舍青凫,市紫金于上国;解璎珞,弃珠珍,销金钿于廊庑,运嘘橐于庭际。乃得玉豪朗耀,光冲有顶之峰;宝相发挥,直抵大罗之所。长男使持节沙州诸军事□沙州刺史兼节度副使、检校右散骑常侍、御史大夫、上柱国宏愿,辅唐忧国,政立祥风,忠孝颇恳于君

续表

稿本·刻本
亲,礼让靡忘于伯玉。六条布化,千里随车,人歌来暮之谣,□颂龚黄之绩。次男使持节瓜州刺史、墨离军押蕃落等使兼御史大夫宏定,文武全材,英雄贾勇。晋昌要险,能布颇牧之威;巨野大荒,屏荡匈奴之迹。挟纩□□于士卒,泯燧不愧于襄阳。都河自注,神知有道之君;积贮万厢,东郡著雕金之好。次男使持节甘州刺史兼御史中丞、上柱国宏谏,飞驰拔拒,唯庆忌而难侔;□□穿杨,非由基而莫比。洎分符于张掖,攺〈按,即政字〉恤茕孤;布皇化于专城,悬鱼发咏。次男朝议郎、前守左神武军长史兼侍御史宏益,三端俱备,六艺精通,工书有颎〈按,即类字〉□□鏴,碎札连芳于射戟。□深特达(6),文雅而德重王音。于时丰年大稔,星使西临,亲抵燉煌,颁宣圣旨。内常侍□□□□□玉裕称克珣,副傅师大夫称齐琪,判□□大夫□思回,借□□□□,枢密杞材,遏耀天威,呈祥塞表。因凿乐石,共纪太平。余所不□,□然狂简,□□□□元年岁次甲寅拾月庚申朔伍日甲子〈缺〉宋国〈缺〉伊西等州节度使兼司徒张淮深,妻弟前沙瓜伊西□河□徒□检校□□□兼御史大夫〈缺〉史〈缺〉等州节度使兼御史大夫〈下缺〉"

按,甲寅为昭宗乾宁元年(894)。

【校记】

(1) 字:此字刻本、稿本原作"□",稿本后改为"字",并有笺注"'振'下是'字'字"。

(2) 增:此字刻本、稿本原作"□",稿本后改为"增",并有笺注"增祖"二字。此句至段末,《方壶》本删。

(3) 昕:此字刻本、稿本原作"□",稿本后改为"昕",并有笺注"昕归"二字。

(4) 州:此字刻本、稿本原作"□",稿本后改为"州",并有笺注"州犹"二字。

(5) 佩:此字稿本原作"□",后改为"佩",并有笺注"方佩隼"三字。

(6) □深特达:稿本笺云:"□深特达当是子云特达。"

岩之文殊洞外,有《元皇庆寺碑》。雍正中,光禄少卿汪漋督修沙州城,有《游千佛洞》诗。古郡敦煌远,幽崖佛洞传。建垣新日月,访胜旧山川。窦启琳宫现,沙凝法象填。神工劳劈划,匠手巧雕镂。排列云迢递,嵌空境接连。金身腾百丈,碧影肃诸天。贝叶双林展,维摩一榻眠。威尊龙象伏,慧照宝珠悬。大地形容盛,灵光绘画宣。庄严挥四壁,妙善写重巅。门拥层层塔,岩盘朵朵莲。恒河难指数,法界讵云千。侧立衣冠伟,分行剑佩联。炫奇疑异域,缔造自何年。宗子唐家继,西凉李氏延。但夸祇树景,不惜水衡钱。霜雪时频易,兵戈代屡迁。污尘迷净土,战血染流泉。阒寂凭徒顾,摧颓实可怜。兹逢清宴暇,闲眺化城边。色相嗟多毁,丹青讶尚鲜。问禅无释侣,稽首冷香烟。字落残碑在,丛深蔓草缠。徘回荒刹外,怀往意悠悠。

山下月牙泉,汉兴道姚培和构亭泉上,常携茶具,载笔来吟。访古逖陬,斯为故实。党河迳山阳,《功德前碑》所谓"前引长河,波映重阁"也。

续表

稿本·刻本
又西,过三危山南。 　　三危山在鸣沙山北(1),《太平御览》引《西河旧事》曰:"三危山有三峰,故曰三危,俗亦为昇雨山。"按,《史记正义》引《括地志》作卑羽山,昇、卑形近,雨、羽声近,故讹。《史记正义》引《括地志》曰:"三危山在沙州敦煌县东南三十里。"《水经》释《禹贡》"山水泽地"曰:"三危山在敦煌县南。"郦氏注引《山海经》曰:"三危之山,三青鸟居之。是山也,广圆百里,在鸟鼠山西,即《尚书》所谓窜三苗于三危也。"《太平御览》引《河图括地象》曰:"三危山在鸟鼠之西,南与汶山相接,上为天苑星,黑水出其中。"按,今三危山大不至百里,且与甘州之黑河绝不相涉。魏中山公杜丰追吐谷浑慕璝之子被囊,度三危,至雪山,生擒之。盖三危之南为雪山,吐谷浑故地也。《元和郡县志》:"雪山在晋昌县南百六十里,南连吐谷浑界。"党河自鸣沙山西流十里,迳三危山(2)。《方舆纪要》云:"鸣沙山东南十里为三危山。"盖沿高居诲《使于阗记》之误。 【校记】 (1)此句稿本在后"迳三危山"句下。 (2)迳:稿本作"至"。此句下有注文云:"三危山在鸣沙山西。"

稿本	刻本
又西,过党城南,为党河。	又西,过党城西。 　　党河自乌喇窑洞西四十里,迳泉沟脑儿北。又西四十里,迳长山子北。又西四十里,迳月牙湖北。又西六十里,迳鳖盖山北。又西北二十里,至桥头。自泉沟脑儿迤西,南山积雪,分流来注,北阻石山,底坚湍急,虽浊不淤。至桥头而水势益盛,水迳桥下,汤汤流赭。西北二十里,迳黑岭南。又西北三十里,迳党城西。

稿本·刻本
党城在敦煌县城西南百里,垣堞犹存,莫知所作年祀。其地极三十八度五十五分、西二十一度三十四分(1),午正日景夏至长二尺八寸九分、冬至长一丈九尺六寸八分、春秋分长八尺二寸七分(2)。高居诲《使于阗记》曰:"三危山西渡都乡河曰阳关。"阳关故址在县城西南百五十里巴颜布喇地,是则都乡即党河矣。 【校记】 (1)此处经纬度,稿本作"其地极三十九度三十五分、西二十度二十四分"。 (2)此句下,稿本有"河迳城南,折而北流"。

续表

稿本	刻本
河南岸为雪山,产金,明故安定城曲先卫也。	河南岸为雪山,产金,元之曲先也。《元史·世祖纪》:"至元二十年(1283)三月,遣阿塔海戍曲先。"《成宗纪》:"元贞元年(1295)春正月,立北庭都元帅府,以平章政事合伯为都元帅,江浙行省右丞撒里蛮为副都元帅,皆佩虎符。立曲先塔林都元帅府,以曩都察为都元帅,佩虎符。大德元年(1297)秋七月,罢蒙古军万户府,入曲先塔林都元帅府。"《泰定纪》:"泰定三年(1326)五月,甘肃行省臣言:赤斤储粟,军士度川,远给不便,请复徙于曲先之地。从之。"《拜延八都鲁传》:"孙兀浑察授蒙古万户,至元三十年卒,次子袭授曲先塔林左副元帅。"按,成宗立北庭及曲先塔林两都元帅,犹至元之设两宣慰司。盖哈剌火州罢置司而改立都元帅于曲先塔林也。
北流,酾为渠。 河迳党城,乃北流,	北流,酾为渠。 党河至党城折而北,故曰党城湾。迳城西北流七十里,至戈壁沿子。又北流百六十里,至沙枣墩。两岸丛薄,沙枣成林,旧有城,亦曰沙枣城。河迳其地,
稿本·刻本	

疏为渠。一东大渠,分为二,曰上永丰、下永丰,长三十二里,溉八百五十四户田。雍正十一年六月十九夜,山水骤发,决永丰渠口,坏民庐舍,即此渠也。一西大渠,曰普利,长二十三里,溉五百十九户田。一西小渠,在普利南,曰通裕,长三十里,溉八十六户田。一新中渠,在普利北,曰庆馀,长十七里,溉百九十户田。一西中渠,在下永丰北,曰大有,长四十二里,溉六百五十户田。皆雍正中汉兴道尤炆所凿。《汉书·地理志》云:"龙勒县氐置水出南羌中,东北入泽,溉民田。"又《西域传》云:"表穿卑鞮侯井以西,原作面,据宋祁校改。欲通渠转谷。"孟康注:"大井六,通渠也,下泉今本无泉字,据宋本补。流涌,出在白龙堆东土山下。说详余《西域传补注》。"

续表

稿本	刻本
是党河之疏渠溉田,其来旧矣。	元尝置沙州路河渠司于斯。《明史·金濂传》言:"鸣沙州有七星、汉伯、石灰三渠。"是党河之疏渠溉田,其来旧矣。
又北流,过敦煌县城西、旧沙州城东。	又北流,过敦煌县城西、旧沙州城东。 　　党河自沙枣墩北流十里,当沙州城东,有渡口,缚木为桥,桥频坏,行人病之。
稿本·刻本	

　　沙州之名,始于前凉张骏。唐初分瓜州置,唐武德五年(622)建西沙州,贞观七年(633)仍曰沙州,天宝元年(742)改敦煌郡,乾元元年(758)复为沙州。建中二年(781)陷于西蕃。按,颜鲁公《宋广平神道碑侧记》:"第六子衡,因谪居沙州,参佐戎幕。河陇失守,介于吐蕃,以功累拜工部郎中兼御史、河西节度行军司马,与节度周鼎保守敦煌。仅十余载,遂有中丞、常侍之拜。恩命未达,而吐蕃围城,兵尽矢穷,为贼所陷。"是沙州陷蕃之事也。陷后七十年,沙州刺史张义潮遣兄义潭以瓜、沙等十一州归唐。朝廷改沙州为归义军,张氏、曹氏世镇其地。张义潮于咸通八年(867)入朝,以张淮深为留后。咸通十三年,淮深卒,〈此据《唐书·方镇表》(3),按,《李氏再修功德记碑》作于乾宁元年(894),结衔尚有张淮深,恐表误。〉曹义金为留后,就拜节度使。周世宗显德二年(955),义金卒,子元忠嗣。宋太宗太平兴国五年(980),元忠卒,子延禄嗣。真宗咸平五年(1002),延禄族子宗寿杀延禄,嗣为节度使。大中祥符七年(1014),宗寿卒,子贤顺嗣。仁宗天圣九年(1031)以后不复见,盖终于贤顺矣。宋景祐初,没于西夏。李焘《通鉴长编》:"景祐二年(1035)十二月,元昊攻嘉勒斯赉,三年十二月,再举兵攻回纥,陷瓜、沙、肃三州。"而《宋史·夏国传》以为陷于二年,《长编》辨正之,是也。惟《长编》载天圣四年十二月契丹遣沙州观察使石宇来贺正旦,盖未入西夏时,曹氏曾通于契丹,故契丹于其地置观察使。至皇祐间,沙州入夏已久,而皇祐二年(1050)四月及四年十月,复有沙州来贡,其时夏已服于宋,或听沙州之入贡亦未可知。《元史·地理志》云:"瓜州陷西夏,夏亡州废。"言夏亡而州始废,是在夏时犹立州,即瓜州可知沙州矣。元至元十四年(1277),复立州。十七年,升为路,置总管府,明洪武初废。永乐三年(1405),置卫,《明史·地理志》作元年,《西域传》作二年,考《成祖实录》:"三年十月癸酉,设沙州卫。"今从之。《地理志》又言:"西有瓜州。"《志》误(1)。正统中内徙,即其城立罕东左卫。

【校记】

(1)《志》:稿本作"亦"。

续表

稿本・刻本
雍正元年(1722),置沙州所,党河北冲,圮城东面。三年,升所为卫,于故城东筑卫城,周三里三分零,高丈九尺,东、西、南门三。九年,又于东、南、北三面接建郭城,周五里五分零,高二丈,立东、南、北及西南隅四门,以西面半里而近逼于党河也。乾隆二十五年(1760),裁卫,因城置敦煌县。县治极三十九度三十分、西二十一度三十七分(1),午正日景夏至长三尺、冬至长二丈零二寸二分、春秋分长八尺四寸五分。 【校记】 (1)此处纬度,稿本原作"四十度十二分",旁改同刻本。

稿本	刻本
	县之黉舍棂星门内,土壁嵌《唐索勋纪德碑》。高三尺二寸五分,广二尺二寸五分,二十五行,行三十四字,正书,字径五分。额高一尺,广九寸,四行,行四字,正书题曰"大唐河西道归义军节度索公纪德之碑"。弟一行"节度判官权掌书记〈下缺〉",弟二行以下为碑正文:"□□□□□安邦,柱石分忧。诞贤材而膺用,固有提纲罩俗;封长策而□□,□□□□□。□□地中兴圣运,彼有人焉。公王裕称,讳勋,字封侯,燉煌人也。祖靖,仕魏晋,位登一品,才术三端,出入两朝,功名俱遂。曾祖讳□□□□□□钟庆于兹。来慕之谣既著,捐驹之咏益深。乃保龙沙永固,城□□□竹□□□。父琪,前任燉煌郡长史、赠御史中丞,早承高荫,皆显才能,儒雅派衍,弓裘不□。宣宗启运,乃眷西顾,太保东归,□平乂,河西克复。昔年土宇,一旦光辉没□□□□。公则□河西节度张太保之子婿也。武冠当时,文兼识达,得探囊之上策,□□□□,明主皇王之□□□韬钤而五凉廓靖,布鹤列而生擒六戎□□□□□姑臧复扰□□□□□□□上褒厥功,特授昭武校尉、持节瓜州诸□□□□□墨釐军押蕃落□□□□□□□继先人之阀阅,不愧于荀彧。效忠烈于□□□□□牢落□天□□□□□□外乏金汤之险。旨从苴守,葺以貌全。筑巍□□□□□□垩布□疆□□□□□□以部厥田。唯上周回万顷,沃壤肥□

续表

稿本	刻本
	溉用□□□□□□□□□□积为□□□□□□流顿绝。洎从分竹,乃运神机,土宇宏张,近堤□□□□□□腾飞□□□□□□功。俄就布磐石,□云浮川响,波澜众□辐凑□□□□□□西成□□□咸感如神灵,踪□应水流均布,人无荷锸之劳,鼓腹□□□□□□□□曰设法以济人,摧圮楼台,置功而再治。城内东北隅有古昔龙□□□□□□□木壁犹存,模仪尚宛,重以风摧雨烂,尊象尘濛,栋宇疏廓,空馀基址。□□□□□□□贸工,于时改作。四厢创立,八壁重修,南建门楼,北安宝殿。徘徊耸仞□□□□□□□□麓。阶堰古树,却吐鲜芳;玉砌流泉,莓苔复点。城隅之下,别创衙□□□□□□□□□俨尔光辉于时,景福元祀,白藏无射之末,公特奉丝纶,就加□□□□□□□□也。军中投石,争夺拔拒之能;幕下吏民,悉展接枭之勇。□性□□□□□□□□基之术,材兼文武,次亚夫以当年。幸遇昌时,继□营之□□□□□□□□□钦,崇于大汉;洋洋政声,翔于阙下。□□□□□□□□□□□□□□□□□□□竟千古〈下缺〉。"索氏为敦煌望族,晋有索靖,靖子綝,又有索袭、索纨;北魏有索敞。勋则张义潮之婿也,嗣为节度使当在咸通十三年(872)张淮深迁伊西等州节度使之后,《唐方镇表》失载。
稿本·刻本	
县西四十里高原之上有古垒,如四城相聚,各离一二里。垒南有柳树泉,发巴颜山梁,北流入党河,即所谓巴颜布喇也。布喇即布拉克之转。	

毫无疑问,《西域水道记》两个版本之间的敦煌记载,是有巨大差别的:稿本的誊清虽然是在京师完成,但距离徐松赐环的时间并不长,主要还是根据其在新疆遣戍时期所掌握的书面文献撰写。从稿本到刻本的十多年间,徐松得到了更多文献,而对稿本作了增订。这一方面要归功于京师文化中

心的资料齐备,同时也与徐松有机会在京师学坛与诸多西北舆地学的学友切磋相关。即从字数而言,因为文献资料的增补,《西域水道记》由原本的四卷增加到五卷;敦煌部分的记载,也由原来的6,000多字剧增到11,000多字,几近一倍。

稿本到刻本的修订完善,还有一个重要的因素是徐松的敦煌亲历。如上所揭,在清代前往西域的士人,由嘉峪关而玉门县、安西州西北直行,进入星星峡到哈密,并不绕道敦煌。作为流放者,更不会在前往流放地的道路中耽搁。个中原因,是流放者以后得到赐环归来的时间与其到达流放地的"报到"时间有直接的联系。我们从上揭徐松嘉庆十七年十月赶到伊犁遣戍地的历程看,他在前往遣戍地的匆匆行色中,也无暇迂回去敦煌考察。

但是他的返程,却有了轻松的精神状态,因而前往敦煌的考察也就成为可能。从目前他所留存的诗文中,我们还没有发现他曾经到过敦煌的记录。但是《西域水道记》本身的记载透露了这一点。如关于党河源头的记载,稿本云:"西源曰党河,源导四蟒山。"但是后来的刻本却重新描述,并云:"旧《柳沟志》言党河所出,四峰矗立,曰四蟒山。询诸故老,莫识其名。"可见稿本是根据在遣戍地伊犁所见《柳沟志》记载作出的描述。因为归途亲历敦煌而询问当地故老,对《柳沟志》的记载产生了怀疑;在敦煌或者回到京师后根据新的材料,徐松终于推翻了根据《柳沟志》描述的党河源头旧说。类似的记载还有首揭《莫高窟碑》时云:"岩之莫高窟前,侧立《周李君重修莫高窟佛龛碑》,盖碑创于前秦。彼土耆士赵吉云:乾隆癸卯岁,岩畔沙中掘得断碑,有文云'秦建元二年沙门乐僔立',旋为沙所没。"——对于敦煌耆宿的采访信息,不仅是我们得知徐松确至敦煌的重要线索,也是徐松继承中国历史学家如司马迁、郦道元等载笔求真、"文""献"结合方法论的体现。再回首看其刻本新增的描述,如党河:"自泉沟脑儿迤西,南山积雪,分流来注,北阻石山,底坚湍急,虽浊不淤。至桥头而水势益盛,水迳桥下,汤汤流赭。""党河自沙枣墩北流十里,当沙州城东,有渡口,缚木为桥,桥频坏,行人病之。"这些描述非经目验,也断难写出。前引龙万育在《西域水道记序》中称道:"先生于南北两路壮游殆遍,每所之适,携开方小册,置指南针,记其山川曲折,下马录之。至邮舍则进仆夫、驿卒、台弁、通事,一一与之讲求。"这一赞誉,就敦煌的记载而言,徐松也是当之无愧的。

从稿本关于敦煌的记载来看,举凡党河源流、鸣沙山、三危山、党城、屯田渠、敦煌城的记载,已经面面俱到。而刻本的补充之所以能够锦上添花,一方面既有经过目验而更加精确的描述成分;另一方面,也更为重要的,是碑刻史料的重视成为《西域水道记》关于敦煌记载最出色的特点。

重视碑刻史料,是《水经注》就已确立的历史地理著作追求的目标,而清代乾嘉以来碑铭证史的研究方法也蔚成风气,这些都决定了《西域水道记》在西北历史地理学的研究中不遗余力记录碑铭而引领贞石证史的潮流[①]。《西域水道记》的稿本,只是收录了《大唐陇西李府君修功德碑记》和《唐宗子陇西李氏再修功德记》。这两通碑记内容,在《西域图志》中业已收录,徐松从事新的研究,自然不会对以往的成果视而不见。而据李正宇先生的研究,清人汪德容于雍正年间革职游幕河西,在敦煌抄录了当地碑记而成《沙州碑录》,就已经使沙州唐碑传播于外[②]。今《沙州碑录》虽佚,但上引莫高窟二碑的内容和按语却为倪涛《六艺之一录》、黄文炜乾隆二年《重修肃州新志》收录,根据碑刻的题名和《西域水道记》的引书情况,我们可以推测徐松稿本中的唐碑就是从《重修肃州新志》中转录的。正因为稿本的撰写还没有融入后来亲历敦煌的实地踏勘经验,徐松当时甚至对这两碑为一石两面的情况,也并不了解。

到了《西域水道记》的刻本,以上两碑的内容显然是作者勘查之后的描述。因此不仅纠正了以上碑文传录的失误,对其碑制、方位、尺寸,也都有了更为准确的描写。更重要的是,作者还记载了莫高窟和敦煌城内其他四通碑刻:《周李君重修莫高窟佛龛碑》《元至正造象记》《元皇庆寺碑》《唐索勋纪德碑》,并将《元皇庆寺碑》以外的三方碑刻文字抄录在《西域水道记》中。即以《周李君重修莫高窟佛龛碑》的收录而言,是目前所知最早的记载,因此关于莫高窟营建时间的揭示和形制的描述,徐松有开创之功,迄今仍为研究者沿用与重视,对后世敦煌学研究的贡献至巨。

《西域水道记》刻本关于敦煌的新增记录还应该考虑到另外的一个来源,即与徐松同期而稍后的许乃毂(1785—1835,字玉年)于道光十一年任敦煌知县,道光十二年曾撰《千佛岩歌》[③],其长篇序言论敦煌莫高窟事,《西域

[①] 据笔者统计,《西域水道记》著录西陲古今石刻凡18种。
[②] 李正宇《敦煌学导论》,第109—110页。
[③] 许乃毂《千佛岩歌》,作者著《瑞芍轩诗钞》卷四,同治七年刻本,第十九叶背面至廿一叶背面。

水道记》刻本语多所采用,如前引"彼土耆士赵吉云"也在《千佛岩歌》中就出现了;《西域水道记》刻本补充敦煌城西、旧沙州城东"有渡口,缚木为桥,桥频坏",也许是受到许乃毂道光十三年作《党河柳桥诗》的序言记载党河"为桥辄圮"的影响①。

许乃毂兄弟与徐松在道光年间多有交往,如张际亮(1799—1843)道光七年有《四月三日丁若士履恒大令招同汪孟慈喜孙农部,徐星伯松、陈藩川鸿墀两舍人,徐廉峰宝善、周雪桥仲墀两太史,许玉年乃毂孝廉,集饮龙爪槐院,若士属为诗,漫作》诗②,可知其交游。许乃毂于道光十四年冬由敦煌署任安西州知州,十五年正月卒于安西任上③,似任职敦煌后未曾归京。其《千佛岩歌》等或在生前邮寄徐松,或在身后诗稿曾在京师流传而为徐松所得,而对原本的敦煌记录做了改写。从目前的比勘而言,因为《西域水道记》的撰写是众所周知的事实,因此许乃毂本人或者其亲友将许氏的敦煌实录提供给徐松的可能性更大;但是也似乎不能完全排除因为许乃毂出任敦煌知县,所以徐松提供了《西域水道记》关于敦煌的调查信息给许氏的可能。总之,二人之间就敦煌的研究有所互动是完全在情理中的事,徐松的敦煌记载得到许乃毂实地吟咏和记录的影响是存在的。通过当地官员的记载来补充自己的论述,也成为徐松田野调查的补充方式,这与他后来在榆林知府任上请怀远县令何丙勋确察赫连勃勃统万城故址、向土默特德贝子请教元太祖葬地等问题的方法是一致的④。许乃毂向京师学者传播敦煌文献的史实、徐松和许乃毂之间关于敦煌研究的交往,也都值得进一步搜寻史料,作为敦煌学前史的专题,做更深入的探讨。

总之,刻本《西域水道记》的敦煌记载在方法论上体现了徐松重视出土材料、田野调查与传统史料印证的"三重证据法"。而且这种文献的对勘,就敦煌千佛洞的历史沿革而言,也首次得到了清晰的揭示。《西域水道记》最初的敦煌研究旨趣和目的,也许主要是水道及其所经地方的历史地理沿革。

---

① 许乃毂《党河柳桥诗》,《瑞芍轩诗钞》卷四,第卅三叶背面至卅五叶正面。
② 张际亮《四月三日丁若士履恒大令招同……漫作》,张际亮著、王飚校点《思伯子堂诗文集》卷八,上海:上海古籍出版社,2007年,270页。
③ 萨迎阿《署安西牧敦煌令许君传》:"(道光)十四年,大计卓异。其冬,署安西直隶州牧。……君殁于道光十五年正月初八日,年仅五十有一。"《瑞芍轩诗钞》卷首传记,第三叶背面。
④ 参本书第一章"徐松生平考论"第六节"暮年宦游"关于徐松在榆林任上的考述。

但在后来的成书中,千佛洞的记载成为了敦煌最精彩也最丰富的部分。20世纪初元,藏经洞的文书出土,热闹的千佛洞在陡然升温之际,人们发现有关它的沿革,早在60多年前已经由杰出的西北舆地学的创始人徐松作了完备的论述。《西域水道记》中敦煌和千佛洞记载的备受青睐,这恐怕是徐松始料未及的。

此外,徐松没有写入《西域水道记》中关于敦煌碑刻的研究心得,今所见还有缪荃孙在《小集》中收录的徐松在道光十年为刘喜海所藏《唐河西道归义军节度索勋纪德碑》拓片的题跋①,以及徐松本人旧藏、今为北京市文物局资料信息中心所藏之《唐宗子陇西李氏再修功德记》拓片题跋(插图91)②。根据这两份拓片,徐松考证了张义潮到曹义金之间,由索勋、张承奉先后担任归义军节度使的历史进程。这个承递关系,也为后来的归义军史研究所证实和更加细化③。

3 流放者在敦煌研究中的影响

在本书的绪论之"徐松及其西北史地研究的后世影响与学术定位"部分,笔者已经提及19世纪末20世纪初,西方的中亚探险热潮兴起之际,《西域水道记》也成为外国探险家和汉学家的必读书,如克列缅茨、沙畹、斯坦因、伯希和、大谷光瑞考察队等关于敦煌和西域的探险与考证,没

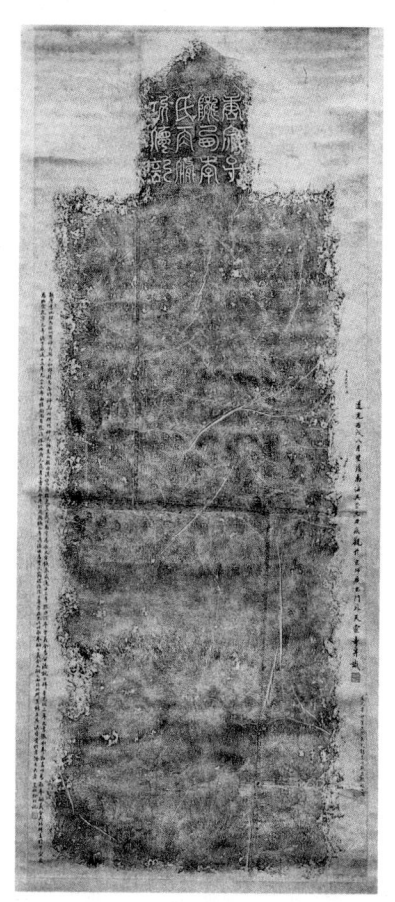

插图91 《唐宗子陇西李氏再修功德记》徐松旧藏拓片及题跋

---

① 徐松《唐河西道归义军节度索勋纪德碑跋》,《小集》,第廿七叶正面至廿八叶正面。
② 徐松《唐宗子陇西李氏再修功德记跋》,《北京文物精粹大系·古籍善本卷》,第228页。
③ 参荣新江《归义军史研究——唐宋时代敦煌历史考索》,上海:上海古籍出版社,1996年11月。特别是其中第二章"归义军历任节度使的卒立世系与称号"。

有不依据徐松著作的。

中国早期的敦煌研究者,也可举王树楠为例,在其旧藏的敦煌文书《妙法莲华经》卷第六写本第二段的题跋中①,他使用了熟悉的徐松《西域水道记》中的描述和《敦煌县乡土志》来综合取舍,描绘出敦煌千佛洞环境及藏经洞发现过程。兹将其题跋与徐松的描述对照如下:

> 王树楠《妙法莲华经卷第六题跋》:雷音寺在敦煌县南四十里,今名千佛洞。沙石坚凝,高下凿龛,以千百计。年祀邈远,历经兵燹,沙压寺圮,而佛相庄严,斑斓金碧,粲然照目,故又名千佛岩。

> 徐松《西域水道记》卷三:山东麓有雷音寺,倚山为宇。山错沙石,坚凝似铁。高下凿龛,以千百计,年祀邈远,经历兵燹,沙压倾圮,梯级多断。而佛相庄严、斑斓金碧者,犹粲然盈目,故又曰千佛岩。②

王树楠的题跋,除了第一句"雷音寺在敦煌县南四十里,今名千佛洞"出自《敦煌县乡土志》外,以下文字均出自《西域水道记》的改写③。徐松的《西域水道记》是王树楠到达新疆编纂《新疆图志》的重要参考书,因此其中对敦煌地区的描写是他所熟知。

由徐松的贡献,伯希和甚至对西域的流放人员普遍给予了较高的评价:

> 在新疆的汉人中,发配流放者特别值得一提。除了那些因触犯普通法而被判刑的人之外,清朝还向伊犁地区,特别是向乌鲁木齐地区,发配了由于施政过失而被判刑的相当数量的官吏。这些具有文化修养的人非常关心该地区,并且向外介绍该地区。总而言之,他们为新疆所作出的贡献,就如同俄国流放犯对西伯利亚作出的贡献一样。④

---

① 矶部彰编集《台东区立书道博物馆中村不折旧藏禹域墨书集成》,东京:文部科学省科学研究费特定领域研究"东亚出版文化研究"总括班,2005年3月,中册,第102—111页。

② 《西域水道记(外二种)》,第148页。徐松记述与前揭许乃毂《千佛岩歌》序言亦相似,其云:"敦煌城南四十里,有千佛岩,即雷音寺。三危峙其北,山错沙石,坚似铁。高下凿龛千百,其中圮者数百,沙拥者数百,危梯已断、不能登者又数百。面佛像如新、画壁斑斓者,尚不可以计以。"《瑞芍轩诗钞》卷四,第十九叶背面。徐松叙述受许乃毂影响或反是,待考;但王树楠语出自《西域水道记》,当无问题。

③ 相关研究,可参拙文《王树楠与敦煌文献的收藏和研究》,《敦煌文献、考古、艺术综合研究:纪念向达先生诞辰110周年国际学术研讨会论文集》,北京:中华书局,2011年12月,第574—590页。

④ 《中国新疆居民考察报告》,《伯希和西域探险记》,第31页。

事实也正是如此。西域流放者与敦煌的关系,在不断公布的资料中,愈益显得密切。如王三庆先生在全面考察日本天理图书馆藏敦煌写卷时,对编号为183－ア293号的《般若波罗蜜多心经注》进行了专门研究。这卷文书的后面有许多的题跋和藏书印记,最早的一条是李宗瀚(1769—1831,号春湖)道光丁亥(七年)所撰,其中提道:"闻此卷乃某君遣戍伊江时,得于敦煌塔中。后携至武昌,以赠素孟蟾方伯,今归云心同年。"林雄光(1898—1971)1952年的题跋就论及该卷文书的可贵处,其一曰:"同为敦煌发现经卷,而此卷最早李春湖跋于道光七年,是较斯坦因、伯希和发见敦煌藏经早数拾年。"①可见,比引起国际敦煌学热潮的关键人物斯坦因、伯希和更早接触到敦煌文书的,是流放伊犁的中国文人。遗憾的是,这位不知名的遣戍者对于该文书并没有特别重视,仅仅当作流放西陲的特殊收获,而转赠给了爱好文玩的官员,此后在小范围的文人圈中作为文房清供而题跋鉴藏。

1909年之所以在某种叙述中成为中国敦煌学的开端,是因为伯希和带到北京的敦煌文书引起中国学界的高度关注;而伯希和能够得到大量的敦煌文书,又与他在1907年经停乌鲁木齐,与流放人员进行交往有关。这些流放者,有原广西提督苏元春(1844—1908)、原辅国公载澜(1856—1916)、原南海知县裴景福(1854—1926)。伯希和从1907年的10月19日到12月12日在迪化(今乌鲁木齐)逗留,然后东行,于1908年的2月14日即到达了敦煌县城,此后便在莫高窟开始了写本文书的掠取。当他在同年的5月30日离开敦煌时,5000多卷的文书也随之捆载而去。

伯希和如此迅捷地从乌鲁木齐前往敦煌,其中的原因就是乌鲁木齐的流人为他提供了敦煌文书的准确消息,这在他后来的西域探险记载中毫不讳言。如他在《高地亚洲三年探险记》(1909)中回忆说:"我在乌鲁木齐就听人讲到,1900年在敦煌千佛洞发现了写本。那位清朝将军(笔者按,指苏元春)只向我讲过只言片语。至于澜国公,他却送给了我一卷出自那里的写本。"②《敦煌藏经洞访书记》中则记载:"早从乌鲁木齐开始,我就知道在藏经洞中与写本同时,还发现了绘画。裴景福先生在经过甘肃时曾见到过其中

---

① 以上题跋分别迻录自王三庆《〈般若波罗蜜多心经〉注本价值试论》,《敦煌学》第19辑,1992年10月,第87－108页;荣新江《海外敦煌吐鲁番文献知见录》,南昌:江西人民出版社,1996年6月,第204－206页。
② 伯希和《高地亚洲三年探险记》,中译本载《伯希和西域探险记》,第19页。

的某几种样品。"①伯希和探险队的成员路易·瓦扬(Louis Vaillant)也曾记载:"作为我们探险团最确凿的成果之一,便是澜国公在我们出发时送给伯希和的一卷出自沙州千佛洞的写本。伯希和刚一打开卷子,他就辨认出这卷写本要早于公元8世纪。这件礼品更进一步证明了他于旅途中搜集到的那些含糊不清的传言。有人声称,沙州千佛洞的一名道士发现了一个藏满珍贵圣物的耳室。从此时此刻起,伯希和就迫不及待地要亲自赶赴沙州。"②

从以上为敦煌学研究者耳熟能详的史料记载中可以看到:伯希和所以改变了罗布泊考察的计划而赶赴敦煌,与乌鲁木齐的流人给他提供了敦煌藏经洞写本的确凿信息有最为直接的关系;其中像裴景福这样富有才学和鉴赏力的文士,更给予了他研究敦煌文物有益的启发③。

从徐松到以裴景福为代表的西域最后一批流放者,无疑是伯希和取得敦煌研究成果与中国敦煌学开端的催生者。

五 文本之二:清代西域地理文献中的吐鲁番

1 《西域水道记》不同版本的吐鲁番记载

《西域水道记》是徐松以西域水道为线索撰写的西域历史地理著作。作者的理想是远仿中国历史地理学的名著《水经注》而完成一部"西域水经注"。根据内陆河流归宗于湖泊的现象,他找到了西域地理上的水道特征,创造性地将西域河流归为十一个水系,撰成了这部体大思精的西域地理名著,成为清代西北历史地理学兴起的重要里程碑。

吐鲁番盆地虽然远离任何一条西域水道,但作者遵循了《水经注》"因水以证地,而即地以存古"的传统④,在卷二"罗布淖尔所受水下"中,以罗布淖尔地当"吐鲁番镇城西南九百余里"一句,便转入到对吐鲁番地区的地理描述中,为我们留下了这一名著中作者对吐鲁番地区的认识。

---

① 伯希和《敦煌藏经洞访书记》,《伯希和西域探险记》,第297页。
② 路易·瓦扬《法国西域探险团团长伯希和》,中译本载《伯希和西域探险记》,第405页。
③ 最新的研究成果,参王楠《伯希和与裴景福的交往:以中法学者有关敦煌藏经洞最初研究为中心》,《敦煌吐鲁番研究》第11卷,上海:上海古籍出版社,2009年9月,第427—450页。
④ 前引王先谦《合校水经注序》语,《虚受堂文集》卷五,第340页。

《西域水道记》今存三种比较重要的版本在内容上的不断修改,体现了徐松在不同时期对这一地区认识的深入,兹将三个版本中的吐鲁番记载揭示如下,再作分析(插图 92;图表 13)①:

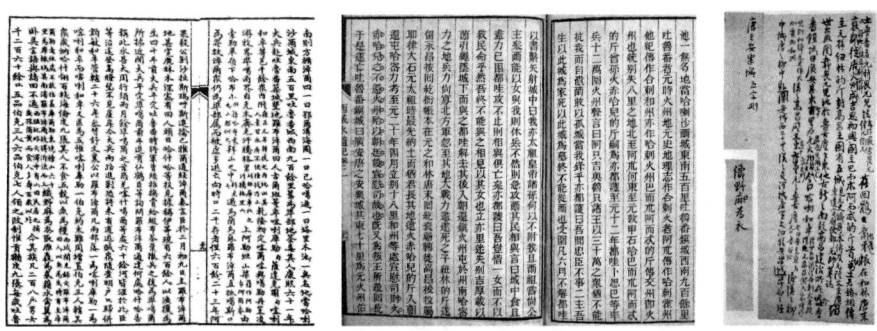

插图 92　《西域水道记》稿本、刻本、校补本关于吐鲁番的记载

图表 13　《西域水道记》三种版本中的吐鲁番记载对照表

稿本 (1822—1826)	刻本(1839)	校补本(1840—1848)
(罗布淖尔)地当哈喇沙尔城东南五百里,吐鲁番镇城西南九百余里。吐鲁番者,旧为准部地,荼毒其人。 【校记】 此句至段末,稿本有浮笺补同刻本。	(罗布淖尔)地当哈喇沙尔城东南五百里,吐鲁番镇城西南九百余里。吐鲁番者,元时火州地。《元史·地理志》作合剌火者,《阿术传》作哈剌霍州,他纪传作合剌和州,亦作哈剌火州。《巴而术阿而忒的斤传》:"交州即火州也,统别失八里之地,北至阿术河,东至元敦、甲石哈,巴而术阿而忒的斤曾孙火赤哈儿的斤嗣为亦都护。至元十二年(1275),都哇、卜思巴等率兵十二万围火州,声言曰:'阿只吉、奥鲁只诸王以三十万之众,犹不能抗我而自溃,尔敢以孤城当我锋乎?'亦都护曰:'吾闻忠臣不事二主,吾生以此城为家,死以此城为墓,终不能从尔。'受围凡六月不解。都哇以书系矢射城中曰:'我亦太祖皇帝诸孙,何以不附我?且尔祖尝尚公主矣,尔能以女与我,则休兵。不然,	(罗布淖尔)地当哈喇沙尔城东南五百里,吐鲁番镇城西南九百余里。吐鲁番者,元时畏兀儿境,或作畏吾、畏兀、伟兀、卫兀。回鹘裔也,旧牙帐在和林,唐末衰弱,地为黠戛斯所并,徙居火州。成吉斯初兴,国主巴而术阿而忒的斤首纳土为婚姻。传至元孙纽林的斤,封高昌王。国有五城,见《元史·铁哥术传》及元

---

①　以下表中内容,见笔者整理本《西域水道记(外二种)》,第119—123页。

续表

稿本	刻本	校补本
	则急攻尔。'其民相与言曰:'城中食且尽,力已困,都哇攻不止,则相与俱亡矣。'亦都护曰:'吾岂惜一女而不以救民命乎?然吾终不能与之相见。'以其女也立亦里迷失别吉厚载以茵,引绳坠城下而与之,都哇解去。其后入朝,还镇火州,屯于州南哈密力之地,兵力尚寡。北方军忽至其地,大战力尽,遂死。子纽林的斤遂留永昌。"按,回纥衙帐本在元之和林,唐末回纥衰弱,转徙高昌,后役属耶律大石,元太祖时最先纳土,而犹君长其地,逮火赤哈儿的斤入朝,还屯哈密力。考至元二十年四月,立别十八里、和州等处宣慰司,则火赤哈儿之不还火州,殆以朝廷设宣慰司故也。既又为叛王所杀,回纥于是遂亡。吐鲁番镇城曰广安,唐之安乐城。其东七十里为元火州治,今曰喀喇和卓。又东五十里曰鲁克沁,东汉之柳中城也。广安城西二十里为汉交河城。准部之强,地为所有。	陆文圭《广东道宣慰使都元帅墓志》。今吐鲁番镇城曰广安。其东七十里为元火州,亦曰交州,畏吾儿国王治之,今曰哈喇和卓,《经世大典图》作合剌火者,欧阳玄《高昌偰氏家传》作哈剌和绰,《元史》作火州、霍州、和州。汉之高昌壁。又东百一十里,元之鲁古尘,今曰鲁克察克,又曰鲁谷沁。后汉之柳中城,唐之柳中县。准部之强,地为所有。

稿本·刻本·校补本

　　康熙六十一年(1722),大兵赴吐鲁番,筑城垦地,罗布淖尔回人古尔班等率喀喇库勒、萨达克图、喀喇和卓等邑千余众内附。雍正元年(1723)将徙之内地,以其人素习水居,不便陆徙,乃止。乾隆初,定喀尔喀与噶勒丹策凌游牧界,准噶尔界自克木齐克汗腾格里此非库车北之汗腾格里山。上阿勒坦山梁,由索勒毕岭下哈布山、回语哈布,囊也,山形似之。拜山之中,拜见上。过乌兰乌苏、罗布淖尔,直抵噶斯口为界。故淖尔众仍为准部属,而被虐,多逃亡。向时口二千,存者仅六百余。二十三年,阿果毅公剿沙拉斯、玛呼斯,追禽巴雅尔,道经淖尔,奏言:"臣于二月初九日,至罗布淖尔,地甚宽广,林木深密。有回人头目哈什哈等投见,据称伊等现有六百余人,以渔猎为生,四十年前,大兵平定吐鲁番时,将军曾经招抚,赏给缎布、茶叶,撤兵之后,为准噶尔所据。近闻大兵平定准噶尔,前来进贡仙鹤。臣等询问罗布淖尔通达何处,哈什哈告称此水甚大,周行须

续表

稿本·刻本·校补本
两月余,准噶尔之叶尔羌、喀什噶尔等处六十余河皆汇于此。臣等沿途登高了望,不见崖岸。今大兵两路进剿,恐将来有逋逃贼众,随查明户口,归并额敏和卓管辖。" 二十六年,参赞舒文襄公以罗布淖尔凡两部落,一为喀喇库勒,一为喀喇和卓,而喀喇和卓又区为五,惟喀喇库勒一伯克,约束难周,增置伯克三人,辖其众,岁纳哈什翎百枝、海伦皮九张。其人不食五谷,以鱼为粮,《西域闻见录》云:"罗布淖尔回人以鱼为生,时有至库尔勒者,他处则不敢往。"盖库尔勒之东境傍山,六十里为库撤玛,其南滨罗布淖尔,故得溯流而上。织野麻为衣,取雁鶿为裘,藉水禽翼为卧具,言语与诸回不通。《西陲纪略》云:"泽中有山,回民居之,捕鱼采蒲黄而食,人多寿百岁以外。"今其族凡二百八户,男女千二百六十余口,五品伯克三人、六品伯克七人领之。改制惟贡獭皮九张,每岁吐鲁番郡王遣属受其贡。路由吐鲁番城南三十里哈喇二工屯田而南。又西南五百余里,经库穆什大泽东。哈喇沙尔城东北五百二十里有库穆什阿克玛军台,泽在台南二百四十里,官牧场也。又南,出山,自吐鲁番至出山处,凡六日行。山阳平沙无人。又三日,至小淖尔北岸,举火为候。淖尔中回人以木筏来迎。小淖尔宽数里,达其南岸,沙地旷远,海气郁蒸,胡桐丛生,结成林箐,即罗布淖尔北岸也。郡王取其贡,达于吐鲁番领队。

除了以上集中的记载之外,关于吐鲁番的内容,有时在其他部分也会有所涉及,如在《西域水道记》卷三"哈喇淖尔所受水"中,记载到吐鲁番居民因战乱避地瓜州的历史:"雍正十一年,吐鲁番辅国公额敏和卓等避准部之逼,率部内徙,于瓜州筑五堡居之。"① 这些自然也成为认识吐鲁番的"互见"部分。不过,这种连类而及的文字还是个别的现象。

2 《汉书西域传补注》《新疆赋》中的吐鲁番记载

在徐松"西域三种"的另外两部著作《汉书西域传补注》《新疆赋》中,也有可以"互见"的记载,如下表(图表14):

---

① 《西域水道记(外二种)》,第144页。

图表14 《汉书西域传补注》《新疆赋》中的吐鲁番记载表

（按，括注页码，见于《西域水道记(外二种)》）

《汉书西域传补注》	《新疆赋》
车师前国，王治交河城。河水分流绕城下，故号交河。补曰：《唐书·地理志》交河县有交河水，源出县北天山。今吐鲁番广安城西二十里雅儿湖有故城，周七里，即古交河城。城北三里许，有山谷，一谷出四泉，流迳城东，一谷出五泉，流迳城西，至城南三十余里，入沙而伏。去长安八千一百五十里。补曰：交河城去柳中八十里，柳中去长安八千一百七十里，则交河城去长安八千二百五十里、去阳关三千七百五十里。（第494页）	其东则导以广安之城，哈喇沙尔东一千零二十里，为吐鲁番，其城曰广安。辟展之邑。吐鲁番又东二百一十里，为辟展城。儵复火州，吐鲁番城东六十里哈喇和卓，即明火州治。《欧阳圭斋集》作"哈喇和绰"，云即汉高昌。侵淫风穴。吐鲁番齐克塔木台以东有风戈壁，相传其地为风穴，即宋王延德所谓鬼谷口避风驿。回焱砀骏，堪舆无色。歊薄人物，十不存一。坛曼溁溡，烦冤拂郁。千百余里，以属于哈密。（第528-529页）
车师旁小金附国补曰：今吐鲁番有胜金口地。随汉军后盗车师，车师王复自请击破金附。（第497页）	晶盐耀素。青蛤粉即青黛，李时珍曰："波斯青黛，即外国蓝靛花。"今蓝淀以回疆产者佳。水晶盐，《梁四公记》曰："出高昌国。"今吐鲁番有产者，而阿克苏盐山口产者良，名曰冰盐。……蜜流刺草之浆，泪滴胡桐之树。《北史》："高昌有草名羊刺，其上生蜜。"胡桐泪，见《汉书》注，回疆处处产之。斗量金线之氎，刀裁白叠之布。李时珍曰："波斯国出黄氎，谓之金线氎，磨刀剑，显花文。"今回疆有蓝氎，可销铁，盖即其类。《南史》："高昌国有草实，如茧中丝，为细纻，名曰白叠，取以为布。"李时珍谓即棉花，宋末始入江南。（第533页）
元始中，车师后王国有新道，出五船北，通玉门关，往来差近，补曰：道迩而易行，今小南路有小山五，长各半里许，顶上平而首尾截立，或谓是"五船"也。戊己校尉徐普欲开以省道里半，避白龙堆之阨。补曰：今哈密至吐鲁番经十三间房、风戈壁，即龙堆北边也。新道避之，又省道里之半，故普欲开之。车师后王姑句……即驰突出高昌壁，入匈奴。补曰：《隋书·西域传》："高昌国者，汉车师前王庭。汉武帝遣兵西讨，师旅顿弊，其中尤困者因住焉。其地有汉时高昌垒。"按，元欧阳圭斋《高昌偰氏家传》云："高昌者，今哈剌和绰也。和绰本汉言高昌，高之音近和，昌之音近绰，遂为和绰也。哈剌，黑也，其地有黑山也。"所言高昌最详。今名哈喇和卓，汉交河城东二十里，为今吐鲁番广安城，广安城又东六十里为哈喇和卓，即后汉之柳中。由此北入山为后部，东出即匈奴境。（第500-501页）	当此之时，世家袭职，回部世家居哈密者，郡王品级多罗贝勒一；居吐鲁番者，多罗郡王一、一等台吉一、二等台吉一；居新疆者，散秩大臣晋固山贝子一、贝子品级辅国公一、公一、三等轻车都尉一，皆世袭罔替。（第535页）
	舞鹤蹁跹。大兵定吐鲁番，罗布淖尔回人贡仙鹤。（第536页）
	集耕回而齐赴。自乾隆二十七年至三十二年，陆续由乌什、叶尔羌、和阗、哈密、吐鲁番等处调回子赴伊犁种地，共六千户。（第549页）
	瓜沙筑堡，准噶尔侵扰回部，雍正三年，吐鲁番回众内徙肃州金塔寺、甘州威虏堡；十一年，鲁克沁回众内徙瓜州。……黔首效命于鲁陈之域，雍正九年，准噶尔围鲁克沁，越四旬馀，不下，复以木梯三百攻哈喇和卓。鲁克沁，即《明史》鲁陈地。（第556-557页）

以上内容,形成了徐松著作对吐鲁番记载的有机部分,如上揭《汉书西域传补注》中的车师六国部分,对交河城得名的河流情况,高昌城的前后演变,以及与广安城、柳中、长安等地的古今距离,都有辩证。正是因为在对于吐鲁番地区汉代的沿革有了详细的考证,所以在《西域水道记》中才会略古详今,将笔触主要集中在元代以来的沿革描述中。又如上揭《新疆赋》的记载,也多据古籍罗列了吐鲁番盆地自古以来的丰富物产,以及清代前期相关的历史事件等。

但是,最具有价值的吐鲁番记载,以及可以窥见徐松著述特色的内容,还是《西域水道记》"罗布淖尔所受水下"的部分,这是下文要重点分析、讨论者。

3 《西域水道记》中吐鲁番记载的分析

(1)《西域水道记》记载的三次修改

以上三种版本的《西域水道记》卷二"罗布淖尔所水下"所记载的吐鲁番,在内容上可以分为两个部分:第一部分,是关于吐鲁番盆地的历史沿革描述;第二部分,是对清代依附于吐鲁番领队大臣的罗布淖尔地区回人部落的描述。后者的记载从稿本以来基本没有发生改变,它比较详细地揭示了清代前、中期在西域开发的过程中罗布淖尔回人的生活状况和罗布淖尔地区的生态环境,为我们今天研究罗布淖尔地区的人文、自然环境提供了丰富的历史素材。这一描写的详细性是与罗布淖尔作为南疆水道归宗其间的地位相关的。

三种版本在记载内容上的差别主要体现在第一部分——关于吐鲁番盆地历史沿革的描述上。稿本的记载其实只有一句:"吐鲁番者,旧为准部地,荼毒其人。"由此可见,至少在道光六年之前,徐松对于吐鲁番地区的描写几乎是一个空白。但粘贴在稿本上的浮签,随之体现了道光六年稿本写定之后,徐松因阅读到元史资料而增补了吐鲁番地区的沿革记载。道光中期的《西域水道记》刻本将浮签的内容增加到行文中,字数几达600字。这些内容主要来自《元史》,详细反映了元代吐鲁番畏兀儿与蒙古势力之间的关系;同时也对作为清代维吾尔主要族源的回纥—畏兀儿流变作了交代。刻本刊印之后,徐松仍然对《西域水道记》孜孜修改,显然是感觉到大段的文字仅仅详细描述元代吐鲁番而不及其余的烦琐,因此校补本的修改是删繁就简,改变原来的引文体而作客观叙述体,字数缩减到了200余字,在内容上,却照顾到了以当时广安镇城为中心的各地沿革,显示了对古今均不偏废的原则。

(2) 与前此清代西域地理书的比较

清代有关吐鲁番的记载,前此重要的地理书有乾隆《钦定皇舆西域图志》(以下如非特别需要,简称《西域图志》),七十一《西域闻见录》,和宁《回疆通志》《三州辑略》,以及同时而稍早的《西陲总统事略》《新疆识略》等。

虽然《西域图志》到乾隆四十七年才增纂刊刻,但它关于吐鲁番的记载,基本反映的还是乾隆二十四年在辟展(今鄯善)设立办事大臣管理吐鲁番地区军政事务的时期。因此吐鲁番的描述还在"辟展属"下,吐鲁番疆域内的所有地名都是以与辟展城的距离来衡量。关于今吐鲁番市附近的区域,只是作为一个普通的村镇聚落来介绍。所以,《西域水道记》对吐鲁番当时的介绍,似乎并没有从《西域图志》中直接借鉴到太多的资料。不过,《西域水道记》刻本中关于"吐鲁番镇城曰广安,唐之安乐城"这一沿革的叙述,最早似乎是由《西域图志》提出的[①]。

《西域闻见录》是七十一亲历其地,有意采集那些为《西域图志》所"弃掷而不言""采择所不及"的"里巷琐屑之事,殊方猥鄙之情"(七十一《西域闻见录》自序),提供给读者的谈助和指南,该书流传广泛,影响深远[②]。关于吐鲁番地区的记载,集中在卷二"新疆纪略·辟展"下[③],主要记载了辟展、吐鲁番和罗布淖尔回庄的情况,其中罗布淖尔回庄的记载,被《西域水道记》所转引(见上表)。此外,卷八"新疆道里表"中也记载了吐鲁番地区实用性的地名与相关里程数。但《西域闻见录》主要还是记载作者耳闻目睹的当时风土人情,并不以详明该备为目的,与《西域水道记》利用古籍、政书、文档而力求准确的方志风格全不相同。特别是对于地区的历史沿革,并非《西域闻见录》

---

① 《西域图志校注》卷一四"疆域"七:"按,今土尔番城,即唐安乐城故址。"第235页。唐安乐城在今吐鲁番市近郊的结论,已为今天的考古挖掘所证明,参李征《安乐城考》,《新疆文物》1986年第1期,第82—86页;又载《中国史研究》1986年第1期,第153—158页。但是,《西域水道记》最后的校补本却放弃了这一说法。

② 相关介绍,可参《吴丰培边事题跋集》,第209—210页。

③ 《西域闻见录》版本众多,其书名繁多、卷数不一、序次参差。此据《中国西北文献丛书》影印本,兰州:兰州古籍书店,1990年,第117册,第145—324页。

所措意,因此有关吐鲁番的记载中,只有"哈拉和卓,即班超驻扎之所"这么一句略及历史的叙述。同样,这本自序于乾隆四十二年的著作,也只是反映了以辟展办事大臣为中心的军政体系时期。

　　清代吐鲁番盆地的军政管辖体系以今天吐鲁番市为中心的格局,是到乾隆四十五年改辟展办事大臣为吐鲁番领队大臣、乾隆四十六年在今吐鲁番市建成镇城广安城开始的。和宁自序于嘉庆十年的《三州辑略》,是一部政书类的地方文献,记载了嘉庆十二年以前隶属于乌鲁木齐都统管辖的相当于唐伊、西、庭三州地域的自然与人文的方志信息。举凡沿革、疆域、山川、官制、建置、库藏、仓储、户口、赋税、屯田、俸饷、粮饷、营伍、马政、台站、礼仪、旌典、学校、流寓、艺文等的情况,都有不厌其详的描述,这与他在同期而稍早所纂辑的《回疆通志》互为表里,堪称是清代吐鲁番最详细的记载。但是沿革部分直接从唐灭高昌接叙清顺治三年事,显然有所疏略。罗布淖尔回人部落之依附于吐鲁番,亦仅60余字带过。

　　值得注意的还有分别刻成于嘉庆十六年的《西陲总统事略》和道光二年的《新疆识略》,它们是清代西域最早由地方政府——伊犁将军府组织编纂的政书。由于受到体例的影响,前者对于吐鲁番的记载只是在卷二"南北两路全境图说·土鲁番图说"中有60余字的分界、卡伦、领属,以及卷一〇"乌鲁木齐所属事略"中更为简略的吐鲁番镇城、卡伦名介绍。

　　稍后的《新疆识略》更是在凡例中就规定了其书"聊为交代册籍,非敢同于志乘,故古迹物产,无裨政务者,概置不录"的著述原则[①]。该书是徐松对《西陲总统事略》的修订[②],吐鲁番的记载主要体现在卷一"新疆总图"和卷三"南路舆图·吐鲁番"中,篇幅却远远超出了《西陲总统事略》。特别是在卷三,关于吐鲁番盆地的历史沿革,自汉以来直至清中叶,都有要言不烦的记载[③]。虽然作者较多地遵循了政书体偏重于当代政务的体例,对于历史沿革的注重,使他在具体的纂修中并没有放弃古今会通的历史眼光。也许是强烈的考据癖使他仍觉长才难尽,所以会在《新疆识略》之后另有撰述,以《西域水道记》实现了自己对于西域历史地理描述的理想。不过,虽然《西域水

---

① 《新疆识略》,第28页。

② 《西陲总统事略》与《新疆识略》关系之考证,参本书第二章"徐松著述叙录"之"《新疆识略》"部分。

③ 《新疆识略》,第591—605页。

道记》在西域各地的记载总体上超越了《新疆识略》,而有关吐鲁番,似乎并没有太多的突破;包括罗布淖尔回人部落的介绍,在后者卷一的"新疆水道总叙"中也已经有了详尽的描述①,为《西域水道记》所继承。

4 《西域水道记》中吐鲁番记载的评价

(1) 著述体例愈见缜密

从《西域水道记》的吐鲁番记载前后三个版本的比较中,我们可以看到徐松著述精益求精的不懈努力。在最后的校补本中,关于吐鲁番的历史沿革与当代建置叙述并重,显示了作者今古会通的历史地理研究理念。而在对于文献资料以简驭繁的处理上,也可概见作者"文省事增"的良苦用心。如所周知,研究历史地理,实地考察自是必须的过程,"所记载又往往得自亲历也"——正是梁启超辈对徐松最为满意的地方。但一部地理研究的专著如果没有了对以往文献的掌握与考证,自然也无法在沿革历史方面有所创获。我们在强调徐松遣戍伊犁对其西域研究获得亲历经验重要性的同时,也不能忘记作者此前和此后在乾嘉朴学风气中、在人文荟萃的京师获得的学术训练与拥有的文献基础。

(2) 实地考察略嫌不足

虽然《西域水道记》总体上达到了西北历史地理学实地考察与文献考证并重的极致。但是,在吐鲁番的记载上却没有体现出与其他地区的描写所一贯的风格。这种缺陷主要在作者对于吐鲁番缺乏足够的实地经验,因而也无法具体地描绘其复杂的历史过程中相应的区域变迁内容。在其他地区如伊犁、巴里坤诸城,举凡其建置沿革、卡伦军台,乃至日晷经纬、城门名称,皆有详尽的记载。这显然是与作者在彼处多所经历有关。

关于作者吐鲁番的经历,我们只是在他的《新疆赋序》中看到一点记载,其云:"走以嘉庆壬申之年(十七年),西出嘉峪关,由巴里坤达伊犁,历四千八百九十里。越乙亥(二十年),于役回疆,度木素尔岭,由阿克苏、叶尔羌达喀什噶尔,历三千二百里。其明年,还伊犁,所经者英吉沙尔、叶尔羌、阿克

---

① 《新疆识略》,第255—257页。

苏、库车、哈喇沙尔、吐鲁番、乌鲁木齐,历七千一百六十八里。"①从以上记载可知,作者只是在遣戍前期的嘉庆二十一年曾经路过吐鲁番。或者是当时他撰写《西域水道记》的念头并不强烈,或者是吐鲁番缺乏值得他关注的那种归宗湖泊的漫长水道②。总之,那次短暂的吐鲁番之行似乎没有给徐松留下太多的印象,甚至连坎儿井这一后来成为吐鲁番地区重要水利工程的现象也没有进入其视线③。

吐鲁番在清代虽然是重要的交通枢纽,但从哈密到吐鲁番行程中有无法回避的炎热与黑风,前往伊犁一线的行人多从哈密翻越达坂、经巴里坤由北线过往。我们从徐松的著述中,可以了解到他遣戍往返的路程确实均由北线④。这样,他就失去了与吐鲁番再度相遇的机会,这或许是我们在《西域水道记》中无法看到关于吐鲁番更多详尽描述的重要原因。

六 文本之三:西域梵经石在清代的发现与研究

1 梵经石在喀什河的新发现

伊犁河是亚洲内陆著名的国际河流,上游三条支流之一的喀什河全长304公里,由东向西贯穿尼勒克县,沿途支流广布,形成了水能资源丰富的喀什河谷地。1989年2月,《新疆文物》发表了新疆蒙古族历史文物考察队(以下简称"考察队")的《新疆尼勒克县新发现托忒蒙古文、藏文石刻佛经》(以下简称"《石刻佛经》")⑤,披露了他们在上一年在尼勒克县城附近汇入喀什河的尼勒克河上游所发现的托忒蒙古文、藏文石刻佛经(插图93),并对其分

---

① 《西域水道记(外二种)》,第519页。
② 《西域图志》卷二七载吐鲁番盆地水道十数条,皆不长,即入于沙碛。《西域图志校注》,第389—390页。
③ 坎儿井在吐鲁番的起源说法不一。但在徐松之前,和宁《三州辑略》卷三"赋税门"即有"卡尔地"之记载,《中国西北文献丛书》第二辑,北京:线装书局,2006年9月影印本,第5册,第302页。徐松的忽视,或许也因为当时坎儿井灌溉并未在西域形成风气。
④ 徐松遣戍伊犁见前引《新疆赋序》:"走以嘉庆壬申之年,西出嘉峪关,由巴里坤达伊犁。"由伊犁赐环则见《西域水道记》卷三:"余归程宿于保惠城。"《西域水道记(外二种)》,第173页。保惠城即今吉木萨尔县城。是知徐松往返均由天山北线。
⑤ 新疆蒙古族历史文物考察队《新疆尼勒克县新发现托忒蒙古文、藏文石刻佛经》,巴赫、道尔基、巴图执笔,《新疆文物》1989年第1期,第68—77页。

布、性质和产生年代进行了初步的研究。

 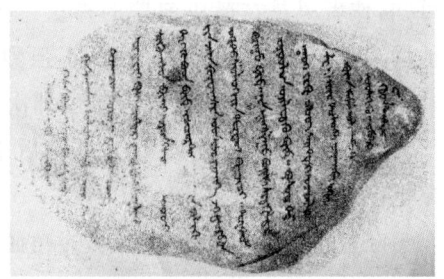

插图 93　1988 年考察队在哈什河一带收集的梵经石

喀什河流域出现石刻佛经的现象，并不仅仅在尼勒克河被发现，也不仅仅是在 1989 年才被披露和研究。早在清代中叶，这些石刻佛经便以"西域梵经石"的名称，被遣戍伊犁的学者徐松记述流传。其中的一些石刻，还被他携归京师，引发了内地文人的吟咏和考证。

本节的撰写，即是希望由此侧面而了解清代文士对于西域关注的情形，并期待这些清代的记载与当代的研究可以相互发明，为喀什河流域这批石刻佛经的继续发现和深入研究提供早期的史料。

2　《西域水道记》关于梵经石的记载

关于喀什河流域出现的西域梵经石的记载，以徐松《西域水道记》最为详备，其卷四"巴勒喀什淖尔所受水"下对伊犁河上游的喀什河中提及：

> 哈什河又西流二十里，呢勒哈水自北来汇。……哈什河又西，傍北山流，经都图岭北。又西，经阿布喇勒山北。……哈什河又西，经乌兰库图勒岭北。哈什河又西，经乌兰岭北。……哈什河又西，经吉勒苏胡岭南，(蒙古语吉勒苏胡，谓日光晃眼也。) 额林摩多水自岭东来汇。岭高数里，悬崖耸峭，危石倚空，哈什洪涛，冲啮其趾。攀援如蚁，臻其绝顶，路转山回，劣容马足。山中石璞，往往镌科木什木博第萨都佛咒、(即华言观音咒"唵玛呢叭咪吽"六字。) 绰克图赞丹经，大旨言瞻拜如来三十五尊佛，得解罪孽，往生极乐。又有求福于松喀巴喇嘛，(华言达摩也。) 发愿之词曰米克哲木，皆蒙古书或唐古忒书。厄鲁特人云：昔准部时，山水暴溢，数致灾害，勒石此山，患遂止绝。相传是五百年物。余与从者就马上携数石归。番僧见之，辄先顶礼。哈什河又西流，胡吉尔台

水自北来汇。又西流三十馀里,乌里雅苏图水自北来汇。胡吉尔台西迄于乌里雅苏图,连冈叠巘,土皆赤缇,山巅崩坼,溜痕宛然。麓有碎石,拼结坚实,正圆如瓮,各有嵌石,石凿番字,与吉勒苏胡岭石相同。考验厥状,盖怒涛挟沙,团积成阜,禳灾之说,或不诬矣。①

此外,徐松关于西域的文学作品《新疆赋》则设为宾主,铺叙天山南北之美,在下篇的《新疆北路赋》中,也以乌孙使者的口气提及哈什河围猎中"搜梵书之片石"的情景,并作自注云:"围场额琳摩多水侧石上,有准部所镌唐古特字经咒。"②这一简略的文学描写,则是总括了《西域水道记》以上的记载。

徐松的记载,可以说是喀什河流域石刻佛经最早的研究成果,要而言之,有以下几方面的成就:

(1) 记录了石刻发现的地点

上述引文中的哈什河,即今之喀什河;呢勒哈水,就是尼勒克河,1988年考察队调查、收集的石刻,都出现在此尼勒克河上游。而徐松记载的这些凿字石璞的地点,则有两处,一是额林摩多水西侧的吉勒苏胡岭,

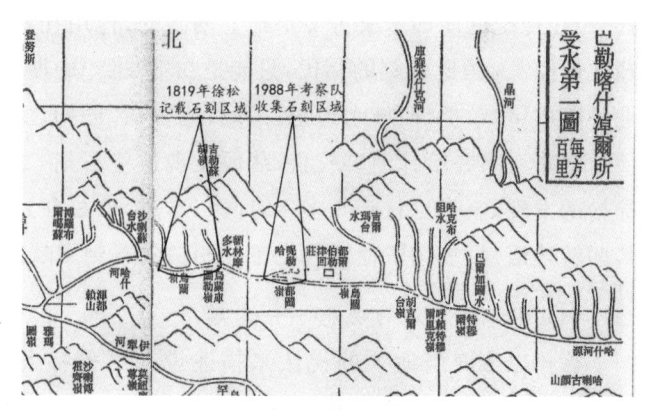

插图94　1819年徐松、1988年考察队
记载和收集石刻佛经地点示意图

一是胡吉尔台水至乌里雅苏图水之间30多华里的山冈。它们都是尼勒克河西边的喀什河下游北侧山冈。额林摩多水今名叶列莫顿河,胡吉尔台水今名西胡吉尔沟,乌里雅苏图水今名乌拉斯台沟,这三条喀什河的支流由东向

---

① 《西域水道记(外二种)》,第227-228页。引文括号内的文字,系原文小字注。下引文同此格式,不具。又,王树楠等纂修《新疆图志·金石志》以"石璞番字咒"为题,全引《西域水道记》上文著录之,第3268-3269页。

② 《西域水道记(外二种)》,第554页。

西排列,都属于今尼勒克县的加哈乌拉斯台乡(插图94)①。

(2) 描述了石刻的文字和内容

徐松记载上面的文字"皆蒙古书或唐古忒书","唐古忒书"即藏文的清代称呼。根据考察队1988年收集到的46方石刻佛经,其中除两方藏文、一方蒙藏文合刻外,其余43方均为托忒蒙古文②。这与徐松的发现是一致的。而石刻上的内容,徐松归纳为三种:一是《科木什木博第萨都佛咒》,自注云:"即华言观音咒'唵玛呢叭咪吽'六字。"二是《绰克图赞丹经》,自注:"大旨言瞻拜如来三十五尊佛,得解罪孽,往生极乐。"③三是祈福文,向藏传佛教格鲁派(黄教)创始人宗喀巴(1357—1419,引文作"松喀巴喇嘛")祈求保佑的发愿词。

(3) 推断了石刻的年代

即:"相传是五百年物。"这个时间当然是不正确的。按照通行的说法,这些石刻使用的托忒蒙古文是1648年由卫拉特高僧咱雅班第达(1599—1662)在传统的胡都木蒙古文基础上创制的,他用托忒蒙古文翻译了大量的藏文佛经④。因此石刻的年代,只能是在17世纪中期以后⑤。徐松于嘉庆十七年遣戍伊犁,据《西域水道记》记载,他曾在"己卯之秋"即嘉庆二十四年随伊犁将军晋昌在哈什河畔校猎,从而发现这些石刻⑥。因此从石刻的产生到徐松的发现,至多也就150多年时间。不过,徐松在这里用了"相传"这样的传闻转述语气,表达了他对自己不能明白的石刻文献比较审慎的态度。

(4) 论证了石刻的功能——禳灾

徐松以当时当地人的说法来描述说:"厄鲁特人云:昔准部时,山水暴溢,数致灾害,勒石此山,患遂止绝。"对于这一说法,徐松也经过自己的目

---

① 相关建置,参蔡钧枢、黄启军主编《尼勒克县志》,乌鲁木齐:新疆人民出版社,2000年12月,第60—61页。

② 《石刻佛经》,第69—70页。

③ 新疆师范大学文学院那·舍敦扎布教授也帮助我证实了绰克图赞丹佛系忏悔三十五佛,谨此致谢。

④ 咱雅班第达的相关研究,可参马汝珩、马大正《厄鲁特蒙古喇嘛僧咱雅班第达评述》,《新疆大学学报》1982年第3期,37—45页;叶尔达《拉布占巴·咱雅班第达·那木海扎木苏之研究》,中央民族大学2005年博士论文。

⑤ 《石刻佛经》给出当地准噶尔人的两种说法,即17世纪中叶咱雅班第达时期和准噶尔汗国噶尔丹策零在位期间(1727—1745)所刻,而该文倾向于前者(第74页)。

⑥ 徐松遣戍伊犁的情况,见前引笔者撰《徐松遣戍伊犁时期的生活考述》。

验,而予以证成:"胡吉尔台西迄于乌里雅苏图,连冈叠巘,土皆赤缇,山巅崩坼,溜痕宛然。麓有碎石,抟结坚实,正圆如瓮,各有嵌石,石凿番字,与吉勒苏胡岭石相同。考验厥状,盖怒涛挟沙,团积成阜,禳灾之说,或不诬矣。"通过喀什河岸的石刻被泥沙团裹而由山顶滚落山脚的痕迹,来推测这些石刻起初用来防止水患,到目前为止,似乎还是比较圆通的解释。

(5) 反映了石刻的影响

徐松记录了梵经石被尊重的景象:"余与从者就马上携数石归。番僧见之,辄先顶礼。"当徐松携带数块石刻返回遣戍的居住地惠远城时,途中相遇的喇嘛纷纷对石刻顶礼膜拜。可见虽历有年所,这些藏传佛教的石经,仍然具有着至高无上的信仰力。

3 傅斯年图书馆等的梵经石拓本与大谷大学的原石

徐松的《西域水道记》记述其个人在西域调查活动中的踪迹文字并不太多,关于他在己卯之秋的喀什河畔与伊犁将军晋昌校猎于巴尔加图水,与领队大臣布彦泰策马摩多图吉尔玛台水、促坐于呢勒哈回庄附近的哈什河岸的描写,已经是非常精彩的伊犁生活片断了[①]。其中提及经过吉勒苏胡岭见石刻佛经时,"余与从者就马上携数石归",也当是己卯之秋的事情。但是这些捡得的石刻,最终的去向,则又不得而知了。

幸运的是,笔者从网络资料中搜索到了今台北中研究历史语言研究所的傅斯年图书馆珍藏着的《蒙古文石砚题记》,它是与徐松在喀什河捡得的石刻相关的拓片。

在一个称为"中研院历史语言研究所藏辽金元拓片数字典藏计划"(以下简称"典藏计划")的资料库中,提供了这一拓片的相关信息:

  主要题名:蒙古文石砚题记
  资料库类别:辽金元拓片
  拓片题记内容:松喀巴听我祝赛回缘额敏福只儿哈朗米克哲木长首页伯颜速不台飞散明安秃满幅。蒙古石制砚以蒙古语铭之 猪儿年朵儿别月宛委山农戏题。

---

① 《西域水道记(外二种)》,第 223—225 页。

280　徐松与《西域水道记》研究

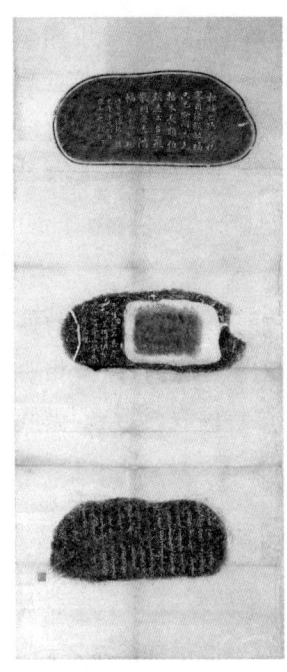

插图95　徐松旧藏梵经石砚拓片及题记

拓片题记内容:元梵经石嘉庆[己]卯星伯于伊犁哈什河岸山挈之归琢为砚。

铭刻书体:小篆

铭刻行款:蒙古文。蒙文十六行

铭刻文字方向:直书右行

揭印范围:砚

拓片印文:□山□□（白印）

拓片印文:谧斋所得拓本

题记作者:宛委山农

题记作者:徐松（星伯）

原件中历起年代:猪儿年

拓片大小:原拓 13.5×28.5cm

拓片大小:拓裱 114.5×54.5cm

拓片编号:傅斯年图书馆拓片编目号 01917[①]

笔者因此向傅斯年图书馆申请了拓片图像的复制及发表授权,得以对以上信息进行校勘和研究,而作相关论述如下:

(1) 这是与1988年考察队所发现的石刻佛经同样类型的石刻拓片

以上拓片,是清人琢石为砚的一件物品之三幅组图(插图95):第一件是砚盖,第二件是砚面,第三件是砚背。砚背的文字是最早镌刻在石块上的托忒蒙古文[②],对比考察队的收集品,形制和文字基本一致,经同事党宝海博士代为释读,认为其中左边第一个词也是作为编号的"四"字[③]。这就与考察队

---

① http://140.109.18.74/dacs5/Include/ShowXML.jsp? path=/data/dacs5/Store/00/1b/fc/22.xml

② 有关托忒蒙古文佛经本身的研究,松川节(Matsukawa Takashi)教授已经释读为系《绰克图赞丹经》(或称《堕罪忏悔法》《三十五佛堕罪忏悔法》)三十五佛中第二十七佛至第三十二佛之间的礼赞内容。参其2012年9月乌兰巴托"第二届卫拉特蒙古研究新视野国际研讨会"参会论文"On the Oirad Tod Script Stone Sūtra Preserved in the Otani University Museum"(《大谷大学博物馆所藏托忒文石经介绍》)。

③ 这一点,也为松川节教授《蒙古古石梵经砚》一文的考证所证实,载《书香:大谷大学图书馆·博物馆报》第27号,2010年3月18日,第13—15页。

提及所收集的石刻"多有编号"是一致的。而考察队记录收集的 43 方石刻的大小,"最大者长 43 厘米,宽 26 厘米,厚 4.5 厘米;最小者长 30 厘米,宽 19 厘米,厚 3.5 厘米"。现在的拓片因为没有立体可言,而失去了厚度的计量,但是其长宽是 13.5 厘米和 28.5 厘米却是有案可稽的,它与收集品中的最小者接近而更小,无疑是收藏者为了携带和案头为砚的方便,而挑选了尽可能小的石刻。

(2) 这是由徐松在 1819 年从喀什河畔携归的石刻砚台,砚面的题记出自徐松手笔

砚面是利用了石刻佛经平整的背面而琢为砚台,并在左端题词:"元梵经石,嘉庆[己]卯星伯于伊犁哈什河岸山挈之,归琢为砚。""卯"上之字因为石刻的划痕而磨损了上半,典藏计划将其录为"已"字,实际当作"己"。星伯是徐松的字,这个砚台的题记与徐松《西域水道记》所载其在伊犁喀什河随晋昌围猎而获得梵经石的时间、地点都完全吻合,并得以相互印证。关于梵经石的年代,据《西域水道记》记载徐松当时的听闻,是"五百年前物",则从嘉庆二十四年上推,恰是在元代(1279—1368),故有"元梵经石"之称。而如上《石刻佛经》的论证,这个所谓的梵经石是 17 世纪中叶、相当于清代前期的制作。

梵经石"于伊犁哈什河岸山挈之"的时间,是在嘉庆己卯。至于紧接着的"归琢为砚",从题词语气上讲,可以是从哈什河畔回到惠远的流放寓所"老芙蓉庵"当年而为[①];但也不排除己卯的年代只是表达"挈之"的时间,而"琢之"的时间可能是更晚的时候——即回到北京寓所"治朴学斋"所为,因为下面讨论砚盖的题词,正是在回到北京之后的道光七年才撰写、镌刻的。

(3) 砚盖的题词也出自徐松赐环回京后道光七年的戏笔

典藏计划对于砚盖的这段题记录文基本正确,唯一的小讹是对于"願"字的异体没有合适的处理方式,而显示为"首頁"二字。题词的作者"宛委山农",是用了雅号来替代姓名。但在清代名号的检索中,未见其人;这一题名左侧,还有一方白文印章,是能够考索作者的关键,但典藏计划仅著录为"□

---

① 《西域水道记》卷四:"入(惠远城南门)宣闿门西走,南墉第三舍为余老芙蓉庵戍馆。"《西域水道记(外二种)》,第 243 页。

山□□",因此也未能考证索得。现在通过傅斯年图书馆提供的清晰图片,仔细辨认,可以认出是"曾渡仌山"的回文印。这枚凿刻在砚盖上的印章底本,也在今藏中国科学院图书馆徐松旧藏的《四六法海》、汤贻汾为徐松所绘《宣南讲学图》手卷的徐松题跋引首中有钤印。二者比较,基本接近,可见砚盖的翻刻,维持了原貌。这个印章的主人,自非徐松莫属;而且相似的印章,徐松还不止这一枚(插图96)。徐松用"曾渡仌山"印的缘由,是纪念他在新疆的一段壮游经历,这在本书第二章"徐松著述叙录"之"《新疆赋》"有详细的论证,兹不赘述。

插图96 徐松"曾渡凌山"印。左起:1.砚盖;2.《四六法海》本;3.《新疆赋》稿本;4.《新疆赋》初刻本

再看"宛委山农"之称号,也与徐松的生平、志向关联。宛委山,出典参《史记·太史公自序》:"迁生龙门……年十岁则诵古文。二十而南游江、淮,上会稽,探禹穴,闚九疑,浮于沅、湘。"《三家注》引《括地志》云:"石箐山一名玉笥山,又名宛委山,即会稽山一峰也,在会稽县东南十八里。"又引《吴越春秋》的记载,谓禹登宛委山而得金简玉字之书[①]。后世因以借喻珍贵秘笈或藏书之室。徐松出生于绍兴府[②],一生以读书治学为业,相关斋号如"治朴学斋""好学为福之斋",都表达了这种意愿。"宛委山农"即以在书山耕耘为意,既绾合了其真实的出生地,又表达了读书勤学的志向,对于徐松而言,最为恰切得当。笔者研究徐松生平有年,至今还没有看到他用"宛委山农"雅号的另外记载;这一题词的署名和用印,使我们对他的生平又增加了新的了解。

题词的年代"猪儿年朵儿别月",用汉语表达的话,当是"亥年四月"。考证徐松自伊犁获得梵经石的嘉庆己卯以来生平,亥年有道光七年、十九年两

---

① 《史记》卷一三〇,北京:中华书局,1982年11月第2版,第3293—3294页。
② 徐松出生绍兴府上虞县,也曾在绍兴居住,参本书第一章"徐松生平考论"第一节"早岁学行"之"徐松早年的求学和师承"。

种可能,这一时期正是他返回北京之后生活相对安定、锐意西域著述,与京师学坛的同侪、后生共论西北史地,并以其为"宗工"而形成西北史地学派的时期①。来自西域的梵经石砚台,被置诸案头,而在砚盖上做蒙古语的笔墨游戏,自是其读书余事中最合乎情理的事情了。从其所用闲章和别号在晚年少见的情况来看,这一题词是在他从西域流放归来的第八个年头——道光七年——可能更合乎事实。而这一点,从我们后面揭示的徐松分赠梵经石给杭州的友人而引起南方的唱和年代在道光初期来看,也以道光七年题词更为符合。

(4)砚盖的题词内容是用蒙古语音译汉字表达了徐松研究西域学问的余兴

从《西域水道记》的地名注解中,可以了解徐松在新疆多年的遣戍生涯中,为了完成《新疆识略》《西域水道记》等西域地理著作,已经具备了汉文地名之外其他各种语言的知识,诸如国语(满语)、蒙古语、准语(西蒙古语)、回语(维吾尔语)、西番语(藏语)、布鲁特语(柯尔克孜语)、帕尔西语(波斯语)等等的地名含义,在《西域水道记》中都一一讲求。可见徐松即或不能直接阅读,但至少他了解这些语音的发音原理和含义,能够达到邓廷桢在《西域水道记序》中称道的:"以至唇判重轻,音分清浊;谐声有术,重译无劳。"②在这样的学术涵养下,对于用蒙古文所刻的梵经石琢为砚台,自然会有一显其蒙古语知识的题词出现。根据党宝海博士检示,以下的题词使用了蒙古语词汇,因对其文辞略作分行解释如下(图表15):

图表15 徐松《蒙古文石砚铭》词汇表

题词原文	蒙古语等词汇	解释
松喀巴听我祝,	松喀巴 Tsong-kha-pa	松喀巴今译宗喀巴,解见上,黄教创始人,本名罗桑扎巴,因藏语称其出生地湟中为"宗喀",故被尊称为宗喀巴。《西域水道记》称松喀巴喇嘛,注:"华言达摩也。"

---

① 相关内容,参本书第一章"徐松生平考论"第五节"讲学宣南"。
② 《西域水道记(外二种)》,第3页。

续表

题词原文	蒙古语等词汇	解释
赛因缘额敏福。	赛因 sayin 额敏 emel	赛因,蒙古语,好。额敏,蒙古语,马鞍;清代《西域同文志》等则释为维吾尔语,如《西域水道记》:"额敏者,回语清净平安之谓,音之转,为额密尔。"
只儿哈朗,	只儿哈朗 jirghalang	只儿哈朗,蒙古语,幸福、快乐、欢乐、安逸。《西域水道记》:"准语济尔噶朗,谓安居之地。"
米克哲木。	米克哲木 migjem	米克哲木,蒙古语,祈祷。《西域水道记》:"发愿之词曰米克哲木。"
长愿伯颜速不台,	伯颜 buyan 速不台 sübegtei	伯颜,蒙古语,福。速不台,蒙古语,有眼的,有道路的,有方法的。《西域水道记》:"蒙古语,凡有穴者曰苏布台。"
飞散明安秃满幅。	明安 mingghan 秃满 tümen	明安,蒙古语,千; 秃满,蒙古语,万
蒙古石制砚,以蒙古语铭之。		
猪儿年朵儿别月,宛委山农戏题。	朵儿别 dörben	朵儿别,蒙古语,四

以上的铭文写作,是按照汉语押韵而使用了蒙古语为主的音译词汇。其题词大意是:

> 我向宗喀巴把愿求,美好因缘平安是福。我为幸福虔诚祈祷:愿安康福祉如有眼,飞散向人间千万幅。

速不台在这里翻译成"有眼的",以与下面的"飞散千万"相应。事实上,速不台也被作为低洼有水地方的地名,在《西域水道记》中译作"苏布台",《西域水道记》记载:

> 都尔伯勒津庄。其西百二十里,在苏布台(蒙古语,凡有穴者曰苏布台。)以东,山势平敞,宜为准部驻牧之所。①

---

① 《西域水道记(外二种)》,第 225 页。

"都尔伯勒津"或译"杜尔布勒金"(Dorbolgin),意即四方城,今尼勒克县城西南3公里处有古城遗址,徐松遣戍时期的都尔伯勒津回庄,即以此古城得名。它现在也属尼勒克县城的范围,在尼勒克河与哈什河交汇的冲积平原上。从徐松的上述描写可知,从此地往西直到苏布台乡的120里喀什河下游流域,山势平敞,是准噶尔部落理想的游牧地区。因此"长愿伯颜速不台"也可以看作是"期待富裕的苏布台"之意,用来表达对梵经石发现地的祝福。也许徐松的本意就是有这种双关的含义存在。

(5) 这一稀见的拓片为柯昌泗旧藏

这一梵经石砚台的清晰拓片,为我们印证了徐松研治西域学问而考求实际的品质,并由此也发现其生平的多种事实,可谓吉光片羽,弥足珍贵。拓片的收藏者,根据其左下角"谧斋所得拓本"的印章,可知是民国学者柯昌泗(1899—1952)旧藏。昌泗字燕舲,号谧斋,山东胶县人,著名史学家柯劭忞长子。1918年毕业于北京大学国文系。民国年间先后任教于北京大学、北平师范大学、辅仁大学。新中国成立后,任教北京师范学院。著有《语石异同评》《谧斋印谱》《鲁学斋金石记》《山左访碑录校补》《瓦当文录》等。生前收藏《谧斋集古铜镜》和《谧斋金文拓本》等,后归中研院史语所,成为今天台湾傅斯年图书馆金石拓片收藏的珍稀特藏。

一块来自中国西北伊犁河畔的梵经石,在北京琢治为砚,其拓片则珍藏台北——近二百年前的旧事由此旧拓而贯穿一线,堪称"视通万里"!

(6) 梵经石砚台原件在日本大谷大学现身

然而,徐松梵经石砚台的流传故事还没有结束——傅斯年图书馆的"典藏计划"在网络公布《蒙古文石砚题记》的时间是2008年12月25日[①];无独有偶的是,一年之后,2009年的年底,日本大谷大学博物馆冬季企画展推出了"秃庵收藏——大谷莹诚与京都东洋学"的展览(展期2009年12月15日至2010年2月13日),展出了大谷大学第13任校长大谷莹诚(1887—1948)的秃庵文库收藏品,徐松的这一石刻砚台原件赫然在目!大谷大学人文情报学科东洋史学教授松川节专门就此撰写了《蒙古古石梵经砚》的研究性介

---

① 参本书第280页注①。

绍文章①。该文指出石刻佛经的形制与贝叶经相似，其中的编号也与贝叶经一致，是连续佛经的顺序页码，而徐松《西域水道记》中言及的《绰克图赞丹经》正式名称为《吉祥栴檀三十五佛堕罪忏悔法》。对于错过观摩展览而言，

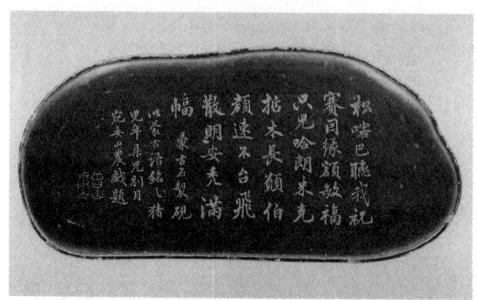

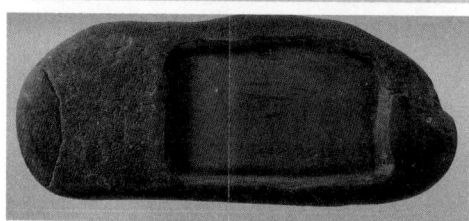

插图 97　大谷大学博物馆藏
《蒙古古石梵经砚》实物

松川节教授的文章所附照片也让我们可以一睹原石的风貌。文章还公布了中央民族大学叶尔达教授在伊犁河畔发现的编号为"三"的梵经石照片。

2014年1月10日，笔者利用在京都大学访问的机会，经由松川节教授安排，得以前往大谷大学交流，而观看了这一收藏在大谷大学博物馆的砚台实物。并承松川节教授相告，他的《蒙古古石梵经砚》一文中的砚台照片出自1995年就已经出版了的《中国古砚图录》（插图97）②，由于限量发行，外界所知甚少。除了清晰的图版之外，该书对于这一梵经石砚台的解题详细地著录了其物理情况，并记录了砚台上的汉文文字、介绍了徐松的生平，同时还影印了大谷莹诚对该砚台的研究稿本局部。如其描述砚台的"纵12.8，横30.3，高5.5厘米，重3280克"，就补正了通过拓片无法了解的实物情况。

（7）京都大学人文研图书馆的拓本显示了砚台流传经过

松川节教授在发表《蒙古古石梵经砚》之后，于2012年9月在乌兰巴托

---

① 在本节初稿完成之际，承博士生罗玮、同事党宝海赐告大谷大学珍藏石刻砚台的重要信息，而荣新江教授惠赠松川节教授在《书香》发表的《蒙古古石梵经砚》原文，博士生谭皓翻译为准确的中文，得以续补徐松梵经石砚台之前后因缘。
② 大谷大学图书馆编集《中国古砚图录》，京都：大谷大学，1995年，第127－129页。

"第二届卫拉特蒙古研究新视野国际研讨会"上又发表了论文"On the Oirad Tod Script Stone Sūtra Preserved in the Otani University Museum"(《大谷大学博物馆所藏托忒文石经介绍》),并且在 2013 年 6 月 14 日就该主题在中国人民大学做了演讲。他在演讲中提及:"通过翻阅大谷大学图书馆所藏的大谷莹诚相关的信件后得知……据说此托忒文蒙古文石经砚是大谷莹诚于 1935 年从山本悌二郎(1870—1937)处购得,而山本则是从某位佛教学者处得到此石。令人遗憾的是,这位佛教学者究竟是谁,没有留下线索,故无法进一步求证其来历。"

笔者在大谷大学交流过程中,松川节教授还演示了京都大学人文科学研究所网站公布的与傅斯年图书馆相类似的一幅砚台拓本(编号 gen0268x)①,笔者注意到这一拓本的左下角钤盖了"陶斋藏石"的白文印,因此可以知道砚台在流散到日本之前,曾经为晚清收藏家端方所得。端方字午桥,号陶斋。满洲正白旗人。光绪八年举人。历官湖广、两江、闽浙、直隶总督等。有《陶斋吉金录》《陶斋藏石记》《端忠敏公奏稿》等传世。1911 年端方在四川保路运动中为起义新军所杀,其收藏因此散出。这方砚台,也许就是在其身后流散到日本的。虽然端方的《陶斋藏石记》没有记录下这方砚台,而京都大学的这一拓片,让我们了解了梵经石砚台从原来的主人徐松到最后的收藏单位大谷大学博物馆之间曾经端方收藏的一段历史。

(8) 北京大学图书馆藏拓本

在完成了本节的撰写之后,笔者也惊喜地发现在本人就职的北京大学,其图书馆也收藏有一幅题名为"蒙古文石砚"的拓片(今编号 A382610),与上述傅斯年图书馆和京都大学人文研图书馆藏的形制完全一致,但是捶拓效果略差,中间砚台凹凸处已经破损。其蒙古文字砚面右侧及拓片的右下侧,钤有"燕京大学图书馆藏"朱文印章,可知是民国初年由燕京大学图书馆所得而为北京大学所继承者。其拓片年代也当与以上二拓片同期,均当系晚清前后的拓片。这一拓片在当时可能批量制作过,因此在民间及其他图书馆也当仍有存在。

---

① 京都大学人文研网站,该拓本题作"文字拓本・元・徐松旧藏蒙古字石砚"。网址:http://kanji.zinbun.kyoto-u.ac.jp/db-machine/imgsrv/takuhon/type_a/html/gen0268x.html

4 江南文人对梵经石的考证与吟咏

徐松对梵经石的研究,作为一个重要的个案,使我们了解到他对西域水道的研究与郦道元注《水经》前后呼应,将传统中国的治学方法在历史地理著作中发扬到极致。而大谷大学的梵经石原件和傅斯年图书馆的拓片,证实了徐松确曾将这些石刻佛经带回北京,使我们对《西域水道记》的描述更加确信无疑。

通过进一步的探索,我们还可以更详细地了解到徐松带回的石刻佛经不仅是砚石所示的一块,而是若干;徐松甚至通过分赠友人的方法,带来了江南文人对西域的无限向往,考证文字和诗歌吟咏之作不绝。

(1) 陈善的考证

我们首先在徐松同期的清代学者陈善的《损斋文集》中读到《书哈什河经石后》的文字(插图98):

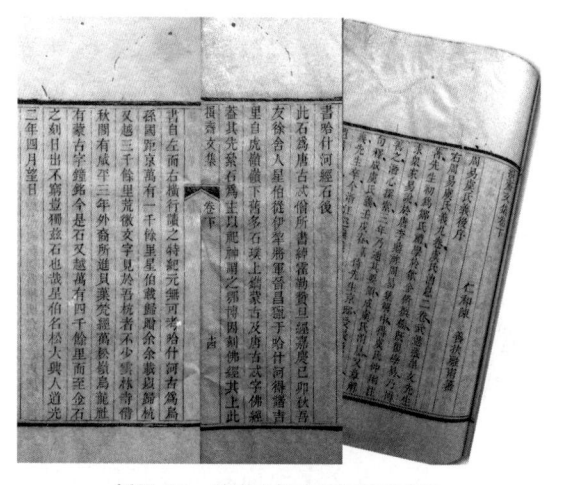

插图 98 陈善《书哈什河经石后》

此石为唐古忒僧所书《绰霍勒赞旦经》。嘉庆己卯秋,吾友徐舍人星伯从伊犁将军晋昌猎于哈什河,得诸吉里自虎岭。岭下旧多石璞,上镌蒙古及唐古忒字佛经。盖其先象石为主以祀神,谓之鄂博,因刻佛经其上,此书自左而右,横行读之。特纪元无可考。哈什河古为乌孙国,距京万有一千余里。星伯载归赠余。余载以归杭,又越三千余里。荒徼文字见于吾杭者不少,云林寺借秋阁有咸平三年外裔所进贝叶梵经,万松岭乌龙社有蒙古字钟铭。今是石又越万有四千余里而至。金石之刻日出不穷,岂独兹石也哉。星伯名松,大兴人。道光二年四月望日。①

---

① 陈善的《损斋文集》卷下,道光十七年序刻本,第十四叶正背面。

陈善字扶雅,仁和(今杭州)人,嘉庆六年举人。曾任嘉善教谕。著有《研经日记》《四书古义》《晋书校勘记》《两晋疆域考》《福建通志列传稿》《损斋文集》等。陈善中举之后,曾多次参加进士考试而未果①。陈善的主要学术活动虽然多在以杭州为中心的江南一带,但多次进京赴考的过程,使他与北方学者多有接触,他与占籍大兴的徐松结为挚友,也是如此。从徐松《周易虞氏消息》的题跋,可知他们在嘉庆十三年就已经相识②;从藏书家吴骞(1733—1813)的嘉庆刻本《谗书》后跋中,我们了解到,嘉庆十六年徐松从《永乐大典》中抄得罗隐《谗书》卷二原缺之《维岳降神解》《疑凤台》二篇,就是通过陈善、赵坦(字宽夫)展转寄给吴骞而使"珠还剑合"的③。因此早在嘉庆十七年徐松遣戍新疆之前,陈善即与交游。徐松在嘉庆二十五年赐环京师后,陈善也一定是在新一年的进士考试年头,赴京赶考,而与徐松再续旧游。虽然陈善的这次文战再度败北,却意外地与旧友重逢,并得到西域石的馈赠,从此开始后半生持续的学术交往,也属人生的幸事。从前及《同人书札》中,就保存了两封陈善在道光六年、十年致徐松的书信,其中多为商谈学问、访求书籍的内容。而从其劝说徐松在学问、功名中有所取舍的诤言来看,二人的私交确实非常笃诚。

陈善《书哈什河经石后》的考证文字,关于石刻本身的论述,基本上没有超出《西域水道记》的论述范围,大概也都是在徐松赠石之际,从徐松处听闻而来。这个时候的《西域水道记》还未写定④,因此"绰霍勒赞旦""吉里自虎岭"这些名称,也都在文字上有所差别(《西域水道记》作"绰克图赞丹""吉勒

---

① 陈善生平,可参吴庆坻(1848—1924)《蕉廊脞录》卷三"陈善"条,北京:中华书局,1990年3月,第83页。
② 徐松《周易虞氏消息》跋:"治虞氏《易》,非先读《消息》不明,故皋文前辈既成此书,自加点定,陈君扶雅藏其旧稿。嘉庆戊辰岁,余借得录之。"丁丙《善本书室藏书志》卷一"《周易虞氏消息》"条,北京:中华书局,1990年3月影印光绪辛丑刻本,第403页。
③ 吴骞《维岳降神解疑凤台补刊跋》:"予以嘉庆丁卯重刻罗昭谏《谗书》五卷,第二卷中原阙《苏季子》《维岳降神解》《忠孝廉洁》《疑凤台》四篇,遍检群籍,无从录补。今年春,大兴徐[星](景)伯太史从《永乐大典》钞得《维岳降神解》《疑凤台》二篇,属仁和陈扶雅孝廉、赵宽夫茂才辗转寄至,为之狂喜,无异珠还而剑合也!爰亟补刊卷末,用公同好,并识嘉惠於勿谖云尔。辛未长夏,骞再跋。"李定广系年、校笺《罗隐集系年校笺》,北京:人民文学出版社,2013年6月,第1072页。
④ 徐松的《西域水道记》在嘉庆二十五年赐环归京前即有初稿,传世的刻本则在道光十九年才付梓印行,参笔者《〈西域水道记〉稿本研究》,《文献》2004年第1期,第172—194页;《〈西域水道记〉版刻年代再考》,《西域研究》2010年第3期,第76—81页。

苏胡岭",参前引)。

不过这些石刻,也激发了陈善对杭州非汉文文献的回顾,以及对14000余里外西域乌孙国故地的神往,文末"金石之刻日出不穷"的感慨,又表达了清代碑刻学骤兴时代的学者金石证史的憧憬。

(2) 东轩吟社的吟咏

一石激起千层浪！陈善带回的梵经石,在杭州的文人圈内被广泛欣赏,成了当时吟咏的新题材。

道光初年,杭州的文人组成了一个著名的诗社——东轩吟社(又称清尊吟社),由汪远孙(1789—1835)、吴衡照(1771—?)首倡,而"会无定期,迭为宾主"①,与会者前后70余人。自道光四年至十三年,在长达10年的上百次集社之后,编纂成了社集《清尊集》16卷;而其中重要的成员27人,也被社员兼画家费丹旭(1801—1850)绘为《东轩吟社图》流传②。在道光十一年的一次集社中,《西域哈什河经石》成为即席命赋的诗题,在东轩吟咏中独树一格。《清尊集》卷十一选录了其中4人的5首诗作(插图99)。兹录其原诗如下,再作分析③:

西域哈什河经石

胡敬并引

　　石色微黝,高六寸,广一尺,厚寸五分,形略如梭。一面刻番字佛经。徐星伯从塞外携归,凡七枚。云得诸哈什河。以一赠陈扶雅。哈什河属汉乌孙地,疑为汉刻,无显证。考俟简栖。

　　篆文大小难涉笔,况乃乌孙经写佛。缩本疑摹峋嵝文,不然断烂岐阳碣。徐君载此入玉门,斑驳石带风沙痕。左行右行了莫辨,迷者真我但手扪。(用苏诗。)乌孙在汉通中夏,嫁复知书从主嫁。(汉时乌孙

---

① 胡珽编《书农府君年谱》,《年谱丛刊》第131册,第420页。
② 相关研究,可参王国维《东轩吟社图记及题跋》,《王国维全集》第3卷,第579—582页;魏萍《费丹旭〈东轩吟社图〉》,《东方博物》2007年第3期,第77—80页;朱则杰、周于飞《〈清尊集〉与"东轩吟社"》,《浙江大学学报》2010年第5期,第172—178页;沈津《东轩吟社画像》,作者著《书林物语》,上海:上海辞书出版社,2011年7月,第156—163页。本文所引《东轩吟社画像》,均由刘波代为从国家图书馆古籍馆扫描复制,谨此致谢。
③ 以下诗作见汪远孙编《清尊集》卷一一,道光十九年振绮堂写刻本,第一叶正面至第三叶正面。

屡上书,且冯夫人嫽以能史书为诸国敬信,非不娴汉文者。则此刻又疑在汉以前矣。)得毋星陨夜明时,佛出天惊星所化。语言文字佛扫除,石刻铺叙尤其余。我自十年身面壁,嬾无豪兴答蕃书。

诗既成,扶雅以考证见示,云是唐古忒所书

插图 99 《清尊集》中的《西域哈什河经石》组诗

《绰霍勒赞旦经》。彼中累石为主以祀神,谓之鄂博,因刻经石上,其说得诸喇嘛。据此当为元刻矣。按,元代西域悉隶版图,所设官,领以国师号。令至,与诏敕并重。皇庆中,命国师翻译诸梵经典,凡诸番朝贡表牋文字,无能识者,皆令译进。岂此石亦出当时国师所译耶?书此以志存疑。

剥肤作纸骨为笔,硙髓书经乃成佛。留传六十四种多,(《西阳杂俎》:西域书六十四种。)科斗胡书旧存碣。字母传自婆罗门,体亦绝肖屋漏痕。石能点头为说法,广长舌在无由扪。自从髡焰熏华夏,元帝称师主甘嫁。制成闻道字千余,纽合字随声变化。(《元史》:世祖命国师帕克斯巴制蒙古新字,千余其母,凡四十一相关纽,二合三合四合成字,大要以谐声为主字,成,加号大宝法王。又,泰定时,以帝师兄索诺木藏布尚公主。)晋唐旧译遭铲除,新译所刻犹留余。试问胆巴瓶佛种,可真大宝法王书。①

黄士珣

赤谷城中一拳石,犹带松楠寒雨色。是谁携向莽平初,旁行上有佉卢书。坐无象来文莫晓,结屈但看蚯蚓绕。既非悲愁之歌刊细君,又非能书出冯嫽。流传乃自奇渥温,梵经写以蒙古文。组铃扇鼓事持诵,其法秘密无人闻。呜呼,匈奴旧佩中国印,想见车书一家盛。何物西僧据

---

① 以上二诗又收入胡敬诗集《崇雅堂删余诗》,《续修四库全书》第 1494 册,第 322—323 页;第二首题作《诗既成扶雅以考证见示复次前韵》。

有之,白伞红兜势能横。中国转使崇檀那,吾杭遗迹留尚多。马吃剌佛凿自伯家笯。(在吴山宝奎寺壁。)元兴寺钟名乃题公哥。(今在万松岭乌龙社庙中。)光尧石经辇以造白塔,至今发指杨真伽。此石是其地所产,一任刻画吾无呵。粗顽黑丑亦何有,不如掷与皇娲补天手。玉门阳关趹荡开,换取多罗叶表来。

孙锡鬯

雷公剖取苍龙脊,堕地化成一丸石。其质粗顽色积铁,携归乃自乌孙国。传观四座不能识,上有左行番僧笔。却非史籀大篆程邈隶,但觉蚁缘蚓结形怪谲。上下五行百餘字,是何梵咒示秘密。想见西竺摩伽陀,祇林跌坐说真实。胆巴奥义觉者少,安得房相尽翻译。我闻赤谷城中初未有佛教,此石传自蒙古所镌刻。莫非杨连真伽僧,未入中华主西域。长安相距八千九百里,流传何由到君室。请君供之吴山马刺吃赖佛,或伴灵鹫禅房贝多叶。吾侪已受孔子戒,顶奉知君应不屑。我因古物爱摩挲,莫便攫之天外掷。

吴振棫

陈子有一石,万里出橐緘。碧胎昆云小,黑渍碱碛咸。犷质外磊砢,诡制中雕镵。将毋戒杀蚕,锲石女手掺。(于阗王女刻石,约毋杀蚕。)抑为祀鄂博,(番人垒石祀神,曰鄂博,或刻经其上。)刀剁神所监。昔者梵佉卢,造作光藏(去声。)函。此其苗裔欤,字母求华严。今者黄衣僧,野性驯麌麢。们䍐(番僧通经典者。)与曲峥(司法事者。),呗诵声咕喃。而我不识字,甚愧庸与凡。欲读舌苦撑,若马重两衔。子胡被褐怀,此岂琮与瑊。自缘癖欧赵,食古濡饥馋。岐枝蔓字苑,不忍从夷芟。吾闻西出师,妖云扫枪槏。(枪云如牛,槏云如马。)箫铙入关门,厥声和英咸。请佩玉櫑具,请裁两当衫。陷河帆(仄声。)潆濙,鸣沙梯空嵌。勒铭焯鸿伐,光芒吐秋毚。大书深刻之,葱岭青巉巉。(新疆两度出师,时已凯撤。)①

---

① 吴振棫诗作又收入其诗集《花宜馆诗钞》卷六,同治四年刊,《续修四库全书》第1521册影印,第62页;题作《西域石诗有引》,诗歌内容亦有修订。小引云:"石径尺许,形圆而上下稍平,上刻番字,不可辨识。石亦粗劣,不测何用。徐星伯松戍西域归,携以赠陈扶雅善。陈出示客,漫为此诗。"

胡敬字以庄,号书农,浙江仁和人,嘉庆十年进士。历官至安徽学政,道光三年归隐杭州。著有《崇雅堂集》。他是徐松的同年进士,曾与徐松同任职《全唐文》馆,一起从《永乐大典》抄出珍贵书籍。在京期间,也经常诗酒吟咏①。《崇雅堂诗钞》就有胡敬赠诗《书徐星伯同年真定书院风动碑诗后》。胡敬辞归杭州后,与徐松仍有书信往来,《同人书札》中即有其道光六年《致徐松书》。从以上的两首诗歌可知,胡敬摩挲着由陈善带来的自己同年好友自西域携归的梵经石,倍感亲切,因此一题再题。

其他三人:黄士珣(1771—?),字芗泉,钱塘(今杭州)人。岁贡生。著有《北隅掌录》《沧粟集》等。也是东轩吟社的骨干,《东轩吟社图》的题记亦由其撰写。孙锡麐(1775—?),字云礐,仁和人。吴振棫(1790—1870)字仲云,号毅甫,号矘翁,钱塘人。嘉庆十九年进士。历官云南、山东、安徽、贵州、山西、四川、云南、陕西等地,在云贵总督任上因病离职。著有《花宜馆诗钞》《养吉斋丛录·馀录》等。费丹旭绘《东轩吟社图》27人,胡敬、黄士珣、吴振棫均在其中。而通过胡敬的诗序,可以了解到吟咏的缘起都在陈善。《清尊集》中虽然没有陈善的诗作选入,但是费丹旭所绘《东轩吟社图》27人中有陈善,可见他是吟社的常客;以陈善为事由的吟社即席诗题,就有三首②。

而且,胡敬的诗序也进一步透露了陈善考证所未及记载的详情:如果说陈善的考证让我们了解了徐松自己珍藏的石砚之外还有另一块梵经石,这一吟咏的诗序,则透露了徐松实际从喀什河畔带回了7块梵经石。而赠送给陈善的梵经石的大小、形质,也在胡敬诗序给予了详细描述:"石色微黝,高六寸,广一尺,厚寸五分,形略如梭。"按照清代营造尺的比率(1尺=32厘米),应当是19.2×32.0×4.8厘米,比徐松本人琢为砚台者还略大。

从考据学的角度来看诗歌本身对梵经石的描述,似乎没有太多的贡献。胡敬的第一首诗歌,将其作为汉时乌孙国的文字而展开想象,自然是相隔千年;后来经过陈善的考证,第二首诗从元代落笔,虽以藏传佛教为切入点,但对这一批作为清代初期的托忒蒙古文石刻而言,仍不免隔靴搔痒。黄士珣、

---

① 如其同年进士孙尔准的年谱"嘉庆十二年"条载:"府君(孙尔准)入都,寓崇文门外三眼井。偕同年徐星伯松、胡书农敬、姚伯昂元之、陈范川鸿墀唱酬,编诗为《城南集》。"《平叔府君年谱》,第463—464页。

② 见《清尊集》卷一《集静寄东轩送陈扶雅善之吴中》,卷一一《西域哈什河经石》《观扶雅所藏汉鸡鸣戟》。

孙锡麐的诗作也均措意于蒙元发挥其想象,将它与杭州的蒙古文字联系在一起,与陈善的考证文字互相发明。吴振棫的诗作则承认"而我不识字,天资愧庸凡。欲读舌苦撋,若马重两衔",因此在诗歌中略做"将毋戒杀蚕,锲石女手掺。抑为祀鄂博,刀劘神所监"的猜测之后,便只能由此而转到当时的西域时事中寻找话题。

但是,以梵经石入诗,却还是以浓郁的时代气息而体现出清代诗歌的新境界。一方面,它体现了金石考证的风气为文人所普遍接受,因而咏物诗在清代发展了新的题材。另一方面,它也反映了乾隆平定西域以来确立的清代帝国疆域已经深入人心①,因此诗歌对于西域描述的摛藻用典,略无扞格;更有甚者,便是如吴振棫一样,将梵经石与当代西域的战事结合起来,抒写边疆平定的喜悦之情。诗歌末尾有"新疆两度出师,时已凯撤"句的自注,据新疆史实,当指道光六年张格尔、十年张格尔之兄玉素甫入侵南疆,扬威将军长龄从征西域战事,《花宜馆诗钞》本将这一注释改作"时喀什噶尔方奏凯",则主要指道光十年的平定。

陈善与胡敬、吴振棫等人所代表的,是江南文人的主流诗坛。同治年间,施补华(1835—1890)为《东轩吟社图》作跋,盛称作为"世家右族"的这些吟社文人,能够在道光初年东南承平之际"不事淫靡"而"好为文字、友朋之乐",非常难能可贵②。事实上,作为升平岁月的点缀,东轩吟社的诗歌还并不完全停留于"文字、友朋之乐"。以胡敬为例,作为退隐江湖的有识之士,暮年吟咏,仍有不忘国事的寄托存在。《清尊集》收录其道光七年所赋《精忠柏歌》,末句"独留寸干到熙朝,看洗甲兵长不用"下自注云:"时西域荡平。"③其道光十年《前诗意有未尽复用坡韵简蕙窗》的长诗,以"雪复雪,湖外湖,丰年胜景天下无"起兴,最后却落到"却思防边屯万夫,铁衣冷著朝及晡。天山

---

① 西域平定后清政府对于新的民族、国家和疆域认同之宣传,参笔者《从告于庙社到告成天下——清代西北边疆平定的礼仪重建》,东方学研究论集刊行会编《高田时雄教授退休纪念东方学研究论集(中文分册)》,京都:临川书店,2014 年 6 月,第 397—411 页。

② 施补华跋云:"盖我朝重熙累洽,至于道光之初,东南数省,岁时丰登,民生给足,世家右族,尤能不事淫靡,好为文字、友朋之乐。而其时知名之士,承乾嘉诸老之绪论,词章经术,具有原本,寻常觞豆,篇什流播,彬彬可观。……今东轩吟社衣冠文物之盛,亦岂异羲之、卿时哉?吾知百年以后观是图者,慨想国家平治之时,而先生辈风流遗韵,与羲之、晋卿并传焉。"《东轩吟社画像》,清光绪二年泉唐汪氏振绮堂刻本,卷后。

③ 《清尊集》卷四,第十三叶正面。

峨峨雪皛皛,壮士谁上凌烟阁。感此不乐愁有余,京华无使通卫蘧"的感慨,并自注云:"久不得征西军事消息。"①以对于道光十年西域战事尚未奏凯的挂怀不乐作结,其诗歌境界不仅高于"不事淫靡"的"诗无邪"底线,也高于"诗可以群"的"文字、友朋之乐",而具有了"位卑未敢忘忧国"的"诗言志"胸怀。

与这种高尚的寓意一致,东轩吟社以梵经石入诗的文学表现,不仅拓展了清诗传统名物之外的新视野,确实也反映了诗人的民族国家新观念,反映了道光年间精英士人所具有的包括中国西北边疆在内的国家概念之普遍性——即使养尊处优,而塞防安危,仍时在念中。也正是如此,我们不难理解西北历史地理学在嘉道兴盛之际,未曾涉足西北的仁和龚自珍有《西域置行省议》、乌程沈垚有《新疆私议》、海盐俞浩(生卒年不详)有《西域考古录》;而原籍上虞的徐松,更是利用了遣戍西域的时光,走遍天山南北,以《新疆识略》《西域水道记》的煌煌巨制,成就了西北历史地理学的奠基之作。从西域梵经石的文学吟咏,便可见时代氛围所营造的以上浙江士人对于边疆问题的研究现象,自当是一种群体行为的必然,而非一时、一地、一人的偶然。

(3)沈曾植、杨钟羲的沪上余响

自从乾隆后期边境多事以来,中国面对列强入侵而积贫积弱的形势,使得具有现实意义的西北史地学从嘉道以来成为显学而不断得到发扬。同光以来,沈曾植成为西北史地学的重要接力者。

沈曾植,字子培,号乙盦,晚号寐叟。浙江嘉兴人。光绪六年进士。历官刑部主事、总理衙门章京、安徽布政使等职。沈曾植博通古今,治学以乾嘉学术为根底,而精研西学,以硕学通儒闻名中外。受时代影响,其于经世致用的边疆史地尤所措意,著述有《元秘史笺注》《皇元圣武亲征录校注》《长春真人西游记校注》《岛夷志略广证》《蒙古源流

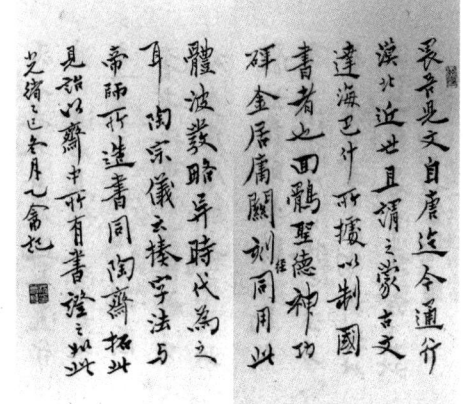

插图 100 《元梵经石砚》拓本的沈曾植题跋

---

① 《清尊集》卷九,第十七叶背面至十八叶正面。

笺证》等十余部之多,多为后世所征引。其读书笔记则汇集为《寐叟题跋》,短章随笔,亦多有可观。《元梵经石砚拓本跋》即其一篇(插图100):

> 畏吾儿文,自唐迄今,通行漠北,近世且谓之蒙古文,达海巴什所据以制国书者也。《回鹘圣德神功碑》、金居庸关刻经同用此体。波发略异,时代为之耳。陶宗仪云:揆字法与帝师所造书同。陶斋拓此见贻,以斋中所有书证之如此。光绪乙巳冬月,乙盦记。①

光绪乙巳即光绪三十一年,沈曾植时任江西广信府知府,因考察欧美各国宪法大臣端方等人的推荐,作为随员出国访问,因事未果,遂由北京赴沪小驻。而赠送他拓本的陶斋,即上文提及的梵经石砚晚清收藏者端方。沈曾植在沪期间,端方经过上海,就是在这里将拓本赠送给了沈曾植②。据跋语所题"元梵经石砚"而言,这一拓本的原石就是徐松旧藏而后来流散到大谷大学的那方砚台。因为"元梵经石"的名称,就是徐松在砚台左侧的题名。

因为时年相隔,沈曾植的考证也已经没有据石刻的西域来历做更多的申论;他延续了"元梵经石"的立论,只能就文字本身由回鹘文而蒙古文、满文的关联性作皮相之论。但是他的这种兴趣点,仍反映了与其边疆史地学的研究相为表里的一面。

与沈曾植同期而稍晚,北方的学者杨钟羲自辛亥革命后侨居上海,也关注到了这一梵经石。杨钟羲字子勤、幪盦,号留垞、雪桥、圣遗居士等,祖籍辽阳,世居北京,满洲正黄旗人。光绪十五年进士,授翰林编修,官至江宁知府。民国后,以遗老自居,寄居沪上十多年,日以撰述有关清代掌故的诗话体著作《雪桥诗话》为事。其于1919—1922年间完成的诗话,刻为《雪桥诗话馀集》八卷问世,即有《哈什河经石》一则:

> 西域哈什河经石,色微黝,高六寸,广一尺,厚寸五分,形略如梭。一面刻番字佛经。徐星伯从塞外携归,凡七枚。云得诸哈什河。以一赠陈扶稚[雅]。胡书农谓哈什河属汉乌孙地,疑为汉刻。汉时乌孙屡上书,且冯夫人嫽以能史书为诸国敬信,非不娴汉文者。则此刻又疑在

---

① 《寐叟题跋》二集,上海:商务印书馆,1926年,下册,第三十叶正背。该集后又由钱仲联整理为《海日楼题跋》,北京:中华书局,1962年7月;《元梵经石砚拓本跋》见第117页。
② 沈曾植光绪三十一年行程,可参许全胜《沈曾植年谱长编》,北京:中华书局,2007年8月,第311—315页。

汉以前。陈扶雅谓是唐古忒所书《绰霍勒赞旦经》。彼中累石为主以祀神,谓之鄂博,因刻经石上,其说得诸喇嘛。据此当为元刻矣。元代西域悉隶版图,所设官,领以国师号。令至,与诏敕并重。皇庆中,命国师翻译诸梵经典,凡诸番朝贡表牋文字,无能识者,皆令译进。岂此石亦出当时国师所译?吴朏翁诗有云:"犷质外磊砢,诡制中雕镂。将毋戒杀蚕,锲石女手掺。(于阗王女刻石,约毋杀蚕。)抑为祀鄂博,刀剟神所监。"亦谓鄂博或刻经其上也。①

杨钟羲不是一个像沈曾植那样对边疆史地学有专门研究的学者。这段诗话,只是撮抄了《清尊集》中《哈什河经石》题下胡敬的两段小序以及吴振棫的诗句,没有任何的发明。但是,《清尊集》中多达 16 卷、168 题的诗篇,作者只挑选了《哈什河经石》和《四潜邸》两题写入其读书随笔中,可见其阅读兴趣在晚清、民国的学术氛围中,已经养成了对于塞外名物的强烈关注。

沈曾植与杨钟羲的这些文字,从一个侧面反映了乾隆以来西域的经营和西北史地学问的钻研,使得西域在内地文人心目中的重要性,并没有因为改朝换代和时年推移而减弱。

5 小 结

从 1819 年徐松发现梵经石,到 1989 年考察队的记录,期间又经历了 170 年的历程。作为相同类型的石刻佛经,其发现地点却略有不同。不过两处发现地点都在上揭《西域水道记》所记从都尔伯勒津回庄(即尼勒克县城)往西直到苏布台乡的 120 里喀什河下游流域。作为理想的游牧地区,地震和春夏季节的洪水却是此间最大的自然灾害②。因此为了祈祷游牧生活的风调雨顺,置梵经石于山水之间禳灾,也就成为一种必然。徐松的发现与考察队的调查,从 100 多年间在不同的支流旁发现类似的石刻,启示我们可能会

---

① 《雪桥诗话馀集》卷六,第 1477 页。
② 《西域水道记》即曾记载伊犁河流域尼勒克境内当时所发生的严重地震:"嘉庆十七年(1812)正月二十有五日,时加戌亥,伊犁地震,衮佐特哈、胡吉尔台山裂四处,长二十里至六十里,宽五六厘,深十余丈至二十丈。又于平地涌出高阜,其土虚浮,践之即陷,临风摇动,数十日乃止,死者厄鲁特人四十七、流人十一,官牧牲畜二千五百九十五只,厄鲁特牲畜千七百余只。"《西域水道记(外二种)》,第 218 页。此外,《尼勒克县志》"自然环境编•自然灾害章"也总结尼勒克的自然灾害为地震、高山融雪和暴雨造成的春洪、夏洪,导致水土流失严重。第 90—91 页。

在喀什河下游更广阔的区域内发现这些表达美好祈愿的文物。因此,"梵经石"更为深入的调查和研究,成为我们今后的期待。

喀什河流域所发现的石刻佛经,在考察队1989年的研究成果发表之后,进一步的报导和研究,仅见《尼勒克县志》在"文化编"的"文物古迹"一章中,有"尼勒克沟石刻文"条:

> 尼勒克县城西北面19公里的尼勒克沟西岸小支流中,近年来被洪水冲出100多块大砾石,砾石上均有古代文字的石刻文。这对研究伊犁地区宗教和民族发展历史有重要意义。①

这段表述不详的文字,可能也是来自对新疆蒙古族历史文物考察队收集、调查的记录。县志最后的附录中也摘录了徐松关于喀什河描写的文字作为"喀什河沿岸风光"的散文②,但是长篇的摘录从喀什河源开始,到摩多图吉尔玛台水的游赏即结束了;下面紧接着就有的梵经石记载,却被忽略了。同样,在1989年的《石刻佛经》一文中,《西域水道记》也曾被引用来论证准噶尔汗国以伊犁为中心的地理位置,但是,却没有将其中哈什河梵经石的记载与新的石刻佛经发现联系起来,所惜未达一间。

本节论述只是揭示了清代中期以来对于这些石刻佛经的发现和研究历程。清人的发现,与我们今天的考察具有密切的关联,并给我们对于石刻佛经的发现区域和研究深入以新的启示。相对于早期托忒文献稀见的状况,通过这些石刻佛经解读准噶尔社会、历史、宗教、文化的价值,还远远没有发挥出来。所幸的是,除了上揭松川节教授对梵经石砚台的研究成果之外,中央民族大学叶尔达教授也在新疆伊犁河流域进行了长达10年的搜集托忒文文献的田野调查,注意到了尼勒克河畔的这批珍贵石经,相信不久会有新的成果面世③。

从文字释读开始,梵经石研究的新起点,应该是我们不容推卸的责任④。

---

① 《尼勒克县志》,第558页。
② 同上书,第664—665页。
③ 叶尔达《伊犁河流域厄鲁特人民间收藏托忒文文献概述》,黄建明等主编《首届中国少数民族古籍文献国际学术研讨会论文集》,北京:民族出版社,2012年,第248—257页。
④ 本节的撰写,获得海内外同仁许多帮助,特别感谢:荣新江教授的随时指教与提供重要文献资料,党宝海博士提供的蒙古语考释和信息,汪娟教授、郑雅如研究员为我联系傅斯年图书馆的西域梵经石拓片复制和授权,松川节教授为我安排在大谷大学的交流以及提供的最新研究成果。

结　语

当我们结束以上对徐松与其著述,特别是《西域水道记》的探讨时,应该会对于西北历史地理学在清代兴起的学术背景有更深刻的理解。作为学者的徐松,既是传统国学的集成者,也是经世学问的拓荒者;天时、地利与人和,使徐松在嘉庆、道光年间的京师确立了学术宗匠的地位,引导了清代中期学术的成功转型。

一　嘉道学术的领军

在乾嘉学术的影响下,徐松无疑是古代中国学术的集成型人物,因此他的研究领域包括了学术的许多方面,而成为一个杂型的、通才的文化人。在过去时代的学术积淀中,他成为朴学的重要继承人,成为乾嘉时代典型的学者。但这远远不足以代表他的成就。在得到良好的学术训练之后,偶然的机会使他开始了对纳入到大一统江山中的古代西域的考察与著述,成为一个新的学科的前导和领军。

成就徐松学术地位的,既有其个人禀赋的原因,也有其人生经历的必然。徐松之前,西北历史地理学的研究者,有梁份(1641—1729)这样以《西陲今略》(又名《秦边纪略》)而名世的独行侠,有官方的《钦定皇舆西域图志》"编辑队伍";但是乾隆时代的《西域图志》、号称"乾隆十三排"的《乾隆内府舆图》,只是宫廷中的御用之学;只有到了嘉庆以来,学者在官场之外利用这些史料进行讨论的时候,它才真正成为了学术。徐松的时代,从事西北历史地理学的学者还有祁韵士等人,但是他们都没有成为一时风气的引领者。与徐松同期而稍早,祁韵士也曾遣戍西域,但是在老迈的半百之年西出阳关、学术兴趣偏好案头文献、遣戍时间仅仅三年、赐环后远离京师学坛的经历①,这种种的因素,都使他无法成为一个学科的宗匠人物。而徐松在正当壮年的时候出关,七年的时间使他得到周游西域考察的机会;绝学已成之后,遣戍归来的徐松继续执掌京师学术的牛耳将近二十年,他"招来后进,天性敦挚似竹君,胸次宽博较覃溪为胜。四方宿学之士客京师者,以先生为归焉"(见前引李详语),使历史的各种因缘都将学术开拓者的接力棒交到了徐松手中。道光以来多年在学术中心的"宗工"地位,使徐松在乾嘉学术的高潮结束之际担当了学术新变的开创者。

在徐松创造了一个学术新时代的同时,毋宁说,也是一个新的时代造就了徐松的学术建树。但在一个时代的学术需要注入新的思潮的时代,徐松又确确实实地引导了清代学术的成功转型。西北历史地理学毫无疑问拓展了乾嘉朴学的研究领域,同时也为学者在国运衰微之际的研究去从设定了经世报国的方向。

二 经世意识与塞防危机

徐松所引领的这个新领域,是对乾嘉学派如钱大昕等人蒙元史研究的继续与开拓,也是时代对于学术经世的新要求。由于现实社会所面临的隐忧,经世学问在嘉庆、道光年间,已经成为学者共同关注的问题。徐松的同年进士周济后来以词学名世,但是关于他的传记却突出了他早年经世致用的追求:"(周济)字保绪,一字介存,荆溪人。嘉庆九年举于乡,十年成进士。……少与同郡李凤台(兆洛)、张馆陶(琦)、泾县包新喻(世臣)以经世学相切劘,兼习兵家言,习击刺骑射,以豪侠名。"②当时经世学问的代表人物刘逢禄(1776—1829)也是徐松切磋学问的同道,刘承宽《先府君行述》记载:"平日师友渊源……又尝与刘凤诰商《五代史》于浙江,与胡君培翚讲《仪礼》,王君萱龄、汪君喜孙讲《尚书》,徐君松论地理、徐君有壬论九数、陈君奂论小学于都门。"③显然,在刘逢禄与徐松讲论地学的同时,当时被称为"庄

---

① 祁韵士遣戍归来的八年中,先后在江宁、兰州、保定的幕府与书院从事书案或山长之职,最后病逝于保定莲池书院。参鹤皋年谱。
② 诸可宝《畴人传三编》卷二《周济传》,《续修四库全书》第516册,第542页。
③ 刘承宽《先府君行述》,刘逢禄《刘礼部集》卷末,《续修四库全书》第1501册,第216页。

学"的常州今文经学经由刘氏,对徐松的经世思想也有着重要的启发。而如前所论,当徐松对于龚自珍、魏源等重要的思想家以知识援助的同时,后者也给予了他思想的砥砺。

因此,《西域水道记》成为一代经世之作的典型,首先也是朴学传统与经世思想两者的完美结合。

危机四伏的边疆隐忧也是促成其著作经世之书的重要动力。

在遣戍期间,因为受到伊犁将军的礼遇并直接参与了伊犁幕府的政书编辑和诸多事务,使得徐松对于边境事务有了实际的经验,强邻环伺的危机感迫使他进一步思考边疆的未来,《西域水道记》等一系列西域著作在张扬领土的广大的同时,其实也反映着对领土丧失的深忧。

嘉庆年间西域边境的相对平静,其实是以领土放弃的忍让换得的,其中最有代表性的事件是晋昌派兵出常设卡伦交涉而遭到嘉庆帝申饬事[①],因此宣统年间王树楠等编纂《新疆图志》,专门对这种隐忍放弃的态度予以批驳,以为这一态度开启了咸丰以来俄罗斯以常驻卡伦为中俄边界的口实[②]。这是徐松在伊犁期间发生的事件,无疑会激发作者的思考;此后在道光年间多次发生在西域的变乱如张格尔入卡等等,对于身处京师而心在天山的徐松,一样会在增补《西域水道记》的过程中融入新的经世内容。

---

① 《清仁宗实录》卷二七〇"嘉庆十八年六月癸丑"条:"谕军机大臣等:晋昌奏北路卡伦外向哈萨克索讨人口之俄罗斯已完结归回部落一折。外夷因交易起衅,自相理论,系常有之事,既在卡伦以外,即与中国无涉,此次俄罗斯向哈萨克台吉罕巴尔索讨安集延人口,晋昌得闻此信,惟当严饬卡伦官员加意巡查,勿使罕巴尔带领安集延人等阑入潜匿,别滋事端,方为镇抚边疆之道,乃晋昌辄派协领哈芬布前往查办,哈芬布至哈达苏卡伦,复因罕巴尔求恳官为管理,即出卡伦外数十里之地安设帐房,摘传俄罗斯安集延头目数人面为开导,令两造公议偿还之项,实属多事,幸而俄罗斯恭顺,彼此将财物偿还,安静归部,若使当哈芬布剖断之时,稍有抗违情形,又将如何办理,岂非自生边衅。……晋昌身任将军,遇事张皇,著交部议处。哈芬布办理舛谬,著交部严加议处。总之卡伦以外各夷部落自相争论之事,天朝断不值代为剖断,嗣后遇有似此事件,该将军惟当严饬卡伦官员谨守边界,即使夷人禀请投诉,亦当词严义正,告以不应越界管理之故,切勿轻举妄动,有乖体制,慎之。将此谕令知之。"《清实录》第 31 册,第 659—660 页。

② 《新疆图志》卷五《国界》一:"当是时,诸藩入贡,藩界即国界,与卡伦无涉。设卡伦所以几禁商贾,分别游牧,有常设、有暂设,亦与国界无与。迨京城约以常驻卡伦为界,《塔约》虽力争而不能得矣。窃尝逆亿俄人之敢于陈请者,盖习见我国以卡伦为界之原因,由于驱逐哈萨克斯坦之故,哈萨克斯坦蹙窘成风,边徼吏民无不厌苦者。乾隆以来,准其依卡度冬,夏令展卡,则驱之卡外,不复闻问。嘉庆十六年(引者按,当作'十八年'),伊犁将军委出哈达苏卡数十里,谕解俄人,奉旨申饬,谓为界外生事,于是以卡外为界外,益不敢闻问。我既视之不甚爱惜,彼故藉之以肆要求,屋隙则风生,木朽则虫蠹,孟子所谓'自侮自伐'者也。"第 175 页。

对于认识清代西北边疆曾经拥有的地域而言,在失去巴尔喀什湖以东、以南五十多万平方公里土地之前的清代新疆,《西域水道记》是绝无仅有、系统条理的私家地理志书。《西域水道记》的重要写作方式,如前所说,是开创性地根据内陆河流归宗于湖泊的现象,而将西域水道归为十一个湖泊水系。其中,卷四的巴勒喀什淖尔(今巴尔喀什湖)、卷五的特穆尔图淖尔(今伊塞克湖)、阿拉克图古勒淖尔(今阿拉湖)、宰桑淖尔(今斋桑泊),这四个湖均在今哈萨克斯坦和吉尔吉斯斯坦境内;而在《西域水道记》中,都可以看到作者对这些地域亲自踏勘的踪迹。以上这四大湖泊水系的考述,在今天大都成为中亚史研究中属于中国域外史地的范围,但我们并不能因此而断定徐松在思想认识上具有的中外边防意识。

然而这种塞防思想意识的确实存在,却另有证明。突出的例子,一是在由松筠署名而实际由徐松撰著的《新疆识略》中,最后的第十二卷"外裔"部,明确地将边外邻近的哈萨克、布鲁特部落作为了"守边之要,首在熟悉夷情"的内容。作者对边外诸部那些"虽贸易时通,而荒远僻陋,又非边防所急"的部落并非一一详道,而只是选择了"其与叶尔羌、喀什噶尔、伊犁、塔尔巴哈台诸城毗邻,为我屏藩者"的哈萨克、布鲁特进行考述,详细记载了二者的源流和世系,显然体现出了经世致用的著述特色[①]。二是在《西域水道记》卷五的"宰桑淖尔所受水"中,不厌其详地描述了"北边之大国"俄罗斯的历史地理面貌。徐松除了对斋桑泊水系流经俄罗斯沿途的地理风物有所描述外,还对俄罗斯自西向东扩张、元代以来中国与之交往、清初尼布楚条约的签订与边界划分作了记载。这些详细的记录虽然在今天看来有许多知识点上的欠缺,但其用意却无疑体现出对于西北边外强邻压境的危机感。

三 西学知识的引用

由《西域水道记》中的俄罗斯记载,我们可以进一步探讨徐松当时的西学知识。他在卷五"又东北流,达俄罗斯国界"条下有注文云:"康熙五十一年,职方司郎中图公理琛奉使诣土尔扈特阿玉奇汗所牧之额济勒河,假道俄罗斯。往返邮程,经历额尔齐斯,撰为《异域录》。今采其书,粗备条贯。"由

---

① 《新疆识略》,第1129—1254页。

此可知,徐松关于俄罗斯的知识主要来自于康熙年间图理琛(1667—1740)假道俄罗斯、出使伏尔加河土尔扈特部落而撰写的经行记《异域录》一书。这是在稿本中已有的记载,而在刻本中,我们看到作者补充进了俞正燮《俄罗斯事辑》的研究新成果[1],因此,《西域水道记》刻本反映了鸦片战争之前这一群体对俄罗斯研究所达到的水准。

从地理学角度来探讨,西学知识的影响在《西域水道记》中也比较突出。明末清初,大批欧洲耶稣会士来华"学术传教"的活动,形成了西学东渐之风。顺治、康熙年间,以清廷正式采用西洋新法及汤若望(Johann Adam Schall von Bell,1592—1666)、南怀仁(Ferdinand Verbiest,1623—1688)等先后掌管官方天文历法机构钦天监为标志,体现了中国知识界对西学自上而下的接纳。地理学的思想和方法也在这一直接的交流中取得了辉煌的成果。如前所揭,在徐松出生之前,中国地理学史上一个重要的契机是康乾盛世对西北的经营,使得中国的行政区域远迈汉唐,取得了空前的大一统局面。西域的平定提出了认识边疆的要求。因此在康雍乾三世,运用西方地图投影与测绘技术,分别进行了两次大规模的天文大地测量,并三次组织人力编绘、纂修全国性的地图和《一统志》。康熙《皇舆全览图》、乾隆《内府舆图》以及《钦定西域同文志》《钦定皇舆西域图志》直接影响到了后世的西域史地研究。

徐松的《西域水道记》也直接受到了以上西法著述的影响,在书中一些山川、聚落的描述中,作者加入了经纬度的数据作为定点,这样的数据在刻本中多达60多处[2]。《乾隆内府舆图》之后的清代地图绘制,其实都未能超出那一时期的成果,其中的关键之一,是"中国地理学家不很愿意放弃他们的矩形网格座标系"[3]。这一点,在《西域水道记》中也得到充分的证明。作者在实际的绘图中无法表现出精确的经纬线交织内容,而仍然使用了百里成方的传统画法。但是在具体的文字表述中,却接受了经纬度定点的精确

---

[1] 在稿本写定后插入的卷四签条中,有两条有关俄罗斯的内容,均注云"据余理初所辑",即俞正燮《俄罗斯事辑》的内容,刻本后来采入了一条,但删除了"余理初"字样。

[2] 参本书第三章《西域水道记》研究"第一节"版本之一:徐稿本与沈抄本",特别是"图表8《西域水道记》刻本与稿本经纬度对照表"。

[3] 李约瑟《中国科学技术史》第五卷,同书翻译小组译,北京:科学出版社,1976年10月,第239页。

性,因而形成了邓廷桢在《西域水道记》序言特别提及的"又况中西法备,分野不爽毫厘;水陆路通,记里先明丈尺"的特色,其所谓"西法",主要指的就是这种抛弃中国传统二十八宿粗疏对应法而以经纬度标识的科学性方法。作者从稿本到刻本之间对于经纬度数据的精益求精,体现了这一地图绘制西法在中国知识界的普遍接受程度。

《西域水道记》在从刻本到校补本之间发生的变化,更多是新材料的利用。这材料中一个重要的内容是:徐松的《西域水道记》校补使用了道光十八年九月发行的一期《东西洋考每月统记传》中的材料。《西域水道记》校补之卷一第十三叶六行笺条云:"《每月统纪传》谓生于陈宣帝太建元年。西洋人尊耶稣之教,其言不足据。"① 这里讨论的是穆罕默德的出生时间。这条内容没有出现在《西域水道记》的刻本中,则徐松读到它的时间应该滞后于其印行的年份,或者就到了1840年鸦片战争发生之后。由此可见西洋文化知识确实在鸦片战争前后开始进入到中国士人的日常阅读中。

四 西北史地学的接力

可以说,徐松的《西域水道记》,是乾嘉时期质实求证的考史风气、经世致用的社会风潮、西域开辟的政治环境、边危四伏的时代隐忧、西学知识的引进利用等多种因素因缘际会的产物,它达到了那一时期西北历史地理研究的最高水平,同时也影响到了一个学术新时代的来临。

在第一章"《长春真人西游记》题跋所体现的西北史地风谊"中,笔者引用《长春真人西游记》的发现与研究来说明西北史地学从乾隆朝的钱大昕与道光间的徐松等学者的接力过程。王国维的《长春真人西游记注序》不仅对这个学科在清朝前期有如上简明的概括,而从道光之后到民国的后续研究,在其序言中依然得到描述:

> 光绪中叶,吴县洪文卿侍郎创为之注,嘉兴沈乙庵先生亦有笺记,而均未刊布。国维于乙丑(1925)夏日始治此书,时以所见疏于书眉,于其中地理、人物亦复偶有创获。积一年许,共得若干条,遂尽一月之力,

---

① 《西域水道记(外二种)》,第568页。

补缀以成此注。盖病洪、沈二书之不传,聊以自便检寻云尔。①

序中的洪文卿指清末外交家洪钧(1839—1893,字陶士,号文卿)。他在出使欧洲期间,利用西方学者的历史典籍撰成《元史译文证补》,开创了利用西方文献研究国史的先例。沈乙庵即沈曾植,则如前"西域梵经石在清代的发现与研究"所揭,是晚清、民国西北史地学的中坚人物。他们对于《长春真人西游记》的笺注,毫无疑问是继承先哲从事元史和西北史地研究的表现;同时,洪钧回国后曾任总理各国事务衙门大臣、处理帕米尔事件等塞防重任,沈曾植务尚有用之学、王国维喻"其忧世之深,有过于龚、魏"②,他们的研究中包含的经世致用意识也就不言而喻。

由洪钧、沈曾植到王国维本人继续研究《长春真人西游记》的这一描述,其实也正体现了清代西北史地学由钱大昕等在乾隆年间滥觞、徐松等在嘉道年间开创,而为晚清、民国的学者所接力的过程。

王国维曾将学术的兴旺与国运的盛衰相联系,认为学者是学术乃至国家命运的寄托者,其言:"国家与学术为存亡。天而未厌中国也,必不亡其学术。天不欲亡中国之学术,则于学术所寄之人,必因而笃之。世变愈亟,则所以笃之者愈至。"③也正如现代学者陈寅恪(1890—1969)在《王静安先生遗书序》所论:"自昔大师巨子,其关系于民族盛衰、学术兴废者,不仅在能承续先哲将坠之业、为其托命之人,而尤在能开拓学术之区宇,补前修所未逮。故其著作可以转移一时之风气,而示来者以轨则也。"④这些慷慨陈词,是对于西北历史地理学的殿军人物沈曾植、王国维而言的;同样,移之于这一学科的开创者徐松,也一样切合。

在中国学术新变之际的清代中期,徐松作为传统文化的大师巨子,也承担起了托命人的伟大职责。

---

① 前引王国维《长春真人西游记注序》。
② 王国维《沈乙庵先生七十寿序》,《王国维全集》第 8 卷,第 620 页。
③ 同上注。
④ 陈寅恪《王静安先生遗书序》,王国维《王国维遗书》,上海:上海书店出版社,1983 年 9 月,第 1 册,卷首。

附　录　徐松年谱简编

徐松，字星伯，一字梧冈，一作字孟品、号星伯，又号宛委山农。行九。室名老芙蓉庵、荫绿轩、治朴学斋、好学为福之斋。

原籍浙江上虞，有宅在绍兴；著籍顺天大兴，宅在宣武门大街。

曾祖大纯。祖肇南。伯父立纲，乾隆四十年进士，提督安徽学政。伯父立民，监生。伯父立位，福建候补盐场大使。叔父立朝，广西州同。

父立本。嫡母乔氏。生母张氏。

兄弟共四人，公为长。又姐妹二人。有妻、妾各一，子一，孙二。

乾隆四十六年辛丑(1781)，一岁

七月初九日，公生于上虞。

伯父立本在安徽学政任，立民为监生，立位为方略馆誊录；叔父立朝为四库全书馆誊录。

乾隆四十七年壬寅(1782)，二岁

乾隆四十八年癸卯(1783)，三岁

乾隆四十九年甲辰(1784)，四岁

伯父立位议叙，发福建候补盐场大使；叔父立朝以州同发广西。

乾隆五十年乙巳(1785)，五岁

乾隆五十一年丙午(1786)，六岁

伯父立纲以翰林编修再授安徽学政，迎养父母于使署，公一家于是年随往。

乾隆五十二年丁未(1787)，七岁

乾隆五十三年戊申(1788)，八岁

伯父立纲在安徽学政任，驻安徽太平府；公随在姑孰使院，从左眉受业。

其时又有杨怿曾等为公业师。

乾隆五十四年己酉（1789），九岁

伯父立纲修宗谱，请章学诚商较。

伯父立纲左迁往武英殿效力，公等亦随归京师，落籍大兴。

曾就学于吴锡麒门下。

是年，应童子试，顺天府学政金士松取入邑庠，补弟子员。

乾隆五十五年庚戌（1790），十岁

乾隆五十六年辛亥（1791），十一岁

伯父立纲解组归田，居于绍兴城东。

乾隆五十七年壬子（1792），十二岁

闰四月二十六日，祖父肇南卒于乡。

九月二十八日，祖母韩氏卒于乡。

乾隆五十八年癸丑（1793），十三岁

是年梦至一地，境极清幽，后谪伊犁，住亦园，与梦境同。

乾隆五十九年甲寅（1794），十四岁

初应乡试报罢。

乾隆六十年乙卯（1795），十五岁

二应乡试报罢。

嘉庆元年丙辰（1796），十六岁

嘉庆二年丁巳（1797），十七岁

嘉庆三年戊午（1798），十八岁

左眉来京师，坐馆其家，遂又从学。时公已三应乡试。

江藩在京师，与公交游。

嘉庆四年己未（1799），十九岁

嘉庆五年庚申（1800），二十岁

秋闱未放榜时，借友人《艺林伐山》抄录。

八月，应顺天府乡试，中式第四十三名举人。

嘉庆六年辛酉（1801），二十一岁

六月，友人姚宋才在山东早逝，有诗哭之。

有书寄塾师左眉于潞安，拟编其《左传纂注》于《经义考续编》中，附寄哭姚宋才诗。

考取右翼宗学教习。

与山东城武县丞陈凯之女寿娥成婚。成婚之夕,犹携《四六法海》于灯下读之。

秋,左眉在潞安,有诗寄公,贺其新婚。

重阳节,与姚元之雨中游陶然亭。

嘉庆七年壬戌(1802),二十二岁

嘉庆八年癸亥(1803),二十三岁

七月二十九日,伯父立纲卒。

八月廿日,顾廷纶来访;公为致书姚元之,约前往拜访事。

嘉庆九年甲子(1804),二十四岁

二月廿六日起,校武英殿聚珍版《张说之文集》。

嘉庆十年乙丑(1805),二十五岁

三月,会试中式第四十二名贡士。

四月,以殿试二甲第一名,赐进士出身;朝考一等二名,改庶吉士。

是年,抄写谢刻《金石录》。

嘉庆十一年丙寅(1806),二十六岁

八月廿四日,与辅国公裕瑞、侍讲学士法式善、礼部员外郎谢振定游京郊大觉寺。

十一月廿日,公持旧藏《玉台新咏》示翁方纲,翁为题跋其后。

十二月初一日,公持宋刻《周易正义》十四卷示翁方纲,翁为题跋其后。

是年前后,在馆多有馆课诗赋,存者有《律中吕赋》。

嘉庆十二年丁卯(1807),二十七岁

二月,据李调元《函海》本《艺林伐山》校其庚申抄本,作跋。

是年,与同年孙尔准、姚元之、胡敬、陈鸿墀等时相唱酬。

嘉庆十三年戊辰(1808),二十八岁

二月,屠倬为画《法源寺读书图》。

四月,散馆,试律赋《江汉朝宗于海赋》,获一等一名,授编修,入直南书房。

八月二十至二十二日,购得苏轼《寓意录》四卷呈示翁方纲,翁为跋其后。

汪喜孙来京师,与公交游。

是年,任《钦定授时通考》《皇朝文献通考》纂校官。

是年,谒翁方纲,示所藏《虞恭公碑》旧拓本,翁为作跋,与论虞世南《孔子庙堂碑》及国朝诗人何焯事。

是年,陈善来京应试,公从其处借得张惠言《周易虞氏消息》稿本,抄录之。

嘉庆十四年己巳(1809),二十九岁

入全唐文馆,辑录《永乐大典》之《河南志》《宋会要》《中兴礼书》《秘书省续编到四库阙书目》《伪齐录》《大元马政记》《宋次道洛阳志图》诸书。

夏,法式善邀公与陈用光、胡敬、孙尔准、陈鸿墀、锺昌月下看荷;十日后,公与陈用光、胡敬、孙尔准、陈鸿墀五编修邀法式善聚于陶然亭。

七月,与法式善、孙尔准、钱泳等在万善殿、大高殿等出查释、道二藏诸经。

是年,助董诰编纂《皇清文颖续编》一六四卷。

是年,翁树培以唐王仲堪墓志见赠,亟命工拓数十纸分赠海内金石家,并录其文以补馆书之遗。

是年,又时与同僚吟赏。

嘉庆十五年庚午(1810),三十岁

担任全唐文馆提调兼总纂官。

四月,撰成《唐两京城坊考》初稿,为之序。

八月,任湖南学政。行前以手钞汪履南《四六法海》赠孙尔准。

十月廿八日,抵达长沙府,接湖南学政任。

十一月初一日,上《奏报到任日期并谢恩事》。

是年,钱侗赠《元史艺文志》。

是年,裕瑞自刻《眺松亭赋钞》,公有跋焉。

嘉庆十六年辛未(1811),三十一岁

正月二十一日,上《奏为即日由长沙起程前往宝庆等处岁试事》。

二月初三日起,按试宝庆府、永州、桂阳府、郴州、衡州、长沙府六属。

三月,按使至永州,据《新田县志》补乐雷发《雪矶丛稿》遗文,并为跋于试院。

按试至桂阳,得南汉大宝四年铜钟;在衡州,拓《吴九真太守谷朗碑》。均以所拓贻湖南布政使理问瞿中溶。

按试至郴州,有古诗赠生员陈起诗,以资鼓励。

三月十七日,伯父立位卒。

春,将前从《永乐大典》抄出之唐罗隐《维岳降神解》《疑凤台》二篇,由陈善、赵坦寄吴骞,吴骞因有《逸书》补刻本。

七月二十三日,上《奏为恭报岁试宝庆等各属情形事》,呈报上半年按试六府州事。

八月中旬起,按试岳州、常德、澧州三属。

十一月二十日,御史赵慎畛奏参徐松需索陋规及出题割裂圣经等九款,仁宗命工部左侍郎初彭龄赴湖南会同巡抚广厚查办。

十二月,初彭龄到长沙,将公革职拿问。十六日,上奏审讯大概情形。

十二月十七日,湖广总督马慧裕密陈奏折,对徐松学政任上岁试考规、阅卷均表赞赏。

十二月廿八日,嘉庆皇帝对初彭龄奏折作出上谕,严查徐松案件。

是年在京,有书寄钱泳,谢其赠法书《心经》及《诒晋斋帖目》。

是年,招严可均来湖南。

在湖南任上,多闻异事,传诸友好。

嘉庆十七年壬申(1812),三十二岁

正月初七日,初彭龄上奏审拟原学政徐松情形事,定拟发往新疆效力赎罪。

正月十九日,嘉庆帝朱批初彭龄奏折,著交刑部议奏。

二月二十八日,广厚再次就徐松抄查资产做覆查,上奏徐松所作诗文并无悖逆事。

四月间,公遣戍伊犁。瞿中溶、孙尔准有诗送行。

经湖北,学政鲍桂星典其旧衣裘助之赴戍。公之家人随后北归京师。

七月,经洛阳,为乡试同年陆继辂《古镜录》作序,继辂亦有诗相赠。

到巴里坤,即手拓《裴岑纪功碑》,始治西北史地。

十月,到伊犁,寓城南宣阇门南埔第三舍,署曰"老芙蓉庵戍馆"。

嘉庆十八年癸酉(1813),三十三岁

立春日,伊犁将军晋昌招公及周听云、赵菊人、高心兰、傅啸山联句。

是年,有书致严可均。

嘉庆十九年甲戌(1814),三十四岁

六月,公捐资充补铜厂额缺,减免遣戍年限。

七月二十三日,伊犁将军松筠以帮办粮饷事务笔帖式职衔缺人,奏请以公坐补。八月十九日,奉朱批不许。

十月三日,英和在京,复公两度来函,劝其勿以补帮办粮饷事务职未果为意。

冬,与同戍朱尔赓额射猎于伊犁二道河。朱尔赓额筑戍馆于塔勒奇城南,公为撰联。

嘉庆二十年乙亥(1815),三十五岁

受伊犁将军松筠命,编纂《伊犁总统事略》。

是年冬,南疆塔什巴里克庄阿珲孜牙敦作乱,公为幕府,随参赞大臣长龄前往办理,周历南北二路。

嘉庆二十一年丙子(1816),三十六岁

正月五日,度木素尔岭。

二月初三日,抵喀什噶尔。

三月,在喀什噶尔,假馆参赞匍斋。有《元史偶录》抄本,许芳圃代为装订。

四月十四日,自喀什噶尔起程还。

返程经叶尔羌,从克什米尔部人购得名"克辟勒拉默"之小圆钱盒,并为叶尔羌办事大臣福勒洪阿公署题写楹联。

五月,返程经阿克苏东南浑巴什军台,至库尔勒。

经库车,得硇砂。

秋,返回伊犁,作《新疆赋》,同戍孙馨祖为序。

嘉庆二十二年丁丑(1817),三十七岁

二月,晋昌复由盛京将军调任伊犁将军。

龙万育谪戍伊犁,与公比屋居。

嘉庆二十三年戊寅(1818),三十八岁

嘉庆二十四年己卯(1819),三十九岁

秋,随伊犁将军晋昌校猎北山。所获蒙古文佛经石,携归七枚,其一琢为砚台。

十月,在戍七年期满,晋昌上奏为公请归。

年底,得诏书释放回籍。

在戍期间,曾聘蒙师左眉馆于京师家中;京师旧居曾毁于火;姚元之有诗寄怀。

是年,龙万育为公誊写《西域水道记》手稿,以先后释归,未果。

嘉庆二十五年庚辰(1820),四十岁

正月十日,自伊犁返回。朱尔赓额旧仆李保儿亦从公归。

正月二十日,经固尔图喀喇乌苏军台。

经吉木萨尔,访北庭都护府旧址。

二月,经巴里坤库舍图岭,亲拓《姜行本碑》一通;并为该处关帝庙撰联。

经敦煌莫高窟,拓碑四种。

经泾州,署泾州知府、同年进士缪庭槐为更换车马、衣裘,筹措旅费,专人护送至西安。

经西安,邓廷桢为赋诗贺归。

九月五日,在京访同年姚元之,出示北庭都护府故址所得小铜佛。

十二月二十七日,松筠奏上《伊犁总统事略》,宣宗赐名《新疆识略》,御笔作序,付武英殿刊行,赏公内阁中书。

陈奂在京师,公与交游。

道光元年辛巳(1821),四十一岁

正月,到内阁行走。

龚自珍任内阁中书,充国史馆校对官,时馆中重修《一统志》,上书总裁论西北塞外诸部落沿革,订旧志之疏漏凡一十八条,对公所撰《哈萨克世次表》《布鲁特头人表》推崇备至。

十一月初一日,龚自珍撰《拟进上蒙古图志表文》,云其附录《哈萨克表》《布鲁特表》亦皆"用前编修徐松所述"。

十一月,姚元之使沈阳途中,公有书札寄到,元之有诗代柬相答,并有诗论馆阁书,以为公胜于己。

冬至,撰《西域水道记叙》。

十二月底,姚元之在沈阳,有诗怀公。

是年,重装钱侗所赠《元史艺文志》,并作题跋。

道光二年壬午(1822),四十二岁

春社日,陈善来京应试,公重读张惠言《周易虞氏消息》抄本,为之跋。

四月望日,陈善在杭州,为公所赠西域梵经石作《书哈什河经石后》。

四月,向龚自珍假抄《长春真人西游记》,并为之跋。

六月十三日,向董祐诚询《长春真人西游记》中日食事,董氏因为长跋于公所藏《长春真人西游记》后。

七月,程同文为公所藏《长春真人西游记》题跋。

九月,录龚自珍《说文解字注》笔记及自批于自藏《说文解字注》三十卷刻本之上,并为跋。

九月十六日,斌良约赏菊,以事未果。

岁暮,姚元之在辽东,有诗怀公。

是年初,史祐有书来,托侄孙致云入京应试时代转。

是年前后,龙万育得《奉天录》于公家,由秦敦夫倩顾广圻校正刊刻。

是年前后,邓传密曾就馆公家。

道光三年癸未(1823),四十三岁

正月十六日,与斌良、姚元之、陈俊千、麟庆观剧、看灯。

二月初一日中和节,为陈杰《缉古算经》作序。

二月廿九日,斌良以诗代简,约上巳日钓鱼台修禊,未果。

四月,补内阁中书缺。

六月二十一日,同陈用光、朱方增、龚自珍、黄安涛、汤储璠、潘曾沂、潘锡恩、张祥河、李彦章、李彦彬、谢阶树等集于吴嵩梁石溪渔舍,纪念欧阳修生日。

仲秋,跋《寻阳长公主墓志》拓片。

是年,龙万育为公《西域水道记》作序。

道光四年甲申(1824),四十四岁

是年有山东之游,任泺源书院山长,识李图于书院。

斌良赴青海,八月初,经潼关,有怀公诗。

刻《新疆赋》成,彭邦畴作跋。

道光五年乙酉(1825),四十五岁

二月,松筠奏请带公随往热河审案,招道光帝申饬。

三月,有信寄瞿中溶,并附寄王仲堪墓志铭拓本。

四月,道光帝作《赋得麦天晨气润得晨字》诗,公有奉和。

夏初,有书致山东学政吴慈鹤,告以因事北返归京事。

五月八日,夫人陈寿娥去世。

五月二十日,吴慈鹤自山东有书答之,并奉寄代购山东金石拓本。

十月,在内阁告假。

是年,有书寄全庆。

是年,《新疆赋》稿本上有陈嵩庆、陈裴之、张锡谦、张琦题识。

陈裴之有《寄徐星伯舍人论西域兵事书》《与徐星伯年丈论江河二源赋此纪之》,亦当作于是年前后。

是年,乡试同年陆继辂进京,相与过从颇多。并应公请,为夫人陈氏撰墓志铭。

是年,两致函于陈善。

是年,孙守元夭卒。

是年底,有书寄色卜星额。

道光六年丙戌(1826),四十六岁

正月十日,陈善在嘉禾,有信寄公,劝其勿以西陲功名为念,而以著述为事。

正月,瞿中溶有书来,并附寄邵咸墓志拓本。

三月廿五日,胡敬在杭州,有书来。

春,有信致鲍珊。

八月十五日后,吴荣光为公所藏《唐宗子陇西李氏再修功德记》题观款。

十月,到内阁销假。

十一月,跋《华严经音义》。

十二月十七日,补授实缺,到职任事。因访陆继辂,后者有诗见赠。

十二月,陆继辂为公《法源寺读书图》题诗。

是年,乡试同年陈用光六十生日,公等排日招饮于尺五庄。

道光七年丁亥(1827),四十七岁

春,有信致鲍珊。

春,龚自珍作《述怀呈姚侍讲元之》诗,以"同志徐王仗续寻"表达其对徐松、王菉龄藏书之富的感叹。

四月三日,丁履恒招饮龙爪槐院,与汪喜孙、陈鸿墀、徐宝善、周仲墀、许乃榖、张际亮同宴。

夏四月,跋《吕氏家塾读诗记》,为梵经石所制砚台匣盖作铭文。

秋分日,跋《云麓漫钞》。

是年,得汲古阁本《说文解字》,因为题跋。

是年,李宗瀚观公旧藏《化度寺碑》拓本,归而有跋。

是年或下年,陆继辂有信致公。

道光八年戊子(1828),四十八岁

三月廿五日,嫡母乔氏辞世,英和二子、松筠等俱来吊唁。

六月初六日,长龄自新疆平定张格尔入觐,召公在良乡迎候。

七月一日,有书寄徐鉴,谢其派人专程前来吊唁事。

九月末,回复徐鉴七月间来书,并撰贺寿文,由徐鉴大儿携归。

十二月十一日,叔父立朝卒。

魏源由举人任内阁中书,常与公商论天下形势、西北地理。

道光九年己丑(1829),四十九岁

正月十六日,过长龄赐园,遇斌良,夜同访杨芳。

四月初二日,又与龚自珍、张琦、魏源往访杨芳。

四月十日,英和有书来。

七月,在申江,批校朱鹤龄辑《杜工部诗集》。

秋,公从魏源处补抄《华严经音义》北藏本,使成全帙。

十一月,张琦为序刻《汉书西域传补注》成。

是年,阮元赠新刻《皇清经解》于松筠,筠即转赠于公。

是年,寄"西域三种"于李兆洛,属为订正。

是年,龚自珍请于铿重摹所藏宋拓《洛神赋》九行,公与顾莼、王煖龄、林则徐、陈潮、张葆采、魏源、何绍基、梁逢辰等参与其事。

上年冬,罗士琳在沈阳完成《春秋朔闰异同》,公为序,当在是年或稍后。

道光十年庚寅(1830),五十岁

正月二十二日,陈善有书来。

四月至七月间,周凯在京师,与公多有往还。公有书报之。

七月二十六日,服阕,到内阁行走。

秋九月,以浩罕入卡侵扰,长龄三赴回疆,公原拟从军,以亲老辞别。有书寄长龄并赠《新疆赋》。

十月初一日,陈善又有书来。

同年朱方增、术士钱某均以青乌术自命,公于是年为绍介相识,年末均因卜吉得凶,移居而卒。

冬至,为刘喜海所得《索勋纪德碑》拓片题跋。

江藩卒,公出资十万贯,录其遗书,请人校正付梓。

是年冬及下年春,陆继辂在京,日向公借书,有"一函才去一函来"之句,公有书答之;后陆继辂作《借书图》,题诗纪念。

是年,为英和《卜魁城赋》题跋。

道光十一年辛卯(1831),五十一岁

春,朱为弼邀乙卯同年在京者十九人小集咏华馆,并绘《咏华小馆雅集图》,公与焉。

夏五月,刘喜海为公所藏《唐宗子陇西李氏再修功德记》拓片题款。

夏日,为锡祉(子受)临《兰亭序》《宣示表》等为扇面。

七月,为徐炘藏《争座位帖》题跋。

许瀚自杭州归,与公语严可均事。

缪焕章(仲英)入京应试,从公受业。

腊月,又有信致钱仪吉,回复其从济南来信。

是年,有信致陈奂。

是年,杭州清尊吟社以公赠陈善之西域梵经石为题赋诗。

是年,为英和《卜魁集》题诗。

是年,魏襄有函来,请代转禀词于英和,贺其赐环,并代告静养之法。

道光十二年壬辰(1832),五十二岁

陈潮入都,为馆公家。

正月十八日,父立本卒。

正月廿八日,李兆洛有书来。

四月,据朱彝尊《经义考》所引《绍兴四库续到阙书》整理前从《永乐大典》所辑之《四库阙书》,并为之跋。

是年八月,子祖望中顺天乡试举人。

冬杪,自南方回京师。

是年,陈宗彝与公交往,并告别还乡。

道光十三年癸巳(1833),五十三岁

岁初,两致书于徐鉴,商借《文苑英华》摘抄事。

正月廿四日，杨怿曾卒于湖北巡抚任，公有联挽之。

是年二月后，陈鸿墀自福建与公书。

三月，从许槤处借翁方纲手校《金石录》对临一过，并从俞正燮抄录《易安居士事辑》附后。

四月二十七日，钱仪吉自广州来书。

八月十六日，宋翔凤在孟县，有书来，并托转诗作于陈潮。

九月，向吴兰修索要《宋太宗实录》，吴跋而归之。

十二月，假得黄丕烈士礼居孤本《通历》钞副，并校正、补目、作记。

道光十四年甲午(1834)，五十四岁

四月，龚自珍考差未入选。公先有预见，为缪焕章道及。

五月，从琉璃厂购得《海塘全图》，为之题跋。

是年夏秋之际，洪亮吉子龆孙入都，其兄符孙捎信于公，请求指导并索新刻之《汉书西域传补注》。

重九日，跋《宋拓梁萧敷敬妃墓志铭合册》。

十二月，将所藏《华严经音义》北藏本抄本嘱陈潮校订。

为洪饴孙刻乃父洪亮吉《天山客话》作跋。

与严可均有书信往还，叙阔别二十三年事，并言董理《宋会要辑稿》事。

是年，李兆洛与公有书信往还，问答《绎志》下落。

是年，斌良于家居澹园内建味雨堂、话山亭，时邀公等为诗酒之会。

道光十五年乙未(1835)，五十五岁

二月十八日，应奎耀招赴文昌馆，与卓秉恬、叶绍本、姚元之、彭邦畴、赵盛奎、翁心存同席。

三月，沈垚来京，与公初见。七月，寓公家。

四月，徐宝善将公所藏而由陈潮校订之《华严经音义》北藏本付梓，并为之跋。

八月初，有信致汪远孙，赠《华严经音义》刻本。汪远孙有信覆公。

九月初九日，携道光七年绍兴佳酿与龚自珍、端木国瑚、潘谘、宗稷辰等集于吴葆晋家南轩。

九月，致书严可均，并赠《华严经音义》刻本、西夏碑拓本、手抄梁隋唐碑七种，托浙江学政史评带往。

十月十三日，与姚晏、许槤、苏孟旸、冯启蓁、吴式芬同饯李璋煜于叶氏平安馆,观《古器款识》,题有观款。

十二月,由内阁中书充补文渊阁检阅官。

冬,英和出示翁方纲手书《义门小集》,因思三十年前翁方纲之教诲,题跋其后。

陈潮为馆公家,而英年夭折,公为安排后事。其后有信致何萱、罗士琳述陈潮学术,罗士琳为写入《畴人传》中。

道光十六年丙申(1836),五十六岁

正月十五日,许瀚谒见。

一、二月间,英和为公《匹马关山图》题诗。

二月,乙丑同年聚会,彭邦畴撰《乙丑同年公会图记》,公为书之,于克家(襄)绘而刻之。

二月间,公托沈垚考证《长春真人西游记》漠北地名,垚作《西游记金山以东释》,于三月脱稿,即呈公并托公子祖望代觅人抄副本。

五月十三日,汪适孙有书来,告以其大兄汪远孙去世事。

五月二十日,新任广西巡抚梁章钜陛辞来京,龚自珍约公与程恩泽、吴葆晋合宴梁氏于吴宅。

立秋前三日,为旧藏王志坚《四六法海》题跋。

七月初二日,孙时豫生。

七夕,程恩泽招集友人吴荣光、温启封及公在蔡世松斋观书画。

七月二十一日,许瀚离京,公亲往送行。

选授礼部主事,作《梦游图》,记十三龄梦事。

十二月十四日,应程恩泽招,与吴荣光、徐宝善在吴葆晋家赏雪,分韵赋咏雪诗。

十二月二十日,收到同年色卜星额由安徽巡抚任上寄来书信并婺源书院坐馆费。公稍后有书致谢。是年与色卜星额频有书信往来。

冬,有书致何萱。

是年,张祥河有诗赠公与陈鸿墀。

道光十七年丁酉(1837),五十七岁

正月十四日,与叶志诜、吴式芬、何绍基同集吴荣光筠清馆,观刘喜海携来日本使者所藏《西岳华山庙碑》拓本。

二月,宣宗阅视明陵,先期奉皇太后赴丫髻山,公随侍,辑录《东朝崇养录》一卷。

三月,龚自珍由宗人府主事改礼部主事、祠祭司行走,与公同曹。

将家藏唐王仲堪墓志移置崇效寺院壁,并为跋,由吴荣光书丹刻石以附。

六月,严可均获公信,于七月二十二日、九月秋分后三日两复公信。

重九,与龚自珍、吴葆晋连骑同游西山。

九月,汤贻汾为绘《宣南讲学图》。

十一月二十九日,陈宗彝有书来。

冬日,跋英和《恩福堂笔记》。

是年,侍郎多庆为公画《西陲策马图》,吴荣光为题诗三首。

是年,罗士琳有书来。

道光十八年戊戌(1838),五十八岁

元旦,长龄去世,公有联挽之。

正月初七日,何萱有书来。

四月,撰《登科记考》三十卷成,自为之序。时升任礼部铸印局员外郎。

五月廿九日,叶绍本为公所抄《长春真人西游记》作跋。

十一月,为蒙师左眉《静庵文集》作序。

是年,同年进士陈鸿墀卒,公合绘二人于一图,邮请李兆洛为序。九月以后,李兆洛有书来。

是年,为所藏乾隆初《西藏志》抄本作题记。

公有拟《道光十八年殿试策》,似在该年或稍后为弟子、子侄等示范而作。

道光十九年己亥(1839),五十九岁

四月二十三日,龚自珍出都,为留京同年及同官相过从者各以一绝句别之,公与焉。

七月,借抄《永乐大典》"马字韵"下文字,考订为《经世大典》文。

是年,邓廷桢在两广总督任上,将《西域水道记》刻板。

九月三日,李兆洛有信来,答谢寄赠《西域水道记》。

十月,从叶名澧处假得《刑统赋》旧抄本录副,并作跋语。

十一月初七日,许瀚与张穆诣公,观地图。

十一月二十六日,与叶志诜、顾诚安等赴许瀚宅观湖南所出篆文。

十二月二十三日，罗士琳有书来，并寄《算学启蒙》三部。

道光二十年庚子(1840)，六十岁

正月，罗士琳托梅植之北上之际奉书于公，并呈《算学启蒙》暨《割圜密率捷法》各四部。

正月廿一日及稍后，李兆洛在江阴，两致公书。

三月初八日，会试头场，子祖望以挟带被纠。

四月，将早年摹自《永乐大典》之《宋次道洛阳志图》十四幅装帧收藏，并作题记。

六月初八日，座师英和撰联句赠公，竟为绝笔。

十一月，沈垚卒，公为之料理后事。

除夕，借得卢刻《金石录》，重校嘉庆十年据谢刻抄录本一过。

本年，魏源来京应试，不售而归，公请其代觅《顾亭林年谱》及《外集》。

是年年中，罗士琳又托人奉书来，并呈校增《玉鉴细草》一部。

跋《梅蕴生载碑图卷》。

道光二十一年辛丑(1841)，六十一岁

七月，张穆从国史功臣馆《永乐大典》中抄出《元经世大典图》《元朝秘史》等秘笈，《元经世大典图》为《西域水道记校补》所征引。时公频有《与张穆书》商讨抄书事。

同年进士于克襄北行，出城相送。

是年，包世臣在豫章，公有书问候。

道光二十二年壬寅(1842)，六十二岁

年初，魏源在扬州，有书来，并寄呈周济所刊《晋略》十册。

二月，记名御史。

二月至五月间，包世臣在豫章，有书来。

七月，授江西道监察御史。二十三日，以海疆未靖宜豫筹安置无业游民以戢地方事上奏。

是年秋，甥方长豫在崇宁，有书来。

十一月，转江南道监察御史。

十二月二十二日，补授浙江嘉兴府知府。二十三日，以回避原籍，调任陕西榆林府知府。先后上奏谢恩。

十二月十八日，包世臣有书来。

是年冬,又有信致同年于克襄。

所著《顾亭林年谱》,此时已写有定本。

道光二十三年癸卯(1843),六十三岁

二月二十八日,抵西安,子随侍。与陕西巡抚李星沅相见频繁。

三月二十五日,抵榆林。次日接任。任上有书致同年徐鉴、特登额报平安。

四月初六日,魏源在扬州,有书来,并寄呈《圣武记》一书。

五月,为刘喜海《成化本长安志》作跋。是年作跋甚多。

十二月十四日,董基诚在京,有书来,言为其子捐复事,并附寄锡祉来函。

十二月二十四日,程正荣在京,有书复公。

腊月,寄在京候缺之同年魏襄函并白金三十两。

是年,甥方长豫调任大竹县令,有书来。

是年,榆林地方歉收、部分州县被雹灾,累呈请缓征赋税钱粮。

是年,《曹真碑》残段在西安出土,公首为考证,并题跋。

道光二十四年甲辰(1844),六十四岁

新正,有书致董基诚;二月初三日,董基诚在京复信于公。

年初,得姚元之来信。稍后有书致同年穆彰阿,欲早日离开榆林。

二月初四日,魏襄得甘肃平庆泾道官缺,在京有书致公。

七月既望,跋刘喜海所赠《宋麟州将军山神庙碑》残石拓片。

七月二十八日,跋汤贻汾道光十七年为绘《宣南讲学图》。

是年,魏源会试后有书来,并寄呈《海国图志》五十卷本一部。

是年下半年,魏襄在固原任上有书来。

冬杪,张澍有书来。

是年,仍以榆林地方歉收、部分州县被雹灾,呈请缓征赋税钱粮。

是年,罗士琳有书寄榆林,并寄《弧矢算术补》一种、《观我生室汇稿》阮元总序、千文寿言二首,又恳公重录为其《春秋朔闰异同》所撰序言。

道光二十五年乙巳(1845),六十五岁

二月十五日,陈奂在嘉兴有书来。

四月十一日,魏襄在兰州,有书来。

五月,护延榆绥道。

九月,因病开缺归京。

是年,在榆林知府任上,曾檄书怀远知县何丙勋确察赫连勃勃统万城故址,其成果为张穆《蒙古游牧记》《魏延昌地形志》所采用。

是年,有书致张澍。

道光二十六年丙午(1846),六十六岁

正月,病痊,复授榆林府知府,上奏谢恩。

二月廿五日,何绍基等于京师城西广安门内报国慈仁寺顾亭林祠举行春祭,公与焉。

三月,由京起程赴任。途中感风寒,得溺血之症,备形痛楚。

三月底前后,在西安,曾致书穆彰阿,希望援引脱身,离开榆林。

五月二日,到榆林知府任。

十二月初七日,陕西巡抚林则徐上奏《密陈司道府各员考语折》,称道公为"通省知府之最"。

十二月初九日,许乃钊有信自京致公,并寄《荒政辑要》助其救灾。

是年,公曾校订之祁韵士《皇朝藩部世系表》四卷由筠渌山房刊印。

道光二十七年丁未(1847),六十七岁

六月五日,以病情难痊,再度禀请开缺回籍调理。

六月二十日,陕西巡抚杨以增上呈题本,为公奏请开缺调理。

七月,由榆林府知府署任潼商道,不久,即致仕回籍。

九月十二日,何绍基来访。

十月下旬以来,病情反复。

冬至后,有书致穆彰阿,商借军机处《元秘史》原本,并奉所辑《毛诗》全帙。

于克襄有信寄公,并奉《同年公会图》及《铁槎山房见闻录》。

道光二十八年戊申(1848),六十八岁

二月底,手抄吕岩说《张轸墓志》中城坊材料于张穆,嘱补入《唐两京城坊考》中。

三月初一日,清明节,卒。葬昌平雷家桥。

参考文献

按,本参考文献按类编排,各类之下按照作者或传主时年顺序排列;徐松著述仅录通行本,详细的版本,参正文考证;现代研究论著略按写作、出版时年编排;单篇研究论文随文出注,此处不赘。

《新疆识略》,松筠修,徐松纂,道光二年(1822)武英殿刊本,《续修四库全书》,上海:上海古籍出版社,2002年3月,第732册影印。

《唐两京城坊考》,徐松撰,张穆校补,方严点校,北京:中华书局,1985年8月。

《西域水道记(外二种)》,徐松著,朱玉麒整理,北京:中华书局,2005年7月。

《登科记考》,徐松著,赵守俨点校,北京:中华书局,1984年8月。

《明氏实录注》,徐松著,光绪《仰视千七百二十九鹤斋丛书》本,《续修四库全书》第350册影印。

《徐星伯说文段注札记》,徐松著,光绪《观古堂汇刻书》辑《说文段注校三种》本,《丛书集成续编》,台北:新文丰出版股份有限公司,1989年7月,第72册影印。

《松文清公升官录》,徐松编,清抄本,《北京图书馆藏珍本年谱丛刊》(以下简称"《年谱丛刊》")影印,北京:北京图书馆出版社,1999年4月,第119册影印;《松文清公升官录校注》,马长泉、张春梅著,开封:河南大学出版社,2010年6月。

《新斠注地理志集释》,徐松集释,同治十三年(1874)刊本,《二十五史补编》,上海:开明书店,1936—1937年排印。

《经世大典·马政》,徐松辑抄本,俄罗斯国家图书馆藏(编号:255)。

《经世大典·站赤》,徐松辑抄本,俄罗斯国家图书馆藏(编号:256)。

《宋中兴礼书》,徐松辑抄本,上海图书馆藏有好学为福斋本。

《宋会要辑稿》,徐松辑抄本,中国国家图书馆藏,《续修四库全书》第775—786册影印;刘琳等校点,上海:上海古籍出版社,2014年6月。

《四库阙书》,徐松辑抄,中国国家图书馆藏刘喜海味经书屋钞本(编号2770);北京大学图书馆藏李盛铎木犀轩抄本(编号□3286)。

《伪齐录》,徐松辑抄,缪荃孙《藕香零拾》辑刊本,北京:中华书局,1999 年 2 月影印。

《河南志》,徐松辑抄本,中国国家图书馆藏(善本编号 3857);《藕香零拾》辑刊本;高敏点校,北京:中华书局,1994 年 6 月。

《星伯先生小集》,徐松著,缪荃孙辑,《烟画东堂小品》,1920 年缪氏刊本,第 7 册。

中国第一历史档案馆清代档案

内阁大库档案,中研院史语所明清档案工作室(http://archive.ihp.sinica.edu.tw/mct/index.htm)

《嘉庆道光两朝上谕档》,中国第一历史档案馆编,桂林:广西师范大学出版社,2000 年 11 月。

《清实录》,北京:中华书局,2008 年 11 月影印。

《清会典事例》,北京:中华书局,1991 年 4 月影印。

《清国史》嘉业堂抄本,北京:中华书局,1993 年 6 月影印。

《清史列传》,王钟翰点校,北京:中华书局,1987 年 11 月。

《清史稿》,赵尔巽等撰,北京:中华书局,1977 年 8 月。

《清代职官年表》,钱实甫编,北京:中华书局,1980 年 7 月。

《清儒学案》,徐世昌等纂,北京:修绠堂,1939 年刊本;沈芝盈、梁运华点校,北京:中华书局,2008 年 10 月。

《词林辑略》,朱汝珍辑,《清代传记丛刊》,台北:明文书局 1985 年,第 16 册影印。

《皇清书史》,李放纂辑,《清代传记丛刊》第 83 册影印。

《清碑传合集》,上海:上海书店,1988 年 4 月影印。

《畴人传》,阮元撰,罗士琳续补,《续修四库全书》第 516 册影印。

《清代名人传略》,中国人民大学清史研究所同书名翻译组译,西宁:青海人民出版社,1990 年 2 月;原版 Eminent Chinese of The Ching Period 1644—1912,恒慕义(A. W. Hummel)主编,华盛顿:美国政府印刷所,1943—1944 年。

《明清进士题名碑录索引》,朱保炯、谢沛霖编,上海:上海古籍出版社,1979 年 10 月。

《陕西全省同官录》,道光二十六年(1846)刊本。

《汉书补注》,王先谦补注,光绪二十六年(1900)虚受堂刊本,北京:中华书局,1983 年 9 月影印。

《大唐西域记校注》,玄奘、辨机原著,季羡林等校注,北京:中华书局,1985 年 2 月。

《水道提纲》,齐召南著,乾隆四十一年(1776)刊本。

《西域图志校注》,傅恒等纂辑,钟兴麒等校注,乌鲁木齐:新疆人民出版社,2002 年 9 月。

《三州辑略》,和宁著,嘉庆二十年(1815)序刊本,《中国西北文献丛书》第二辑,第 5 册影印,北京:线装书局,2006 年 9 月。

《西陲总统事略》,祁韵士编纂,嘉庆十六年(1811)程序本,《中国边疆丛书》第一辑,第 12 册影印,台北:文海出版社,1965 年 12 月。

《清朝藩部要略稿本》,祁韵士著,包文汉整理,哈尔滨:黑龙江教育出版社,1997 年 2 月。

《蒙古游牧记》,张穆著,同治六年(1867)寿阳祁氏刊本,《中国边疆丛书》第一辑,第 10 册影印。

《新疆图志》,袁大化修,王树楠等纂,1923 年东方学会铅印本,《中国边疆丛书》第一辑,第 13 册影印。

《尼勒克县志》,蔡钧枢、黄启军主编,乌鲁木齐:新疆人民出版社,2000 年 12 月。

《中国古代地图集·战国—元》,曹婉如等编,北京:文物出版社,1990 年 7 月。

《中国古代地图集·清代》,曹婉如等编,北京:文物出版社,1997 年 12 月。

《嘉庆重修一统志》,穆彰阿等纂修,北京:中华书局,1986 年 5 月。

《续修陕西省通志稿》,杨虎城等修,宋伯鲁等纂,西安:陕西通志馆,1934 年铅印。

《安徽通志》,邓廷桢修,李振庸等纂,道光九年(1829)刊本。

《光绪顺天府志》,周家楣、缪荃孙等纂,北京:北京古籍出版社,1987 年 12 月。

《湖南通志》,李瀚章等纂,上海:商务印书馆,1934 年 7 月排印光绪十一年重修本。

《增修甘泉县志》,徐成敷等增订,光绪七年活字本。

《小方壶斋舆地丛钞》正编、补编、再补编,王锡祺辑,上海著易堂光绪十七年至二十三年排印本。

《小方壶斋舆地丛钞三补编》,王锡祺辑,大连图书馆藏稿本;有沈阳:辽海出版社,2005 年 12 月整理本。

《清人文集地理类汇编》,谭其骧主编,杭州:浙江人民出版社,1986—1990 年。

《上虞县地名志》,同书名委员会编,上虞,1984 年内部发行。

《敷文阁汇钞》,龙万育辑,道光五年(1825)印本。

《清尊集》,汪远孙编,道光十九年(1839)振绮堂刊本。

《藕香零拾》,缪荃孙辑,1913 年缪氏刊本,北京:中华书局,1999 年 2 月影印。

《烟画东堂小品》,缪荃孙辑,1920 年缪氏刊本。

《嘉定钱大昕全集》,钱大昕著,陈文和主编,南京:江苏古籍出版社,1997 年 12 月。

《静庵文集》,左眉著,同治十三年(1874)活字本。《清代诗文集汇编》,上海:上海古籍出版社,2010 年 12 月,第 398 册影印。

《存素堂诗初集》《存素堂诗二集》《存素堂文集》,法式善著,嘉庆刊本,《清代诗文集汇编》第 435 册影印。

《且住草堂诗稿》，晋昌著，清抄本，《清代诗文集汇编》第 456 册影印。
《戎旃遣兴草》，晋昌著，嘉庆二十五年（1820）刊本。《清代诗文集汇编》第 456 册影印。
《洪亮吉集》，洪亮吉著，刘德权点校，北京：中华书局，2001 年 10 月。
《铁桥漫稿》，严可均著，道光十八年（1838）刊本，《续修四库全书》第 1488 册影印。
《太乙舟诗集》，陈用光著，咸丰四年（1854）孝友堂刊本，《续修四库全书》第 1493 册影印。
《崇雅堂诗钞》《崇雅堂删馀诗》，胡敬著，道光二十六年（1846）刊本，《续修四库全书》第 1494 册影印。
《养一斋文集》，李兆洛著，道光二十四年（1844）增修本，《续修四库全书》第 1495 册影印；光绪四年（1878）刊本。
《泰云堂集》，孙尔准著，道光间刊本，《续修四库全书》第 1495 册影印。
《铁槎诗存》，于克襄著，咸丰刊本。
《崇百药斋集》，陆继辂著，嘉庆二十五年至道光十六年（1820—1836）刊本，《续修四库全书》第 1497 册影印。
《石云山人诗集》，吴荣光著，道光二十一年（1831）刊本，《续修四库全书》第 1497 册影印。
《双砚斋诗钞》，邓廷桢著，咸丰二年（1852）序刊，《续修四库全书》第 1499 册影印。
《包世臣全集》，包世臣著，李星点校，合肥：黄山书社，1997 年 9 月。
《刘礼部集》，刘逢禄著，《续修四库全书》第 1501 册影印。
《琴隐园诗集》，汤贻汾著，同治十三年（1874）刊本，《续修四库全书》第 1502 册影印。
《颐道堂诗选》，陈文述著，道光刊本，《续修四库全书》第 1504、1505 册影印。
《抱冲斋诗集》，斌良撰，光绪五年（1879）刊本，《续修四库全书》第 1508 册影印。
《程侍郎遗集》，程恩泽著，咸丰五年（1855）刊本，《续修四库全书》第 1511 册影印。
《小重山房诗词全集》，张祥河著，《续修四库全书》第 1512—1513 册影印。
《损斋文集》，陈善著，道光十七年（1837）序刊本。
《潘少白先生文集》，潘谘著，道光二十四年（1844）刊本，《清代诗文集汇编》第 519 册影印。
《使沈草》，姚元之著，道光二年（1822）刻本，《清代诗文集汇编》第 541 册影印。
《鹰青集》，姚元之著，清刻本，《清代诗文集汇编》第 541 册影印。
《瑞芍轩诗钞》，许乃榖著，同治七年（1868）刊本，《清代诗文集汇编》第 548 册影印。
《花宜馆诗钞》，吴振棫撰，同治四年（1865）刊本，《续修四库全书》第 1521 册影印。
《思伯子堂诗文集》，张际亮著，王飚校点，上海：上海古籍出版社，2007 年 7 月。
《功甫小集》，潘曾沂著，同治间刊本。
《壶园诗钞选》，徐宝善著，顾纯等选，道光十年（1830）序刊本，《续修四库全书》第 1516 册影印。
《俞正燮全集》，俞正燮著，于伟等校点，合肥：黄山书社，2005 年 9 月。

《龚自珍全集》,龚自珍著,王佩诤校,上海:上海古籍出版社,1975年2月新1版。
《魏源全集》,魏源著,同书名编辑委员会编校,长沙:岳麓书社,2004年12月。
《龚自珍己亥杂诗注》,龚自珍著,刘逸生注,北京:中华书局,1980年。
《汪喜孙著作集》,汪喜孙撰,杨晋龙主编,台北:中研院中国文哲研究所,2003年8月。
《林则徐全集》,同书编辑委员会编,福州:海峡文艺出版社,2002年10月。
《䅌鈗亭集》,祁寯藻撰,咸丰刊本,《续修四库全书》第1521－1522册影印。
《月斋文集》,张穆著,咸丰八年(1858)刊本,《续修四库全书》第1532册影印。
《落帆楼文集》,沈垚著,北京:文物出版社,1992年2月影印嘉业堂本。
《东洲草堂诗钞》,何绍基著,曹旭校点,上海:上海古籍出版社,2006年7月,第809页。
《躬耻斋诗钞》,宗稷辰著,咸丰九年(1859)何绍基序刊本。
《澄怀堂诗集》,陈裴之著,道光刊本。
《啖蔗轩诗存》,方士淦著,同治十一年(1872)刊本,《华东师范大学图书馆藏稀见丛书汇刊》,第39册影印,北京:北京图书馆出版社,2006年11月。
《餐芍华馆诗集》,周腾虎著,光绪十九年(1893)活字本,《清代诗文集汇编》第663册影印。
《虚受堂文集》,王先谦著,光绪二十六年(1900)刊本,《续修四库全书》第1570册影印。
《李审言文集》,李详著,南京:江苏古籍出版社,1989年6月。
《缪荃孙全集》,缪荃孙著,张廷银、朱玉麒主编,南京:凤凰出版社,2013年12月－2014年10月。
《寐叟题跋》,沈曾植著,上海:商务印书馆,1926年。
《罗振玉学术论著集》,罗振玉著,罗继祖主编,上海:上海古籍出版社,2010年12月。
《王国维全集》,王国维著,谢维扬、房鑫亮主编,杭州:浙江教育出版社,2010年9月。
《王国维遗书》,王国维著,上海:上海书店出版社,1983年9月影印。

《遣戍伊犁日记》,洪亮吉著,道光二十三年(1843)《舟车所至》本;《历代日记丛钞》,李德龙、俞冰主编,北京:学苑出版社,2006年5月,第34册影印。
《万里行程记(外五种)》,祁韵士著,李广洁整理,太原:山西人民出版社,1992年5月。
《北征日记》,顾廷纶撰,《顾氏家集》本;《历代日记丛钞》第34册,第228－297页影印。
《何绍基书种竹日记》,何绍基著,陈松长、刘刚编,上海:上海书店出版社,1998年10月。
《李星沅日记》,李星沅著,北京:中华书局,1987年6月。
《李文恭公奏议》,李星沅著,台北:文海出版社,1969年2月影印同治四年序刊本。
《翁心存日记》,翁心存著,张剑整理,北京:中华书局,2011年6月。
《许瀚日记》,许瀚著,崔巍整理,石家庄:河北教育出版社,2001年1月。
《艺风老人日记》稿本,缪荃孙著,北京:北京大学出版社,1986年4月影印。

《顾先生祠会祭题名第一卷子》,1918年石印本。

《大兴徐氏同人书札(附题跋)》(《大兴徐侍御同人书札》),吴德襄藏本,光绪三十三年(1907)刊本。

《月斋书札诗稿》,张穆撰,中国国家图书馆藏稿本(编号:14907)。

《乾嘉名人手札》,王云五主编,台北:台湾商务印书馆,1973年4月影印。

《名人翰札墨迹》,台北:台湾艺文印书馆,1976年影印。

《东轩吟社画像》,费丹旭绘,清光绪二年(1876)泉唐汪氏振绮堂刊本。

《壮陶阁书画录》(一名《龙珠藏宝》),裴景福纂,上海:中华书局,1937年活字本;台北:台湾中华书局,1971年2月影印;石家庄:河北教育出版社,2006年4月影印。

《陶斋藏石记》,端方著,宣统元年(1909)刊本。

《昭代名人尺牍续集》,陶湘编,宣统辛亥(1911)刊本,《清代传记丛刊》第32册影印。

《艺风堂友朋书札》,顾廷龙校阅,上海:上海古籍出版社,1980年10月。

《顾黄书寮杂录》,王献唐辑录,济南:齐鲁书社,1984年1月。

《小莽苍苍斋藏清代学者书札》,陈烈主编,北京:人民文学出版社,2013年7月。

《中国尺牍文献》,上海图书馆编,上海:上海古籍出版社,2013年11月。

《管溪徐氏宗谱》,徐遇春等续修,光绪二十三年(1897)序刊本。

《徐星伯先生事辑》,缪荃孙辑,《艺风堂文集》卷一,《年谱丛刊》第137册影印。

《顾亭林先生年谱》(《顾炎武年谱》),张穆著,道光二十四年(1844)刊本,《年谱丛刊》第72册影印。

《阿文成公年谱》(《阿桂年谱》),那彦成编,嘉庆十九年(1814)刊本,《年谱丛刊》第99—104册影印。

《阎潜丘先生年谱》(《阎若璩年谱》),张穆撰,邓瑞点校,北京:中华书局,1994年6月。

《吴白华自订年谱》(《吴省钦年谱》),吴省钦编,吴敬枢续编,嘉庆十五年(1810)刊本,《年谱丛刊》第106册影印。

《病榻梦痕录·梦痕馀录》(《汪辉祖年谱》),汪辉祖口授,汪继培等补编,光绪间刊本,《年谱丛刊》第107册影印。

《章实斋先生年谱》(《章学诚年谱》),赵誉船编,民国间石印本,《年谱丛刊》第109册影印。

《三松自订年谱》(《潘奕隽年谱》),潘奕隽编,道光十年(1830)刊本,《年谱丛刊》第110册影印。

《翁方纲年谱》,沈津著,台北:中研院中国文哲研究所,2002年8月。

《阮元年谱》,王章涛著,合肥:黄山书社,2003年10月。

《梧门先生年谱》(《法式善年谱》),阮元编,嘉庆二十一年(1816)刊本,《年谱丛刊》第 119 册影印。

《懋亭自定年谱》(《长龄年谱》),长龄编,桂轮续编,道光二十一年(1841)刊本,《年谱丛刊》第 121 册影印。

《张问陶年谱》,胡传淮著,成都:巴蜀书社,2005 年 1 月第 2 版。

《江子屏先生年谱》(《江藩年谱》),闵尔昌编,民国十六年(1927)刊本,《年谱丛刊》第 122 册影印。

《一西自记年谱》(《张师诚年谱》),张师诚编,道光间张氏家刊本,《年谱丛刊》第 126 册影印。

《杨介坪先生自叙年谱》(《杨怿曾年谱》),杨怿曾编,杨用溥续编,道光间刊本,《年谱丛刊》第 127 册影印。

《顾千里先生年谱》,赵诒琛编,民国间刊本,《年谱丛刊》第 130 册影印。

《恩福堂年谱》(《英和年谱》),英和编,奎照补编,道光间刊本,《年谱丛刊》第 133 册影印。

《荷屋府君年谱》(《吴荣光年谱》),吴荣光编,吴尚忠、吴尚志补编,道光间刊本,《年谱丛刊》第 134 册影印。

《退庵自订年谱》(《梁章钜年谱》),梁章钜编,光绪元年(1875)福州梁氏刊本,《年谱丛刊》第 135 册影印。

《师友集》,梁章钜著,道光二十六年(1846)刊本。

《宫傅杨果勇侯自编年谱》(《杨芳年谱》),杨芳编,道光二十年(1840)宝和堂刊本,《年谱丛刊》第 132 册—133 册影印。

《瞿木夫先生自订年谱》(《瞿中溶年谱》),瞿中溶编,民国二年(1913)嘉业堂丛书本,《年谱丛刊》第 131 册影印。

《张介侯先生年谱》(《张澍年谱》),冯国瑞编,民国二十五(1936)慰景庐铅印本,《年谱丛刊》第 137 册影印。

《武进李先生年谱》(《李兆洛年谱》),蒋彤编,民国二年(1913)嘉业堂丛书本,《年谱丛刊》第 131 册影印。

《书农府君年谱》(《胡敬年谱》),胡珵编,道光间刊本,《年谱丛刊》第 131 册影印。

《平叔府君年谱》(《孙尔准年谱》),孙慧淳、孙慧翼编,道光二十二年(1842)刊本,《年谱丛刊》第 131 册,第 445—566 页影印。

《邓尚书年谱》(《邓廷桢年谱》),邓邦康编,宣统元年(1909)刊本,《年谱丛刊》第 135 册影印。

《季思手订年谱》(《龚守正年谱》),龚守正编,咸丰间刊本,《年谱丛刊》第 135 册影印。

《芸皋先生自纂年谱》(《周凯年谱》),周凯编,道光二十年(1840)刊本,《年谱丛刊》第 136 册影印。

《鼎甫府君年谱》(《沈维鐈年谱》),沈宗涵、沈宗济编,道光三十年(1850)刊本,《年谱丛刊》第 136 册影印。

《徵君陈先生年谱》(《陈奂年谱》),管庆祺编,民国二十七年(1936)铅印本,《年谱丛刊》第 139 册影印。

《师友渊源记》不分卷本,陈奂著,咸丰五年(1855)序刊本,《清代传记丛刊》第 29 册影印。

《唊蔗轩自订年谱》,方士淦编,同治十一年(1872)刊本,《年谱丛刊》第 139 册影印。

《观斋行年自记》(《祁寯藻年谱》),祁寯藻编、祁世长续编,同治刊本,《年谱丛刊》第 146 册,第 529－638 页影印。

《许瀚年谱》,袁行云著,济南:齐鲁书社,1983 年 11 月。

《增广许瀚年谱》,曹汉华编著,北京:九州出版社,2011 年 12 月。

《定盦先生年谱》(《龚自珍年谱》),吴昌绶编,光绪三十四年(1908)刊本,《年谱丛刊》第 145 册,第 243－374 页影印。

《定盦先生年谱外纪》,张祖廉编,民国九年(1920)嘉善张氏娟镜楼排印本,《年谱丛刊》第 145 册影印。

《龚自珍年谱》,郭延礼著,济南:齐鲁书社,1987 年 10 月。

《龚自珍年谱考略》,樊克政著,北京:商务印书馆,2004 年 5 月。

《小浮山人年谱》(《潘曾沂年谱》),潘曾沂编,潘仪凤续编,咸丰吴县潘氏家刊本,《年谱丛刊》第 145 册影印。

《致初年谱》(《徐栋年谱》),徐栋编,徐炳华等续编,同治四年(1865)安肃徐氏刊本,《年谱丛刊》第 146 册影印。

《胞兄纪略》(《牛树梅年谱》),牛树桃编,牛树梅补编,同治十三年(1874)刊本,《年谱丛刊》第 150 册－151 册影印。

《魏源年谱》,黄丽镛著,长沙:湖南人民出版社,1985 年 1 月。

《魏默深师友记》,李柏荣著,长沙:岳麓书社,1983 年 8 月。

《魏源研究》,陈耀南著,香港:乾惕书屋,1979 年 3 月。

《魏源研究》,李瑚著,北京:朝华出版社,2002 年 5 月。

《钱恂年谱(增补改订版)》,高木理久夫著,《早稻田大学图书馆纪要》第 60 号,2013 年 3 月,第 108－195 页。

《沈曾植年谱长编》,许全胜著,北京:中华书局,2007 年 8 月。

《广阳杂记》,刘献廷著,汪北平、夏志和点校,北京:中华书局,1957 年 7 月。

《柳南随笔·续笔》,王应奎著,王彬点校,北京:中华书局,1983 年 10 月。

《恩福堂笔记》,英和撰,道光十七年(1837)刊本,《续修四库全书》第 1178 册影印。

《恩福堂笔记·诗钞·年谱》,英和撰,雷大受点校,北京:北京古籍出版社,1991 年 10 月。

《天山客话》,洪亮吉撰,光绪三年(1877)重刊本。
《履园丛话》,钱泳撰,张伟点校,北京:中华书局,1979年12月。
《楹联丛话》,梁章钜撰,白化文、李如鸾点校,北京:中华书局,1987年6月。
《竹叶亭杂记》,姚元之撰,李解民点校,北京:中华书局,1982年5月。
《清秘述闻三种》,法式善等撰,张伟点校,北京:中华书局,1982年5月。
《无事为福斋随笔》,韩泰华撰,光绪潘氏刻功顺堂丛书,《续修四库全书》第1181册影印。
《北东园笔录》,梁恭辰撰,同治五年(1866)刊本。
《桥西杂记》,叶名澧撰,《丛书集成初编》第2969册,北京:中华书局,1985年新印。
《云樵诗话》,缪焕章撰,缪氏艺风堂戊午(1918年)刊本。
《苌楚斋随笔》,刘声木撰,刘笃龄点校,北京:中华书局,1998年3月。
《桐城文学渊源考·桐城文学撰述考》,刘声木撰,徐天祥点校,合肥:黄山书社,1989年12月。
《雪桥诗话》,杨钟羲撰,沈阳:辽沈书社,1991年6月影印嘉业堂本。
《曝书亭杂记》,钱泰吉撰,《丛书集成初编》,上海:商务印书馆,1935—1937年,第25册。
《安乐平康室随笔》,朱彭寿撰,何双生点校,北京:中华书局,1982年2月。
《蕉廊脞录》,吴庆坻撰,张文其、刘德麟点校,北京:中华书局,1990年3月。
《天咫偶闻》,震钧撰,顾平旦校点,北京:北京古籍出版社,1982年9月。
《一士类稿》,徐一士撰,沈阳:辽宁教育出版社,1997年3月。
《花随人圣庵摭忆》,黄濬撰,李吉奎整理,北京:中华书局,2013年8月。
《清稗类钞》,徐珂编撰,北京:中华书局,1984—1986年。
《琉璃厂史话》,王冶秋著,北京:三联书店,1963年2月。
《琉璃厂小志》,孙殿起编著,北京:北京古籍出版社,1982年1月。

《顾广圻书目题跋》,顾广圻撰,北京:中华书局,1993年1月影印。
《观古堂汇刻书》,叶德辉辑,光绪二十八年(1902)刊本。
《观古堂书目丛刻》,叶德辉辑刻,光绪二十九年(1903)刊。
《书目答问补正》,张之洞著,范希曾补正,瞿凤起校点,上海:上海古籍出版社,1983年4月。
《木犀轩藏书题记及书录》,李盛铎著,张玉范整理,北京:北京大学出版社,1985年12月。
《宋人别集叙录》,祝尚书著,北京:中华书局,1999年11月。
《标点善本题跋集录》,"中央图书馆"特藏组编,台北:"中央图书馆",1992年5月。
《傅斯年图书馆善本古籍题跋辑录》,汤蔓媛纂辑,台北:中研院历史语言研究所,2008年8月。
《康·安·斯卡奇科夫所藏汉籍写本和地图题录》,А. И. 麦尔纳尔克斯尼斯(A. I.

Melnalknis)著,莫斯科:东方文学出版社,1974年。中译本张芳译,王菡注释,李福清审订,北京:国家图书馆出版社,2010年9月。
《中国古砚图录》,大谷大学图书馆编集,京都:大谷大学,1995年。
《内藤湖南与清人书画——关西大学图书馆内藤文库所藏品集》,陶德民编著,大阪:关西大学出版部,2009年3月。
《清国人钱恂寄赠图书目录》,钱恂编,东京:早稻田大学图书馆藏本;高木理久夫《早稻田大学开校期における钱恂の寄赠图书について》,《早稻田大学图书馆纪要》第55号,2008年3月,第48—103页;《钱恂著述图书目录と解说》,《早稻田大学图书馆纪要》第59号,2012年3月,第85—123页。
《早稻田大学图书馆所藏汉籍分类目录》,东京:早稻田大学图书馆编纂、发行,1991年12月。
《元政书经世大典之研究》,苏振甲著,台北:中国文化大学出版部,1984年5月。
《永乐大典史话》,张忱石著,北京:中华书局,1986年3月。
《〈永乐大典〉编纂600周年国际研讨会论文集》,中国国家图书馆编,北京:北京图书馆出版社,2003年4月。

《西域南海史地考证译丛》1—3卷,冯承钧译,北京:商务印书馆,1962—1999年11月。
《西域考古图记》,斯坦因撰,中国社会科学院考古研究所主持翻译,桂林:广西师范大学出版社,1998年12月。
《伯希和西域探险记》,伯希和等撰,耿昇译,昆明:云南人民出版社,2001年10月。
《伯希和西域探险日记(1906—1908)》,伯希和撰,耿昇译,北京:中国藏学出版社,2014年8月。
《新西域记》,上原芳太郎编,东京:有光社,1937年4月。

《梁启超论清学史二种》,梁启超著,朱维铮校注,上海:复旦大学出版社,1985年9月。
《中国地理学家》,翟忠义编著,济南:山东教育出版社,1989年3月。
《我国古代对中亚的地理考察和认识》,钮仲勋著,北京:测绘出版社,1990年2月。
《榎一雄著作集》第二卷"中央アヅア史Ⅱ",榎一雄撰,东京:汲古书院,1992年10月。
《中国历代地理学家评传》第3卷,谭其骧主编,济南:山东教育出版社,1993年7月。
《清宫流放人物》,周轩著,北京:紫禁城出版社,1993年7月。
《清代新疆流放名人》,周轩、高力著,乌鲁木齐:新疆人民出版社,1994年6月。
《西北史地研究》,李之勤著,郑州:中州古籍出版社,1994年12月。
《清代伊犁将军论稿》,阿拉腾奥其尔著,北京:民族出版社,1995年12月。
《海外敦煌吐鲁番文献知见录》,荣新江著,南昌:江西人民出版社,1996年6月。

《归义军史研究——唐宋时代敦煌历史考索》,荣新江著,上海:上海古籍出版社,1996年11月。
《吴丰培边事题跋集》,吴丰培著,乌鲁木齐:新疆人民出版社,1998年2月。
《中国地理学史·清代》,赵荣、杨正泰著,北京:商务印书馆,1998年12月。
《清代新疆军府制职官传略》,阿拉腾奥其尔、阎芳著,哈尔滨:黑龙江教育出版社,2000年11月。
《西潮激荡下的晚清地理学》,郭双林著,北京:北京大学出版社,2000年5月。
《清代科举考试述录及有关著作》,商衍鎏著,商志醰校注,天津:百花文艺出版社,2004年7月。
《清代新疆流放研究》,周轩著,乌鲁木齐:新疆大学出版社,2004年8月。
《清代西北边疆史地学》,侯德仁著,北京:群言出版社,2006年3月。
《传统典籍中汉文西夏文献研究》,胡玉冰著,北京:中国社会科学出版社,2007年5月。
《嘉庆以来汉学传统的衍变与传承》,罗检秋著,北京:中国人民大学出版社,2006年5月。
《绝域与绝学:清代中叶西北史地学研究》,郭丽萍著,北京:三联书店,2007年12月。
《士林交游与风气变迁:19世纪宣南的文人群体研究》,魏泉著,北京:北京大学出版社,2008年9月。
《清代新疆研究文集》,齐清顺著,乌鲁木齐:新疆人民出版社,2008年10月。
《清代西北史地学研究》,贾建飞著,乌鲁木齐:新疆人民出版社,2010年5月。

人名索引

按，本索引主要收入本书中与徐松和西北史地学相关的清代人名（部分延展到民国）；以姓名为正条，字号等称呼列入括注中。出现频率较高的清代皇帝、徐松本人等条目，均从省略。清代以前、当代人物亦不收入。

阿勒罕保 74
包世臣（慎伯）27,89,104,300,320
宝珣 179
保宁（保文端公）189
鲍桂星（觉生）46,50,69,113,122,310
鲍珊 181,314
毕沅（秋帆）18,109
斌良 146,176,177,313,315,317
伯希和（P. Pelliot）4,5,167,263—266
布彦泰 73,74,279
蔡世松 318
长龄（懋亭）71,78—81,83,87,140,179,181,294,311,315,319
车守谦（秋舲）23,161
陈寿娥（陈安人、陈恭人）30,35,36,46,67,69,85,86,88,308,314
陈潮（东之）86,91,98,99,107—109,121,190,315—318
陈鸿墀（范川、藩川、小孟）43,44,88,107,108,121,176,223,224,262,293,308,309,314,317—319

陈奂 40,41,116,181,316,321
陈杰 167,187,313
陈俊千 43,313
陈凯（揆一）30,31,35,308
陈广宁（默斋）46
陈裴之 98,139,314
陈起诗（筼心、云心）51,110,179,310
陈善（扶雅）87,107,108,288—294,297,309,312—316
陈嗣龙 30,38
陈嵩庆（荔峰）46,139,314
陈文述（云伯）46,98
陈用光（石士、硕士）176,309,313,314
陈宗彝 316,319
承培元 221
程恩泽（春海）101,177,318
程国仁 46
程鸿诏 150
程同文（春庐）44,46,100,101,160,313
程振甲 129,133
程正榮 321

人名索引

崇纶 114
初彭龄(绍祖,颐园) 53—68,310
大谷莹诚(秃庵) 285—287
戴聪 46
戴衢亨 31,38,42
戴震 6
单士厘 236
岛田翰 160
德厶 83
邓传密 105,313
邓廷桢(嶰翁,嶰筠) 14,53,69,112,113,
　　115,116,144,178,188,217,219—226,
　　228,244,283,303,312,319
丁白 172
丁丙 235,289
丁曹明 63
丁履恒(若士) 262,314
丁申 235
丁子香 204
董邦达 163
董诰 39,163,164,309
董国华 122
董基诚 321
董祐诚(方立) 100,101,107—109,313
端方(午桥,陶斋,忠敏) 119,287,296
端木国瑚(鹤田) 97—98,317
段玉裁(若膺) 22,155,156
多庆(徐山) 95,107,146,319
恩普 31,38,42
法式善 43,46,180,222,308,309
方苞 39
方士淦 73,84,178
方维甸 79
方长豫 320,321

费丹旭 290,293
冯启蓁 317
福康安 79
福勒洪阿(乐斋) 80,81,94,311
傅啸山 71,72,310
高见洛 83
高心兰 71,72,310
龚自珍(定庵,羽琌山民) 16,28,86,91,97,
　　98,100,102—104,107—109,122,127,
　　155,156,162,177,189,224,295,301,
　　312—315,317—319
顾诚安 319
顾莼(南雅) 122,176,315
顾廷纶 45,46,308
顾炎武(宁人,亭林) 23—24,93,99,114,
　　160,161,186,320,321
顾衍生 23
顾沅 169
顾祖禹 6,186
广厚 56—58,61—66,68,175,310
贵秀岩 110,111
桂馥 22,44,155
桂轮 79—81
郭嵩焘 104
海兰察 79
郝懿行 44
何丙勋 93,120,262,322
何焯 309
何殿英 46
何兰馥 46
何凌汉 44,122
何秋涛(愿船) 2,21,23,98,99
何绍基 23,98,114,122,155,161,315,
　　318,322

何棠孙 155
何萱 318,319
鹤鸣 76,77
恒春 118
洪符孙 317
洪钧(陶士,文卿) 304,305
洪亮吉 6,13,19,22,41,42,69,70,76,77,84,85,159,218,317
洪饴孙 22,317
洪齮孙 317
胡承珙 43,44
胡敬(以庄,书农) 39,40,42—44,169,175,176,223,290—294,296,297,308,309,314
胡培翚 300
胡虔(雒君) 23,160
胡思敬 126
胡渭 6
黄安涛 313
黄霁青 176
黄丕烈 175,317
黄士珣(芗泉) 292,293
黄濬 28,215
惠吉 114
惠龄 79
纪石斋 204
纪昀 13,18
江标 122,139
江藩 108,307,316
蒋光焴 168
蒋友仁(Michel Benoist) 17
蒋子潇 177
金士松 30,38,307
晋昌(戬斋,晋斋,红梨主人) 19,35,54,66,67,70—76,84,129,133,134,186,278,279,281,288,301,310,311
柯昌泗(燕舲,谧斋) 280,285
柯劭忞 166,285
克列缅茨(D. A. Klementz) 3,263
奎耀 317
劳权 169
李保儿 96,312
李明墀 215
李盛铎 52,139,150,172,215,216
李图(少伯) 88,121,313
李文田 3,11,44,140,228
李详(审言) 55,109,300
李星沅(子湘,石梧,文恭) 88,110,111,113,114,116,117,321
李彦彬 313
李彦章 313
李璋煜 317
李兆洛(申耆) 6,20,21,28,42—44,68,69,90,91,104,108,121,163,168,169,181,186,218—221,224,300,315—317,319,320
李宗瀚(春湖) 48,69,176,265,315
梁份 299
梁逢辰 315
梁启超 6,20,274
梁章钜 81,128,177,318
梁祖恩 46
林雄光 265
林则徐(少穆) 2,13,16,35,36,69,77,84,116,225,243,315,322
麟庆 313
刘承干(翰怡) 152,169,170,237
刘承宽 300

刘大櫆 39
刘逢禄(申甫) 91,102,300
刘凤诰 300
刘富曾 170
刘镮之 46
刘权之 30,38
刘声木 39
刘曙 79
刘喜海(燕亭,燕庭) 113,118,120,171,
　　263,315,316,318,321
刘源灝(鉴泉,鉴翁) 113,114
刘肇隅 22,155
柳迈祖 59
龙万育(赞皇,爕堂) 53,54,82,96,135,
　　138,143,144,167,168,185－188,217,
　　218,224,229,312－313
龙元任 168,187,188
卢坤 44
陆继辂(祁孙,修平) 31,36,46,67－69,85,
　　88,176,181,310,314－316
陆心源 164
路易·瓦扬(Louis Vaillant) 266
罗絜 172
罗士琳(茗香) 104,181,219,315,318－321
罗振玉(叔言) 2,166,234,235
马慧裕 50,310
马瑞辰 43,44
马廷楠 46
毛岳生 160
梅植之(蕴生) 182,319,320
明义(我斋老人) 71
缪焕章(仲英) 27,28,43,91,98,316,317
缪荃孙(炎之,筱珊,艺风) 1,9－11,25－
　　29,31,32,40,43,45,55,69,91,102,

109,125,126,136,146,151,153,159,
160,163,165,166,168,170,172－175,
178,179,189,190,215,216,234－
238,263
缪庭槐 27,312
穆彰阿(鹤舫) 21,22,43,44,116,118,123,
　　124,181,321,322
南怀仁(Ferdinand Verbiest) 303
牛鉴(雪樵) 176
牛树梅 35
潘锡恩 313
潘奕隽 34
潘曾沂(功甫,小浮山人) 92,122,176,313
潘谘 97,98,317
裴景福 2,36,265,266
彭邦畴 43,86,105,138,139,144,225,313,
　　317,318
彭元瑞(掌仍,芸楣,文勤) 154,155,186
濮学源(栅生) 36,179
濮玉铃(子耕) 46
戚人镜 122
齐召南 6,131
祁寯藻(淳父,文端) 122,133,177,219,221
祁世长 35,219
祁韵士(鹤皋,谐庭) 1,6,11,13,19,41,53,
　　70,76,85,127－129,131－134,175,
　　218,219,243,299,300,322
奇丰额 95
钱大昕(竹汀) 20－22,52,99,100,159,
　　160,231,300,304,305
钱大昭 21,52
钱坫(献之,十兰) 22,158,159
钱东垣(亦轩) 21,52
钱侗(同人) 21,22,52,309,312

钱聚仁(味根)168,169,187
钱泰吉168,187,188
钱恂(学嘉,念劬,彦劬,积跬步斋主人)146,172,236—240,245
钱仪吉(心壶)32,55,316,317
钱泳117,180,309,310
钱振常(笤仙)2,145,146,172,232—238,240,245
钱振伦232,237
钱遵王171
秦恩复(敦夫)188,313
起东179
庆桂137
瞿中溶(镜涛,安槎,木夫,丧生,空空叟,木居士)22,52,53,309,310,313,314
全庆181,314
茹氏35
阮元(文达)45,100,104,174,315,321
色卜星额43,87,122,180,314,318
沙畹(E. Chavannes)4,263
沈炳垣(甑山老农)168,187,188
沈曾植(子培,乙庵,乙盦,寐叟)11,29,295—297,304,305
沈惟贤(师徐)1,143
沈垚(子敦,子惇)7,15,20,21,23,24,27,86,92,93,100,101,104,107—109,121,125,149,154,157,158,160,161,203,204,218,231,295,317,318,320
沈兆霖(尺生,朗亭,雨亭)23,118
沈宗畸(宗畤,太侔,孝根,南雅)145,233—235,237
施补华294
石韫玉44
史评317

史祐313
史致俨(望之)38,177
史致云313
硕隆武74
斯卡奇科夫(K. I. Skachkov)5,13,135,162,165,167,227
斯坦因(A. Stein)4,5,263,265
松筠(湘浦,湘圃,文清)11,19,39,53,71,75—78,83,87,126—129,131—137,156—158,184,185,188,191,223,243,302,311—313,315
宋翔凤(于庭)104,317
苏孟旸317
苏朴园46
苏元春265
素孟蟾265
绥福74
孙殿起222,228,234
孙尔准(平叔)42—44,53,88,164,176,223,293,308—310
孙锡麐(云麐)292,293
孙燮23,92,204
孙馨祖86,138,311
孙星衍159
汤储璠(茗孙)176,313
汤金钊44,56,62—66,69,105,113
汤鹏(海秋)23,110
汤若望(Johann Adam Schall von Bell)303
汤贻汾(雨生)107—109,282,319,321
陶廷杰117
特登额(芳山)112,181,321
藤田丰八134
图尔第·迈玛特78,83,140
图理琛18,302,303

屠寄 170

屠倬 308

万书台 46

万云 46

汪辉祖 34,35,45

汪潆 254

汪适孙 318

汪廷楷(式庵,仰亭) 19,53,76,127,128,
　　132,134

汪喜孙(憙孙,喜荀,孟慈) 91,108,109,
　　176,262,300,308,314

汪远孙 181,190,290,317,318

汪恩(芝亭) 46

王国维 100,102,166,290,304,305

王亮生 92

王鸣盛 20

王念孙 40

王仁 46

王士禛(阮亭,新城) 35,72,222

王树楠 2,126,243,264,277,301

王锡祺(寿萱,瘦冉) 145,229

王先谦(益吾,一梧) 2,142,143,147,
　　151,266

王菉龄(萱铃,萱龄,煖龄,北堂) 91,103,
　　107,108,300,314,315

王引之(伯申) 40,44,46

王应奎 222

魏成宪 122

魏源(默深) 7,8,14,15,21,51,91,102,
　　104-106,110,148,160,161,225,241,
　　301,315,320,321

温启封(云心) 265,318

文廷式 166

翁斌孙 216

翁方纲(覃谿,覃溪) 29,39,99,103,104,
　　109,300,308,309,317,318

翁树培(宜泉) 46,309

翁同龢(叔平,松禅) 143,174,215,216

翁心存 216,317

翁之廉 216

翁之熹 216

倭仁(文端) 2

吴葆晋(虹生,鸿生,红生) 86,97,98,103,
　　162,177,317-319

吴补之 124

吴昌绶 165

吴慈鹤 88,313

吴德襄(称三,偁三) 87,104,122,139

吴鼎臣(伯盂) 108

吴赓枚(春蕊) 176

吴广成 161

吴衡照 290

吴骞 289,310

吴其彦 46

吴荣光(荷屋) 44,46,146,177,314,318,319

吴石华(兰修) 163,317

吴士鉴 2

吴式芬 317,318

吴嵩梁(兰雪) 146,176,313

吴锡麒 34,39,307

吴燕绍 3

吴映奎(银帆) 23

吴玉墀 154,155

吴振棫(仲云,毅甫,瞩翁) 292-294,297

吴蔚(三尊) 38,44,46

希尔特(Hirt) 3

锡祉(子受) 316,321

夏仁虎(枝巢子) 91

谢阶树(向亭) 176,313
谢振定 308
徐宝善(廉峰) 177,190,262,314,317,318
徐大纯 32,306
徐鉴 39,43,79,80,86,87,112,181,315,
　　316,321
徐钧卿 218
徐立本(诚甫) 32,33,37,46,306,316
徐立朝 32,33,37,38,306,315
徐立纲(条甫,百云,铁崖,铁甫) 32-34,
　　37,38,306-308
徐立民 32,33,37,306
徐立位 32,33,37,306,309
徐棨 32
徐乾学(健庵) 109
徐颐(少鹤) 43,108
徐时豫 32,318
徐世昌 9,123
徐守元 314
徐棠 32
徐桐 32
徐炘 316
徐有壬 300
徐肇南 32,37,306,307
徐祖怀 32
徐祖望(延祖,延之) 29,32,101,215,316,
　　318,320
许芳圃 311
许海樵 204
许瀚 93,203,222,316,318,319
许晖藻 113
许楗 317
许慕萱 38
许乃毂(玉年) 261,262,264,314

许乃钊 116,322
许心田 79
薛福成 236
严可均(景文,铁桥) 52,53,156,169,223,
　　310,316,317,319
杨揆 79
杨亮(大成,亮元,季子) 21,98,99,109
杨尚文(仲华,墨林) 23,100,102,150,162
杨以增 118,322
杨怿曾(介坪) 37,38,179,307,316
杨钟羲(子勤,幎盦,留垞,雪桥,圣遗居士)
　　28,70,295-297
姚觐元(彦侍,念慈) 145,159,232-234,237
姚鼐 39
姚培和 254
姚宋才(端予) 176,307
姚文田 232
姚学塽 122
姚晏 317
姚莹 54,55
姚元之(伯昂) 10,20,21,36,42-44,46,
　　85,86,92,93,103,124,145,149,150,
　　176,180,186,203,293,308,312-314,
　　317,321
叶德辉(焕彬) 22,155,172,175,236
叶继雯(云素) 100
叶景葵 149,227
叶名澧 39,169,319
叶启倬 155
叶绍本(筠潭) 101,102,144,317,319
叶渭清 169
叶志诜 23,318,319
易培基 166
英和(煦斋) 30,31,38,39,42,98,140,144,

220,311,315—320
于克家(克襄) 43,122,318,320,322
于铿 315
俞浩 295
俞正燮(理初) 169,177,201,203,303,317
玉素甫 294
裕瑞 308,309
袁芳瑛(漱六) 150,174,215—217
袁枚 17
袁沛(少迁) 36,179
袁榆生 215,216
载澜(澜国公) 265,266
咱雅班第达 278
曾朴 3
曾燠(宾谷) 176
曾钊(勉士) 163,168
张葆采 315
张格尔 79,97,294,301,315
张惠言 44,68,309,312
张集馨 118
张际亮 262,314
张履(渊甫) 161,204
张穆(瀛暹,诵风,蓬仙,石州,石洲,石舟,硕
  洲,季翘,月斋,靖阳亭长) 2,6,7,13,
  15,21—23,27,86,92—94,99,101,102,
  109,119—121,123,149,150,160—163,
  181,188,203,219,227,241,319—322
张其锽(子武,无竟) 135,136
张澍(时霖,介侯) 117,119,161,181,321,322
张问陶 30,38,39,44
张锡谦 43,139,314
张祥河(诗舲) 176,313,318
张元济 227

张之洞 6,16,127,144,170,187,235
章寿康(硕卿) 53,144,159
章学诚(实斋) 34,307
赵菊人 71,72,310
赵慎畛(遵路,笛楼,蓼生,文恪) 42,53—
  56,58,60,61,67,310
赵盛奎 317
赵坦(宽夫) 288,310
赵学海 46
赵翼 20
赵之谦 153
郑复光 23,218
锺昌 309
周锷(听云,春田) 71—73,310
周济(保绪,介存) 44,300,320
周凯(芸皋) 181,315
周世举 59
周腾虎 119,121,122
周仲墀(雪桥) 262,314
朱尔赓额(白泉) 53,96,178,311,312
朱方增(虹舫) 176,313,315
朱珪(文正) 31,38,42,104,109
朱筠(竹君) 103,104,109,231,300
朱彭寿 35
朱清如 46
朱绪曾 168,169,187,188
朱彝尊(竹垞) 171,172,316
庄璟 174,175
卓秉恬 317
孜牙敦(孜牙墩) 53,83,311
宗稷辰 97,98,317
左眉(良宇,良与,静庵) 36—40,175,176,
  180,306—308,312,319

后　记

本书的写作，是我2000年开始在北京大学从事博士后流动站工作报告的延续。因此，首先在第一部分抄录2002年出站报告的后记，以见其原委。

一

这是我从事清代西北历史地理学研究的第一份报告。在新疆的生活经历，使我对获得这一研究项目的两年博士后流动站工作倍感亲切，也分外珍惜。这项研究得到中国博士后科学基金会的资助，同时也被列为北京大学中国古代史研究中心基地项目"中外关系史：新史料的整理与研究"的组成部分，我原来的工作单位新疆师范大学也给予了特别的理解和支持，首先在这里向以上单位表示感谢。

我有幸能在荣新江教授的指导下从事这项研究。他对西域研究文献与学术史脉络了如指掌，给予我很多的教益，特别是对我纯粹考据研究的支持令人感动。这种实证性研究对材料要求的苛刻，往往使我一筹莫展；每当这样的时候，他都会放下手中的研究工作，帮我寻找，共想对策。当然，两年的合作研究，更多的教益还在报告之外。

给予这一工作始终关怀着的，有我博士生期间的导师启功先生。我汇校《西域水道记》所使用的各种版本中，唯一不是复制品的宝善书局本就是先生赐赠。他常常向我提起乌鲁木齐南梁子上一汪水洼就是自来水厂的记忆，也多次垂询清人的西域水道图究竟有多少准确性这样的问题。还有冯其庸先生。从1992年以来，他多次西行探访玄奘故道，每次都特别资助我随行考察，我因此得以在十年之中走遍天山南北、黑河上下。两位先生的心迹，使我在进行历史文献研究的同时，不敢忘记其中应有的现实意义。

北京大学中国古代史研究中心是我迄今为止最感美好的研究环境，我要感谢张希清、李孝聪两位主任为我提供朗润园西所四合院的工作间。此外，李孝聪、王小甫、罗新三位教授从讲堂到考察，都为我补上了历史学与历史地理学的课程。东方学系王邦维教授整理的典籍是我追求的榜样，他对我的研究也给予很大的关怀，并力荐我获得了国家博士后科学基金的资助。

这项研究还得到日本学者池田温、石见清裕两位先生的帮助。东洋文库的清代西域文献和早稻田大学徐松《西域水道记校补》手稿复制件，以及其他相关资料，均承厚情，远道惠寄，使这项研究获得了文献占有的尽可能全面性。

北京大学图书馆古籍部与北京图书馆北海分馆方志部是我经常查阅资料的地方，那里丰富的典籍与热情的服务使我享受到读书的快乐。我特别要感谢李雄飞、郝瑞平、张廷银诸位先生提供的方便。还要感谢从大学时代直到现在的各期学友如倪培翔、孟宪实、广中智之、雷闻、陈明等随时给予的支持和切磋之谊。

即使得到如此多的帮助，这份报告与我当初设想的"嘉道之际的西北历史地理学：以徐松《西域水道记》为中心"的计划还有很远的距离。在报告的写作过程中，我进入到清代学术史研究的领域，浩如烟海的典籍确实处处藏宝，也不断重组我对嘉道之际学术史的新认识，而我对相关清代文献的阅读犹自万不及一；《西域水道记》的点校过程，也使我发现利用海内外西域史地研究成果进行该书的笺注，并不能一蹴而就。本报告只能算是这项研究在第一个阶段的基础工作，我会在这个基础上继续努力，使这一重要的学术史课题和《西域水道记》这部西北史地名著达到应该有的研究水准。尤其是在当今西部开发的热潮中，清代西北史地学和《西域水道记》提供的历史时期西部的地理状况，是应该得到今天的经营者借鉴和关注的。我愿意在即将返回的西部工作岗位上，完成这项裨益于当代的研究。

2002 年 6 月 28 日

二

从博士后入站以来的15年中，这项工作一直在持续。博士后报告的"整理编"已经扩充成《西域水道记（外二种）》，列为"中外交通史籍丛刊"之一，由中华书局于2005年出版。现在成型的这一书稿，则是"研究编"的主体。

有关这一书稿本身，没有多少题外的话要补充。在工作开始的时候，我希望从两个方面作出努力：一、从文献档案中寻找徐松；二、从学术进程中定位徐松。目前这部书稿，就书名提及的两个研究对象——徐松与《西域水道记》而言，还只能算是一个阶段性的成果。它仅仅重塑了徐松部分的、不无偏颇的历史面貌；而对于《西域水道记》的文本研究，也只讨论了个案性的三处记载。留下的阙如，仍当是我将来继续努力的方向。

回首十多年来的研究，有太多的师友值得我衷心感谢，是他们的帮助和支持，使我能够将这个专题的初步成果奉献给学界。在正文的注解中，读者将会看到我对一些师友慷慨提供和解读相关资料的致谢。但是，这些显性的帮助还远远不是这一研究得到的所有。挂一漏万，我还特别想铭记以下的人和事：

在以上博士后出站报告后记中提及的师友继续给了我无私的帮助，是我需要一直感念在心的。如在完成博士后报告返回新疆之后，仍蒙启功先生从拍卖会上购下徐松书札赠我研究，又在生前为本书题签勉励；冯其庸先生在2005年继续邀我重走玄奘之路，使我得以三上帕米尔、初探罗布泊。

我要感谢远在海外的张广达先生长期的鼓励。作为中古史中心的前辈，张先生曾经计划整理《西域水道记》等清代西域名著，并已列入中华书局古籍整理规划项目，后因移居海外而未果。我到中心从事博士后工作时，荣新江教授就我的选题征询先生的意见，获其嘉许。2005年以来，我有机会得到和张先生通信与面晤的很多次教诲。现在的书稿，希望能够奏效其循循善诱之万一。

感谢荣新江老师持续的指导、督促，并为本书赐序。从我的博士后工作以来，徐松的研究仿佛也成为他关注的对象，这样的例子只要举其难得的两次莫斯科访问即可证实。在那里，他的兴趣都在寻访徐松旧藏的图书馆中。本书所引其《俄罗斯国家图书馆所见〈西域水道记〉校补本》的力作，即是第一次莫斯科之行的收获，对于《西域水道记》原书的成稿历程和笔者的研究，都是难得的参考。特别要感谢他在第二次的莫斯科访书活动中，与孟宪实教授、李肖教授一起陪同我在俄罗斯国家图书馆抄书的日程，他们几乎完全放弃了对这个美丽都市秋天的欣赏。

这部与新疆有太多关联的研究书稿，是我在那里生活、工作长达1/4世纪的纪念。我在新疆的考察和研究所得到的帮助，几乎难以数计。我要特别感谢曾经工作过的新疆师范大学以薛天纬、王佑夫、丹碧、迪木拉提·奥迈尔等先生为代表的所有同事的支持，也感谢校外钟兴麒、赖洪波、周轩、刘国防、贾丛江、高健等师友对这项研究不同方面的推进。

徐松的书稿和相关资料流散海外者不少。感谢京都大学人文科学研究所的高田时雄教授为我安排在日本的访学机会并联系相关机构，使我能够在东京和关西地区获睹大量徐松的文献而充实本书；感谢俄罗斯科学院东方文献研究所的波波娃所长为我联系俄罗斯国家图书馆的工作计划，并专程陪同从圣彼得堡前往莫斯科，使我从斯卡奇科夫旧藏资料中经眼了许多徐松的藏书和题跋。

这一专题在博士后出站以来的继续研究，又先后得到国家社会科学基金项目西部项目"徐松与清代西北历史地理学"（项目批准号06XZS016）、国家社科基金重大项目"清代新疆稀见史料调查与研究"（项目批准号11&ZD095）的资助，因此本书也是以上这两个项目的研究成果。

同时也要感谢刘子凡、郭桂坤、沈琛、徐维焱等各位同学，在本书的定稿阶段帮助我寻检和核对相关史料。徐迈博士担当了这本书稿的编辑，给予我多方面的指正，也是我最后要特别致谢的。

我又回到了朗润园的中古史中心来从事本书最近五年的写作。是同事们一如既往的关心，使本书在温馨的学术氛围中终于完成，并有幸列入本中心的"未名中国史丛刊"。但让我感到痛心的是：在定稿的最后一段日子里，中心的刘浦江教授不幸英年早逝。在同一条走廊里，他的研究室的灯光虽然黯淡下去，但他在这里从事学术研究的恢弘气象和奉献给学界的累累硕果，已经成就了一段历史，一直会留在我们的记忆中。

谨以此书纪念刘浦江教授——我敬爱的同事、学术的楷模。

2015年1月27日